LA VÉRITABLE
JOSÉPHINE BAKER

DANS LA MÊME COLLECTION

La Véritable Jackie
par Bertrand Meyer-Stabley

La Véritable Grace de Monaco
par Bertrand Meyer-Stabley

EMMANUEL BONINI

LA VÉRITABLE JOSÉPHINE BAKER

Pygmalion
Gérard Watelet
Paris

Sur simple demande adressée aux
Éditions Pygmalion/Gérard Watelet, 70, avenue de Breteuil, 75007 Paris
vous recevrez gratuitement notre catalogue
qui vous tiendra au courant de nos dernières publications.

ISBN 2-85704-616.2

« Les maux que nous souhaitons déraciner en combattant pour une cause sont dans nos propres personnalités. L'ennemi est beaucoup plus intérieur qu'extérieur. En d'autres termes les "faiseurs de bien", les grands leaders, m'inquiètent beaucoup plus que les gens mauvais. Tant de ces types qui veulent refaire le monde à leur image sont indifférents à la condition de leurs plus proches voisins ! Chacun de nous, s'il désirait vraiment aider, pourrait consacrer tout simplement sa vie à prendre soin de ses proches... »

Henry Miller (à Louis Pauwels).

Prologue

LE DÉBUT D'UNE FIN...

« *On entre dans un mort comme dans un moulin...* »

Jean-Paul Sartre

LES uns sont assis par terre, la tête entre leurs mains, les autres allongés ou recroquevillés se lamentent en silence. D'autres encore, un peu plus loin, se taisent, mais leurs regards embués de larmes vont se perdre sur ce mur blanc qui ne retient rien de leur douleur.

Paris, 10 avril 1975. La nuit vient de tomber.

Dans le service des urgences de La Salpêtrière, on a rarement vu pareil branle-bas. Joséphine Baker vient d'y être bringuebalée au milieu d'un concert de sirènes policières et de girophares d'ambulance et, d'après les premières rumeurs, les choses se présentent mal : elle serait entrée dans un coma profond.

Figés par une même stupeur, les jeunes protagonistes de la troupe de Bobino qui s'apprêtait déjà pour la représentation du soir sont anéantis. La veille seulement, ils se déhanchaient sur la scène du célèbre music-hall de la rue de la Gaîté, stimulés par la flamme d'une septuagénaire.

Leurs oreilles bourdonnent encore du triomphe. C'est à peine si, dans le douloureux sillage qui a assombri les esprits, certains se souviennent de l'annonce diffusée dans *Le Figaro*, quelques semaines auparavant. Pour André Levasseur, metteur en scène de la revue, qui vient d'arriver, elle renaît, lancinante :

« Si vous êtes danseur, danseuse de classique, modern jazz ou cancan et que vous rêvez de participer à un grand spectacle, plein de rythmes, de couleurs, de plumes et de strass, vous avez une chance de voir vos rêves se réaliser d'ici peu... »

A soixante-huit ans, l'artiste aux éternels adieux et aux retours flamboyants, avait une nouvelle fois « bluffé » Paris en y réussissant un retour plus qu'inespéré : pour l'argent, dont elle avait cruellement besoin, pour la gloire aussi, dont elle ne put jamais se passer. Les journalistes qui l'avait prématurément enterrée crièrent alors au miracle, « le second après celui d'Adenauer »...

La ceinture de bananes, les scandales, la Résistance héroïque, les enfants adoptés aux quatre coins du monde, les châteaux et la ruine... toutes ces images enfouies dans la mémoire trop mouvante des Français avaient soudain repris leur place et bouleversaient le cœur de ceux pour qui cette Américaine de couleur resterait l'une des figures de notre histoire, celle des années folles.

Plus près de la réalité, à Roquebrune-Cap-Martin sur la Côte d'Azur, c'est une même consternation qui règne. La majeure partie des douze enfants adoptifs de la vedette se sont terrés dans la villa familiale et, déjà rongés par le remords, n'ouvrent leur porte à personne. Aux curieux agglutinés devant le portail de la propriété qui ne cessent, impudiques, de sonner à l'Interphone, Marianne, l'aînée des filles, répond jalousement : « La santé de ma mère est une affaire privée. »

Regroupés autour de Stellina la cadette qui n'a que dix

ans, ces adolescents ne comprennent pas encore qu'ils vont devenir orphelins pour la seconde fois.

A quelque hauteur de là, la princesse Grace leur bienfaitrice se prépare à quitter son palais pour se rendre au chevet de leur mère. L'avant-veille, c'est elle qui a présidé l'ultime feu d'artifice de Joséphine à Bobino. Des noces d'or avec la scène qui lui seront fatales...

Discrètement conduite dans la chambre à la Salpêtrière, par une porte de service, Grace attend la fin de l'extrême-onction pour s'agenouiller près du lit de la mourante. Bouleversée, elle mêle ses doigts à ceux de Joséphine, puis se rapproche plus près encore et laisse glisser dans le creux de son oreille quelques paroles entre elles et Dieu. Ce seront ces murmures princiers que Joséphine emportera avec elle dans son dernier sommeil, comme la plus belle de ses victoires : la consécration de son rêve de fraternité universelle avec le symbole de ces deux Amériques ici réconciliées, celle de l'arrogance et de la discrimination et l'autre, celle d'une négritude asservie pendant des siècles.

Margareth Wallace, fidèle parmi les fidèles, exilée de son Missouri natal depuis près de trente ans pour border la gloire de sa demi-sœur, est arrivée de Monaco. Incapable de se faire entendre du chauffeur de taxi à cause de son accent fort prononcé, la pauvre femme a dû courir tous les hôpitaux de la capitale avant de pouvoir retrouver son aînée.

A l'hôpital, pendant deux jours, au fil des minutes, le bilan des médecins s'alourdit. Puis, le samedi 12 avril au petit matin, c'est le déchirement. A l'heure où sur les façades des music-halls, tous les néons s'éteignent les uns après les autres, la « mama » rend son dernier soupir en présence de quelques intimes désemparés. Aussitôt, l'hôpital est cerné. La foule des journalistes, qui n'a cessé de grossir depuis deux jours, grouille pour faire la chasse à l'anecdote. Pour les premiers visiteurs qui commencent à arriver, il est difficile d'accéder à la chambre de la défunte sans manquer d'être étouffés par des échotiers prêts à s'entre-dévorer.

Fétichisme exacerbé ou simple fatalité, l'unique fausse dent de Joséphine ôtée au début de son hospitalisation disparaît de sa table de nuit, provoquant dans son entourage un frisson d'horreur. La chanteuse a conservé un souvenir pénible des clichés diffusés quelques années auparavant dans *France-Dimanche*, qui la montrait à l'article de la mort. Il n'y aurait donc pas de photo d'elle dans son dernier apparat. Elle avait insisté...

Mais les « paparazzi », ces charognards de la presse qu'elle utilisa si souvent, sont à l'affût ! Rivalisant d'impudeur, les plus opiniâtres n'hésitent pas à se déguiser en infirmiers pour s'introduire dans le bâtiment, un téléobjectif dissimulé sous leur blouse. Ecœurés, les proches de la disparue se voient contraints de fermer prématurément le cercueil, avant même l'arrivée d'Argentine de l'ennemi, son mari, l'ancien chef d'orchestre Jo Bouillon, dont elle était séparée depuis plusieurs années...

La bière, placée sur les tréteaux de la chapelle ardente, sommairement dressée dans une pièce de l'hôpital, entre deux tentures de drap de couleur claire, demeure ouverte. La Vénus d'ébène, morte presque miséreuse, y repose dans la robe en dentelle ivoire de Nina Ricci, portée le précédent mardi à l'hôtel Bristol, lors du prestigieux dîner de deux cents couverts en compagnie de toutes les stars qui venaient de l'ovationner pendant trois heures à Bobino.

Entre deux sanglots, quelqu'un s'indigne, désabusé : « C'est une petite fille que l'on vient de perdre, pas une femme de soixante-huit ans. Pis que l'injustice, c'est une escroquerie du ciel ! »

« Brialy le Médiatique », ou Jean-Claude, précieux compagnon des matins difficiles, est là. Joséphine, c'était un peu « la famille ». Il s'effondre.

Tino Rossi pleure en embrassant la joue glacée de son amie : « Au revoir », gémit-il en s'éloignant.

« Dieu qu'elle est belle ! Dieu qu'elle est belle ! » ne cesse de répéter la demi-sœur, la voix enrayée par un automatisme désespéré devant le corps inerte.

Mais la gloire a un prix et l'incroyable ne vit qu'une fois...

Soudain, toutes larmes cessantes, l'on vit cette « Mammy » échappée d'*Autant en emporte le vent* se redresser et échanger quelques mots avec des amis américains venus l'accompagner. Un lourd silence s'ensuivit. Il se brisa enfin et bientôt, comme le soleil de l'aube s'élevant lentement au-dessus des plantations de coton du grand Sud américain, d'intimes et chaleureux gospels si chers au cœur de Joséphine, à son enfance et à son peuple, enveloppèrent les âmes de la petite assistance. Inconsciemment, comme un inéluctable accomplissement, celle de l'ex petite « Tumpie » allait voyager jusque sur les rives du Missouri, dans la fumée des « steam boats », puisque c'est ici, quelques décennies en arrière, que la légende avait attendu d'exister...

Sans doute cette nuit-là, la larme d'un petit garçon, en glissant doucement sur l'acajou, telle une rosée inutile, a dû parvenir jusqu'à celle qui fut l'amie des princes comme des gueux. Depuis l'hiver de son pensionnat, on venait de lui apprendre le double deuil de l'humanité, celui d'une femme et d'une fée, la dernière de ce siècle, pensa-t-il...

Au moins me le laissa-t-on penser... Je me souviens maintenant de ce grand-père « un peu noir » qui avait survécu à la guerre de 14, lorsqu'il me prenait par la main pour me chanter cette chanson saugrenue, la seule dont ses quatre-vingt-seize ans lui laissaient encore généreusement tout le souvenir :

« *Elle a des talons hauts,*
Une jupe à carreaux,
La fermeture Eclair,
C'est Joséphine Baker ! »

LA VÉRITABLE JOSÉPHINE BAKER

Paris, 28 avril 1987...

« Ce soir à l'hôtel des ventes de Drouot, "La Baker" offrira un dernier show à tous les nostalgiques, qui pourront acquérir ses robes de scène, ses lettres, ainsi que des objets lui ayant tous appartenu : un spectacle filmé par les télévisions étrangères et qui risque de s'avérer prometteur ! » annonce Europe 1.

Joséphine !...

Douze années s'étaient écoulées depuis notre première « rencontre » et le flash d'information donné par la station de radio ranima un tel trouble en moi qu'un instant je me crus redevenu prisonnier de son spectre et de ses volontés.

Je laissais à d'autres le « courage » d'assister au lynchage de son souvenir, au viol de sa gloire. Tous ces objets, distillant une terrible mélancolie, furent éparpillés après que le marteau de maître Choppin de Janvry eut frappé une dernière fois le bois de son bureau, sous l'œil satisfait de neuf des enfants adoptifs de la chanteuse ; ils avaient donné leur accord contre l'avis des trois autres, résidant en Argentine...

Qui était-elle véritablement ? Il fallait que je parte la retrouver, me guérir d'ELLE et de son ombre.

Même si la vérité n'a aucun visage, l'impudeur et la haine ne sont pas filles de l'ombre. Trop longtemps contenues elles remontent à la surface, deviennent un théâtre dont les êtres sont les comédiens redoutables. Tout d'abord figurant, je m'improvisai acteur à part entière de ce qui ressemblera parfois à un pugilat entre elle et moi.

Je me souviens avoir marché, longtemps, partout, seul comme toujours, sous le vernis de la flatterie... ou le crachin de la médisance.

I

QUE LE SPECTACLE COMMENCE ! ! !

« *Joséphine Baker a subi la misère et le racisme comme aucun de ceux qui se plaignent en France aujourd'hui.* »

Jean-Marie Proslier

Un petit morceau de France

LORSQUE, le 30 avril 1904, depuis sa bonne ville de Washington, Theodore Roosevelt pose son doigt présidentiel sur l'interrupteur désigné, des milliers d'ampoules électriques illuminent à l'autre bout du pays les vastes étendues du « Park » forain. A ce signal, le maestro John Philip Sousa lève sa baguette et tous les drapeaux internationaux couronnant les tours des monuments ondulent devant deux cent mille privilégiés en extase... Le monde entier, cinquante-cinq nations exactement, s'est donné rendez-vous à Saint Louis dans le Missouri pour y commémorer avec un an de retard le rachat de la Louisiane à Napoléon, par la fédération américaine.

L'illusion d'une croisière au pôle Nord, le charme d'une promenade dans la Rome de Néron, le privilège d'applaudir les athlètes des premiers J.O. de la Grèce antique ; dans un subtil décor de carton-pâte où sont exhibées les dernières inventions électriques, éducatives ou agricoles, avec son seul billet d'entrée, tous les visiteurs peuvent accéder au mirage. Enfin presque tous. Car, pour les Noirs, il est fortement circonscrit. Ceux-ci savent qu'à Saint Louis, la couleur de leur peau réduit à outrance leur liberté. Interdiction pour les Noirs d'habiter les mêmes quartiers que les Blancs, de manger dans les mêmes restaurants qu'eux ou encore d'utiliser les moyens de transport en commun.

Au cours des Jeux olympiques de Saint Louis, occultés par les festivités de la « World's Fair », un seul représentant noir africain fut admis à concourir, mais seulement dans le cadre de « journées anthropologiques » organisées en marge des manifestations officielles réservées aux Sioux, aux Pygmées d'Afrique ou encore aux Moros des Philippines...

Pour les « niggers », systématiquement mis au ban de la société, le rêve américain était synonyme de cauchemar depuis l'époque où leurs ancêtres africains, monnayés à prix d'or, avaient été « chargés » à fond de cale sur des navires de l'enfer. A l'issue d'une éprouvante traversée de l'Atlantique, ceux qui avaient survécu au scorbut et donc à la mâchoire claquante des requins, allaient devenir sous l'égide du « code noir », les animaux enchaînés du nouveau monde, peuplant de leur peau sombre la blanche étendue des champs de coton. En 1865, à l'issue de la guerre de Sécession, le « grand et bon blanc » Président Lincoln commencera enfin à briser les fers de ces millions d'êtres à qui l'on voulut rendre le titre d'homme.

Dès lors, tous les enfants noirs allaient naître « libres ». Pour Carrie Mac Donald recensée le 4 avril 1886 à Little Rock dans l'Arkansas, l'enchaînement de sa mère n'aurait dû représenter qu'un lointain souvenir...

Carrie était arrivée à Saint Louis quelques années avant la World's Fair avec sa mère et sa tante, et son engagement comme blanchisseuse à la journée la rangea parmi les six millions d'Américaines exerçant déjà un emploi. En Europe, les femmes ne connaissaient pas encore l'émancipation.

Belle et désirable, elle suscitait l'admiration des garçons en dansant la valse pendant des heures, un verre rempli d'eau sur la tête, sans en renverser la moindre goutte. Dans le quartier noir de Saint Louis, la cour n'était pas de rigueur et le piège parfois pouvait se refermer sur la jeune fille imprudente. Carrie se retrouva bientôt enceinte de son petit ami de l'époque : Eddy Carson. Grâce à son adresse au tambour, ce dynamique garçon, plus petit et plus clair de peau qu'elle, se faisait souvent remarquer à Saint Louis, lors des parades municipales, mais c'est au sein de la troupe de théâtre amateur qu'ils avaient tous deux intégrée, qu'eut lieu leur rencontre. Bien des jeunes filles n'auraient pas hésité, dans le cas de Carrie, à se faire avorter. Follement éprise et bercée par l'espoir qu'Eddy l'épouserait un jour, elle choisit de garder son enfant. Ainsi le veut la légende...

Les Mac Donald habitaient l'un des endroits les plus sales et les plus sordides du ghetto : Gratiot Street, situé au sud de la ville. De l'autre côté de Park Avenue, toujours dans le sud, vivaient les Blancs. Olive Street constituait la limite nord du ghetto. Au-delà, d'autres Noirs, plus aisés, y avaient établi depuis longtemps un semblant d'aristocratie. En 1858, l'un d'entre eux, Clamorgan Cyprien, en faisait déjà état dans son livre *Black Aristocracy of Saint Louis.* Tout le mérite en revenait aux colons français qui, dès leur installation, témoignèrent d'une grande largesse d'esprit envers leurs esclaves. Ils les éduquaient, leur permettaient d'assister aux mêmes offices religieux, ne s'opposant que rarement à leur baptême.

Le 3 juin 1906, un dimanche matin à 11 heures, Carrie accouche d'une fille. Le petit phénomène se montre si agité qu'il s'échappe des mains du docteur. Présage d'une vie promise aux précipices vertigineux et autres sommets fantastiques, on sauve l'enfant en le rattrapant au vol de justesse.

Celle qui deviendra vite indésirable est baptisée Joséphine Freda. Le conte de fées version Thénardier peut maintenant commencer... et avec lui la polémique. Eddy est-il véritablement le père de Joséphine, comme le soutient aujourd'hui la famille américaine de l'artiste ? Sur le certificat de naissance, seules trois initiales nous renseignent sur l'identité du mystérieux père : E. D. W. Sont-ce celles du prénom d'Edward Carson (Eddy n'étant qu'un diminutif), ou s'agit-il d'un homme ayant souhaité rester dans l'ombre ?

Joséphine avouera qu'elle avait souvent surpris sa grand-mère maudissant sa propre mère pour avoir jeté sur la famille « le voile de la honte en ayant fauté avec un Blanc ».

Eddy Carson, qui entra peu après au service des postes de Saint Louis, revendiqua toujours verbalement la paternité de Joséphine, mais il renonça à épouser Carrie, comme à reconnaître le petit Richard, né le 12 octobre 1907. Le fils de ce dernier, Richard Martin junior, aujourd'hui septuagénaire, est catégorique quand il affirme que son grand-père était bien Eddy Carson : « On ne connut jamais les véritables raisons de la discorde qui sépara mes grands-parents, mais durant toute sa vie, Carrie voua une haine tenace à grand-père. »

En dépit de leur ressemblance, la différence de pigmentation entre Richard et sa sœur favorise la version selon laquelle le père de Joséphine aurait été un émigré espagnol, comme celle-ci le laissa entendre plus tard.

La loi de la rue...

Malheureuse, Carrie va traîner toute sa vie le boulet de son amour contrarié. Frustrée, elle se fait épouser par un certain Arthur Martin « très brun, on peut même dire noir, robuste, des muscles saillants, et aussi paresseux que fort »...

Cette description sans concession nous vient de Joséphine elle-même qui d'emblée ne porte pas son beau-père dans son cœur. La paresse d'Arthur, ce papa de substitution que Carrie a choisi pour ses enfants, n'a rien d'une invention. Quittant son emploi dans une usine, il se laisse bientôt aller à une oisiveté qui le confine peu à peu dans une profonde dépression ; l'engrenage infernal...

Carrie doit maintenant compter avec sa bâtarde et, à défaut de s'occuper d'elle, elle s'en débarrasse en la confiant à sa mère, et à sa tante, aussi violente qu'hystérique. Joséphine devient une enfant des rues. On la surnomme « Tumpie », parce qu'à sa naissance, son embonpoint évoquait irrésistiblement celui d'« Humptie Tumpie », une sorte de Bibendum chocolat de la chanson américaine.

« J'ai marché pieds nus tellement longtemps, hiver comme été quand j'étais enfant, que j'ai des pieds tout déformés et quand on a de vilains pieds, on les cache », confiera-t-elle à Carlo Dhermy, l'un de ses futurs partenaires de scène. On n'a pas de quoi lui acheter une paire de chaussures et un jour de vagabondage, elle rencontre un méchant clou rouillé.

Son séjour à l'hôpital de Saint Louis, un mois en marge de sa détresse, restera pour elle l'un de ses plus chaleureux souvenirs d'enfant. Lorsqu'elle en sort, à son grand désespoir on la ramène chez Carrie...

Pendant son absence, la famille Martin s'est agrandie de Margareth qui, elle, est la fille génétique d'Arthur. Mais en véritable garçon manqué, c'est de Richard que Joséphine se rapproche d'instinct. Ensemble, ils s'ingénient à confectionner des frondes toujours plus performantes pour pilonner à bout portant les rats qui foisonnent près de l'unique matelas familial, « infesté de punaises et de vermine », selon Richard. Deux fois par an, abominable cérémonial, ils sont tenus de sortir le sommier dans la cour pour le brûler, après l'avoir imbibé d'essence...

Pour tromper l'ennui et lutter contre l'hiver continental, Tumpie ne trouve d'autre distraction que de combler les espaces entre les planches mal jointes de leur cabane, en froissant patiemment de larges feuilles de journaux dégotées dans les poubelles du coin. Le pitoyable tableau est égayé par l'arrivée d'un nouveau-né : Willie May, une exquise petite fille qui sera le dernier enfant d'Arthur et de Carrie. Willie May deviendra borgne très jeune à la suite d'un vilain coup de griffe du chien de la maison.

L'état de santé d'Arthur Martin ne s'améliore pas. Carrie se met à boire, négligeant sa maison, ses enfants et son mari. Alors, lorsqu'il ne passe pas ses journées au lit, Arthur la bat jusqu'à ce que son visage devienne tuméfié, devant des enfants muets d'épouvante. Pour faciliter leur inscription à l'école, il a accepté de donner son nom à Joséphine et à Richard mais dans le quartier, ces adoptions ne sont un secret pour personne.

Déjà perturbée par les affres de cette paternité, Tumpie prend cruellement conscience de son autre « tare », ici endémique : la couleur de sa peau : « Lorsque je franchissais les limites du ghetto, je voyais bien que les petits enfants blancs existaient. J'ai ainsi appris dans la douleur et la désillusion que j'étais différente des autres... »

En 1912, l'élection du démocrate Thomas Woodrow Wilson à la présidence des Etats-Unis donne quelques espérances au peuple noir. A l'heure où la prospérité américaine est solennisée par la récente inauguration du métro de New York, il formule des promesses de réformes pour lutter contre les inégalités. La malencontreuse déclaration de guerre des U.S.A. à l'Allemagne, le 16 avril 1917, détourne l'utopiste Président de ses nobles intentions. Le cauchemar continuera en toute légalité mais pour Joséphine et les siens, à Saint Louis, l'horreur n'a pas encore atteint son paroxysme...

Le dénuement des Martin est une insulte à la décence : de vieilles caisses pour tout mobilier et, les bons jours, un repas pour chacun, arraché comme une victoire... En tant qu'aînée, Joséphine doit apporter sa contribution. Elle le sait. Trichant sur son âge, elle n'hésite pas à se laisser exploiter en se présentant spontanément devant les maisons des riches pour balayer la neige devant les portes, laver les escaliers : juste de quoi rapporter quelques « nickels »... « Ces jours-là, on m'aimait à la maison », confessa-t-elle, amère...

« Pour nous, Joséphine représentait un père et une mère, se souvient Richard. A la fin de l'année, elle se transformait en véritable père Noël. Bien sûr, ce n'étaient pas des cadeaux d'une grande valeur, quelques bouts de craie ou une corde à sauter, mais à nos yeux, cela représentait beaucoup plus. »

Gratiot Street se situait non loin d'Union Station, l'imposante gare de Saint Louis qui trône encore avec majesté sur Clark Avenue. Dès son inauguration en 1894, elle ne compte pas moins de vingt-quatre voies et le mouvement de ses quatre cents voyageurs quotidiens fascine les enfants du ghetto noir. Ce qui devient le terminal le plus important au monde n'impressionne pas plus que cela la séditieuse Joséphine. Chaque semaine, elle se rend derrière la gare, et, profitant de l'inattention des employés, avec l'agilité d'un jeune singe, elle escalade les trains à charbon en instance de départ, tandis que sur le quai ses camarades assurent le guet. Les uns après les autres, elle balance à terre tous les sacs qu'elle a pu remplir, ne se décidant à sauter que lorsque le train commence à prendre de la vitesse : une vraie prouesse qu'elle est la seule à pouvoir réaliser. Le « butin », qui est ensuite partagé et revendu aux voisins du quartier, constitue un revenu substantiel pour bien des foyers. « Notre meilleure cliente était Mrs Dullie, raconta Joséphine, une entremetteuse, taularde et sept fois récidiviste... »

Un autre endroit que Tumpie affectionne particulièrement à Saint Louis : Soulard Market, un marché grouillant et coloré, tenu en majorité par une colonie d'émigrés allemands ayant fui Bismark, mais aussi par des Libanais, des Bohémiens, des Croates et des Slovaques. Dans cette atmosphère cosmopolite et piaillante, Joséphine s'épanouit. Se faufilant sous les étalages des marchands, elle ramasse les fruits et les légumes qu'elle peut y trouver pour les revendre tout comme le charbon, à ses voisins de Gratiot Street, distante de quelques miles.

Un matin, Carrie annonce à sa bâtarde son intention de la placer en pension chez « une dame ». D'abord enchantée, la fillette ravale vite son engouement. Chaque jour, dès sept heures, on la contraint à effectuer les tâches ménagères les plus rebutantes, puis après l'école et les bagarres perpétuelles avec les élèves et les instituteurs, le travail doit reprendre de plus belle à la maison. Incapable de se soumettre à la moindre discipline, Joséphine est rossée si sévèrement que, pour éviter de lui user des vêtements charitablement prêtés, la « dame » prend le soin préalable de les lui retirer. Le soir venu, cette petite Cosette rejoint dans la cave le chien du ménage. Avant de s'endormir ensemble, ils troquent leur misère : elle lui donne de son maïs. Lui, sa chaleur... et quelques-unes de ses puces.

De ces traumatismes, Joséphine ne ressortira pas indemne. L'efflorescence de son amour indéfectible pour les animaux est liée à cette époque. Après que l'une de ses patronnes l'ait un jour contrainte à égorger Jacky, un poulet élevé par ses soins et auquel elle s'est attachée, la gamine prend les jambes à son cou sans attendre sa rétribution. Lorsqu'elle arrive chez elle, sa mère donne libre cours à son animosité : « Je me souviens qu'elle m'a battue... battue... »

Carrie continue de voir dans sa fille aînée le reflet de celui qui l'a lâchement abandonnée pour fonder un foyer avec une autre. Elle demeure intraitable envers la cause de cette union avortée. Plus que jamais, Eddy Carson brille par son absence...

Le souvenir que Joséphine conservera de ses autres « employeurs » sera tout aussi funeste. L'une de ses patronnes l'envoie à l'hôpital après lui avoir plongé les mains dans une bassine d'eau bouillante. Le mari d'une autre n'oscille pas pour abuser d'elle : « Je montais sur les genoux de Monsieur Mason et je l'embrassais, mais lui, il m'embrassait drôlement, pas comme Madame Mason... » Lorsque la maîtresse de maison démasque ce manège sordide, elle y met fin en renvoyant Joséphine chez elle.

Plus grave : Carrie sacrifie sa fille en la prostituant régulièrement avec tout ce que cela peut avoir comme conséquence chez une fillette de cet âge. Si pénible soit-elle, la réalité est pourtant là. Souvent, à l'avenir, Joséphine parlera de cela à ses amis les plus sûrs. Cette tache jamais ne s'effacera chez elle et son amour pour sa mère sera un amour impossible jusqu'au dernier souffle de celle-ci, bien des années plus tard.

Le froid, la faim mais l'espoir...

Par chance, on danse beaucoup en ce début de siècle dans les rues de Saint Louis. Tumpie y voit sa providence : « J'ai appris à danser parce que j'avais froid... »

La musique noire américaine, héritage direct de la culture musicale africaine d'avant l'esclavage, s'est maintenant développée de façon spectaculaire. Au XIXe siècle, il fut d'usage d'utiliser les Noirs, officiellement exclus du service militaire, comme tambours de l'armée lors des batailles pour l'indépendance. En 1877, après la guerre de Sécession, les fameux Fisk Jubilee Singers, une formation d'étudiants noirs (les Jackson's Five de l'époque), ouvrirent la voie de la notoriété mondiale à bon nombre d'artistes de couleur et, trois ans plus tard, un « nègre » fut même engagé pour jouer dans *L'Oncle Sam*. Une prérogative jusque-là réservée à des Blancs noircis à la cire de bougie...

A défaut de pouvoir s'offrir un vrai piano, avec environ cent cents, beaucoup de familles noires s'endettent à vie pour acheter un petit orgue à crédit et financer leur rêve. Ces amateurs ignorent le solfège, mais avec leur seule main gauche sur le clavier, ils savent instinctivement comment remplacer les battements primitifs des mains et des pieds, les autres doigts inventant des « mélodies syncopées à partir des réminiscences d'airs de violon et de banjo » : un authentique orchestre par musicien.

Joséphine gagne son premier cachet lors d'un concours, en dansant le « cake walk ». On commence alors à la voir traîner dans des endroits mal famés, des arrière-salles de bar, où des pianistes jouent pour quelques privilégiés leur meilleur ragtime qu'ils n'ont même pas l'ambition de faire éditer. En dehors des « house rent parties », soirées organisées chez un particulier pour l'aider à payer son loyer, Tumpie aime aussi se trémousser dans l'église du quartier, la Compton Hill Missionary Baptist Church : « Gagnée par le Saint-Esprit, j'imitais les grands avec frénésie. »

Construite en 1870 et restaurée, cette église est toujours debout parmi les bâtiments délabrés de Gratiot Street...

Joséphine avait déjà goûté aux joies de la scène et du théâtre en organisant des spectacles dans la cave des Mason. Les gosses du quartier s'y pressaient pour la voir s'exhiber dans une robe et des chaussures trop grandes pour elle au milieu d'un décor de bouts de ficelle et de vieux rideaux. Le prix de la place : une épingle à cheveux. Lorsqu'un soir, la robe de la vedette s'enflamma au contact des projecteurs (des bougies volées à l'église), le jeune public s'enfuit, livrant la pauvre Tumpie à son destin. Le lendemain, pour reconquérir sa notoriété, elle annonça la gratuité exceptionnelle de la représentation. *The show must go on !* Déjà...

Très tôt, la fille de Carrie étouffe dans son quotidien. La vie au sein de sa famille, dans ce ghetto sans avenir, lui paraît de moins en moins supportable. Si elle lance ses jambes dans tous les sens au son de notes endiablées, son petit cœur meurtri bat silencieusement au rythme du blues douloureux et bouleversant, celui que l'on entend pleurer un peu partout dans le pays. Il lui faut trouver un moyen de fuir ; fuir le plus loin possible. N'a-t-elle pas découvert sa vocation : danser ? Depuis longtemps, elle le pense : une autre vie l'attend ailleurs. Maintenant, elle en est sûre. Mais avant de lui laisser déployer ses ailes, la providence lui apporte un autre type de spectacle, sans doute le plus stigmatisant de son existence...

L'aînée des Martin ne compte pas encore douze printemps. Comme tous les enfants à qui l'on a voulu prématurément interdire de rêver, elle prend part aux conversations et aux décisions des « grands ». On parle devant elle en toute liberté et elle perçoit bien trop souvent ce que l'on devrait lui cacher. L'après-midi du 2 juillet 1917, elle décèle dans les yeux de sa mère une angoisse qu'elle ne reconnaît pas. Une Blanche a soi-disant été violée par le petit Tom, un adolescent de couleur. Dans la communauté noire, on sait déjà ce que cela va signifier...

Dès le début de l'année, des grondements inquiétants ne cessent de rouler à travers la ville. En dépit de l'influence française, Saint Louis semble avoir fait un pas en arrière dans les relations entre les races. Lors d'un référendum sur le rétablissement officiel de la ségrégation, les habitants répondent massivement « oui ! ». Heureusement, la cour suprême annule finalement toutes les ordonnances, les mêmes qui seront adoptées ailleurs.

Depuis plusieurs semaines, le quartier Est, situé de l'autre côté du Mississippi, pâtit d'une série de grèves mais lorsque la direction de l'une des usines décide d'embaucher à très bas prix des « strike-breakers », tous noirs, la situation se détériore. Des émeutes d'une violence sans précédent embrasent la ville.

En ce torride été 1917, tout commence par des cris et par un épais nuage de fumée qui s'élève en lentes circonvolutions dans le ciel. L'intuition de mama Carrie était bonne. Par vengeance ou comme prétexte, le ghetto est livré en pâture aux mains haineuses de certains Blancs. Parmi d'insoutenables spectacles, Joséphine enregistre celui d'un vieillard, les mains levées en signe de supplication devant son bourreau qui le frappe à coups redoublés avec une barre de fer. Les os brisés, le malheureux s'écroule pour ne plus devenir qu'un chiffon de sang au milieu d'une marre de boue. Des Noirs affolés courent dans tous les sens, les vêtements en feu. Joséphine et ses frère et sœurs, transis de peur, se blottissent contre leur mère, qui les a éloignés de la maison pour les mettre à l'abri.

« Dieu nous vengera ! » hurle Carrie en levant un poing rageur vers le ciel.

Après la tempête, le bilan est lourd. Deux journalistes blancs, Paul Anderson du *Post* et Russell Froelich du *Globe*, dépêchés sur les lieux, ont risqué leur vie dans le feu de l'action. Trente-neuf Noirs y ont laissé la leur. Chez les Blancs on dénombre huit victimes.

La police de Saint Louis East et les membres d'une garnison, les « Illinois National Guardmen », n'ont rien fait pour interrompre le carnage. Les Noirs qui y ont survécu n'ont dû leur salut qu'à l'intervention des policiers de l'autre Saint Louis, qui se sont avancés jusqu'au milieu de Eads Bridge (le pont qui relie les deux parties de la cité), pour protéger les fugitifs. La mairie, la Croix-Rouge et d'autres organisations humanitaires ont ensuite pris le relais en déclenchant un plan d'hébergement.

« Quand on a vu ça, dira Joséphine, soit on reste terrorisé à vie, soit on n'a plus jamais peur de rien, et je n'ai plus peur ! »

De ces désillusions peut naître en soi, insidieuse, la haine, celle-là même qui fermente au contact de la détresse et de l'humiliation. Joséphine la ressentira au plus profond de son être, mais plus forte que toutes les tentations, elle s'efforcera de la refouler, comme on combat une allergie qui vous tient jusqu'à la démangeaison...

L'appel du large...

Le 28 octobre 1918, passant outre le veto du Président Wilson, le Congrès américain imité par le Sénat vote un amendement à la constitution (Voltead act) : la prohibition de l'alcool est officiellement instaurée. « L'eau de feu », apparue avec l'arrivée des premiers colons anglais au XVIIe siècle, divise l'opinion depuis fort longtemps, mais la nouvelle loi provoque l'effet inverse de celui escompté. En ouvrant la voie à tous les excès, elle inaugure le règne d'Al Capone et, depuis les petits commerçants jusqu'aux pasteurs et aux prostituées, tout le pays se livre allégrement à la contrebande.

En 1925, le prince de Galles en visite aux Etats-Unis donnera son très britannique sentiment sur la royale utopie de la prohibition : « Formidable ! Ça commence quand... ? »

Dans la confusion de la pègre naissante, Arthur et Carrie continuent à survivre dans les vapeurs du whisky, laissant Joséphine danser, seule, son avenir sur les courbes fragiles du mirage. La pauvre enfant imagine des scènes immenses, baignées de lumières enveloppant son corps frêle au milieu de décors toujours plus oniriques.

Premier clin d'œil de la chance : l'arrivée dans sa ville des « Dixies Steppers », une troupe de théâtre qui se produit au Booker T. Washington Theatre...

Aujourd'hui, à l'angle de la 63e rue et de Market Street, à l'emplacement exact de ce qui fut jadis un haut lieu du théâtre noir, une autoroute a été construite mais dans la mémoire collective des Saint Luciens de couleur la notoriété du « Booker » demeure. Les Dixies Steppers s'inscrivent dans la pure tradition du vaudeville et leur appartenance au Theatre Auwners Booking Association leur coûte l'élégant sobriquet de « culs raides » !

Avec une partie de l'argent gagné à fourbir l'argenterie des riches, chaque dimanche Margareth et Tumpie se rendent régulièrement au spectacle. Si la première se lasse de revoir toujours les mêmes numéros, Joséphine, fascinée, y retourne toutes les semaines. A treize ans, elle est petite et maigre comme un clou, « un œuf sur un corps de sauterelle » mais elle ne s'embarrasse pas de scrupules et tente sa chance auprès du directeur, Bob Russell. Elle a déjà approché le monde de la musique en apprenant à souffler dans un trombone avec « The Jones Family Band », des musiciens ambulants. Avec eux, elle a écumé tous les restaurants du quartier, dansant et chantant de même pour les files d'attente devant les théâtres.

Devenue depuis peu serveuse au Club des vieux chauffeurs de Pine Street, elle relance continuellement Bob Russell pour obtenir un engagement. Tout à la fois séduit et compatissant, Russell abdique et lui offre un rôle de Cupidon : suspendue à un fil d'acier, elle doit survoler la scène sur laquelle deux acteurs jouent aux amoureux, langoureusement enlacés...

Au fil des représentations, Tumpie fait l'admiration de Margareth qui la découvre, émerveillée. Mais un soir, victime d'un problème technique, Cupidon reste accroché dans les airs. Dans son maillot rose paré de deux grandes ailes immaculées, il cède à la panique, tentant coûte que coûte de ramener au sol son corps livré au filin devenu fou. Le tableau qui se veut sentimental et émouvant se transforme en scène comique. Dans la salle les gens rient à hurler. Triomphe fugace pour Joséphine ; lorsque la compagnie quitte la ville, c'est le drame ! Mêlant alors son inconscience à son courage, elle annonce à sa sœur son intention de suivre la troupe et lui fait jurer de garder le secret. Le soir même, on s'alarme de sa disparition. Bouleversée, Margareth finit par tout avouer aux parents mais c'est le jugement tranché de Carrie qui surprend la maisonnée : « Si elle a choisi, laissons-la faire. »

« Peut-être que Dieu veut cela », l'absout solennellement la grand-mère...

Pour Joséphine, cette ouverture sur le monde, l'autre, ressemble à une libération. Avec sa mère, les relations allaient effectivement à vau-l'eau. Eprise d'indépendance et montrant un caractère déjà bien trempé, Tumpie ne s'en laissait pas compter. Elle regimbait contre l'autorité maternelle : « Avec sa famille sur le dos, on ne peut rien faire. » Carrie n'en était que trop coupable. N'avait-elle pas laissé sa fille endosser toutes les responsabilités d'un adulte ? Joséphine y a laissé sa candeur.

Le théâtre la transporte de ville en ville mais, pour des raisons d'adaptation technique, elle ne peut reprendre son rôle de Cupidon. En attendant de se produire dans un autre numéro, elle accepte sans rechigner de devenir la boniche de la troupe. Puis un jour, on ne peut plus lui fournir de travail : la mise à pied est douloureuse. Refusant la fatalité et n'évaluant pas le risque, Tumpie se dissimule dans l'une des malles à costumes en partance pour l'étape suivante. Après une interminable nuit de voyage en train, la revoilà parmi les Dixie Steppers, à demi étouffée mais la mine triomphante ! Pour cette irréductible dont les connaissances tiennent dans une gargoulette, l'école n'est déjà plus qu'un lointain souvenir... Joséphine, déjà ennemie de l'« à peu près » et du « peut-être », a la vocation tenace ! Elle ne peut plus reculer, selon l'expression consacrée, c'est « marche ou crève ». On choisit de la faire voler en lui restituant son rôle de Cupidon. Bob Russell n'a décidément jamais rencontré une fille aussi entêtée !

Roulant des yeux, répétant à l'envi les mêmes grimaces qui lui ont valu tant de réprimandes à l'école, Joséphine pique mille et un trucs à tout le monde, se forgeant déjà un style. Elle sent germer dans ses tripes la fibre de la scène, celle des bravos et des lumières, celle aussi des galères et des soirs de misère. Elle joue dans des salles qui n'ont de théâtre que le nom, dans des endroits humides et crasseux, sous des toits de fortune à moitié dévastés par les intempéries et que le manque d'argent rend ouverts à tous les vents et à la pluie... Mais elle aime ça ; son seul bonheur étant de s'exhiber dans les quatre représentations quotidiennes que donnent alors les gens du spectacle aux Etats-Unis.

Las !, à Philadelphie, Russell apprend à ses artistes désemparés qu'il doit se séparer d'eux. Cette fois, les Dixie Steppers c'est bien fini !

Un nom pour la vie...

Joséphine s'obstine. Elle demeure à Philadelphie et, durant les jours d'errance qui suivent son licenciement, elle sympathise avec les Caldwell, un couple de danseurs. Tous deux travaillent au théâtre noir, le Dunbar, dans un nouveau spectacle qui commence à faire du bruit : *Shuffle Along*. Cette modeste production, montée par Noble Sissle, Eubie Blake et les deux comiques Flournoy Miller et Aubrey Lyles, a l'ambition de vouloir concurrencer celles des Blancs ; ses auteurs espèrent l'emmener triomphalement jusqu'à BROADWAY !

Le compositeur Blake jouit déjà d'une excellente réputation dans le monde musical noir américain. Né à Baltimore en 1883, il a obtenu son premier engagement dans un bordel à l'âge de seize ans, avant de devenir le principal représentant de l'école de ragtime de l'est des U.S.A. Sissle, de six ans son cadet, est lui originaire d'Indianapolis. Sa spécialité : le chant. Lorsqu'ils décident de s'associer pour créer *Shuffle Along*, Sissle devient l'auteur des textes, et Blake celui de la musique. Le talentueux Sissle n'en est pas lui non plus à ses premières armes. Pendant la guerre de 14, il a fait partie de ces 367 000 Noirs engagés par zèle patriotique ou pour échapper au chômage. Affecté au 369e régiment et envoyé en France pour distraire les combattants de l'armée américaine sur le front, il devient le tambour-major du fameux Jimmy Europe, l'étoile montante du jazz.

Sissle raconte que, lors d'un concert dans un petit village des Vosges, ils jouaient devant des centaines de paires d'yeux écarquillés, lorsqu'à la surprise générale, une « petite vieille d'environ soixante ans » se mit à esquisser une danse semblable à la leur, le « walking the dog » : « J'eus alors la certitude que la musique américaine deviendrait un jour la musique du monde entier... »

En 1921, grâce aux Caldwell, frémissante d'ambition, Joséphine parvient à approcher Sissle et Blake. Comme elle n'a pas seize ans, on lui explique que la loi sur le statut des danseuses ne permet pas de l'engager. Rien n'y fait ! Elle s'obstine à faire l'assaut de la direction. Sissle lui oppose alors un refus plein de regret mais définitif. Bien des décennies plus tard, il s'en souvint pour Lynn Haney, une journaliste américaine qui mit beaucoup de passion à enquêter sur la vie de Joséphine :

« De grosses larmes lui coulaient sur les joues, et, la tête basse, faisant penser à une fleur fanée, elle fit lentement demi-tour et, en trébuchant, descendit l'escalier qui menait à la sortie de la scène. Nous étions là à la regarder s'en aller par le passage qui donnait dans la rue. Nous l'entendions sangloter, d'abord doucement, puis de plus en plus fort. C'était comme un vrai torrent de douleur. Quand elle arriva à la grille, son petit corps maigre parut sur le point de se disloquer. Puis sans même se retourner elle disparut dans la pluie. »

Joséphine découvre à cette époque un type de ségrégation qui lui est inconnu ; celui des Noirs entre eux, les plus clairs rejetant les autres, les « foncés » ! Refusant de solliciter un rôle d'habilleuse, comme le lui conseille une amie, elle dépense ses derniers dollars pour acheter un billet de train. Destination : New York. Mais dans la grande cité, la désorientation est totale. Selon ses propres souvenirs, Tumpie passe ses deux premières nuits couchée sur un banc de Central Park. Songe-t-elle à ce garçon qui, depuis quelques semaines, partage sa vie et qui l'attend à Philadelphie ?

C'est là-bas, dans cette ville de Pennsylvanie où a été proclamée en 1776 la déclaration d'indépendance des Etats-Unis, qu'elle a fait la connaissance de Willie Baker...

De quelques années son aîné, honnête garçon, Willie faisait les beaux jours d'un hippodrome de Chicago avant leur rencontre. Il était jockey ! Un métier prestigieux pour un Noir !

Leurs premières roucoulades furent suivies de sentiments plus profonds et malgré la désapprobation des Baker, nourris d'orgueil et de préjugés, Joséphine Freda Martin changea d'état civil.

Madame JOSÉPHINE BAKER vous fait bien l'honneur !

C'est sous ce patronyme qu'elle sera connue et reconnue dans le monde entier, mais jamais cette union ne sera portée à la lumière du grand public européen. Ce n'est qu'en 1976, un an après la mort de sa sœur, que Richard Martin dévoila l'existence de ce mariage tenu secret, tout comme celui, d'ailleurs, contracté trois années auparavant avec Willie Wells. Elle avait alors à peine douze ans ! Fut-elle coupable de bigamie ? A cette époque, on la vit tricoter des layettes... Puis, à la suite d'une brutale empoignade conjugale au cours de laquelle la jeune mariée blessa son époux en lui brisant une bouteille sur le crâne, Willie Wells abandonna le domicile de ses beaux-parents aussi librement qu'il y avait été admis et l'on n'entendit plus parler de bébé. Richard en conclut que sa sœur avait dû avorter...

A New York, Joséphine continue de promener sa détresse à l'ombre des gratte-ciel jusqu'à la hauteur de la 63e rue, devant le Cort Theatre. *Shuffle Along* y est maintenant à l'affiche : le rêve des producteurs noirs est devenu réalité !

Jour après jour, inlassablement, elle harcèle la production pour intégrer la seconde troupe destinée à la province. Tout ce qu'on lui offre, c'est un nouvel emploi d'habilleuse mais lorsqu'un soir une fille tombe malade, elle la remplace au pied levé en incarnant comme personne auparavant le rôle de « funny girl ». Le succès se laisse apprivoiser. Enfin !

Le public, de plus en plus friand de « la petite girl qui louche », pense qu'il s'agit chez elle d'un strabisme naturel ! Déjà « pute de métier » dans l'âme, Joséphine entretient le quiproquo... La « consécration suprême » survient lorsque Al Meyer, le manager de *Shuffle Along*, lui demande de faire partie de la troupe principale, celle de New York, aux côtés de Sissle, de Blake et de Florence Mills. Dans la coulisse, elle se lie d'amitié avec l'une des grandes pointures du jazz du XXe siècle : Hal Johnson ; Al Meyer lui a confié le violon et l'alto au sein de l'orchestre.

En dehors des performances de chacun, c'est une véritable frénésie qui se déploie autour de cette production montée avec des moyens financiers limités.

« En quelques semaines, *Shuffle Along* fit du théâtre de la 63e rue l'une des salles les plus célèbres de New York, notera James Weldon Johnson dans *Black Manhattan*. La section de la circulation dut mettre la 63e rue en sens unique. »

Le retentissement considérable de *Shuffle Along* constitua un tremplin précurseur pour les spectacles noirs qui survivront à la crise économique de 1929.

A chaque coin de rue, on entend fredonner *I'm just wild about Harry* l'un des airs de la revue qui se métamorphosera dix-sept ans plus tard en texte partisan : les supporters de Harry Truman l'utiliseront lors de sa campagne pour l'élection à la présidence des Etats-Unis. Au crépuscule de sa vie, Joséphine elle-même chantera encore cette chanson qui lui rappelait tant de souvenirs.

Mais, déjà, Tumpie se sent mal à l'aise parmi les girls, ces filles vulgaires et décrépites, que le maquillage vieillit avant l'âge. Leur jalousie envers la « guenon » est féroce et tout est prétexte à invectives. Joséphine veut dépasser leurs bassesses qui les installent dans la médiocrité. Aller plus haut, beaucoup plus haut... Oh ! pas jusqu'à Hollywood, car elle est consciente que devant sa condition de « négresse » les collines de la ville du cinéma se dresseraient comme autant d'imprenables remparts. Même si, irrésistiblement, ses mimiques et son style ne sont pas sans évoquer le grand Charlie Chaplin, l'univers des Mary Pickford, Gloria Swanson et autres Marx Brothers paraît à des lustres du petit « Charlot » de la race noire. Elle se console piètrement en retrouvant au hasard d'une tournée quelques-unes de ses amies d'enfance, piégées au fond d'un bordel de Saint Louis : après tout, elle n'a pas si mal réussi...

De retour à New York, elle débusque sans difficulté un nouveau contrat dans *Chocolate Dandies*, une pièce plus prestigieuse encore que *Shuffle*. Son triomphe la propulse sur le devant de la scène et lui vaut, quelques mois plus tard, d'être engagée au légendaire *Plantation* aux côtés d'Ethel Waters, son idole.

Là, un soir, une Américaine de race blanche, une certaine Caroline Dudley, arrivée de France, la sollicite pour un rôle dans une revue nègre qui se jouerait à Paris...

Joséphine n'accorde qu'un soupçon d'intérêt à cette femme dont elle se méfie. Etourdie par le succès des représentations, elle est loin de mesurer la teneur de la proposition qui vient de lui être faite.

Au fil de ses lectures, Miss Dudley était tombée amoureuse de la France en général et de l'écrivain français Joseph Delteil en particulier. Pascin, le « peintre maudit », les avait présentés l'un à l'autre et seul le décès de Delteil près d'un demi-siècle plus tard brisa leur union exceptionnelle.

Au Plantation, Joséphine continue de danser et de jouer la comédie mais, émoustillée par son flair, Dudley revient à la charge. Elle exige une réponse et une réponse positive ! Joséphine hésite. Tirée à hue et à dia, elle demande à réfléchir.

Au cours de l'un de ses périples outre-Atlantique, Maurice Chevalier, la star française du moment, fait une escale fortuite dans ce cabaret mythique. Ses souvenirs de vieil homme lui rendront avec fidélité l'éblouissement de l'instant : « La revue n'était pas commencée depuis cinq minutes que cela n'arrêtait pas. Trépidant, dynamique, incessant, le rythme ne permettait même pas aux artistes de saluer après un numéro réussi, tout s'enchaînait comme une ronde endiablée. Parmi les girls, j'en remarquai une dont le corps presque nu avait d'étranges attraits. Son visage convulsé, contorsionné, avait soudainement des détentes ravissantes... »

La France ? s'interroge Joséphine, pensant et repensant à la proposition qui lui a été faite ; va-t-elle devoir tout abandonner du jour au lendemain ; un succès naissant, des cachets confortables qui lui permettent de venir en aide à sa famille ? Certes, elle n'a pas acquis la notoriété que lui donneraient les premiers rôles dont elle rêve. « Si j'avais été une vedette à Broadway, je l'aurais su », mais à force de courage et de volonté, elle a déjà esquissé une trajectoire. Un « tiens » ne vaut-il pas mieux que deux « tu l'auras » ?

Enfin, la vieille Europe s'offrirait-elle ainsi sans coup férir à la première petite négresse ambitieuse ? La peur au ventre et la tête pleine d'étoiles, Joséphine finit néanmoins par se laisser arracher un consentement. Elle a dix-neuf ans... A la faveur de ce coup du sort, elle se voit offrir une opportunité inespérée. Habile et déjà professionnelle jusqu'au bout de ses ongles, elle se promet de ne pas laisser filer la chance...

Son mariage toujours en vigueur n'étant plus pour elle qu'un poids mort, à la fin de l'été 1925, elle dit adieu à New York. En voyant s'éloigner les côtes américaines elle demeure longuement songeuse, accoudée au bastingage du *Berengaria*. Vers quel univers le vieux paquebot l'emmène-t-il donc ? En fuyant les Etats-Unis, parviendra-t-elle à échapper à la lèpre du racisme ou bien la couleur de sa peau anéantira-t-elle toutes ses illusions ?

II

CES ANNÉES TELLEMENT FOLLES...

« *Si Adam avait connu Joséphine, il aurait croqué une banane.* »

Francis Veber

Paris/Baker : le début de la folie...

LE 22 septembre aux aurores, après une traversée de l'Atlantique longue et mouvementée, les machines du *Berengaria* font taire leur puissant vrombissement. Les passagers soulagés de pouvoir bientôt fouler la terre ferme envahissent la passerelle.

Quelques heures plus tard, bercée par les cahotements du train qui l'emmène vers Paris, Joséphine a le cœur gros. Tout à l'heure, à peine arrivée à Cherbourg, un employé du port, un Français, l'a traitée de « cocotte ». En regardant la définition de ce mot dans son petit dictionnaire de poche, elle a bien lu qu'il l'avait insultée, puisqu'une cocotte n'est rien d'autre qu'un « vulgaire récipient en fonte (noir de surcroît), et destiné à mijoter les aliments »...

Mais son arrivée dans la capitale française lui fait bien vite oublier sa toute première déconvenue.

Depuis la veille au soir, une pluie fine n'en finit plus de mouiller les trottoirs de Paname ; dans le monde du spectacle, c'est un bon présage...

Avec un hourvari indescriptible, toute la troupe prend d'assaut le pavé parisien. Personne ne sait encore combien de temps durera ce séjour en France, Joséphine pas plus que les autres. Mieux vaut donc puiser dans les plaisirs de l'instant.

Dès le lendemain, un appareil photo en bandoulière sur la fesse gauche, une grosse paire de jumelles sur celle de droite, Joséphine, solitaire, se sent prête à découvrir cette ville lumière qu'on lui a tant vantée et qui la tient en haleine.

Pour la circonstance, elle a revêtu sa tenue favorite : une salopette à carreaux blancs et noirs, retenue par deux bretelles à carreaux qui passent par-dessus une blouse... à carreaux elle aussi. Tandis qu'elle déambule librement le long des boulevards, reniflant la bonne odeur des boulangeries, sursautant au bruit de la trompe bruyante des taxis, elle s'aperçoit qu'autour d'elle les gens se moquent...

Il semble pourtant à la jeune New-Yorkaise qu'avec son petit chapeau à plumes multicolores et ses chaussettes vertes assorties à ses chaussures, elle se trouve à la pointe de la mode harlémite ! Elle ne comprend pas leurs réactions et jusqu'à ce qu'elle regagne son hôtel de la rue Campagne-Première, il lui semble entendre résonner le rire indiscret de ces « kookoo » de Parisiens : « Ah ! j'étais jolie pour aller voir l'Arc de Triomphe et le Tombeau de Napoléon... ! »

Tony Clide a un peu plus de vingt ans lorsque les murs de la capitale commencent à se couvrir d'affiches sépia, signées par un certain Paul Colin et annonçant un spectacle intitulé *La Revue nègre*.

« Les gens se demandaient : Qu'est-ce que c'est que ce truc », raconte Clide qui deviendra dix ans plus tard le partenaire de scène de Joséphine.

Si, dans la rue, l'excitation va croissant, au théâtre des Champs-Elysées au contraire le découragement est tel qu'il menace directement la programmation du spectacle. On parle de l'annuler. A quelques jours de la première, Daven, directeur du lieu qui connaît bien les Parisiens, se montre plus qu'hésitant. Il estime qu'il n'y a rien de présentable pour son public. La troupe fourmille de talents mais il lui manque un nerf, rien ne semble construit. « Nous courons à la catastrophe », vocifère-t-il, désespéré. C'est pourtant lui, de concert avec Rolf de Maré, P.-D.G. du théâtre, qui a donné carte blanche à Caroline Dudley pour ramener des artistes noirs d'Amérique, ses recettes dégringolant de façon vertigineuse. Ses programmes renouvelés tous les quinze jours n'attirent plus le public, mais en ayant voulu miser sur la nouveauté, ils se retrouvent pris au dépourvu par une désorganisation au moins à la hauteur de l'inconscience de leurs nouvelles recrues. Jacques Charles, « docteur ès music-hall », brillant metteur en scène des revues du Casino de Paris, est alors appelé au secours. Pour mieux mettre le corps de Joséphine en valeur, il est décidé qu'elle dansera nue, un rôle que la fille de Carrie n'accepte pas sans tempêter selon les dires de Jacques Charles. A-t-elle le choix ? Les garçons de la troupe s'escriment à la rassurer ; entre Spencer Williams qui a écrit les textes, Claude Hopkins qui dirige l'orchestre et Louis Douglas danseur et chorégraphe, elle est brillamment entourée. Parmi les musiciens, un autre de ses amis, déjà apprécié du public parisien : Sidney Bechet. On a prétendu que le jugement de Paul Colin, l'un des premiers amants parisiens de Joséphine, pesa fortement dans la décision du théâtre de donner la vedette à Tumpie. Rien n'est plus faux. Joséphine avait quitté New York avec un contrat qui lui garantissait le rôle vedette de la revue. Les dents des autres filles commencèrent alors à grincer...

« A propos de Colin, il convient tout de même de rétablir la vérité historique, intervient Jacques Crépineau, directeur du théâtre de la Michodière à Paris et spécialiste de l'histoire du music-hall. Paul Colin avait ses entrées au théâtre des Champs-Elysées où il venait parfois croquer les artistes en répétition, mais ce n'est pas à lui que Caroline Dudley avait confié la réalisation de l'affiche et des décors de *La Revue nègre*, mais à un peintre mexicain inconnu en France : Miguel Covarrubias. Colin qui s'était approprié un ouvrage sur ce dernier exploita son travail sans l'ombre d'un scrupule. Après avoir longuement cherché, j'ai retrouvé à Londres l'un de ces ouvrages rarissimes. Les dessins qui y figurent prouvent de façon flagrante le plagiat de Colin. On peut donc l'affirmer aujourd'hui de façon catégorique : si l'affiche de *La Revue nègre* fut signée Paul Colin, elle est l'œuvre de Miguel Covarrubias. Et que justice soit faite ! Il en est de même des décors. Covarrubias avait réalisé une toile géante représentant un cimetière nègre. La direction refusa le projet tel qu'il fut présenté. Colin le modifia en n'oubliant pas d'y apposer sa signature. Ainsi naissent les légendes... »

La première est définitivement fixée au 2 octobre. Elle arrive très vite...

L'après-midi du 2, dans l'agitation des ultimes préparatifs, personne ne semble percevoir les premiers grondements de tonnerre... La revue qui, avec ses cinquante-cinq minutes, assure la deuxième partie du programme, va maintenant débuter. La salle qui vient d'applaudir abondamment l'illustre Saint-Granier, imitateur du Tout-Paris, est bondée. Daven, mort d'inquiétude, lâche les rênes de son odyssée. Rien désormais ne lui appartient plus.

Le rideau se lève.

Le décor, un bouquet de gratte-ciel cartonnés par... Colin et à peine éclairés, paraît presque endormi lorsque Bechet qui ouvre le feu laisse s'échapper de son saxo ses mélopées renversantes. Puis le musicien s'en va comme il est arrivé. Soudain, alors que tout repose encore, le spectateur à peine éveillé voit débouler sur la scène un morceau de caoutchouc androgyne recouvert de guenilles, salopette noire et chemise blanche en lambeaux... Le détail révèle des cheveux huilés sur un crâne tout ovale et des yeux qui, lorsqu'ils ne louchent pas, semblent comme deux roues excentrées. « Est-ce un homme ?, est-ce une femme ? » Quand le phénomène se met à se déhancher de façon diabolique au son d'un fantastique charleston, l'assistance a le souffle coupé. Les bouches restent closes, seuls les yeux paraissent vouloir crier. Tour à tour frénétique, langoureux, sensuel, le « caoutchouc » ductile enchaîne les contorsions et lorsque, dans le dernier des neuf tableaux, il mêle le satiné de son corps d'animal fabuleux à celui de Joe Alex, un vigoureux « étalon noir », le public explose.

« La Baker » vient de naître...

Tous les spectateurs qui ont envahi la salle sont en transe. Au milieu d'un tollé extraordinaire, on se lève pour crier au scandale. Les jeunes gens, au contraire, se déchaînent telles des hyènes et hurlent leur approbation.

« Remboursez ! Remboursez ! » s'acharnent les plus virulents ! Les machinistes, prenant peur, baissent le rideau, mais Joséphine revient à l'avant-scène et continue de danser car elle entend des sifflets et ça la galvanise. Elle ne sait pas qu'à l'inverse des Etats-Unis, lorsque l'on siffle en France, c'est pour huer l'artiste...

« Cette fille est cinglée, elle ne comprend donc pas ce qui se passe ? » s'affole-t-on en coulisses.

A la sortie, des gens se battent et cela ne fait que rajouter du jus à cette soirée « court-circuit ». Sa publicité est d'ores et déjà assurée. Le lendemain, depuis les Champs-Elysées et jusqu'à la rue Caumartin, dans tous les thés et sur tous les boulevards, on ne parle plus que de cette négresse qui a mis le feu aux planches en exhibant sa nudité, « comme une panthère noire sa fourrure ».

Dans ses *Cahiers du Sud*, Sandaz exulte :

« Elle se balance sans vertiges, goûte avec des postures de singe inquiet et amuseur, grimace, hurle et menace de toutes ses dents, adorablement blanches et agressives. Joséphine Baker, joie fraîche, cœur simple, belle fille, toutes les musiques de ton pays que tu ne connus peut-être pas sont suspendues à tes petits seins. Tu nous apportes le charme aigu et l'impudique innocence des vierges noires dansant aux pleines lunes de la forêt gorgée de sang et de sauvage luxure. Tu oses tout et tu nous sauves de nos ordinaires mensonges et tes bras menus, jeunes esquisses, nous rappellent que tu n'as pas vingt ans... »

« J'avais beaucoup d'amis avec lesquels je sortais très fréquemment, se souvient Mamy Darling. Pour des jeunes branchés (comme on dit aujourd'hui), ne pas aller voir *La Revue nègre*, aurait été un non-sens. »

Mathilde Darlin arrivait de sa Martinique natale et, à l'âge de quinze ans, gagnait déjà sa vie en servant de modèle dans diverses académies. En épousant plus tard un certain Légitimus, elle devait devenir la grand-mère de Pascal, le plus célèbre des « Inconnus »... Grâce à un prodigieux coup de bluff auprès du chorégraphe, et pour relever un défi lancé par ses amis, elle se retrouve directement impliquée dans la fabuleuse aventure de *La Revue nègre* en qualité de danseuse :

« D'emblée, Joséphine me prit sous son aile. A peine plus âgée que moi, elle se considérait comme ma grande sœur, m'ensevelissant littéralement sous des montagnes de sucreries. J'étais sa "baby", son "sugar". Elle me conseilla d'ajouter un "g" à mon nom pour que cela fasse plus "business". Je devins : "baby Darling"...

« Ces débordements d'affection s'expliquaient sans doute par son désir de se soustraire à la médiocrité et à la jalousie des autres filles de la revue, qui ne lui avaient pas pardonné de leur avoir volé la vedette. Il faut avouer qu'elle ne faisait rien pour se rendre sympathique. De par son attitude autoritaire et revancharde, elle suscitait de constantes disputes avec nos camarades.

« Un jour, une girl excédée la gifla, et Joséphine mit

toute son énergie à lui rendre son coup. La fille courut pleurer chez son mari, l'un des musiciens de l'orchestre, Espagnol d'origine mais toujours saoul comme un Polonais !

« "*Lo va a matarla, lo va matarla*", l'entendis-je hurler du fond du couloir ! Il avançait à pas rapides vers la loge de Joséphine, un couteau à la main, dans la ferme intention de l'égorger. Le devançant, je me suis mise à crier pour prévenir "Josie". Une fois dans la loge, j'ai immédiatement refermé la porte et, adossées à un bahut, nous avons repoussé notre assaillant en bloquant l'entrée avec nos pieds. Heureusement, Monsieur Daven, alerté, parvint à apaiser la fureur du musicien fou.

« Après trois quinzaines de représentations au théâtre des Champs-Elysées, *La Revue nègre* qui n'avait été programmée que pour quinze jours joua d'autres prolongations au théâtre de l'Etoile. Jusqu'à ce que la troupe parte pour Bruxelles, puis Berlin à la fin du mois de décembre 1925, après dix semaines de triomphe parisien, l'atmosphère demeura tendue. Je n'ai, hélas, pas pu les suivre car j'étais encore mineure et personne en France ne pouvait répondre de moi...

« Un jour en Allemagne, Joséphine disparut subitement de la circulation. On la chercha partout, redoutant l'enlèvement. Finalement, Joe Alex vendit la mèche. Il téléphona à Paris en révélant qu'elle avait secrètement signé avant de partir pour Berlin un contrat avec Monsieur Derval, le directeur des Folies-Bergère et qu'elle avait abandonné la troupe en Allemagne pour aller répéter aux Folies. C'est Lorett, l'envoyé de Derval, qui était venu la chercher. Elle avait ainsi berné les deux troupes, celle de *La Revue nègre* et celle des Folies en exerçant un chantage sur Lorett. Elle lui avait exigé 400 francs de plus par représentation... Ce qu'il accepta contraint et forcé... »

Après cette trahison, *La Revue nègre* fut complètement disloquée et la plupart de ses protagonistes regagnèrent les Etats-Unis.

« Je crois que s'ils l'avaient tenue entre leurs mains cette fois-ci, ils l'auraient égorgée ! » s'exclame mamy Darling.

Caroline Dudley ravale sa rancune : « Comment pourrais-je lui en vouloir ? Comment une petite fille de dix-neuf ans qui voit soudain la gloire, l'argent et Paris à ses pieds peut-elle ne pas perdre la tête ? »

Après la première de *La Revue nègre*, un bal est organisé au théâtre des Champs-Elysées. Au cours de la soirée, Joséphine remarque l'un de ces dandies qui écument alors les salons dorés de la capitale, un éphèbe d'une rare élégance, grand, brun, et surtout très riche... comme elle les aimerait.

« *What's your name ?*

– Bataille ! Maurice Bataille ! »

Elle ne serait pas près d'oublier ce nom et cette rencontre. Lui non plus...

Un pruneau sur le gâteau...

Dans ce Paris de 1925 qu'elle découvre et qui désormais n'a d'yeux que pour elle, Joséphine est ivre de bonheur. « Champagne, tourbillons, éloges, j'aime Paris, son mouvement, son bruit et son mystère, tous ses mystères. »

Le destin s'est enfin décidé à la désigner de son doigt magicien et elle n'entend pas rester sourde à l'appel de ce siècle qui lui promet la gloire.

Par chance, les temps sont en pleine mutation et sa personnalité bouillonnante éclabousse les tentures de son époque grivoise. On en a assez des guerres et celle de 14-18 a été particulièrement sanglante. La France est sortie ruinée de ce conflit mais on a voulu rester optimiste. N'a-t-on pas pris une revanche semble-t-il définitive sur l'Allemagne ? Et puis, à la tête du gouvernement, le centriste Raymond Poincaré, rappelé à la Présidence du Conseil après l'échec politique du Cartel des gauches d'Edouard Herriot, ne tarde pas à stabiliser la monnaie en rétablissant le franc-or. Alors maintenant, on veut s'amuser, vivre enfin pour qui peut financer sa folie.

Depuis le second Empire, Paris, « la seule ville au monde où l'esprit court les rues », demeure encore la capitale universelle des arts et de la littérature et plus que jamais, dans tous les domaines, la volonté d'innover, de créer et de bousculer le quotidien éclate chaque jour.

Dans son manifeste du surréalisme, le poète André Breton a appelé les artistes à l'abandon de la logique et de la raison au profit de l'imaginaire et de l'inconscient. Sous l'égide du maître et de son précepte « Il faut briser le carcan de la raison », un certain nombre de peintres illustres (Miro, Magritte, Dali) ou de poètes (Eluard, Aragon) vont faire du surréalisme une religion. Leur religion.

Le jazz a envahi l'époque. On l'entend partout : chez Zelli's à Montmartre, au Grand Teddy rue Caumartin, où encore au Bœuf sur le toit avec Wiener et Doucet. Les Parisiens, fascinés, découvrent les inventions acrobatiques de formations antagonistes. Cette influence musicale soufflant des U.S.A. prend racine sur les boulevards du baron Haussmann. L'éditeur Francis Salabert en profite pour y vendre les airs qu'Irving Berlin et Cole Porter viennent de créer pour les Ziegfield Follies, tandis que passage du Lido sur les Champs-Elysées, Paul Misraki installé à son piano offre aux amateurs les dernières chansons new-yorkaises, dans un magasin appartenant à Jacques Brindejonc, le petit-fils d'Offenbach.

La contagion gagne même les « fils à papa » et, dans le seizième arrondissement de Paris, Ray Ventura et son orchestre mettent en transe toute la rue de la Pompe. La professie de Noble Sissle s'est pacifiquement accomplie...

Dans la spirale de cette formidable explosion, une multitude d'artistes misent sur une place au soleil. Leur image de référence reste l'étoile qui ne cesse de s'élever : Maurice Chevalier. Quand il ne se dandine pas sur son déjà célèbre *Valentine*, « l'homme au canotier » campe dans les salons, pour d'interminables parties de mots croisés, une autre nouveauté qui arrive d'Angleterre. On s'y adonne dans les lieux publics, les cercles de jeu... Il n'est pas jusqu'à Léon Blum, le futur Président du Conseil, qui ne s'y laisse prendre.

Parmi les fans de Chevalier les plus tenaces et les plus ambitieux : un certain Jean Gabin, qui se cherche une personnalité obstruée par son culte pour le grand « Momo ».

Au milieu de ces bouleversements, Joséphine n'hésite pas à s'approprier le rôle de libératrice de son sexe. En réalité, sous l'inspiration du roman de Victor Margueritte *La Garçonne*, les femmes ont déjà dégagé leurs nuques et Coco Chanel, devançant l'excentrique Schiaparelli et la classique Jeanne Lanvin, leur a ôté leurs corsets au grand dam de Colette : « Coco a transformé les femmes en petits télégraphistes sous-alimentés. » Et Paris de chanter :

« *Elle me botte la jupe-culotte,*
Les femmes n'ont plus peur qu'on les p'lote ! »

Une confidence au journaliste René Pujol nous montre que Tumpie ne s'avoue pas vaincue : « Si je n'étais pas modeste, je tirerais grand orgueil de mon influence sur les mœurs de la ville lumière. Il faut que la France manque réellement de gouvernement pour qu'une jeune quarteronne arrivée du Missouri en passant par Broadway ait immédiatement déterminé de ses profondes modifications dans les us et coutumes d'un pays qui se targue d'être à l'avant-garde de la civilisation. »

On peut cependant admettre que, par ses attitudes résolument modernes, Joséphine aura contribué à accélérer cette révolution en la portant comme un symbole. Sa propre féminité « ferme, synthétique et diamétrale » sera comparée à celle d'un « singe qui aurait fait de la gymnastique suédoise »...

Loin de toutes ces fiévreuses métaphores dont elle ne saisit pas le détail, Tumpie a la tête qui tourne. Elle prend conscience de son charme ravageur, et dans la salle de bains de l'hôtel Fournet, boulevard des Batignolles, elle en fait à nouveau usage avec le garçon d'étage, un Blanc lui aussi... comme Colin : « J'avais laissé la porte de la salle d'eau entrouverte comme une invitation pour qu'il puisse voir mon corps nu dans la glace... »

Georges Sim, un jeune journaliste nouvellement arrivé de Liège, lui propose ses services de secrétaire ; elle le garde comme amant avant qu'il ne connaisse à son tour le vertige de la notoriété sous le pseudonyme de Georges Simenon.

A Montparnasse, au cours de ces fabuleuses soirées dont les années folles ont emporté le secret, Tumpie rencontre le Tout-Paris, cette « petite province étouffante et malsaine ». La Rotonde et surtout la Coupole, l'établissement le plus huppé du quartier, fourmillent de célébrités les plus fantaisistes. Dans cette atmosphère pétillante, éblouissante et mystérieuse, Joséphine envoûte les plus fins apôtres de la culture et du spectacle. Le peintre Foujita, l'une des figures emblématiques de l'époque, la supplie de lui accorder une séance de pose, tandis que, tout enorgueillie du succès de *Chéri*, Colette n'hésite pas à lui offrir sa tendre amitié.

Un soir, Ernest Hemingway entreprend de la séduire pour se voir accorder le privilège d'une danse. Elle ne le quitte pas de la nuit et lorsque la dernière note de *La Violeterra* tombe enfin, sa partenaire, l'œil luisant de malice, lui avoue ne porter pour toute étoffe sous son épaisse fourrure que le ruissellement de sa sueur...

Et son derrière... « ce cul qui fait bander Paris » ! Elle en parle sans fausse pudeur au journaliste René Pujol en avant-première d'un livre de Colin, « Le tourbillon noir », « On aime beaucoup mon derrière à Paris, on le trouve à la fois confortable et artistique. C'est à lui qu'on offre des bonbons et des fleurs. S'il tombait malade, s'il se flétrissait, je n'aurais plus aucune espèce de célébrité. Ce qui m'a le plus flattée c'est d'entendre dire qu'il est espiègle et spirituel. Depuis que je sais cela, j'ose à peine m'asseoir dessus ! Au fond, mon succès n'a rien d'étonnant ; les Françaises n'ont pas de derrière. Le postérieur de leurs aïeules est devenu une chose mesquine et pauvre, de sorte que le mien a l'air d'une pièce de musée. Ces déductions et réflexions s'appliquent également à ma poitrine. L'autre soir, un jeune homme distingué qui écrit dans les journaux est venu me demander le nom de ces monticules de chair que je porte sur la cage thoracique. Quand il a appris que c'étaient des seins, le jeune homme a poussé des cris de surprise. Il n'en avait jamais vu. On m'a expliqué que c'était à cause de la mode. "Mais alors, ai-je dit, comment les Françaises allaitent-elles leurs bébés ?" Je me suis couverte de ridicule en posant cette question car les Françaises n'ont plus de bébés. »

A travers ces provocations, chez elle une seconde nature, Joséphine recherche sinon une reconnaissance, à tout le moins un moyen d'exister, pour s'installer solennellement dans une époque et pourquoi pas la dépasser. Kiki, le petit serpent acheté sur les quais et qu'elle enroule autour de son cou en guise de collier, sème la panique dans les salons mais elle s'en moque. Elle rit aux éclats, Joséphine. Ce qui lui plaît l'arrête. Elle a connu trop d'interdits pour ne pas fouler à l'envi les tapis déroulés devant sa gloire. A demi consciente de la fragilité de son nouvel univers bâti sur le superficiel, elle ne s'en grise pas moins, elle, la petite fille de Saint Louis, qui jusque-là avait dû supplier à genoux pour obtenir la faveur d'un regard.

Cependant, ces frasques hautes en couleur ne sont pas du goût de tous. A quelque distance, rongée par la jalousie et les failles qui commencent à menacer son trône, Mistinguett, impératrice incontestée du music-hall parisien, sort ses griffes qui font trembler la profession.

Depuis qu'avec Gaby Deslys elle a lancé la formule du music-hall moderne au Casino de Paris à la fin de la guerre 14-18, la Miss a montré qu'elle sait descendre mieux que personne l'escalier d'or, emplumée comme un chef indien. Mais les batteries et les saxos des orchestres de jazz l'ont un instant ébranlée et elle a dû adapter son phrasé faubourien aux syncopes du jazz. Son instinct infaillible lui enseigne que désormais elle devra composer avec les déhanchements de Joséphine. « Comment s'appelle donc cette négresse ? » demande-t-elle à ses courtisans en évitant savamment de se souvenir du prénom de « la putain »...

Montmartre est l'autre quartier branché de la capitale. Joséphine s'y ébaudit sans interdit avec quelques compatriotes de la communauté noire dont Spencer Williams, son meilleur ami et Hal Johnson, son camarade de *Shuffle Along*, qui lui offrira l'un de ses plus beaux spirituals : *Sonny Boy*.

En dehors du fabuleux attrait de ses cabarets et de sa vie nocturne extrêmement animée, Montmartre demeure l'un des endroits à Paris où il vaut mieux ne pas se mêler de ce qui se passe dans les arrière-salles des boîtes de nuit. La plupart des patrons de ces établissements subissent un racket systématique de la part de voyous prêts à tout pour s'enrichir. C'est le paradis de l'alcool et de la drogue. « On pouvait être plus en sécurité avec un flingue dans sa poche car il y avait du danger, écrit Sidney Bechet, surtout quand l'un de ces bandits était saoul... »

Chaque jour, les plus grands peintres continuent de solliciter la « nouvelle Atala » pour avoir l'honneur de « croquer » sa physionomie. On compte les caricatures de Joséphine par milliers. Si la vulgarité la rebute, elle sait analyser avec intelligence l'exploitation subtile de son corps : « On exagère tellement nous-mêmes, dans toutes les manifestations de notre vie, laissons donc les caricaturistes, qui sont des artistes, exagérer tous nos défauts et nos qualités... »

Quand elle comprend que tout cet engouement pour sa personne la livre en pâture à la curiosité malsaine du public, elle se sent devenir un animal de foire. Au lendemain d'une soirée mondaine à laquelle elle est conviée, une histoire cruelle mais authentique fait le tour du Tout-Paris. La réception battait son plein et les convives devisaient des derniers potins lorsque la maîtresse de maison s'inquiéta : « Je ne vois toujours pas la voiture de Miss Baker...

– Mais voyons ma chère, répondit quelqu'un, vous savez bien que Joséphine arrive par les arbres !... »

Les soldats noirs qui avaient débarqué en France au cours de la grande guerre avaient reçu un accueil particulièrement chaleureux de la part des Français. On faisait des éloges de leur conduite, de leur dévouement et de leur loyauté, mais, Michel Fabre l'a parfaitement analysé dans son ouvrage *La Rive noire*, plus qu'à la pigmentation de leur peau, c'est à leur nationalité qu'ils devaient cette générosité et ces égards. Passés sous le commandement français pour éviter les dissensions raciales avec leurs camarades blancs, on évitait soigneusement de leur faire croiser les spahis marocains et les tirailleurs sénégalais, envoyés en première ligne comme troupes de choc et chair à canon...

Les réalités du colonialisme à la française s'inscrivaient encore coriacement dans les mentalités et, pour la majorité, le Noir était toujours considéré comme un être inférieur, excentrique et exotique.

Pourtant le mythe de la France, terre promise, perdurait depuis le XIXe siècle.

Les Noirs enchaînés rêvaient de Paris comme on peut espérer le paradis. Dès l'abolition de l'esclavage, les plus fortunés n'avaient pas hésité à faire le voyage mais après 1918, très peu d'entre eux osèrent s'y installer. Les intellectuels blancs comme Scott Fitzgerald ou Ernest Hemingway, plus nombreux, y formèrent la « génération perdue ».

Tous ces expatriés ne cohabitaient pas toujours en bonne intelligence ; la plupart des Américains blancs de Paris voyaient d'un très mauvais œil ce qu'ils considéraient comme une intrusion : l'intégration des gens de couleur dans la société. En 1919 aux Etats-Unis, dès leur retour de la guerre, près d'une centaine de « nègres » qui avaient combattu en Europe et qui furent estimés trop hardis tombèrent encore revêtus de leur uniforme sous les coups mortels des Blancs ; il fallait les remettre à une place qui était la leur.

A Paris, les Noirs étaient protégés, mais l'influence financière et morale des Américains contraignait certains établissements en vue à adopter des attitudes racistes. Joséphine elle-même subissait des pressions. En 1973, dans une interview accordée à *Time*, elle confia :

« A Paris, je me suis sentie libérée. Pourtant quand j'entendais un accent américain, j'avais peur qu'on ne m'humilie. Un soir je dînais au restaurant avec des amis. Une cliente américaine a regardé en direction de notre table et a appelé le chef de rang pour lui mander : "Faites-la sortir !, dans mon pays, elle serait à la cuisine." Mais c'est cette dame américaine que le directeur du restaurant a priée de quitter les lieux. »

Le succès de la petite fille de Saint Louis n'a pas changé pour autant la couleur de sa peau, et les cauchemars de la « nigger » américaine ressurgissent plus douloureux encore à chaque incident raciste. Derrière les rires et les strass, Joséphine souffre d'un évident traumatisme vis-à-vis de ce qu'elle considère comme une injustice, une punition du ciel. Paradoxalement, toutes les femmes cherchent à lui ressembler en se grillant des heures entières sous le soleil de Cannes ou de Deauville, en se goudronnant les cheveux pour copier cette espèce de casque rigide et brillant qui lui fait office de coiffure ou en peignant leurs ongles de vernis doré. A Paris, c'est justement sa couleur qui est le garant de son succès, donc de sa liberté : un cercle vicieux auquel elle voudrait échapper, mais dont elle reste prisonnière. A l'opposé de son compatriote, l'écrivain Mac Kay, elle n'avoue pas encore sa fierté d'être noire.

Manifestement, il lui faut un changement ; quelqu'un peut-être qui puisse la révéler à elle-même, l'élever au rang de femme française à part entière et d'artiste reconnue pour autre chose que ses excentricités et ses dorures lourdes à porter. Elle souhaite pouvoir se fondre dans la « masse blanche », s'identifier à ce monde qui la fascine et qu'en même temps elle redoute.

Cet homme, elle croit le trouver en la personne de son nouvel amant, un certain Marcel, pour qui elle éprouve bien plus qu'un simple désir physique. Elle en tombe éperdument amoureuse. Bonne famille, fortuné, il représente tout ce à quoi elle aspire et elle se plaît à redessiner sa vie, mais le sort et Marcel lui-même en décideront autrement. Dans le milieu bourgeois, on n'épouse pas une Noire, danseuse nue de surcroît, et bien qu'il l'ait somptueusement installée dans un appartement au 77 de l'avenue des Champs-Elysées, il lui avoue en toute honnêteté que jamais il ne lui passera la bague au doigt. Elle s'est trompé d'histoire... Brisée, Joséphine quitte son amant et son « palais de marbre », emportant avec elle son humiliation et sa détresse.

Elle tente ensuite par tous les moyens disponibles d'éclaircir son épiderme. De bains de lait en bains de javel, en passant par de laborieux frottements avec des écorces de citron, elle finit par se résoudre à ce que rien ne changerait jamais.

Blancs ou Noirs, tout le monde, ou presque, se vante d'avoir découvert « Joe » Baker, nouvellement décorée des palmes académiques « par un homme laid, qui avait une petite barbiche, des ongles sales, mais qui était ministre » selon la description de l'intéressée... De Bob Russell à Paul Colin, la liste des prétendants au « trésor » ne manquera pas de s'allonger au fil des élucubrations des uns et de la convoitise des autres.

« C'est Cocteau qui m'a découverte », tranchera Joséphine lors d'une émission radio, quelque trente années plus tard. Cette déclaration pour le moins façonnée suffit certainement à satisfaire l'imagination fertile de la vedette qui inventait et brodait à l'infini, avec un aplomb extraordinaire, tout ce qui pouvait servir sa gloire et sa légende. Cocteau, défenseur de tous les interdits, « la jeunesse ne doit pas acheter de valeurs sûres », s'était effectivement laissé envoûter plusieurs soirs d'affilée par *La Revue nègre*. Il en était revenu toujours plus bouleversé, comme il l'avait été la première fois en rencontrant cet autre personnage équivoque qui défraya la chronique d'alors, et dont il s'inspira pour écrire son *Orphée*.

« Ni Stravinsky, ni Auric, ni les poètes, ni les peintres, ni moi, n'avons vu de prestige et d'art scénique comparables depuis Nijinsky », s'était écrié le poète en découvrant Barbette sur la scène de l'Alhambra. Ce jeune éphèbe américain, emplumé d'autruches et maquillé comme une « Blue bell », évoluait sur un trapèze avec une ineffable agilité et, jusqu'à ce qu'il se présente à l'avant-scène en enlevant sa perruque, l'illusion demeurait parfaite. La passion de Cocteau n'eut plus de mesure. Puis un jour, Vander Clyde, la véritable identité de Barbette, disparut du mirage parisien, et c'est aux Etats-Unis où il était né en 1904 qu'il termina sa vie, dispensant ici et là des leçons d'acrobatie théorique...

« Vous êtes le contraire de Barbette, plaisante Cocteau avec Joséphine au hasard d'une mondanité : Il cache tout, vous montrez tout ! »

Le véritable sceau musical de la « nouvelle Atala », son testament scénique, c'est le charleston, ce rythme endiablé qui la fait sortir d'elle-même, entraînant dans son mouvement toute une génération, qui aujourd'hui encore s'identifie à cette époque à travers elle. Le narcissisme de Tumpie ne connaît plus de limites, et toujours à René Pujol, elle déclare : « Quand dans un grand dancing, je vois cinq mille paires de fesses se trémousser, donnant des coups de talons, faisant claquer leurs genoux comme des castagnettes et prendre l'apparence de canaques se livrant au pilou pilou, une immense fierté m'envahit. Les grand-mères sont les plus enragées à tricoter des "fubrons" et à secouer leur "panier" comme on dit à Montmartre. La France me doit vraiment quelque chose. Mon ambition serait de faire danser un charleston au Président de la République, monsieur Gaston Doumergue, ou pour le moins à monsieur Aristide Briand, le ministre des Affaires étrangères. Je vais leur présenter ma requête par le biais de l'ambassadeur des Etats-Unis, et j'espère qu'ils accepteront pour le salut de l'infortuné petit franc. »

Le charleston a révélé Joséphine lors de *La Revue nègre*. Depuis, elle ne cesse de le danser aux Folies-Bergère bien sûr, où elle a été engagée dans les conditions que l'on sait, mais aussi dans les boîtes de nuit et chez les particuliers fortunés qui en ont exprimé le désir...

Folies-Bergère...

« Connaissez-vous la catastrophe qui arrive à Paris ? s'enquiert un New-Yorkais de l'époque à l'un de ses amis.
– Non, répond l'autre, inquiet.
– Eh bien ! Les Folies-Bergère sont en grève ! ! ! »

Lorsqu'elle entre pour la première fois aux Folies, une institution nationale au même titre que la Comédie-Française, Joséphine est éblouie. Le rayonnement de l'établissement est international, en être la vedette signifie la consécration suprême !

A Paris, pendant que le chanteur de rue s'impose sur les boulevards en vendant ses refrains imprimés sur du papier, les Folies-Bergère et le music-hall en général représentent une véritable industrie avec des milliers d'employés et d'artistes en tous genres. A la base, on trouve les plumassières dont les principaux ateliers se situent rue de Cléry. Par nécessité, on s'est mis à élever des autruches à Nice, dans des parcs presque aussi bien fournis que ceux d'Afrique du Sud.

Puis viennent les dessinateurs qui œuvrent jour et nuit pour élaborer le concept de la revue, les décors et les affiches. Les plus habiles comme Erté, Zig, Zamora ou encore Gesmar sont tous passés à la postérité.

De leur côté, les costumiers tel Max Weldy, le plus prodigieux, s'attellent à la réalisation des maquettes. Weldy se vante de pouvoir reconnaître les yeux fermés les différences morphologiques entre une girl suédoise et une girl américaine. Mieux que personne, il sait effectivement comment pallier le manque de poitrine des unes ou de quelle façon adoucir la courbe des hanches des autres.

Sur la scène, une hiérarchie sévère prévaut. Les « femmes nues », sous-payées, gagnent l'équivalent du millième du cachet de la vedette et doivent souvent supporter la cruauté de l'amant du régisseur. Dans la journée, elles travaillent dans des grands magasins comme la Samaritaine et le Bon Marché, ou bien au service de particuliers et, le soir, elles se déshabillent pour alimenter leur compte d'épargne. Ainsi, il n'est pas rare qu'un couple de spectateurs reconnaisse leur bonne s'exhibant sur la scène des Folies les seins nus. Bien souvent, le mari est complice, mais pour éviter un scandale, on remercie la pauvre fille, sans autre forme de procès.

Les girls, elles, bénéficient d'un traitement différent. Triées sur le volet, ces filles sortent pour la plupart de chez sir Jackson à Londres, un « fabricant » qui exporte son produit, une fois fini, dans le monde entier. Généralement issues de familles bourgeoises, les girls excitent l'imagination. Des milliardaires n'hésitent pas à étaler leur fortune pour passer un moment avec l'une d'entre elles.

Dans cette microsociété hermétique et impitoyable,

arrive enfin tout en haut de la pyramide, telle une impératrice de l'illusion, la meneuse de revue autour de laquelle tout s'articule. C'est ce trône qui est offert à Tumpie, quelques semaines à peine après son arrivée à Paris. Un trône qui peut aussi ressembler à un siège éjectable en cas d'échec, elle le sait...

Tout au long de la première revue de Joséphine, *La Folie du jour*, le théâtre offre l'aspect d'un vaste chantier. Jour et nuit, et même pendant la représentation, les ouvriers s'activent pour construire une nouvelle salle sous l'ancienne, mettant fortuitement à jour le fameux ruisseau de la Grange-Batelière, enterré sous les pierres et l'asphalte depuis une éternité et au bord duquel, jadis, de vieux moines venaient y travailler leurs manuscrits latins, à l'ombre des charmilles...

Outre la ceinture des seize bananes toutes érotiquement tournées vers le ciel, une notoriété qui n'a rien à envier aujourd'hui à celle de la tour Eiffel, l'idée originale de la revue est sans contredit la « boule de fleurs ». On a réalisé un écrin géant en bois et en métal de mille six cents kilos, maintenu par huit câbles d'acier et actionné par six treuils manipulés par quatorze hommes : une authentique folie ! Habillé de mille fleurs, chaque soir l'écrin descend des cintres avant de s'ouvrir sur une Joséphine allongée sur un miroir. Dans son pagne exotique, elle entame aussitôt un charleston époustouflant où, par un judicieux effet de miroir, ses jambes s'inscrivent sur un rideau de fond en ombres gigantesques, multipliant ainsi la frénésie de ses pas.

Le succès de la boule est colporté dans le monde entier par le biais des actualités, mais un après-midi, l'écrin manque d'être fatal à sa « perle noire ». Lors d'une répétition, il s'entrouvre à quinze mètres du sol et Joséphine désespérément agrippée à un bord de la sphère croit sa dernière heure arrivée. Seuls son sang-froid et les conseils avisés de Paul Derval, le front ruisselant de sueur, favoriseront le miracle.

« Lorsqu'elle arriva à Paris, elle commença à gagner des sommes folles, explique Michel Gyarmathy, un jeune dessinateur originaire de Budapest qui sera directeur artistique des Folies jusqu'en 1990. Ses cachets ne furent pas loin d'égaler ceux de la Miss et bientôt elle exigea le double ! »

Joséphine adore dépenser son argent chez les grands couturiers et notamment chez Paul Poiret ; les magnats de l'étoffe savent que lorsqu'un artiste a le vent en poupe, son portefeuille grossit aussi vite que sa tête... La nouvelle idole, encore mal initiée aux excès de la célébrité, se confie à une amie : « Toutes les plus grandes maisons de robe ici me faire de vitrine spécialement pour moi. Il dire que je suis la plus femme la plus bien habillée d'ici. Je croire que ils sont fous » *(sic)*.

Elle fait référence aux mannequins de cire à son effigie, exposés dans les vitrines des Galeries Lafayette, qui provoquent d'incessants attroupements de badauds.

Si Poiret a jeté son dévolu sur Joséphine, celle-ci lui fait payer très cher son enthousiasme calculé, en lui imposant des caprices toujours plus délirants. Un jour, snobant tous les modèles qu'on lui présente, elle demande à Caroline Dudley venue l'accompagner du papier et un crayon et se met à dessiner le modèle de son invention : « Des franges de l'épaule au pied, rose pâle en haut et teinte graduée en bas. » Poiret, enchanté, ajoute cette robe « Joséphine » à sa collection.

D'octobre 1925 à octobre 1926, les robes, manteaux et fourrures de la Vénus noire lui coûtent la modique somme de 285 000 francs ! Au palmarès de ces orgies vestimentaires, un vison de 90 000 francs et une robe du matin baptisée « Un rien » d'une valeur de 9 000 francs. Fifine, comme on la surnomme encore, rechigne à payer, ne réglant à Poiret « que » 280 000 francs. Le couturier ne s'embarrasse pas et fait aussitôt une saisie-arrêt sur ses appointements aux Folies-Bergère pour les 5 000 francs du reliquat. Mais le président des référés où Joséphine fait appel estime que Poiret exagère et ordonne la mainlevée de la saisie-arrêt.

Par goût ou par obligation, « le volcan noir » s'accoutume aux procès et aux salles d'audience. Certaines affaires relèvent d'une publicité tapageuse toute bénéfique pour elle, d'autres au contraire ne la servent pas face à l'opinion publique, comme celle qui l'oppose à Marcel Sauvage, son premier biographe, auteur en 1927 (!) des *Mémoires de Joséphine Baker*, puis en 1931 de *Voyages et aventures de Joséphine Baker*. L'association des mutilés de guerre s'estime outragée par certaines déclarations de la vedette : « Je ne comprends rien à la guerre, mais les hommes qui n'ont qu'un bras, une jambe, ou un œil me dégoûtent, je les plains mais j'ai de la répulsion physique pour tout ce qui est infirme. » Elle dépose une plainte.

Joséphine accuse Sauvage d'avoir mal adapté ses propos. Professionnel, l'écrivain ne se laisse pas impressionner et présente ses épreuves au tribunal, avec inscrites noir sur blanc les phrases prononcées par Miss Baker...

Il signore Abatino : l'homme de la providence...

Si Joséphine ne possède encore que quelques mots de la langue française, son registre dans le domaine amoureux est rodé à la perfection. Elle n'a aucune difficulté pour faire comprendre ses désirs aux nombreux admirateurs qui se pressent chaque soir devant sa loge des Folies-Bergère, afin d'obtenir ses faveurs.

Certains n'hésitent pas à monnayer grassement la primeur d'une nuit d'amour. Joséphine en profite, mais le plus souvent, c'est elle qui choisit l'heureux élu selon des critères très précis ; elle les aime blancs, toujours aussi bruns et si possible bien pourvus...

Un soir, le destin s'invite et c'est au milieu de ce tourbillon charnel que surgit celui qui restera l'homme de sa vie. Agé d'une trentaine d'années, de taille moyenne, il impressionne par la sévérité de son œil noir et fiévreux. L'époque avoue sa préférence pour l'homme raffiné, et celui qui se fait appeler « Comte Pepito Abatino » porte beau et cultive l'art des belles manières. Séduites, les mondaines des cabarets montmartrois se laissent entraîner sans mesure dans les bras de ce « latin lover » et toutes espèrent que, pour un soir, le dernier tango sera pour elles...

Lorsqu'elle s'offre pour la première fois à ce séducteur, l'insatiable Joséphine sait que le souvenir de leur nuit d'ivresse disparaîtra au petit jour avec les premières rosées de cette fin d'été 1926. C'est mal connaître le tempérament de son amant. Il a déjà prévu que la coqueluche de Paris deviendrait bientôt sienne...

On a beaucoup écrit sur Pepito, tout et n'importe quoi. Petit gigolo pour les uns, escroc et maquereau pour les autres, les biographes successifs de Joséphine ont accumulé les erreurs à son sujet. Quelques membres de sa famille sont toujours en vie, et aucun d'entre eux n'a oublié Joséphine. Elle fut accueillie à bras ouverts et, depuis son entrée dans le clan Abatino un jour de 1927, elle n'en est plus vraiment ressortie.

Aujourd'hui, le portrait de « Giuseppina » trône toujours aux côtés de celui de Pepito dans l'austère salle à manger de Catane en Sicile. La famille conserve de précieux documents, et ces témoignages exclusifs nous ont permis de pénétrer dans l'intimité de ce personnage plus fascinant que son mystère.

Giuseppe, Giorgio Antonino Abatino dit « Pepito » naît le 10 novembre 1898 dans le petit village de Calatafimi, dépendant de la commune de Trapani en Sicile. C'est à Joséphine qu'il devra son surnom de « Pepito », son masculin en espagnol.

Son père Tommaso, capitaine au quatorzième bataillon d'infanterie, est âgé de trente-neuf ans, lorsque Pepito vient au monde. Dès sa naissance, sa mère Maria Li Bassi, issue, elle, de la petite noblesse locale, comprend d'instinct que son fils ne ressemblera pas aux autres.

Chétif, solitaire, d'une introversion maladive, Giuseppe survit grâce à la lecture des livres d'histoire, fuyant la compagnie de ses petits camarades.

A quatorze ans, son père l'envoie à l'école d'officiers de Modène et quatre ans plus tard, c'est un fort beau jeune homme qui revient au domicile familial.

Le changement est radical. Cette expérience l'a endurci, mais rendu aussi beaucoup plus sociable.

La mort d'Emmanuel, son jeune frère, en 1919 à l'âge de dix-huit ans, au lendemain de la signature de la paix, le marque profondément. Dès lors, il reporte toute son affection sur le reste de la famille. Conscient de son rôle d'aîné, et comme tout bon Sicilien qui se respecte, il se préoccupe du bonheur de ses sœurs Norina et surtout Christina. Celle-ci se marie peu avant les années 20 avec le docteur Filippo Scoto. Leur fille Leilia, aujourd'hui âgée de quatre-vingts ans, épousera le Marquis Durand de la Penne, et en octobre 1947, son petit garçon prénommé Julio deviendra le filleul de Joséphine et l'un des derniers confidents qu'elle aura...

En 1926, on retrouve Pepito, modeste employé du ministère des Finances, affecté au service général des pensions de guerre à Rome. Une vie terne et sans relief. Il s'ennuie ferme.

Heureusement, il y a Paris, où il fait de fréquents séjours et dont il s'est entiché. Les fêtes permanentes et les jolies femmes composent pour lui une oasis de luxure. Son attrait pour la ville lumière devient plus vif encore lorsqu'il rencontre Joséphine dans un cabaret de Montmartre. Il n'a plus qu'une idée en tête : vivre et travailler à Paname auprès de celle dont il veut à tout prix conquérir le cœur.

De retour à Rome, « via Crescenzo 19 », son adresse, Pepito entreprend habilement avec l'objet de ses pensées une relation épistolaire assidue sur papier à en-tête du ministère.

« 21.9.1926

Je suis heureux que vous vous souveniez de votre ami ou petit ami (?), Pepito. En regardant vos photos, je me souviens de tout, vos yeux, vos dents, votre sourire et tout ce que nous avons fait ensemble. Vous dites que vous m'aimez un peu ou que vous commencez ; est-ce vrai ? Je suis sûr de moi mais je ne savais pas encore si je finirais par vous aimer sincèrement. Je suis triste et je cherche à travailler à Paris, comme cela je pourrai retourner dans la ville lumière que j'adore car elle retient prisonnière "*My sweet heart Joe*".

Mais aura-t-elle pour Pepito la même sympathie ? Paris est grande et pleine d'amours, c'est pas difficile d'oublier. Ecrivez-moi souvent pour me dire si j'ai été remplacé ou s'il reste toujours une petite place dans votre cœur.

En vous embrassant jusqu'à dire "aïe-aïe-aïe"... »

La réponse de Joséphine plutôt encourageante incite Pepito à déclarer son amour même s'il n'est pas encore tout à fait sûr que son sentiment soit partagé.

« J'ai besoin d'aimer et d'être aimé », écrit-il le 30 septembre suivant, dans un français plus qu'honorable. « Ma petite Joe aimera-t-elle son Pepito pour longtemps ? Lui il t'aimera jusqu'au jour où tu cesseras de l'aimer. Il gardera alors le doux souvenir du passé qui aura été gentil pour lui et que jamais il ne pourra oublier. »

Plus l'impétueux Italien avoue sa flamme, plus il dévoile aussi le côté sombre de sa personnalité : une jalousie féroce et tenace confinant parfois à la démence. Il semble un adepte forcené de l'amour vache.

« Mon caractère est un peu drôle », écrit-il, avec une fausse candeur. Pour l'heure, il s'emploie à la rassurer en marivaudant subtilement sur son travers :

« Quand j'aime, je suis un peu jaloux, ce n'est pas de ma faute, c'est un joli cadeau naturel que mon pays avec ses fleurs d'oranger m'a donné... »

Ses premières exigences de mâle sûr de lui, habitué à ce qu'on lui obéisse, se révèlent donc. Mais s'il est un domaine dans lequel Joséphine est plus qu'en éveil, c'est bien sûr sa sacro-sainte liberté. Au fond d'elle-même, elle entend hurler sa solitude, mais personne ne lui reprendra ce qu'elle a farouchement conquis.

Comprenant son erreur, terrorisé à l'idée de la perdre définitivement, Pepito change de tactique : il endosse l'habit de l'amoureux n'implorant que la simple pitié, rien de plus :

« Je ne vous porte pas rancune mais ce n'est pas bien de jouer avec les sentiments des autres. Si vous ne pouvez pas me donner votre amour, donnez-moi simplement votre amitié. »

Jouant de la jalousie et du « pathos », le redoutable Sicilien passe avec dextérité du chaud au froid. Tout cela n'est pas pour déplaire à la fougueuse Joséphine, avide d'émotions fortes. Apparemment c'est Pepito qui baisse le premier les armes et arrête le combat :

« *Joe my sweet heart*,

Hier, j'ai reçu ta dernière lettre qui m'a fait rêver pour longtemps. Seules, tes photos, quand je m'endors, effacent ma tristesse. Je vais bientôt revenir à Paris pour te dire mon amour pour toi. Mes parents m'ont donné la permission de venir m'installer là-bas. Je souhaite un emploi, même modeste, l'essentiel est d'être près de toi. Hélas, dans la vie, il manque toujours quelque chose, mais j'ai espoir...

Ton Pepito qui t'aime et qui t'aimera toujours. »

Nous voici dans une nouvelle version de *La Femme et le Pantin*.

Abatino ne tarde pas à rejoindre Joséphine. Il impose d'emblée sa présence en s'improvisant son « manager exclusif ». Jusque-là, on n'a jamais vu un imprésario s'occuper spécifiquement de la carrière d'une ou de plusieurs vedettes (ce que l'on appellera plus tard une écurie). Leurs contrats les lient uniquement au théâtre qui les a engagées le temps d'un ou de plusieurs spectacles. En révolutionnant le système, Pepito s'inscrit en précurseur.

La partie est loin d'être facile pour lui, à une époque où le spectacle, miné par la mafia, ne compte plus les assassinats. Néanmoins en cette fin d'année 1926, Paris voit Joséphine et Pepito partout ensemble. Fêtes, soirées, inaugurations, représentations théâtrales, ils ne manquent rien. Les palaces de la capitale leur servent à abriter leur amour. Ils sont devenus à ce point inséparables que le bruit de leur prochain mariage ne tarde pas à circuler.

La rumeur satisfait Joséphine qui s'imaginerait parfaitement en « comtesse Pepito Abatino ». Cette union paraît tellement plausible, évidente, qu'aujourd'hui encore, beaucoup sont persuadés de la réalité de ce mariage qui ne fut pourtant qu'une mascarade publicitaire comme on en verra d'autres par la suite.

Le couple tumultueux est loin de passer inaperçu. Les détracteurs de Pepito se font nombreux, certains le haïssent franchement, telle « Brick Top », une étrange rousse couverte de taches de son, mais d'origine noire et qui proclame, elle, sa volonté de demeurer « cent pour cent américaine jusqu'à ma mort ». Elle tiendra parole...

De son vrai nom Ada Béatrice Queen Victoria Louisa Virginia Smith Dulonge, elle s'était installée à Paris quelques années avant Joséphine. D'abord animatrice au Grand Duc, sur la Butte, elle devint rapidement avec l'ouverture de son propre cabaret une manière de « Régine » de la communauté noire, grâce notamment à un article très flatteur, écrit par Louis Aragon. Le Duc de Windsor ou l'Aga Khan venaient chez elle pour apprendre les derniers pas de danse. A Paris, elle faisait partie des intouchables.

Amie et rivale de Joséphine, « Toit de brique » (Brick Top en anglais) voit d'un œil sombre la mainmise de Pepito sur la carrière de l'artiste ; comme d'autres, elle l'accuse de dilapider sa fortune, de se servir de Joséphine pour asseoir sa propre notoriété.

« Au vrai, dans le travail, Abatino ne faisait aucune concession, raconte Michel Gyarmathy. Il avait toujours une arrière-pensée : l'argent, l'argent à tout prix. Joséphine l'entretenait comme on entretient un gigolo ou un maquereau. D'ailleurs, dans Paris, on laissait courir le bruit que c'était un souteneur sicilien.

Dans sa violence sans limites, Pepito battait Joséphine. Il la dressait à la dure. Elle était sauvage et très têtue et il voulait lui imposer ses modes. Parfois Joséphine en avait marre de toute cette publicité, de toutes ces singeries, mais Pepito ne tolérait aucune relâche. Quand elle disait non pour un contrat, il criait plus fort qu'elle et c'est ce qu'il lui fallait. Quand il en venait à la frapper, et qu'elle ne réussissait pas à s'enfuir, il l'enfermait à clé, ne lui ouvrant que lorsqu'elle s'était calmée. »

Il apparaît patent qu'à l'aube de leur relation, Pepito a cherché à se mettre à l'abri auprès de Joséphine. Mais très vite, il donne l'entière mesure de son dévouement et de son amour, exclusif. En réalité, l'argent qu'il amasse n'est que le fruit de son incessant travail d'impresario. Entre Joséphine et lui, il s'établit rapidement comme une sorte de contrat moral : « Tu fais de moi la plus grande, je t'apporte la fortune. »

Joséphine a besoin du flair et des conseils avisés de Pepito, car autour d'elle tout bouge à grande vitesse. Nous sommes à la fin des années 20, la T.S.F. arrive, le phonographe et le disque se développent. Autant d'incitations pour le spectateur à rester chez lui.

Heureusement, Pepito n'est jamais à court d'idées pour faire parler de sa vedette. Grâce à lui, l'industrie Baker tourne à plein régime. On trouve bientôt dans le commerce des bas Joséphine Baker, des produits de beauté portant sa griffe, des boîtes de cigares et aussi des parfums, des bijoux, des poupées Baker, jusqu'à un camembert à son effigie baptisé « Charleston » !

Mais Pepito voit plus loin : « Pourquoi n'ouvrirais-tu pas ton propre établissement plutôt que de danser chez les autres ? » suggère-t-il.

C'est une façon détournée de lui dire qu'il a déjà tout prévu...

En décembre 1926, « Chez Joséphine » ou « Joséphine Baker's Imperial » voit le jour rue Fontaine et ne tarde pas à devenir le lieu « branché » de la capitale. Pour lancer son cabaret, Joséphine ne met guère les formes. Elle se met en infraction, car le contrat qu'elle a signé avec le cabaret de la rue Blanche la lie à cet établissement jusqu'en juin 1927. Non satisfaite d'avoir rompu ses engagements, elle débauche également le personnel de la place Blanche pour l'engager chez elle. Elle est contrainte de verser 300 000 francs de dommages et intérêts aux patrons de « L'Imperial Souper's », mais qu'importe, elle est patronne et possède enfin sa propre affaire !

Le cabaret se situe au 40 de la rue Fontaine. Joséphine, qui y exerce l'art de recevoir le Paris mondain en l'amadouant comme personne ne l'a fait jusqu'à présent, se montre d'une extrême intelligence dans ses agissements. Elle a compris d'entrée de jeu le côté faible du tout-nocturne : l'orgueil !

« Quand on la connaissait dans l'intimité, on pouvait se rendre compte de la finesse de cette fille qui, en dehors de cela, ne possédait pas une grande culture, affirme Tony Clide. Elle respirait la pureté et si l'on se laisse conduire par le raisonnement d'Alain, elle l'était parce que "sa mémoire n'était pas obstruée comme celle de ceux qui ont beaucoup lu". Sa philosophie était ailleurs : "La vie ne s'apprend pas dans les livres mais elle se respire, elle se sent, elle se touche, elle se colle à vous. Les livres en font de la conserve, moi je l'aime fraîche." »

« Joséphine était une comique née. Pour amuser la galerie, elle inventait toutes sortes d'espiègleries. Dans chacun des cabarets parisiens qu'elle avait animés à différentes adresses, elle avait mis au point un numéro unique : profitant d'un moment d'inattention de la part d'un violoniste, elle lui raflait son archet et, en riant aux éclats, s'en frottait le cuir chevelu. Départis de leur colophane, les archets bien sûr ne mordaient plus et devenaient inutilisables. Les musiciens excédés finirent par se plaindre à leur syndicat qui intervint auprès des patrons de boîtes de nuit. Mais comme les clients raffolaient de ces exhibitions, un accord fut passé, stipulant que les patrons accepteraient à l'avenir de remettre en état et à leurs frais tout archet endommagé.

Du coup, la nouvelle fit boule de neige et de tous les cabarets les plus minables de la capitale, on vit arriver des instruments qui n'avaient plus d'archets que le nom. Passant ensuite entre les mains de Joséphine, ils redevenaient comme neufs, aux frais des "marchands de champagne"... »

Au lendemain d'une soirée passée « Chez Joséphine », la journaliste Odette Pannetier en fait un savoureux compte rendu dans *La Revue de la femme* : « Tout Paris va chez Joséphine Baker. Et aussi tout ce que la capitale compte d'étrangers en quête de sensations bien parisiennes. L'animation ne commence toutefois que lorsque Joséphine Baker arrive. Sa présence produit le même effet que les douze coups de minuit dans les contes de fées. Les yeux brillent, les corps se redressent, les verres se remplissent, le jazz revivifié fait jouer ses saxophones, ses banjos, ses klaxons à plein rendement. Joséphine rit, cambre ses reins, allonge la croupe, gonfle ses joues, louche, tire la langue. Elle passe la main sur le crâne chauve d'un monsieur qui, surpris et charmé, rougit, verdit, se lève, se rassied, hésite, balbutie et avale d'un trait son verre de champagne pour y noyer sa confusion. Elle s'assied sur les genoux d'un noble vieillard tout à fait respectable, passe ses doigts aux ongles dorés dans l'opulente barbe blanche et son rire d'enfant désarme le courroux de l'épouse suffoquée. Le noble vieillard saute sur la piste. Et son épouse sèche rit aux anges. Imitant Joséphine, il semble frappé d'ataxie locomotrice. L'allégresse devient délirante. C'est comique et écœurant. A bout de forces, la sueur au front, le noble vieillard regagne sa place d'un pas lourd de fierté. Une plante verte récompense cet héroïsme presque octogénaire. Joséphine invite successivement tous les messieurs qui, vieux, ridicules ou obèses, semblent propres à déchaîner l'hilarité. Pas un seul ne refuse. Il semble que la volonté toute-puissante de Joséphine Baker annihile toutes les autres.

Ensuite elle invite les femmes. Mais celles-ci ont plus le sens du ridicule et celles qui ne sont pas certaines de bien imiter Joséphine Baker refusent catégoriquement de venir sur la piste. Joséphine, riant toujours, caressant un crâne ici, un menton là, va enfin rejoindre son compagnon pâle, triste et mystérieux (Abatino). La taquinerie puérile et parfois un peu méchante qu'elle dispensait tout à l'heure aux soupeurs extasiés elle la reporte sur lui seul. Il ne dit rien, ne proteste pas. On sent qu'il supporterait toutes les tortures pour avoir le bonheur de rester auprès d'elle et de voir l'éclatant sourire de ses yeux sombres et de ses dents claires... »

Des bananes pensantes...

Pepito se met en peine de créer « Joséphine Baker » en exploitant toutes les ressources du personnage. Il façonne son image, définit sa coiffure, son visage, réinvente sa façon de marcher, de s'habiller, de se conduire en société. Michel Gyarmathy prétend qu'à son arrivée en France, elle connaissait à peine l'usage de la fourchette...

L'« exclusive manager » nourrit l'aventureux projet de transformer sa sauvageonne de vedette en une dame du monde accomplie, élégante et distinguée. Il est conscient que ses propres ambitions relèvent du défi mais il croit sincèrement en Joséphine.

Selon ce pur esprit sicilien, une femme potelée est un signe de bonne santé et la sienne doit renvoyer une image saine au public. Aussi, l'astreint-il à des cures d'huile de foie de morue... et elle se plie à ce supplice, apparemment docile et consentante.

Déterminé à la protéger et à la mieux régenter, il l'éloigne naturellement de la communauté noire de Montmartre en la mettant en garde contre toutes les tentations de la drogue et de l'alcool. Inutile mise en garde. Par tempérament Joséphine ne se rendra jamais dépendante des narcotiques et autres pourvoyeurs de bonheur artificiel ; elle ne vénérait que par trop son corps, clé de toutes les libertés physiques et seul gage de sa sécurité financière, pour s'aviser de le détruire.

1927 est une année faste pour le cinéma, promis semble-t-il à un bel avenir. En France, Abel Gance réalise son mémorable *Napoléon*, tandis que Victor Spoström met la Suède à l'honneur avec *Divine*, un long métrage ayant pour vedette une jeune inconnue : Greta Garbo. Cela inspire à Pepito et à Maurice Dekobra, auteur à succès de *La Madone des sleepings*, l'idée de faire de Joséphine Baker la nouvelle star française du grand écran. Le résultat, *La Sirène des Tropiques*, un muet qui ne restera pas dans les annales, n'est pas à la hauteur de ce qu'elle aurait souhaité. Le domaine de Joséphine reste la rampe ! Elle demeurera méfiante à l'égard du grand écran. Quelques années plus tard, elle dévoilera au journaliste Roger Régent sa véritable opinion sur le septième art :

« Le cinéma, brrrr... Les acteurs de l'écran paraissent comiques avec leurs airs supérieurs. Le trente-sixième assistant du régisseur se donne souvent des airs de grand directeur. Je ne comprends pas, c'est bête et ridicule ! Je suis avant tout une femme de théâtre, c'est ma vraie famille. Moi, quand je travaille, je ne connais que des camarades autour de moi. »

« Elle était simple comme la violette, ni bêcheuse ni jalouse, confirme la chanteuse Mireille Ponsard, l'une de ses partenaires de scène, et possédait ce sens inné de la vie en collectivité, cet esprit de bohème dont nous nous nourrissons, nous autres saltimbanques. Elle nous plaçait toujours sous sa protection personnelle, comme une mère l'aurait fait pour ses enfants. Je me souviens d'une tournée en 1933 où elle insistait tous les soirs pour que je sois coiffée comme elle, avec les mêmes fleurs dans les cheveux. Elle pensait qu'ainsi parée, je recueillerais le même succès qu'elle. Elle m'offrait même souvent la deuxième partie du spectacle, en abrégeant son passage dans la première pour me mettre en valeur. Je n'avais jamais vu cela de la part d'une star de sa trempe.

« Un autre jour, lors d'une série de galas dans la région des châteaux de la Loire, deux de mes camarades et moi-même étions partis visiter le pays à bord d'une barque de tourisme. C'était très romantique mais alors que nous pensions être libres cet après-midi-là, comble de malchance, une matinée non prévue avait été rajoutée au dernier moment. Catastrophe ! Personne ne sut où nous trouver et le spectacle s'est joué sans nous. A notre retour, Abatino faillit nous lyncher. Heureusement, Joséphine s'interposa violemment en prenant ma défense. Ils faillirent en arriver aux mains... »

Le 21 mai 1927 au soir, une date phare dans l'histoire du monde moderne, la « perle noire » mène sa nouvelle revue *Un vent de folie* aux Folies-Bergère lorsque peu après 22 h 20 en coulisse, on lui annonce une nouvelle qui la soulève d'enthousiasme. Cette nuit-là, un homme, un Américain petit-fils d'émigrés suédois, vient d'inscrire dans le ciel de Paris l'une des plus belles pages de l'aviation mondiale. Charles Lindbergh a posé son *Spirit of Saint Louis* sur la piste de l'aéroport du Bourget, réussissant le premier la traversée de l'Atlantique par les airs, sans escale.

« Une danseuse ceinturée de bananes, à côté qu'est-ce que c'est ? » s'interroge Joséphine. Elle n'hésite pas à interrompre le spectacle pour apprendre au public la nouvelle que le monde entier attend fébrilement depuis trente-trois heures, la durée du périple : « Charles Lindbergh est bien arrivé ! ! ! »

Annoncer à l'élite blanche, elle la « négresse américaine », l'héroïsme d'un compatriote blanc ne la console pas des oppositions racistes qui s'élèvent chaque jour contre la nature de ses spectacles, des oppositions qui lui laissent mesurer « toute l'ampleur de l'hypocrisie européenne », selon ses termes rapportés par René Pujol. Dans les rues d'Avignon des papillons collés sur ses affiches n'inciteront-ils pas les « honnêtes gens » à boycotter « la vicieuse Joséphine Baker, actrice non française, aux tenues indécentes, aux danses macabres » ! Des slogans que n'hésitera pas à reprendre l'hebdomadaire pour les jeunes : *A la page* dans sa rubrique « Comment on nettoiera la France »...

Robert de Flers le premier a excité les rotatives, en écrivant deux ans auparavant : « Avec Joséphine Baker, les Français sont en train de remonter au singe plus vite qu'ils n'en étaient redescendus ! »

Tel ne sera pas l'avis de Colette : « Avec son épaule légère et mobile, ses grands yeux fixes ornés de cils dorés et bleus, le pourpre de ses pommettes, Joséphine enseigne la pudeur aux danseuses nues. »

Au cours de la tournée internationale qui va suivre, Tumpie va voir resurgir, plus violents que jamais, les vieux fantômes du racisme qu'elle a cru avoir laissés là-bas sur les côtes américaines...

Un vent de folie connaît un succès mitigé. La presse n'hésite pas à éreinter le spectacle. « Cela manque d'invention, le spectateur a beau être enseveli, submergé, abruti, gavé de luxe, de lumières et de costumes somptueux, c'est du déjà vu... »

Une partie de la critique pense que Joséphine Baker a donné le meilleur d'elle-même, qu'elle ne peut aller au-delà. Elle ne se renouvelle plus ; Pepito le sent. Une analyse pertinente du journaliste Paul Rebout le pousse à réagir : « Profitons de l'heure sans songer au lendemain et sans regarder la veille, c'est la sagesse, mais un jour viendra où mademoiselle Baker deviendra quelque chose de poncif et de fade. »

L'essence de cet article fait frémir Joséphine. Même si à la ville elle frime encore, avec Pepito, elle se laisse aller au désenchantement : « Le public vous monte au ciel et vous descend en enfer d'un simple mouvement d'humeur. L'oubli a une grande gueule qui happe, avale et ne laisse aucun os... »

Heureusement, très vite, une nouvelle en provenance de Saint Louis redessine son merveilleux sourire : depuis quelques jours, elle est tante pour la première fois. Vivian, l'épouse de son frère Richard, vient de mettre au monde un magnifique bébé : Richard Martin junior...

En un temps record, l'Italien met au point les détails d'une vaste tournée de deux années à travers le monde. Les pays à visiter : l'Autriche, la Hongrie, la Roumanie, le Danemark, la Suède, la Tchécoslovaquie, l'Allemagne, la Norvège, la Hollande, l'Espagne, l'Amérique du Sud... Avant de partir, et pour mieux préparer un retour qu'il veut fracassant, en janvier 1928, l'« homme au monocle » réserve la salle Pleyel pour une ultime apparition. Pour Joséphine, sifflée par une partie du public à cause d'un malentendu sur la vente aux enchères du programme illustré par Jean Dunand, la soirée tourne au cauchemar.

Elle quitte la France avec un bleu au cœur...

« En 1928, j'avais dix-neuf ans, raconte un admirateur tchèque. En mars de cette année-là, on annonça puis on démentit à diverses reprises la venue à Prague de Joséphine Baker. La grande question du jour était : viendra-t-elle ? Ne viendra-t-elle pas ?

Tout le monde connaissait sa réputation et les esprits

s'enflammaient. De Vienne, nous parvenaient les échos de ses "frasques". On avait lu dans la presse qu'elle avait créé un incident politique au théâtre Johann Strauss en ridiculisant le député social-démocrate Gluken sur scène... »

Le nazisme à l'essai...

Le voyage de Joséphine à Vienne fut très mouvementé. Le chancelier autrichien le premier donna le ton en condamnant l'art nègre avec une rare virulence. L'Europe politique d'alors était fragile car, après la guerre de 14-18, la pulvérisation de certains Etats européens (la balkanisation) avait donné naissance à des démocraties précaires.

A Vienne, l'archevêque Monseigneur Piffer ne se contente pas de faire sonner le tocsin contre « l'artiste la plus noire que le monde ait connu », il prononce pour tous ses fidèles l'interdiction de se rendre au spectacle. Il fait en outre donner des messes spéciales dans l'église la plus proche du théâtre Strauss où « l'incarnation de la décadence des mœurs de la bonne Autriche » doit se produire. Le père jésuite Frey monte en chaire. Il n'espère pas recueillir autant d'assistance que « la danseuse noire » mais il estime que ce ne serait pas une mauvaise idée que chacun puisse aller à la messe avant de courir au théâtre...

Espérant sauver ainsi quelques âmes, il programme ses offices à 18 heures, juste avant les représentations prévues deux heures après.

Les jeunesses socialistes, non représentées au parlement mais qui, par leur nombre, se montrent de plus en plus menaçantes, rejoignent l'église pour manifester contre « le symbole de la luxure et du péché qui arrive à Vienne pour envenimer les esprits »...

Au milieu de cette farouche opposition, le comte de Sternberg se lève pour dénoncer les diffamateurs et l'hypocrisie de l'église :

« Qui combat le nudisme désavoue Dieu, qui a créé les

hommes nus. D'ailleurs, les nudités les plus osées se trouvent dans la maison du Pape. Rentrez donc dans la basilique Saint-Pierre de Rome et levez les yeux sur les peintures de Michel Ange ! »

Les hommes n'appellent-ils pas trop facilement « vices, les plaisirs qui leur échappent et vertus, les infirmités qui leur restent » ? Joséphine a sa conscience pour elle !

Un autre accident viennois, une sombre histoire de suicide cette fois, la poursuit jusqu'à Prague, desservant de nouveau sa réputation déjà bien entachée. Dans un cabaret de la capitale autrichienne, le « Pavillon », un jeune et talentueux chanteur yougoslave de vingt-neuf ans, Francise Garbor, se tire une balle dans le cerveau avant de s'écrouler devant elle. Quand l'ambulance arrive, il est trop tard, Garbor a succombé à ses blessures. On prétend qu'il s'est suicidé parce qu'il n'avait pas de travail. La presse titre bien sûr sur l'amour impossible du jeune homme pour la « Vénus noire » et Joséphine semble accréditer cette dernière thèse en expliquant que Garbor l'a poursuivie durant toute la durée de son séjour. Toujours selon sa propre version, il n'y aurait jamais rien eu entre eux, juste quelques regards... Pepito fait un esclandre mais ne récolte-t-il pas ce qu'il a semé en faisant de sa Joséphine une idole à la merci du fantasme des hommes ?

« Finalement, un beau jour la nouvelle tomba ferme et définitive », reprend notre admirateur tchèque : « Joséphine Baker sera à Prague les 15, 16 et 17 avril au théâtre Lucerna, chez Havel (l'oncle du futur Président). La ville entra dans une excitation folle. Partout, on ne parlait plus que de cela. Je me souviens d'une histoire que l'on se raconta de bouche à oreille. Dans une auberge de Prague, le patron venait de servir une bière noire à un client, lorsque ce dernier lui demanda :

"Et vous, monsieur l'aubergiste, est-ce que vous aussi, vous irez voir Joséphine Baker ?

– Oh non ! je préfère cette noire-là, répondit l'aubergiste en indiquant la chope de bière avec son doigt, parce que quand je bois mon dixième demi, ce n'est pas une danseuse nue que je vois devant moi, mais MILLE danseuses nues qui s'agitent..." »

Comme à Vienne, une partie de l'opinion tchécoslovaque s'indigne de l'arrivée de « Bakerovà ». Le député chrétien-social Pétrovatz interpelle le gouvernement pour qu'il intervienne contre la venue du « blasphème noir ». La presse catholique slovaque s'insurge contre les catholiques tchèques, à cause de leur attitude passive face au danger. Les sociaux-démocrates, eux, conscients que Joséphine n'est qu'un prétexte dans la guerre entre catholiques tchèques et slovaques, reprochent aux calomniateurs de s'attaquer à la modernité de l'église tchèque en se servant de la jeune vedette. Vaste polémique...

A leur tour les rabbins entrent dans la partie, dispensant des sermons contre les modes que Joséphine engendre (jupes et cheveux courts).

Malgré ce déchaînement, une foule immense attend Joséphine à la gare Wilson et dès qu'elle paraît dans son tailleur anthracite et son chapeau à plumes grises et bleues, une véritable marée humaine l'emporte, créant des remous. Chacun veut la toucher. Elle doit se réfugier sur le toit d'un vieux fiacre. Dès qu'elle se retourne, des bouquets de fleurs lui arrivent par dizaines, qu'elle renvoie aussitôt à la foule ainsi que ses gants, puis ses bagues... L'ampleur de la manifestation contraint la police à intervenir.

C'est à pied mais sous bonne escorte qu'elle gagne l'hôtel de l'Esplanade, continuant à distribuer sous la pluie toutes sortes de petits présents à ses poursuivants ; un tapage jugé « indigne de la nation tchèque ».

« Le soir de la première, la salle était bondée et dans le public on reconnut beaucoup de personnalités, poursuit notre guide du souvenir. Joséphine fit son numéro avec la ceinture de bananes et le pagne à plumes, puis elle fit monter un spectateur sur la scène. C'était Vlasta Bourian, l'un de nos plus illustres acteurs. Elle allait très vite le regretter car Bourian causa un tel remue-ménage qu'il la laissa un instant désarmée. Il mima tout d'abord un personnage intimidé puis, simulant l'hystérie, il se mit à pleurer en désignant sa femme du doigt avant de réinventer quelques pas de charleston. D'abord prise à son propre piège, Joséphine retrouva très vite son professionnalisme. Elle se prêta au jeu et, au moment où il s'y attendait le moins, chassa Bourian hors de scène. Mais il ne voulait plus partir !

Alors elle se mit à le fustiger avec tout ce qu'elle put trouver à portée de main : des fleurs, des morceaux de décor...

"Voilà, cadeaux pour toi ! Et merci encore, vous êtes formidable", lui cria-t-elle en anglais !

"Dommage que je n'aie pas les jambes noires", répliqua Bourian au public avant de regagner sa place sous un tonnerre d'applaudissements.

En revanche, lorsque vers la fin du spectacle, un groupe d'étudiants envahirent la scène sans y avoir vraiment été invités, la pauvre Joséphine s'enfuit cette fois épouvantée, sans demander son reste... »

Il fallait s'y attendre ; dès le lendemain, les critiques tirent sur la vedette à boulets rouges. On parle d'« attraction pour les impuissants, les pervers et les vieux vicieux qui n'arrivent plus à assouvir leurs besoins sexuels avec leurs femmes ». Joséphine est assimilée à « une catin qu'on aurait très bien pu aller regarder dans une chambre où dans une salle de bains à moindres frais ».

Le journal social-démocrate déplore l'outrage à la morale prêchée dans les écoles, la littérature, les familles, la société : « Tout est de travers avec Baker. Même mes parents laissent leur éducation et courent acheter des billets pour voir sa représentation. »

Certains laissent entendre que la police parisienne l'a

expulsée pour outrage aux bonnes mœurs, tandis que d'autres, plus cyniques, estiment que l'on ne peut parler d'indécence chez un singe. Personne ne consent à lui accorder la qualité d'artiste : « Quand elle chante ses chansons tristes, il faut se pincer pour ressentir la moindre émotion... »

Le luxe tapageur dont elle s'est entourée dérange aussi. Son chauffeur personnel a fait le voyage de Paris pour venir la rejoindre dans une somptueuse automobile jaune, tapissée de peaux de lézards. Le véhicule a attiré l'attention lors d'un accident en pleine ville de Prague... sans gravité pour sa conductrice !

« Jozefina » a également emmené avec elle sa servante noire, son secrétaire, et apporté une dizaine de valises, autant de malles, ses deux chiens, trois armoires, plusieurs fourrures, cent quatre-vingt-seize paires de chaussures... Les journalistes prennent un malin plaisir à poursuivre l'interminable liste de ses effets, sans omettre de citer le perroquet qui crie « Baker » dès qu'il entend la sonnerie du téléphone !

On plaide alors la cause des scientifiques et des chercheurs tchèques, « des gens utiles qui sacrifient leur vie à la science et aux progrès de l'humanité tout en vivant dans des conditions précaires, à la limite de la décence, et qui ne gagnent pas le millième de ce que ramasse cette fille noire en se montrant nue devant des imbéciles qui oublient alors toute notion de travail, au profit d'une futile attraction foraine »...

Le cachet de Joséphine est réellement mirobolant. Pepito a réclamé pas moins de dix-sept mille couronnes par soirée, soit l'équivalent de vingt mille francs de l'époque !

Il fait simultanément traduire les *Mémoires de Joséphine Baker* de Marcel Sauvage en tchèque avant de faire projeter *La Sirène des Tropiques* dans lequel il campe pour la postérité un petit rôle aux côtés de sa compagne.

Le séjour praguois manque cependant de se terminer

très mal pour l'aîné des Abatino. La police ayant enquêté à son sujet, une multitude de renseignements leur parvient qui dénoncent tous ses actes de violence envers sa maîtresse. On évoque des scènes d'orgie et de sadisme qui se seraient déroulées dans leur chambre d'hôtel. Face à ces rumeurs, l'Italien plaide son innocence au poste de police, mais jusqu'à ce qu'il quitte le territoire, les autorités n'ont de cesse de le harceler.

Bien qu'elle n'évoque pas ce pays dans ses futurs mémoires, Joséphine subit à Zagreb, l'une des villes les plus importantes de la jeune Yougoslavie, les mêmes affronts qu'en Tchécoslovaquie et qu'en Autriche.

Le conflit entre Serbes et Croates, qui se poursuit encore au début du XXIe siècle, la place une nouvelle fois au cœur de la polémique. Elle commence à s'habituer à ce style de manipulation : « J'ai été utilisée comme épouvantail ou comme drapeau par différents partis politiques, dira-t-elle à Marcel Sauvage. Tout est bon à la politique et aux hommes politiques, je l'ignorais. Aujourd'hui, j'ai ma petite expérience à ce sujet... »

D'autres déboires attendent le « couple maudit » en Allemagne, où la police munichoise interdit formellement à « la négresse » de se produire pour cause d'« immoralité »... A Berlin, un directeur de théâtre peu scrupuleux les roule mais c'est l'accueil délirant de Hambourg qu'ils emportent avec eux, avant que le paquebot *Monte Verde* ne les emmène depuis le port de Gênes jusqu'en Amérique du Sud.

L'Argentine est la première étape de la nouvelle épopée. A Buenos Aires, s'essayant à la langue locale lors d'une émission radio, Joséphine mêle dans son allocution, de la manière la plus inattendue, l'anglais, le français, l'allemand et même l'espagnol... au grand amusement des services de la radio et des auditeurs.

« On lui avait demandé un speech en espagnol... Elle a servi une salade russe ! » raille une personne de sa suite.

Partout ensuite, du Brésil jusqu'au Chili, la même ferveur accueille ce « petit morceau de France trépidant », et partout aussi, les oppositions demeurent aussi violentes qu'en Europe. En Uruguay, la « Vénus noire » déclenche un début de révolution. Il est temps pour elle de retrouver Paris, le seul endroit où l'on peut encore comprendre son art. Mais le grand Paris se souviendra-t-il toujours de son enfant chéri ? Rien n'est moins sûr...

Sur le paquebot du retour, le *Lutetia*, elle est présentée à un illustre « compatriote », l'architecte Le Corbusier.

On murmure haut que leur relation franchit le simple seuil de l'amitié...

III

LA NÉGRESSE APPRIVOISÉE...

« *Joséphine Baker, c'est une grande chose. Elle ne peut pas plaire aux médiocres.* »

Jean Lasserre

Tout en haut de l'escalier...

A LA fin de l'année 1929, la crise économique frappe les Américains de plein fouet, tandis qu'à Saint Louis les Martin inaugurent la maison de leurs rêves ; Tumpie leur a envoyé suffisamment d'argent pour qu'ils puissent améliorer leur train de vie. Le numéro 4425 de West Belle Street, une résidence plus chic, devient leur nouvelle adresse.

Quant à Joséphine et Pepito, lorsqu'ils ne dorment pas sous les lambris des grands palaces, à Paris, les Dalliez, un jeune couple rencontré un soir au cabaret de la rue Fontaine, leur offrent occasionnellement l'illusion d'un foyer.

C'est de leur périple international qu'est né plus fort que tous les mirages ce désir simple et impérieux d'amadouer le temps entre des murs qui leur ressemblent. Alors, ces « Sans Domicile Fixe », sans doute parmi les plus dispendieux de l'histoire, font l'acquisition d'une superbe maison aux larges tours carrées, dans la commune du Vésinet, en banlieue parisienne.

Sis au 52 de l'avenue Georges-Clemenceau, ce manoir d'abord baptisé « Villa Joséphine Baker » puis « Beau Chêne » voit d'emblée défiler tout ce que le Paris d'alors peut compter d'âmes littéraires ou artistiques. Seule l'acariâtre Mistinguett y demeure insensible, déclinant toute invitation.

Le visiteur est accueilli dans un vestibule transformé en annexe du Moyen Age avec ses sévères armures. Toujours aussi féru d'histoire, Pepito qui s'est approprié le rez-de-chaussée a exposé dans un premier salon ses fabuleuses collections d'ivoires et de pièces en argent. Il ne manque pas une occasion d'en faire étalage devant ses hôtes. Suit une immense salle à manger aussi austère que le vestibule et un deuxième salon, meublé à l'orientale, qui mène à une véranda plus intime.

A contre-courant de son époque marquée par l'art déco, Joséphine meuble « Beau Chêne » à l'image de sa personnalité : un amalgame hétéroclite de styles et de paradoxes qui confère à l'ensemble un charme typiquement « bakérien ».

Au premier étage, dans sa chambre toute blanche, s'amoncellent les fourrures, les plumes d'autruche, les tulles et autres broderies de dentelle, autour d'un lit à baldaquin attribué à Marie-Antoinette...

Dans un petit boudoir attenant à la salle d'eau, en marbre vert avec baignoire dorée, elle a fièrement entreposé une pléiade de souvenirs, rapportés de chacun de ses voyages. Tous la représentent sous des formes les plus inattendues : pains de savon, chocolat, poupées, boîtes à bijoux...

Son effigie figure même sur les soufflets d'un petit éventail argentin... juste de quoi ventiler son ego !

Dans le parc qui entoure la maison, les curieux peuvent apercevoir à travers les grilles toute une foule d'animaux se promenant dans la plus entière liberté. Depuis Saint Louis, Joséphine professe l'amour des bêtes : « Les animaux dansent quand ils jouent. Leurs gestes sont tellement plus beaux que les nôtres ! Je les aime parce qu'ils sont simples et compliqués comme les petits enfants ; ils sont l'innocence. Je ne supporte pas l'idée d'une bête abandonnée, donc que l'on trahit, alors qu'elle est incapable de le faire. Les hommes ? Ils me font penser à la parole de l'Evangile "De la terre lumineuse du Seigneur, ils ont fait une vallée de larmes". »

C'est au Vésinet que le fameux léopard Chiquita vécut en toute quiétude. Chiquita, l'un des animaux fétiches qui servirent la légende de « La Baker », marqua longtemps les Vésigondins depuis le jour où il se sauva de « Beau Chêne » pour semer la panique en ville...

Instrument de publicité, imaginé en 1930, le fauve ne quitte plus sa maîtresse. On le voit descendre les Champs-Elysées à ses côtés, ou se faire les griffes sur les planches de Deauville, orné d'un collier de pierreries assorti aux toilettes toujours plus excentriques de Joséphine. Depuis les cuistreries de chez Maxim's jusqu'aux grands soirs de première, on l'aperçoit partout.

Bientôt sa gloire ne connaît plus de limites : on annonce qu'il va devenir sur scène le partenaire de la « Vénus d'ébène ». Zig les immortalise sur une sublime affiche commandée par le Casino de Paris ; Joséphine doit y faire une rentrée imminente et particulièrement attendue...

L'aventure publique du Casino, cet autre temple prestigieux du spectacle parisien, débute officiellement pour elle le soir du 26 septembre 1930. Pepito est parvenu à négocier un contrat avec le tout-puissant Henri Varna, également codirecteur, en compagnie d'Oscar Dufrenne du concert Mayol, des Bouffes du Grand Nord, des Ambassadors et de l'Alcazar. Après l'assassinat de Dufrenne en 1933, Varna rachètera la succession, se constituant ainsi un fabuleux empire et une fortune colossale.

Pour la première fois, Joséphine se voit confier au Casino une revue dans la grande tradition du music-hall français : chant, danse, comédie.

Noyée sous une caricaturale avalanche de plumes, elle parvient à faire jaillir toute la pureté de son vrai talent, celui qui bouscule les usages et déjoue toutes les analyses. La tournée internationale a fini de le polir comme ces diamants dont on l'a outrageusement parée.

Son succès est une véritable douche froide pour ses détracteurs qui l'ont crue déjà finie à vingt-quatre ans ! Alors que, de toute évidence, on l'a attendue au tournant, elle amorce un virage superbe qui fait couler des encres dithyrambiques :

« En la voyant, on ne peut plus dire qu'une blanche vaut deux noires ! »

C'est par ce verdict comico-musical énoncé dans le quotidien *L'Ere nouvelle* que ses retrouvailles avec Paris sont scellées, après deux années d'absence. Le mauvais souvenir de la salle Pleyel est loin maintenant et *Paris qui remue* tient toutes ses promesses. Chaque soir, à la sortie des artistes, la foule se presse pour assister au second spectacle : « La panthère et son tigre » s'engouffrant dans la Delage qui attend, moteur ronronnant, pour les reconduire au Vésinet...

Pour mieux chauffer les esprits partisans, on joue sur la comparaison avec Mistinguett et, bien que le spectacle soit coproduit par Earl Leslie, amant et partenaire de la Miss, chaque journaliste y va de sa petite phrase.

Antoine, de *L'Information*, décrète que Joséphine a descendu l'escalier « avec autant d'aisance et d'abattage que L'AUTRE ».

Au music-hall, la descente de l'escalier a toujours été une redoutable épreuve pour les meneuses. Réinventé à la fin de la Première Guerre mondiale par Jacques-Charles, concepteur et metteur en scène des revues du Casino de Paris, l'escalier d'or symbolise depuis cette époque et même à l'étranger le panache et le prestige du spectacle parisien traditionnel.

Joséphine passe ce cap avec brio et, après avoir assisté à sa prestation, le critique Ridendo, ébloui, s'obstine à vouloir déclasser la Miss à tout prix :

« Quand elle descendit l'escalier, plumes aux bras, plumes dans le dos, les pavillons débouchés et dressés, les trompettes eurent beau lancer du vacarme et les tambours tambourer et les timbales timbaler : on entendit, malgré tout, je le jure, le petit tam-tam de son cœur. A ce tam-tam répondait, d'une loge côté cour, le tic-tac du cœur de Mistinguett... Sur ces marches où vacillèrent la belle Jane Marnac et la grisante Marie Dubas, la négresse tiendrait-elle debout ?

Elle a combattu, s'est multipliée, voilà pourquoi elle a vaincu. Ce n'est plus l'excitante gorillonne de jadis. Elle s'est civilisée. Elle s'est mise la langue française, si l'on peut dire, entre les dents. La voilà la vedette 1930-19... ? »

En même temps que la Comtesse Anna de Noailles assure au Tout-Paris que « Joséphine Baker a avalé des oiseaux », en Allemagne, une autre déesse voit son étoile s'élever haut dans le ciel, un Ange bleu, né de la magie de Josef von Sternberg : Marlène Dietrich ! Joséphine ne l'aime pas. Elle ne l'aimera jamais. Peinant à reconnaître « Marlène » comme une grande, elle considère déjà la femme par trop décalée en rapport à l'image.

« Dietrich ne symbolise pas ce que l'on appelle une vamp. Elle ne fait appel qu'à la sensualité des vilains hommes. Pourquoi met-elle un pantalon ? C'est peut-être original mais trop cherché, trop excentrique et dans tous les cas pas très adroit, car les hommes n'aiment pas que l'on se serve de leurs armes. »

Aux yeux de Joséphine, seule Garbo reste maîtresse en ce domaine. Elle la voit incarner la vraie vamp qui exhale son mystère aussi naturellement qu'une fleur répand son parfum dans les moindres détails de la vie. Elle est celle qui exerce une séduction spirituelle en subjuguant les êtres sans distinction de sexe : « Elle détient ce vrai mystère qui ne s'apprend pas. »

C'est dans *Paris qui remue* que Joséphine crée la chanson qui la consacrera sur tous les continents. Paulette Zévaco, témoin privilégié de « l'accouchement » du texte, s'en souvient avec émotion :

« Vincent Scotto, Géo Koger et moi-même nous trouvions tous trois dans un taxi qui nous emmenait précisément au Casino de Paris pour proposer quelques nouveautés à Henri Varna et à Joséphine, lorsque soudain Scotto intima au chauffeur l'ordre de s'arrêter. La voiture à peine immobilisée, il en sortit telle une bombe et vint s'accroupir sous une porte cochère de l'avenue de l'Opéra. Là, il tira de sa poche un crayon et une partition composée par Koger et, prenant bien garde de ne pas se laisser mouiller par la pluie qui tombait à seaux, il se mit à griffonner quelques paroles.

“Que pensez-vous de cela”, s'écria-t-il en remontant dans le taxi ?

Dès notre arrivée au Casino, la chanson fut jouée au piano devant Joséphine. Quelques instants plus tard, elle roucoulait déjà comme un credo ce qui deviendrait son hymne international :

J'ai deux amours,
Mon pays et Paris
Par eux toujours,
Mon cœur est ravi... »

« J'avais acheté le disque et le mettais toute la journée, révèle Jean Marais. Je savais bien entendu toutes les paroles et les chantait avec elle. »

Encouragé par le prodigieux succès de ce refrain lauréat du grand prix du disque 1931, Pepito décide de créer les Editions Internationales Joséphine Baker. Il estime que Scotto, son auteur et Salabert, l'éditeur, ont déjà perçu beaucoup trop de droits au détriment de leur interprète. Son initiative ne sera guère couronnée de réussite. Plus ambitieux que jamais, c'est à la même époque qu'il réalise son plus gros coup publicitaire : le Bakerfix, une graisse capillaire qui révolutionne le marché.

Le ténébreux Sicilien semble faire preuve de beaucoup moins de clairvoyance lorsqu'au début de la saison, Varna lui présente une certaine Dolly Caplet. Cette moricaude d'origine serbe se fait une spécialité d'imiter Joséphine, et commence à acquérir une certaine notoriété, quand en 1930, elle est engagée par le Casino pour doubler la vedette. Pepito a donné son accord, mais au bout de quinze jours de répétitions, on la renvoie subitement.

Dolly Caplet réclame aussitôt 28 000 francs de dédit et 80 000 francs de dommages et intérêts à Varna pour rupture abusive de contrat. Construisant une sordide machination, elle prétend que si elle a été remerciée, c'est à cause de la jalousie de Joséphine qui ne supporte pas que sur la scène Pierre Meyer l'embrasse avec une fougue toute particulière...

Caplet gagne son procès et son avocat suggère que les deux « rivales » comparaissent dans le même costume de vedette mais Joséphine refuse. De cet épisode naît la fameuse légende qui veut que la « Vénus d'ébène » a un jour osé défier la danseuse étoile sur la scène de l'Opéra de Paris : les échos de cette histoire traversent l'Atlantique pour arriver déformés, dans toutes les salles de rédaction de presse de la fédération américaine.

Pierre Meyer, dont le nom est cité dans l'affaire, voit lui aussi son contrat résilié, mais son histoire prend une tournure beaucoup plus dramatique.

Fils d'une excellente famille (ses parents possédaient entre autres l'un des plus prestigieux magasins de mode anglaise à Paris), Meyer eut une enfance heureuse et choyée. Son avenir semblait tout tracé, mais par caprice plus que par ambition, il ne rêvait que de théâtre. Il commença par être remarqué pour sa grande beauté dans les salons les plus fermés de la capitale puis il tenta de s'imposer dans le monde du spectacle. Au Casino de Paris, son caractère fantasque fit de telles étincelles que Joséphine, excédée, finit par lancer un ultimatum au directeur : « C'est lui ou moi ! » Meyer fut alors remercié, non sans avoir assigné Varna à 500 000 francs de dommages et intérêts. Il s'installa ensuite dans un superbe appartement près de l'Etoile, meublé uniquement de verre et de cristal, et, bien qu'homosexuel, décida sur un nouveau coup de tête de prendre femme.

De mauvaises affaires le firent tristement sombrer dans l'enfer de la drogue et, un matin d'hiver 1934, on retrouva son cadavre entièrement nu dans une chambre d'hôtel à Rouen. Le procès-verbal établit que Pierre et un camarade se livraient à des ébats sexuels devant une amie, lorsqu'il succomba à une overdose.

Il mourut dans la déconsidération générale, laissant à la postérité une voix gravée dans le vinyle de la version originale de *J'ai deux amours...*

« Pauvre Pierre... De toute façon, la guerre l'aurait vite broyé... », en conclura Joséphine.

Popularité et scandale...

Fifine a réussi son retour parisien, et sa gloire maintenant à son zénith lui procure une notoriété immense. Tous ses compatriotes de couleur en visite dans la ville lumière se font un devoir de la rencontrer, d'obtenir un autographe, à tout le moins d'assister à ce que la critique qualifia en 1925 de « bamboula démoniaque ».

Ses moindres faits et gestes sont étalés dans la presse par des journalistes toujours en quête de sensations. Dès que son nom se trouve lié à un événement quelconque, la plume des échotiers s'active vaillamment pour rendre publique sa dernière excentricité... ou en monter une de toutes pièces.

La disproportion que prend l'affaire de l'élection de la reine des colonies démontre combien les passions et les haines peuvent s'attiser autour d'elle.

Chaque année a lieu à Paris l'élection d'une jeune fille qui représentera les colonies françaises. En 1931, c'est Joséphine Baker, Américaine, qui est élue et pour elle, on transige un principe constitutionnel, car seule une Française de couleur peut être éligible : scandale. Les contestations affluent de toutes parts. Dans l'édition de *L'Echo d'Ostende* du 11 mars, une journaliste belge laisse éclater sa fureur :

« Joséphine Baker reine des colonies ! Cela relève du dérangement mental !

Je pense aux fantômes de tous les pauvres bougres qui sont allés se faire trouer la peau dans les marécages de l'Indochine par exemple. Je songe au Maroc, au fier profil d'un général Lyautey, aux sacrifices des mères et des femmes, aux grands chefs d'indigènes... Pour symboliser tout cela, il y a Joséphine Baker, une danseuse de music-hall, c'est trop fort ! »

Moins sectaire mais tout aussi revendicateur, le Président du comité de Paris use aussi de sa verve, suscitant du baron Fieullien un sursaut d'intelligence. Le détenteur du titre de plus beau député belge adresse en effet à Miss Baker le télégramme suivant :

« Impossible traduire par écrit émotion ressentie, nouvelle votre élection – Voudrais vous presser sur mon cœur, exprimer avec éloquence habituelle suprême enchantement – Si vous consentiez, pourrions former équipe pour exhibitions – Fieullien. »

La destinataire use de la même repartie :

« Très sensible et profondément émue, hommage exprimé – Si disposez loisirs suffisants pour tournées démonstrations plastiques, soumettrais volontiers proposition manager – Nécessaire envoyer urgence photo et pedigree – Baker. »

Dans les milieux parlementaires belges, on affirme que le baron nage dans l'onde des plus capiteuses espérances...

A l'étranger, Joséphine est regardée avec la même curiosité. Dans un collège britannique, un professeur interroge un jour ses élèves : « "Savez-vous donc ce qu'a fait Joséphine Butler ?

– Non, monsieur, répondent-ils en chœur, vous vous trompez de prononciation, vous voulez sûrement dire Joséphine Baker !"

Aucun d'entre eux ne se souvenait de cette Anglaise qui avait tant milité contre l'immoralité mais tous connaissaient la danseuse qui "se contorsionne devant les foules extasiées".

"Voilà bien une injustice moderne", rétorque le professeur écœuré. »

Plus la publicité tapageuse continue de poursuivre Joséphine, peaufinant ainsi sa légende, plus Mistinguett, elle, s'installe dans une haine redoutable. Elle constate impuissante que « la négresse » a acquis une suprématie sur toute la profession. « Etre parisien, ce n'est pas être né à Paris, c'est y renaître » et même à l'étranger, Joséphine finit par représenter l'essence de Paname. Sa reconnaissance envers la France est sans bornes. La sincérité de son attachement n'échappe d'ailleurs point aux férus patriotes :

« Joséphine Baker chante qu'elle a deux amours, écrit le journaliste Orange en 1931. Son pays c'est normal, pour Paris, nous ne pouvons que l'en féliciter, c'est notre ville qui la fait vivre en exerçant son métier. Beaucoup d'étrangers ou de naturalisés n'ont aucun amour propre pour la France qui les héberge. Ce sont des fervents de guerre civile. Ils attendent comme des charognards, le moment où nous nous battrons pour s'enrichir de nos dépouilles. C'est là un danger contre lequel les bons Français, enfin réconciliés, feront facilement bloc. »

Pour les mêmes raisons que son ancienne maîtresse, Chevalier abhorre lui aussi Joséphine. En privé, il n'en fait pas mystère. Les autres célébrités de tous bords continuent néanmoins de fréquenter assidûment la petite société du Vésinet. Dans son intimité, la « nouvelle Atala » reçoit l'hommage de ses contemporains les plus illustres et il n'est pas rare d'y retrouver Tristan Bernard, qu'elle apprécie particulièrement. En 1931, elle lui dédicace, avec la plus grande solennité, un livre écrit d'après son idée par Pepito et de la Camara, *Mon sang dans tes veines* nouvellement paru aux Editions Isis. L'action se situe aux Etats-Unis dans une grande plantation de coton. Une jeune esclave sauve son maître blanc, victime d'un grave accident. Quand celui-ci apprend qu'on lui a infusé du sang noir, il se défenestre...

Chef-d'œuvre oublié du dixième rayon, ce roman est un échec en librairie. Personne, aujourd'hui encore, ne lui reconnaît la moindre vertu.

Incontestablement, le royaume de Joséphine reste le music-hall et, en 1932, Varna lui offre de régner à nouveau sur le Casino, dans sa dernière « superproduction ». *La Joie de Paris* devient l'événement artistique de la saison.

Le soir de la première, comme au cours des 345 représentations qui vont suivre, Joséphine se multiplie. Dans le tableau reconstitué d'une « singerie du XVIIIe siècle », on la voit même faire les pointes en compagnie du danseur Spadolini, véritable « Rodin vivant ». Mais c'est après le sketch de « L'Oiseau des îles » qui la révèle tour à tour pathétique, voluptueuse et torturée, qu'elle crée la surprise en apparaissant dans un habit queue de pie et chapeau claque pour interpréter *Ran pan pan*, un fox-trot endiablé. Le final très aquatique consacre son triomphe.

« Pour ce second spectacle, Scotto et moi avions décidé de présenter à Joséphine d'autres chansons, raconte

Paulette Zévaco. L'une d'elles était tout à fait dans la lignée de *J'ai deux amours*. C'est le fameux *J'ai rêvé d'une rose*.

En l'écoutant, elle fut émue aux larmes mais Abatino, toujours aussi rancunier à l'égard de Scotto, d'un seul regard la dissuada. Nous fûmes révoltés de constater combien l'emprise diabolique du "monoclé" sur sa compagne empiétait jusque sur son sens artistique. Quelle ne fut pas notre surprise d'apprendre un peu plus tard qu'il avait maladroitement choisi une chanson de Falk : *Je voudrais être blanche*, en affublant Joséphine d'une grotesque perruque blonde ! »

« Toujours cette couleur de peau, poursuit Madame Zévaco ! Marie Dubas me rapporta un jour cette confidence désabusée de Joséphine : "Sur scène, je suis adulée, acclamée mais à la sortie des artistes, j'entends parfois les réactions à chaud du public quand ils parlent indiscrètement et ça peut faire mal. Je m'aperçois que je ne serai jamais qu'une négresse..." »

Lorsqu'il est question de l'argent du « blasphème noir », personne ne s'inquiète de la couleur du billet, ni de celle de la main qui le tend.

En 1932, Joséphine participe au grand concours d'élégance automobile de la saison. Dans un tailleur clair, le visage ombré par la voilette de son bibi, elle apparaît irrésistible. La manifestation bat son plein, lorsque soudain, créant le trouble et le désordre parmi les ridicules dans leur précieux attelage, un groupe de mendiants s'impose bruyamment.

Au milieu de cette horde de pacifiques assaillants, Joséphine remarque une jeune femme qui porte péniblement dans ses bras deux horribles bébés crasseux et brailleurs à souhait. Oubliant le concours, les voitures, l'assistance et sa propre toilette, elle se rue sur les gosses, et se met à danser en les faisant tournoyer.

« Comme ils sont mignons, comme ils sont beaux », s'exclame-t-elle.

Et leur maman de repartir à la fin de la journée avec un cadeau royal : l'escarcelle de « sainte Josée »...

A travers ces agissements, Tumpie ne recherche ni la reconnaissance, ni même une quelconque gratitude car le partage semble une philosophie naturelle à l'enfant de Gratiot Street :

« J'ai trop su ce qu'était la misère pour ne pas essayer, dans la mesure de mes moyens, de la combattre ; on n'aura jamais assez de cœur, assez d'argent, assez de temps, pour la vaincre, l'écraser vraiment et qu'on n'en parle plus. »

Que ce soit à Nice pour vendre des oranges en faveur des sinistrés de la Corse et les travailleurs du spectacle, ou bien à Paris avec Damia pour vendre du muguet lors de la semaine de bonté, on la voit partout où le besoin se crée.

C'est dans le même état d'esprit qu'elle prête son concours au bal des « Petits Lits blancs ». Ce prestigieux gala en faveur des déshérités déploye chaque année ses fastes et son luxe à l'Opéra de Paris pour « rendre hommage à la pauvreté autant que la puissance peut honorer la détresse ».

Dans chacune de ses revues, Joséphine ne manque jamais d'évoquer les sans-abri, assurant une seconde vérité à cette fameuse pensée : « Moins on pense à soi, moins on est malheureux... »

Quand on la soupçonne de publicité, elle ne répond pas. Bien faire et laisser braire...

Un ver dans le fruit...

Si au théâtre, le tandem artistique Baker/Abatino ne connaît pas encore de fausse note, au Vésinet l'orage commence à gronder dans le couple. Toujours aussi sexuellement ardente, la « panthère noire » ne peut se satisfaire d'un seul homme. Abatino ne l'ignore pas. De plus en plus soupçonneux vis-à-vis d'elle, il imagine un amant caché derrière chaque meuble. Un jour, dans les coulisses de *La Joie de Paris*, il manque d'éviscérer Maurice Bataille avec une grande paire de ciseaux...

Bataille, on s'en souvient, est ce beau cavalier rencontré lors du bal donné au théâtre des Champs-Elysées à l'époque de *La Revue nègre*. Dès lors, cet industriel fortuné devient l'amant « périodique » de Joséphine et, à ce titre, s'attire l'aversion de Pepito, jusqu'à ce que la haine du Sicilien atteigne son paroxysme.

Dès le lendemain, Henri Varna doit sommer « Bataille l'indésirable » de ne plus se présenter au théâtre.

Cet épisode est le prélude immédiat à une nouvelle toquade qui manquera de mettre fin à la relation entre Pepito et Joséphine...

Pour l'un des tableaux de *La Joie de Paris*, Varna a engagé un couple de duettistes, Jacques Pills et Georges Tabet, déjà honorablement installés dans la profession grâce à la Miss. En choisissant souvent lui-même les partenaires de scène de Joséphine, Pepito impose un véritable casse-tête aux directeurs de théâtre. Conscient que les bruns aux yeux sombres tournent la tête de sa compagne, il présélectionne des blonds plutôt fades, homosexuels de préférence...

Pills, séducteur aux yeux de braise, est donc une exception car Varna a cette fois obtenu le dernier mot. Les rapports entre les duettistes et la vedette deviennent vite chaleureux et Joséphine fatalement s'éprend de Pills ! Maîtrisant son tempérament fougueux, elle essaye sincèrement de résister à ses pulsions. Subodorant le danger, Pepito ne la quitte plus d'une semelle ! Il l'attend à la porte des toilettes pour être sûr qu'elle en ressortira bien seule !

« Si jaloux fût-il, dit Tabet, Abatino ne se privait pas pour prendre maîtresse. Il couchait de temps en temps avec une petite girl rouquine à l'appétit sexuel insatiable : Pomme. Elle croyait dur comme fer à la noblesse de son amant. "Il est comte, disait-elle, car il porte des chemises brodées avec une couronne." Il n'en fallait pas plus à l'époque pour figurer dans le Gotha. Pomme, battant un record de sagesse, lui fut fidèle pendant un mois, puis elle le trompa avec celui qui, aux Etats-Unis, venait d'être acquitté pour le meurtre de Hal Bakay : Spencer Williams, le meilleur ami de Joséphine... »

A l'occasion du réveillon de Noël 1932, la maîtresse de « Beau Chêne » convie toute la troupe du Casino chez elle. Pills et Tabet font naturellement partie des invités... Bien que le feu de la passion la dévore, « Giuseppina » refoule ce soir-là encore tous ses instincts. Mais deux jours plus tard, Varna au bord du malaise apprend de la bouche de Tabet que Pills s'est enfui avec Joséphine pour se réfugier dans leur nid d'amour improvisé : l'hôtel Mac Mahon ! Pepito s'étant associé avec Varna pour la revue, il faut redouter le pire. Joséphine, elle, ivre d'un bonheur sain et inconscient, semble vivre la situation avec beaucoup plus de légèreté :

« C'est terrible, s'exclame-t-elle en voyant Tabet débarquer en trombe dans leur chambre, c'est terrible, je n'ai plus de chemise de nuit ! »

Par égard pour le duettiste, les deux tourtereaux s'exilent dans un appartement meublé, près du Fouquet's, sur les Champs-Elysées. Le soir même, au Casino de Paris, pour apaiser son courroux, Pepito armé d'un poignard monte et descend les escaliers des coulisses, à la recherche de Pills. Toute l'équipe de la revue, machinistes et électriciens compris, sont placés à des endroits stratégiques pour éviter le meurtre.

Dans la capitale, le scandale de cette romance se répand comme une traînée de poudre et depuis l'hôtel de France, dans la ville de Pau où elle se trouve en tournée, Mistinguett, alertée par la rumeur publique, écrit à Tabet :

« J'apprends que Joséphine a divorcé pour se frôler à notre jeune premier aux yeux de velours. Est-ce vrai ? Si oui, je suis heureuse pour elle car elle va respirer aussi l'air embaumé... »

C'est la preuve que même la Miss s'est laissé duper par le pseudo-mariage entre sa jeune rivale et son « maquereau ».

Le tapage autour de cette affaire ne décide pas Joséphine à réintégrer son foyer. Elle décide au contraire de prendre pension chez les parents de Pills, béats d'admiration en voyant débarquer chez eux la « Vénus d'ébène » en chair et en os ! Un ami commun suggère un mariage entre les deux amants, en précisant à Tabet que cela pourrait bien faire leur fortune...

De caprice amoureux en pieux chantage, Joséphine exige de Varna la confirmation du contrat de Pills. A la grande rage de Pepito qui continue de parcourir inlassablement les coulisses avec sa lame, le directeur cède. L'Italien commence à perdre du terrain...

« J'ai eu des belles-sœurs illustres, dit aujourd'hui Simone Ducos, puisque par la suite, mon frère a épousé Lucienne Boyer puis Edith Piaf, mais j'ai toujours éprouvé un faible pour Joséphine. »

Toute jeune, Simone Ducos vit avec sa famille au 65 de la rue Caulaincourt à Paris. Dans le même immeuble, son frère possède un atelier d'artiste avec une vue imprenable sur la capitale. C'est là qu'en dernier lieu il installe sa nouvelle conquête. Simone devient très vite leur confidente et une « petite sœur » pour Joséphine.

« Elle vivait chez nous en toute sécurité, se souvient-elle. Mes parents l'avaient adoptée comme leur propre fille. Pour son plaisir et pour le nôtre, elle nous confectionnait souvent et avec talent l'un de ses plats préférés : les spaghettis. Elle adorait aussi nous régaler avec ses recettes de rognons de mouton grillés accompagnés généralement d'une salade de mâche qu'elle appelait délicieusement "des petites fleurs". Au moins un jour sur deux, elle nous préparait d'énormes gâteaux au chocolat qu'elle ne mangeait d'ailleurs pas et que nous-mêmes avions du mal à finir ! En dehors de cette alimentation peu variée, elle n'abusait pas et excepté le champagne, elle ne buvait pas d'alcool.

« Je la trouvais tellement vulnérable derrière ses fous rires et sa joie de vivre ; une sorte d'oiseau, très gaie mais aussi très triste. Ce qu'elle recherchait, c'était un petit peu de cette chaleur humaine qui semblait tant lui faire défaut dans le monde tourbillonnant du spectacle. Elle n'était pas heureuse dans sa vie et je reste convaincue qu'elle ne l'a jamais été. Mais son amour pour Jacques submergeait toutes ses angoisses. Amoureuse, elle manifestait sa félicité de toutes les façons possibles. Dans sa loge du Casino, où nous nous retrouvions souvent, je la voyais faire des cabrioles de joie juste avant de se maquiller et dans ces moments de transport, elle semblait goûter à l'extase... La religion était un autre refuge pour elle. Jamais elle ne se couchait sans avoir fait sa prière à genoux devant son lit.

« A l'issue du spectacle, nous rentrions rue Caulaincourt dans sa grande Delage qu'elle conduisait elle-même la plupart du temps. C'était pour moi un moment d'épouvante car elle roulait à tombeau ouvert avec une fâcheuse habitude de monter sur les trottoirs...

« Un peu plus tard, nous apprîmes que Pepito avait quitté la France et avec Jack, elle nous emmena vivre dans sa propriété du Vésinet. J'y suis restée trois mois. Partageant son intimité, je l'accompagnais au marché et chaque jour, je constatais combien les Vésigondins lui étaient attachés. Il y avait toujours quelques mendiants qui se plaçaient sur son passage. Bien sûr, elle ne savait jamais rien refuser. Elle m'avouait souvent comme une confession que mon frère lui faisait perdre la tête : "Jacky (elle l'appelait ainsi) est un amour et je crois qu'il m'aime vraiment maintenant", m'assurait-elle. »

Pendant ce temps, aigri et malade, Pepito se morfond en Suisse. Avant de partir, le 30 décembre, il a la force d'écrire à Joséphine une dernière lettre :

« Je ne peux pas faire autre chose que suivre ta volonté et je souhaite que la liberté que tu désires si ardemment puisse te rendre heureuse. Maintenant, les derniers conseils : cherche vite à te soigner car tu en as grand besoin, tu es surmenée. Ne bois pas, ne signe rien sans ton avocat. Je me tiens à ta disposition si tu en as besoin. Garde toujours un bon souvenir de moi. »

Arrivé à Saint-Moritz, il descend d'abord au Palace puis au Carlton pendant de longues semaines.

« Malheureusement, la romance entre mon frère et Joséphine ne dura pas, regrette Simone Ducos. Jacques, lui aussi très volage, la quitta pour Simone Simon, la Brigitte Bardot de l'époque. Pour la pauvre Joséphine, ce fut le drame. Combien de fois n'ai-je pas essuyé ses larmes quand elle sanglotait sur mon épaule en qualifiant Simone Simon de “méchant petit fille” ? »

En apprenant la nouvelle, Pepito tente de reconquérir le cœur de celle qui reste sa seule raison d'exister. Vers la fin du mois de janvier, un pli en provenance de Saint-Moritz est présenté à « Beau Chêne » :

« Laisse-moi t'aimer, laisse vivre le sentiment de la jalousie en moi. Je ferai mon possible pour cacher ce sentiment, mais ne me reproche pas de t'aimer, c'est quelque chose de si rare aujourd'hui, d'aimer le corps, l'esprit et de faire preuve d'un dévouement infini. Un jour peut-être, tu apprécieras cela et ce sera la prime pour mon âme qui a été et qui sera encore torturée par ce sentiment horrible qu'est le doute. Si parfois tu as pu être transformée par des forces indépendantes de ta volonté et détruire ainsi mes sentiments à ton égard, je les ai toujours ramenés à la vie pour pouvoir t'aimer au retour à la normalité de ton esprit. Vis avec tes meilleurs sentiments envers moi et tu verras quelle force sera en toi et quelle source de bonheur tu feras naître... Tes seins commencent-ils à gonfler ?

En espérant serrer dans mes bras, une nouvelle Joséphine de 62 kilos.

Ton Pepito qui... »

Les espoirs du Sicilien trouvent un écho. Dès son retour à Paris, le contrat de Pills et Tabet est résilié. Chacun reprend sa place.

Depuis sa loge du Casino, Joséphine encore passionnée continue de correspondre secrètement avec Simone. On la retrouve vulnérable et déchirée :

« Entre nous deux Simone, j'aime Jack avec tout mon cœur pour toujours, je ne peux pas l'oublier, mon cœur est cassé, je vous prie de me croire. Ne dites pas à Jack que je te envoie ce lettre, il pourrait croire que je courre après lui. Votre frère a oublier je pense car il est d'une otre race mais moi non.

J'aime jack mais je me domine car j'ai promis à vous otre de ne plus vous donner de peine et je maintiens ma parole, comme dans la dame aux camélias, quand le père du jeune homme a demandé d'oublier... » *(sic)*

Joséphine n'évoquera guère cette liaison dans ses écrits. C'est à peine si elle effleurera l'épisode en se gaussant de la suspicion de Pepito :

« Qu'est-ce que tu lui trouves de plus que moi ?

– De plus, rien ! De moins si, le monocle ! »

La victoire d'Abatino demeure précaire. Il leur faudrait tous deux réapprendre à apprivoiser le bonheur. Les prémices de ce printemps 1933 semblent les y conduire lorsque les « sunlights » de l'actualité internationale viennent se mêler à leurs étreintes.

Une « anthropophage » au service de la misère...

« Le scandale du lion dépassa l'entendement, déchaînant des passions excessives, assure Paulette Zévaco. A tel point que Joséphine dut avoir recours à la justice. »

A l'initiative de la foire au pain d'épice, un grand banquet est organisé à Paris. Cette manifestation doit revêtir un double intérêt puisque d'une part, on va y déguster « Sultan », un vieux lion aveugle, que Marcel son dompteur a revendu en morceaux après l'avoir abattu et d'autre part parce que Joséphine Baker a été annoncée comme la vedette américaine de ce surprenant banquet. L'événement est monté à grand renfort de publicité et, sans même vérifier l'information auprès de l'intéressée, des journalistes la vilipendent sans merci :

« On pourrait croire maintenant qu'Elle faisait des efforts pour s'adapter à notre manière d'être. Mais mardi, elle sera dans son élément. Elle retrouvera dans ce morceau de Lion un peu de la jungle. Des fragrances évocatrices monteront à ses muqueuses nasales. Elle rêvera de grandes chasses dans la brousse, de grands festins. Elle obéira à une sorte d'atavisme en mangeant du lion, comme le faisaient ses ancêtres. Elle reviendra à ses instincts ancestraux, exerçant ainsi une basse vengeance sur un seigneur de la jungle qui avait peut-être dévoré un de ses aïeux. »

Ce papier est envoyé à Joséphine par Madame du Gast, présidente de la S.P.A. qui l'épingle sur sa carte de visite en prenant le soin d'ajouter : « Mademoiselle, cet article pourra sûrement vous intéresser ! »

Joséphine qui n'a jamais eu la moindre intention de participer à cette fête de mauvais goût demande réparation à l'organisateur du repas, le restaurateur monsieur Moreau, en lui réclamant mille francs de dédommagement. Le procès public a lieu au tribunal du douzième arrondissement de Paris. Maître Lévy Oulmann est chargé de la défense. Visiblement, Joséphine est venue pour s'amuser et sa prestation à la barre comble tous ceux qui, dans la galerie, se sont déplacés pour la même raison.

« Par curiosité, je m'y étais rendue moi aussi, poursuit Madame Zévaco. Lorsque Joséphine arriva sous les vivats de la foule, le ton de la séance fut donné... Alors que chaque témoin déposait, elle s'esclaffait comme une petite fille, coudoyant malicieusement son voisin.

« Indigné, l'avocat de la partie adverse l'accusa de ne pas aimer les animaux en citant une interview dans laquelle elle aurait déclaré qu'à l'âge de cinq ans, elle tuait les oiseaux avec un lance-pierres pour les faire rôtir ! ! !

« Joséphine répondit vivement à ces accusations : "Si vous avez tué un lion, j'ai dit, je viens pas !" Puis se tournant vers la salle, elle ajouta avec son délicieux accent tout de fraîcheur et de naïveté : "Ces messieurs me disaient que c'est pas vrai qu'ils mangeaient du lion, alors ?" Elle illustra ce sabir en louchant comme elle seule savait le faire et les rires redoublèrent... »

Curieusement, la plaignante est déboutée de sa demande, mais on fera des gorges chaudes de l'affaire dans le monde entier. Aujourd'hui encore, on peut en retrouver des traces dans l'édition du *Soir marocain* du 30 avril 1933...

Dédaignant la rumeur, Joséphine continue à soulager le malheur de l'un ou la misère de l'autre. Elle a maintenant décidé de participer chaque année à la distribution d'un pot-au-feu destiné à toutes les personnes âgées de la Butte Montmartre à Paris. L'instigatrice de cette charité est Mademoiselle Choiseul qui, depuis quelques années, a créé une association avec d'autres âmes dévouées. En dépit de sa bonne volonté, et de son intervention auprès du Président Edouard Herriot en faveur de l'œuvre, Joséphine apparaît comme un chien dans un jeu de quilles et crée un climat de gêne dans le comité. On reproche à la vedette d'appeler les clochards « mes petits enfants chéris » et de donner des leçons de charité aux dames de l'œuvre. Mademoiselle Choiseul explose publiquement : « Elle prend la Butte pour un calvaire, elle vient y gagner sa croix ! »

En introduisant la notion de vedettariat à grand spectacle pour de telles causes, Joséphine ne fait que préétablir l'actuel concept des « Restos du cœur ».

Sur sa demande, les collectivités locales lui viennent occasionnellement en aide, telle la commune de Paris qu'elle sollicite pour assurer aux plus démunis de chaque quartier un soutien minimum. Armée de son charisme et de sa force de conviction, elle se rend préalablement dans les grands magasins de la capitale en demandant des rabais sur différentes victuailles. La composition des colis destinés aux pauvres reste invariable : du sucre, du café, des pruneaux, des pommes de terre, des haricots blancs, des sardines et du chocolat...

Chaque famille nécessiteuse munie d'une invitation peut alors se présenter dans le hall de sa mairie. C'est là que se déroulent généralement les distributions.

Ceux qui y assistèrent se diront frappés par l'humilité et le naturel de Joséphine :

« On aurait dit qu'elle offrait du thé, rapporte un journaliste de *Choses de Paris* présent à la mairie du dix-huitième arrondissement de Paris lorsque la vedette y fut reçue le 24 juin 1933. Les gens ne paraissaient nullement gênés tant sa façon de donner valait mieux que ce qu'elle donnait. »

L'altruisme exacerbé de la star ne préserve pas Tumpie des affres de la malédiction. Une mauvaise nouvelle mandée de Saint Louis la déchire : Willie May, sa petite sœur adorée, vient de mourir au cours d'un énième avortement. Joséphine surmonte péniblement le choc.

« Je me souviens de ma jeune tante sur son lit de mort, dit Richard Martin junior. Mon père m'avait pris dans ses bras pour que je voie combien elle était belle dans son sommeil... »

La famille a déjà été endeuillée par la disparition du mari de Carrie, Arthur Martin, qui a terminé ses jours dans un hôpital psychiatrique. Mort d'une crise cardiaque selon Richard Martin junior, suicidé en avalant des morceaux de verre pour d'autres, cet infortuné est parti sans laisser beaucoup de regrets chez les siens...

A la fin de l'été, Pepito et Joséphine quittent Paris pour une nouvelle tournée internationale qui les mène d'abord en Angleterre et en Norvège. A Oslo, Pirandello leur est présenté : « Je crois qu'il nous aime bien », écrit Joséphine à la famille Abatino.

Après la Grèce et la Turquie, l'Egypte est le dernier pays visité. Un soir, Yvonne Printemps, de passage au Caire, fait à l'« oiseau des îles » l'agréable surprise de venir l'applaudir. Le 23 juin 1933, au lendemain de la première triomphale de Joséphine, le journaliste égyptien Gritti, un ami, signe un article étonnant :

« Epuisée par de multiples rappels d'un public déchaîné, Joséphine put à peine rester debout. Elle répondit aux acclamations de la foule en passant la moitié de son corps par l'ouverture du rideau... Le public trépignait, mais il ne savait pas ce qui se passait derrière ce rideau rouge où deux de ses camarades la maintenaient debout pour l'empêcher de tomber, mais il fallut ensuite la transporter dans sa loge, évanouie. J'ai assisté à cette scène à plusieurs reprises, mais il suffisait de dix minutes à Joséphine pour qu'elle retrouve sa vitalité. Elle n'a que vingt-huit ans... »

Cette tournée donne l'occasion à la pseudo « comtesse Abatino » de se produire pour la première fois et avec succès en Italie. Un vieux contrat de 1926 la lie encore à l'imprésario italien Luigi Cavaletti, un contrat signé par l'intermédiaire de l'avocat de celui-ci, maître Lattuado. Joséphine fait mine de ne pas se rappeler qu'elle doit une tournée de quarante jours et une autre de même durée sur la Côte d'Azur. Aussi, lorsqu'elle revient à Milan à la fin du mois de novembre 1933, la cinquième session du tribunal de la ville lui fait savoir que Cavaletti, lui, ne l'a pas oubliée et l'assigne en justice en réclamant 230 000 lires de dommages et intérêts. La nationalité étrangère de l'accusée semble compliquer les choses mais Cavaletti ne désarme pas. L'avocat de Joséphine oppose alors le fait que sa cliente était mineure au moment de la signature du contrat. Là-dessus, usant de ses relations, l'impérieux Pepito fait définitivement classer l'affaire...

Loin des nébulosités du métier, à une époque où l'ascension d'une Noire dérange une partie de l'opinion, le grand public ne désavoue pas son amour pour Joséphine. Elle le lui rend au centuple. Très souvent, aux Folies ou au Casino, on la voit démaquillée, sous son vieux pull-over, aller saluer ses fans les moins nantis, ceux qui deux heures avant le début des représentations ont envahi le poulailler. « Il ne faut pas s'étonner après cela de l'amour du peuple de Paris à son égard », s'émeut Tony Clide.

En 1934 Joséphine n'a pas trente ans, mais Pepito pressent que sa muse doit voler plus haut encore. Il faut trouver une originalité qui surprenne le public.

La Créole d'Offenbach ! lui souffle quelqu'un.

La suggestion fait mouche. Derrière son ambition et ses fines moustaches, Abatino esquisse son sourire le plus redoutable ; les défis le stimulent. Pour lui, la partie semble déjà gagnée... Le malheureux ne se doute guère qu'il va livrer l'une de ses dernières batailles.

IV

ABATINO À L'AGONIE

« *Le bonheur est comme un habit fait sur mesure, on grossit et il ne vous va plus.* »

Agatha Christie

Les lettres de Richard...

« QU'EN pensera ce monsieur Offenbach ? » s'enquiert Joséphine, inquiète.

L'innocente ignore que le pauvre homme est passé de vie à trépas depuis près d'un bon demi-siècle. Néanmoins, ses œuvres connaissent à cette époque un regain de popularité ; on les joue partout : *La Vie parisienne* à Marigny au début de la saison, *Madame Favart* au Trianon lyrique, *Les Deux Aveugles* à l'Opéra-Comique...

La Créole, elle, n'a pas revu les feux de la rampe depuis 1872. A l'origine, Offenbach l'a conçue comme un opéra comique, mais sur les conseils de Pepito, Albert Willemetz et Georges Delance remanient et actualisent le livret en insistant sur l'aspect bouffe de la chose. Ils vont construire pour Joséphine plus qu'un rôle à la mesure de sa fougue et de son dynamisme, une opportunité de révéler enfin une autre facette de ses dons de comédienne et de chanteuse.

Initialement prévu pour être joué aux Bouffes-Parisiens, le spectacle confronte le directeur de ce théâtre à un véritable dilemme : Pauline Carton et... Jacques Pills triomphant chaque soir chez lui dans une opérette de Henri Duvernois, *Toi c'est moi*, il ne se sent pas le droit moral (et pécuniaire) d'interrompre le cours des représentations, serait-ce pour accueillir Joséphine. En dernier recours, surfant sur la susceptibilité de la « star », il laisse sa diplomatie trancher : ELLE mérite mieux que les Bouffes. Marigny lui est suggéré.

Touchée, la « Créole 35 » accepte et fait savoir dans la presse qu'elle a décidé d'elle-même de ce changement, par égard pour les acteurs de *Toi c'est moi*. Gentiment lésée sur la forme, elle ne marque donc point sa surprise en recevant un télégramme signé Pills, Tabet et Pauline Carton qui la remercient de son geste « spontané ». Pepito le fait aussitôt publier et l'écho de cette démarche accélère encore les recettes de *Toi c'est moi*. *La Créole* n'en récolte pas moins de lauriers. « Offenbach eût aimé cette créature de feu, née pour servir les rythmes dionysiaques de sa musique », se pâme un critique. Les leçons de Sacha Guitry qui s'est rendu aussi souvent que nécessaire au Vésinet ont porté leurs fruits. « Vous y arriverez, avait diagnostiqué le maître à son élève anxieuse. Vous êtes bonne comédienne puisque vous êtes naturelle ! »

Joséphine avoua à Jean Nohain en 1968 qu'elle dut fournir une énergie considérable pour prendre d'interminables leçons de chant et de danse supplémentaires à la salle Wacker, rue de Douai : « Cette opérette m'apporta une joie de vivre et un bonheur rarement éprouvés auparavant. »

En Italie, la famille Abatino est régulièrement informée des vicissitudes du Vésinet, grâce aux lettres de Manuel Richard, le secrétaire du couple. Ces missives sont rédigées dans un mélange d'italien et d'espagnol, la langue natale de Richard, mais tout le monde semble se comprendre. A l'instar de Louis Dauven ou d'Yves Bonnat, ses prédécesseurs, Richard établit ses quartiers à « Beau Chêne » ; Joséphine tenant à disposer de ses collaborateurs de jour comme de nuit.

C'est lui qui nous apprend le refus de Léon Volterra, le directeur de Marigny, de verser à Joséphine les cachets de sa dernière semaine de représentations pour *La Créole*. Il doit répondre de son attitude devant le tribunal. Au mois de mai, Joséphine a bien contracté une méchante grippe, mais sans annuler pour autant une seule soirée. Au Vésinet, en revanche, elle n'entend pas observer une discipline aussi stricte et refuse de se soumettre à l'autorité du médecin et à celle d'Abatino qui la supplient tous deux de se ménager.

« Elle est de nouveau trop maigre, rapporte Richard, et quinze jours sans bouger, c'est trop pour elle. Elle continue à prendre des leçons d'aviation, à faire du cheval. Pepito lui a dit qu'elle pouvait faire venir le monde entier à la maison pour lui tenir compagnie, mais qu'il ne fallait absolument pas qu'elle sorte. Il va partir de nouveau à Saint-Moritz pendant dix jours pour se reposer. Je lui ai dit de penser à sa vie plutôt que de s'épuiser en objurgations pour une Joséphine qui n'en fait qu'à sa tête. Il m'a répondu qu'il a décidé de ne plus trop faire attention à ce qu'elle fait et je trouve qu'il était temps qu'il réagisse comme cela. »

Joséphine n'est pas femme de concessions. Même si elle se rend compte que la santé d'Abatino se dégrade (« il est maigre et jaune et je suis triste de le voir ainsi »), elle laisse son comportement d'enfant gâtée la gouverner et saborder leur ménage. Pourtant, elle aime Pepito et tient réellement à lui, mais de façon trop égoïste. Un jour, elle veut lui faire une surprise en arrivant au Vésinet au volant d'une troisième voiture, une Renault 20 chevaux « Viva Sport », « gris clair avec un intérieur très chic ». Elle a au préalable vendu la Citroën qui ne leur donne plus satisfaction, puis s'est débrouillée pour obtenir un rabais de 50 %. Avec leur nouvelle auto, les deux amants partent en Italie à la mi-août 1935, pour des vacances familiales. Les dernières...

De retour à « Beau Chêne », Joséphine trempe sa plume pour raconter à Christina, dans un français toujours aussi fautif, leur folle mésaventure alpine :

« A la sortir de Rome, une énorme camion nous a rentrée dedans ! ! ! Heureusement que Pepito a un sang froid formidable car si non ce été une acidante terrible. Mais, dans la nuite, à 1 400 mètres dans la montagne, j'ai été obligé de sortir toute le temps pour voir si la voiture pouvé passé et j'ai trapé froid dans le ventre. J'ai resté avec une mal des entestins pendante cinq jours, mais j'ai préféré le mal au ventre que tombé dans la nuite dans la montagne ! » *(sic)*

En 1935, la « perle noire » fête le dixième anniversaire de son « coup d'Etat » artistique avec *La Revue nègre*. En cadeau, Pepito lui offre son premier triomphe cinématographique dans *Zouzou* aux côtés de Gabin, maintenant une star confirmée du septième art. Tous deux ont une discrète aventure...

Le film, dont le scénario est écrit par Carlo Rim d'après une nouvelle signée Abatino, sort sur les écrans le 14 décembre 1934 au cinéma « Moulin Rouge ». Il rapporte à son héroïne la considérable somme de 400 000 francs... et une kyrielle de problèmes à son producteur, toujours récalcitrant pour payer !

Arys Nissoti n'a pas encore versé à Joséphine le cachet de *Zouzou* qu'il la presse déjà de signer pour *Princesse Tam-Tam*, un second long métrage prévu pour le courant de l'année, avec Albert Préjean comme partenaire. Le film aura lieu, le procès aussi ; lorsqu'il s'agit de sa vedette et de leurs intérêts, Pepito ne tolère aucune complaisance et tout se règle par le biais de la justice.

Entre ouragan et tempête, les amants se retrouvent parfois et ces accalmies ressemblent encore à de l'amour :

« Nous nous aimons comme au début », confie Joséphine à sa belle-sœur.

Mais pour combien de temps encore ?...

Elle épanche librement auprès de Christina les détails de leur vie quotidienne, ses drames personnels aussi... Indéniablement, elle marque une vive attirance pour les enfants et si, en public, elle prétend n'être pas pressée de devenir maman, la réalité que bien peu de gens connaissent est tout autre :

« J'ai vu le plus grand gynécologue de Paris, le professeur Couvelaire. Il m'a dit que j'avais la matrice d'une gosse de douze ans, mais qu'avec des médicaments, on pouvait la développer, alors je prends des pilules. J'ai un autre rendez-vous, le 23 mars après mes règles. C'est un martyre pour moi de ne pas avoir d'enfants mais si avec ces médicaments, je ne peux pas en avoir, je te promets que je ne me ferai jamais toucher. C'est très dangereux, même si le médecin m'a dit qu'avec un système de petits bâtons, on pouvait le faire. On peut aider la nature, mais on ne doit pas aller contre. »

Soucieuse de la mode, elle continue allégrement à dévaliser les couturiers. En 1935, la mode privilégie les tenues sport avec talons plats pour la journée et, du côté des couleurs, la tendance est au vert foncé ainsi qu'au bordeaux. Fidèle à ses habitudes, quand elle décide de ne plus porter un vêtement, Joséphine en fait systématiquement cadeau à Leilia, la fille de Christina. Son affection pour la famille Abatino est sans failles, la sienne aux Etats-Unis est si loin...

Cependant, malgré son attachement à Pepito et l'or de leur patrimoine sentimental, elle ne supporte plus la tutelle rigide de son concubin. Ils ont commis l'erreur de mêler les sentiments aux affaires et cet enfant qui ne veut pas venir n'améliore pas la situation. Les disputes succèdent aux querelles et, vers le mois de mai 1935, quelques jours après la fin des représentations de *La Créole*, Richard alerte Christina :

« Cela faisait trois jours que Miss et Pepito ne s'adressaient plus la parole, ils ont de nouveau fait la paix. Pepito est malade et se fait un sang d'encre pour elle. Elle fait trop de sport et se dépense sans compter. L'autre jour, un accident qui a failli mal tourner lui a donné une bonne leçon. Deux jours après avoir gagné le concours d'élégance, Joséphine et Pepito rentraient d'une soirée, chacun au volant de sa voiture. Joséphine était dans sa Delage et Pepito dans la Renault. Avec son habitude de tout faire à cent à l'heure, elle a voulu doubler Pepito et, en lui coupant la route, elle a failli se tuer dans la collision avec une voiture qui venait en sens inverse. Il n'y a pas eu de morts mais elle a dû payer une amende de 150 000 francs car la voiture n'était pas assurée...

P.S. : Le maire du Vésinet vient de faire enlever le lampadaire qui se trouvait à proximité de l'entrée de la villa car cela fait pas moins de cinq fois que Joséphine rentre dedans en tentant de manœuvrer pour sortir du parc... »

Les U.S.A... Un dénouement tragique ! ! !

Depuis longtemps déjà, on épilogue sur une tournée aux Etats-Unis. Au début de 1935, l'éventualité d'une série de représentations de *La Créole* à New York, à raison de 3 000 francs hebdomadaires avec une garantie de huit semaines, est sérieusement évoquée, mais Pepito redoute certaines réactions et mise plutôt sur le Japon et la Chine. Ce projet avorte lui aussi. En mai de la même année, l'Italien se rend finalement à New York pour négocier un engagement dans une revue aux Ziegfield Follies. Richard juge l'enjeu « beaucoup trop gros » et trop dangereux pour Joséphine, « mais, ajoute-t-il judicieusement, elle a besoin de ce défi car si elle le gagne, elle peut être sûre que le triomphe sera mondial ».

Tout paraît s'annoncer sous les meilleurs augures ; pour sa protégée, Pepito a même obtenu le partage de l'affiche avec Bop Hope et Fanny Brice, la Mistinguett du music-hall américain.

La traversée de l'Atlantique s'effectue à l'automne, à bord du *Normandie*, flambant neuf. A bord, le « comte et la comtesse Abatino » y font la connaissance d'un médecin, un certain Malès, qui leur conte l'histoire de son château, une bâtisse solidement implantée dans la terre de Dordogne depuis le Moyen Age : Les Mirandes... Avant d'embarquer, Joséphine a eu la satisfaction d'apprendre qu'une Française, ex-lauréate du grand prix international du disque avec *Parlez-moi d'amour*, triomphe chaque soir au « Versailles » de New York : Lucienne Boyer. Cela lui procure l'espoir d'être reçue, comme on la reçoit désormais partout ailleurs dans le monde entier, comme une grande star internationale. C'est compter sans le racisme effroyable régissant toujours la société américaine. La crise de 1929 continue de saigner le pays et le Président Roosevelt, sur les conseils de l'économiste Keynes, tente coûte que coûte de sauver le capitalisme en prenant toute une série de mesures, le « New Deal », qui va lui assurer la popularité et des réélections successives jusqu'en 1944. Comme fréquemment en temps de crise, les minorités sont d'autant plus censurées qu'elles représentent un poids mort pour la société. Aux U.S.A., son passé attend « La Baker ».

Très vite, elle abandonne ses illusions lorsque, les uns après les autres, tous les grands hôtels fréquentés par des Blancs lui interdisent leur hall d'entrée. Reste encore la scène et son talent, une arme neutralisée avant même d'avoir détoné ; l'accueil réservé lui fait l'effet d'un véritable assommoir. Léo Sauvage l'a supposé sans trop de présomption : « Peut-être que l'Amérique lui en voulait-elle d'arriver précédée d'une renommée assourdissante qui n'était l'œuvre ni des critiques, ni du public américains. »

On compare sa voix de « cloche fêlée » à celle d'un gnome en claironnant qu'à Harlem, les Joséphine Baker se ramassent à la dizaine à chaque coin de rue... Bien qu'excessifs, d'un point de vue technique, ces arguments ne manquent pas de prix (Tumpie n'ayant pas encore l'envergure nécessaire pour gagner à Broadway) mais là ne réside pas la véritable excommunion scénique de Joséphine Baker à New York en 1936...

Meurtrie, elle incrimine Pepito puis, escortée d'une amie japonaise, Miki Sawada, part pour Chicago d'où elle lui écrit longuement. Rien, de ses blessures d'amour-propre à ses vexations de femme s'estimant trahie, rien ne manque à ce réquisitoire. Occultant leur amour et leur passé, elle ne s'adresse plus à LUI qu'à la deuxième personne du pluriel :

« Depuis que nous sommes aux U.S.A., vous avez peur de vous montrer partout avec moi. Ne croyez pas que je ne m'en sois pas rendu compte. Je voulais vous présenter au peu d'amis que j'ai ici, mais vous avez eu peur de vous salir et d'abîmer votre réputation. Vous m'avez profondément blessée, mais maintenant vous ne le pourrez plus car je vous rends votre entière liberté. On reste des amis mais juste pour les affaires. »

Solitaire, elle se rend ensuite à Saint Louis pour y retrouver sa famille après quatorze années de séparation. Richard Martin junior, alors âgé de huit ans, se souvient de sa sensationnelle impression lorsqu'il la voit pour la première fois :

« Elle était habillée comme une reine et voulait prendre des bains à chaque instant, mais comme nous n'avions pas encore de baignoire, c'est moi qu'elle chargeait d'enfoncer un bouchon dans le fond du baquet pour qu'elle puisse se laver ! »

Pendant ce temps, Abatino voguait vers la France. Dès son arrivée, le 17 janvier, il accorde une interview à la presse, comme une dernière confession publique :

« Manager je suis, manager je resterai tant que le monde verra naître des artistes de la classe de Joséphine Baker. J'ai pour elle, dont je suis pas à pas les progrès et les glorieuses étapes depuis près de neuf ans, la plus profonde admiration. Mais un jour vient où l'un se juge sévèrement de vouloir imposer à l'autre son point de vue, fût-il sage, où l'autre ne se juge pas sévèrement d'obéir. »

Que faire en pareil cas, sinon rompre le contrat ?

Après son départ, Joséphine retrouve le vieil ennemi de Pepito, Maurice Bataille, en voyage d'affaires à New York : « Le temps d'une passade romantique, elle me fit découvrir les endroits de Harlem les plus inaccessibles pour un Blanc. »

Déterminée à prendre sa revanche sur la ville de ses débuts, Tumpie tente d'y imposer sa vieille recette miracle : un nouveau « Chez Joséphine Baker », un cabaret aménagé au 125 de la East 54e rue, dans l'ancienne demeure de la milliardaire Barbara Hutton. Des orchestres de jazz, de tango cubain ainsi que des danseurs et des chanteuses sont généreusement engagés, mais c'est dans une mansarde de Harlem qu'au petit matin, Joséphine rentre abriter sa solitude :

« Dans cette toute petite chambre, je me sentais libre et heureuse. Je pouvais chanter toute la journée. Un jour, la logeuse qui ne savait pas qui j'étais est venue me voir en me demandant pourquoi je ne tentais pas ma chance à l'Apollo, l'équivalent du crochet à Paris. Je lui ai répondu : "Pourquoi pas" et j'y suis allée en me présentant sous le nom de Gracie Walker.

Jamais je n'ai eu un trac pareil. Le public, impitoyable, ne laissait pas la moindre chance aux candidats qui se présentaient. Assise sur un petit banc dans la coulisse, je ne donnais pas cher de moi. Quand ce fut mon tour, j'ai fermé les yeux comme une petite débutante et devant ce public particulièrement explosif, j'ai choisi une berceuse : *Time was*. Ils m'ont écoutée jusqu'au bout...

Pendant que je chantais, je revoyais le temps où j'arrivais à Harlem pour la première fois, lorsque l'on avait voulu m'engager comme une simple couturière. Je savais alors que l'avenir me réserverait une place au soleil. Un grand rêve en moi soutenait un merveilleux espoir : *Time was*... il fut un temps. »

Dans une lettre datée du 13 mai 1936, Joséphine annonce à Christina son imminent retour en Europe : « Je peux te dire que je pars d'ici avec un grand succès et en remportant la satisfaction d'avoir surmonté tous les obstacles ! »

Lorsqu'elle arrive à Paris, tout va mal. Les grèves paralysent la capitale et la situation sociale, conséquence de la crise américaine à laquelle la bourse parisienne a résisté jusqu'en 1932, s'envenime. L'accueil que le peuple parisien lui réserve à la gare Saint-Lazare est néanmoins délirant : « C'est plus que ce à quoi j'avais songé », confesse-t-elle encore à Christina. Les actualités cinématographiques se sont déplacées et, pour l'occasion, Paul Derval lui offre un marcassin paré d'un gros ruban bleu blanc rouge...

L'euphorie des retrouvailles passée, Joséphine retrouve son « Beau Chêne » : « Tout est si beau ici... » Mais les souvenirs l'assaillent. Il lui faut de surcroît s'astreindre à l'économie car après « l'Ere Pepito », des remises en cause ne manquent pas de s'imposer.

Sa propriété ne lui coûte pas moins de dix mille francs par mois : « C'est trop pour une femme seule. » Elle se débarrasse donc de sa basse-cour, renvoie tous ses domestiques, ses jardiniers, en engage un à moindres frais pour garder la maison à partir de septembre, date à laquelle elle compte s'installer à Paris dans l'un des appartements de son immeuble, avenue Bugeaud avec une seule employée. Dans un même souci d'épargne, elle sacrifie son goût du luxe en délaissant le couturier Jane, la modiste Agnès et même Perrugia, son chausseur attitré.

Toutes ses toilettes de la saison précédente sont expédiées à Leilia, la fille de Christina. Dans ses rapports avec la famille Abatino, rien n'est modifié.

« Si je suis très sage pendant deux ans (c'est le seul moyen de m'en sortir), confie-t-elle à sa belle-sœur, je pourrai avoir beaucoup, beaucoup d'argent pour bien marier notre Leilia... »

Avant son départ pour l'Amérique, Joséphine avait placé ses animaux en pension chez Christina, à Rome. A son retour, elle décide d'en faire don au Zoo de la ville éternelle. A travers une très longue lettre, elle fait part à son estimée famille italienne de son opération prévue pour la fin du mois de juillet. Grâce au traitement qu'elle suit depuis le début de l'année précédente, sa « matrice » s'est développée et elle espère être enfin en mesure d'avoir des enfants... reste à trouver le père !

Elle a en outre mis à profit son séjour américain pour entreprendre des démarches en vue de divorcer de Willie Baker qui, légalement, demeurait encore son mari. Du moins le pense-t-elle, car ainsi qu'elle l'explique à Christina, une loi en vigueur à Chicago stipule qu'au bout de sept années de séparation, des époux ne sont plus considérés comme tels :

« Cela tombe mal maintenant que Pepito et moi sommes séparés... Je suis tout de même contente de savoir que je suis libre et que mon ex-mari ne pourra pas prétendre à quelque chose après tout le mal que je me donne dans mon travail. »

Voici donc la raison pour laquelle Joséphine n'a jamais régularisé son union avec Pepito. Vis-à-vis de la loi française, elle est désormais libre d'épouser qui bon lui semble.

Un envoi, une lettre écrite sur un vieux morceau de dentelle jaunie, « fine et ouvragée », lui réchauffe le cœur en cette triste période :

« Prenez mon souvenir affectueux, mes tendres souhaits. Ces écrits sentimentaux ne plaisent plus qu'aux âmes sensibles, aux enfants et aux poètes. C'est pourquoi je la remets entre vos mains.

Votre vieille amie,
Colette. »

Une fois de plus, c'est à Joséphine Baker que le comité du Tour de France cycliste fait appel pour lancer le traditionnel départ de l'édition 1936. Elle s'y rend avec une poulette blanche tenue au bout d'une laisse. A quelques secondes du coup de feu, alors que tout le monde respecte un silence solennel, elle s'époumone : « Attentioooon ! Elle va pondre son œuf du jour ! » Ignorant l'hilarité de la foule, l'animal accomplit son devoir de gallinacée le plus naturellement du monde. Tirant parti de la situation, l'incorrigible Joséphine fait aussitôt gober l'œuf à Antonin Magne, le champion de l'époque...

Dès lors, les échotiers vont consacrer moins d'espace à « Miss Baker » dans leurs rubriques. Pepito n'est plus là pour les stimuler...

-

En octobre 1936, Paris, comme une tradition, fait un triomphe à son « enfant chéri » qui mène tambour battant la revue sur la scène des Folies-Bergère, où elle n'a pas paru depuis près de dix ans. Monsieur Derval en personne est allé la solliciter jusqu'à New York pour lui arracher le contrat. *En super folies*, signée Michel Gyarmathy, recueille un tel succès que le directeur comblé décide de supprimer provisoirement toute place de faveur.

Joséphine, anxieuse, demande pourtant à Christina de « bien prier le Bon Dieu pour que je continue à avoir du succès, car depuis dix ans c'est la première fois que je débute seule ».

Parallèlement, elle ouvre un cabaret rue François-Ier. « Je sais que tout cela va être fatigant mais il faut le faire pour gagner plus. »

Quelques jours auparavant, Pepito a quitté ce monde, s'effaçant devant la résurrection artistique de son prodige, si discrètement d'ailleurs que les clés de cette mort entourée de mystère ont échappé aux biographes successifs de Joséphine. Elle-même laisse croire qu'Abatino est décédé au printemps, alors qu'elle se trouvait encore aux Etats-Unis... Les écrits officiels prouvent le contraire.

Le père Guillaume, officiant à l'église Saint-Pierre de Neuilly, a retrouvé le poussiéreux registre des décès de 1936... En le compulsant, on y apprend que le corps de Pepito fut accepté à Saint-Pierre le samedi 31 octobre 1936, sous le numéro 147, bénéficiant d'un service religieux de première catégorie.

Celui que Carlo Rim qualifiait de « plus italien que l'Italie » avait rendu l'âme deux jours auparavant, le jeudi 29, dans une clinique privée du 16e arrondissement de Paris, au 6 de la rue Piccini. Par deux fois, Joséphine lui rendit visite à son dernier domicile du 42, rue Charles-Laffite à Neuilly. Le jour de ses obsèques, elle fit déposer sur son cercueil une couronne de violettes en forme de cœur.

Jusqu'au bout, Pepito lui dissimula la gravité de son mal : un cancer du foie. Il adopta la même attitude vis-à-vis de sa famille, leur laissant croire à une méchante péritonite.

Quelques semaines s'écoulent...

Depuis que Maurice Bataille lui a promis de veiller sur elle, Joséphine semble avoir repris ses habitudes à « Beau Chêne ». Un soir de relâche de décembre 1936, alors que les deux amis regagnent Le Vésinet dans la Packard noire de l'artiste, celle-ci se met soudainement à hurler au chauffeur : « Non ! Non ! ! ! Arrêtez ! ! ! » Puis, bouleversée, se tournant vers Bataille : « Je ne veux pas passer par là, il y a Pepito en dessous ! » Le véhicule s'est engagé dans l'avenue du Roule à Neuilly et, à la hauteur de l'église Saint-Pierre, encore traumatisée par la mort de son concubin, Joséphine est en proie à une crise de nerfs.

Le cercueil d'Abatino demeura quatorze années dans la crypte de Saint-Pierre, à l'abri du monde et des canons qui allaient l'ébranler. Joséphine le fit ensuite rapatrier en Dordogne. Peut-être la volage « Giuseppina » relut-elle à l'époque ces quelques lignes tracées par Pepito lors de son exil forcé à Saint-Moritz : « Je t'ennuie peut-être avec ma philosophie mais je veux que tu sois à moi et digne un jour de l'avoir été... »

Plus tard, elles reviendront, lancinantes.

Le tonnerre gronde...

Au petit matin de ce 1er janvier 1937, année de la grande exposition universelle, les Parisiens dotés d'un poste T.S.F. sont réveillés par l'étrange grésillement d'une lointaine voix cacochyme. Pure fiction ou incroyable réalité ? Encore portés par les vapeurs de la Saint-Sylvestre, nombre d'entre eux se posent la question :

« Et maintenant, nous allons projeter les divers incidents de la plus grande tragédie à la fois politique et amoureuse de tous les temps. L'événement auprès duquel tous les autres pâliront : l'abdication d'Adolf Hitler renonçant pour la femme qu'il aime au pouvoir suprême. Le maître du Reich jusque-là célibataire était amoureux d'une Américaine bien entendu... Mais quelle Américaine ? ! ? ! Miss Joséphine Baker..!

Elle le fait rire, paraît-il. Grâce à elle, Adolf retrouve du goût à l'existence.

"Excellence, lui dit alors Goering, avez-vous songé, vous, l'apôtre du racisme et le chef des bons aryens, à épouser une étrangère qui, par-dessus le marché, est un petit peu négresse ?

– Je l'aime, dit Adolf. Elle sera chancelière !"

Monsieur Hitler n'a plus pu y tenir. Il a signé d'une main ferme son abdication en faveur de monsieur Goebbels qui lui succède donc sous le nom d'Adolf II. Le soir même, l'ex-chef d'Etat retrouvait sa Joséphine et il partait avec elle filer le parfait amour, sous les bananiers et les palétuviers d'un petit îlot de corail du Pacifique. Et l'ancien dictateur de dire ce mot qui restera sans doute historique : "Enfin j'ai une nouvelle colonie..." »

Intitulé « Le grand drame d'amour de l'année », ce récit pour le moins fantaisiste constitue le scénario d'un gag pour une émission de radio satirique : *Le Speaker inconnu*. Sa diffusion, quelques mois après les Jeux olympiques de Munich, à une époque où l'Allemagne a déjà levé depuis longtemps le voile sur certains aspects de sa politique, n'amuse pas Joséphine. Depuis la proclamation de ses théories sur l'infériorité du nègre, elle considère Hitler comme son ennemi personnel. Au mois de mai de la même année, le Führer allemand donne l'ordre de faire stériliser les « bâtards nègres » issus des rapports entre les soldats noirs et des femmes allemandes lors de l'occupation française de la rive gauche du Rhin en 1919 et 1920. Dès lors, la folie du « génie sublime » qui estime « ne devoir aucun égard au commun des mortels » ne va plus cesser de subjuguer certains esprits pour mieux les rallier à sa cause : la concrétisation d'un empire allemand composé de têtes blondes aux yeux bleus, sur des corps robustes comme l'acier de la Ruhr. Un monde bien évidemment expurgé du parasite juif...

Hitler ? Pour Joséphine, rien qu'un défi de plus. A Guyancourt, dans les Yvelines, le « démon noir » bafoué par Vienne en 1928 affronte celui des airs en juin 1937. En passant avec brio son brevet de pilotage, elle vient de démontrer une fois de plus qu'elle n'a rien de farouche. Monsieur Delmont, le pilote qui la déclare admise, fait des éloges sur son illustre élève : « Elle fait ce qu'un homme peut-être n'aurait pas fait, avec une témérité et une classe extraordinaire ! »

C'est néanmoins par le rail qu'elle part ensuite sur les routes avec la troupe des Folies...

Le 30 novembre 1937, le rire puéril de Joséphine résonne franchement dans la salle des fêtes de la mairie de Crève-Cœur-le-Grand, un petit village de l'Oise : Jammy Schmidt, rapporteur du budget et premier magistrat de la commune, vient de lui spécifier devant Paul Derval son témoin que, selon la loi, elle devra dorénavant respect et obéissance à son mari...

« Voyons, c'est sérieux », la reprend son futur époux lorsqu'elle s'esclaffe à nouveau en considérant le député-maire, un ami du couple, mal à l'aise sous son écharpe tricolore. Ce jour-là, pour l'état civil, elle devient, dans un somptueux vison et sous un curieux chapeau noir en forme de galette, Madame Jean Lion, citoyenne française à part entière selon la loi de 1927, dite « des coutumes ». La cérémonie augure parfaitement de ce que représentera cette union : une simple comédie entre deux étrangers qui n'auraient jamais dû se rencontrer.

« Au vrai, la nouvelle de ce mariage pour le moins inattendu nous a tous pris de cours, se souvient Madame Gelmann, une amie des Lion qui fut du nombre de la vingtaine de privilégiés à avoir assister à l'événement. Jean, dont toutes les femmes tombaient amoureuses, nous en avait officiellement fait l'annonce une semaine auparavant lors d'un dîner qui réunissait, outre mon mari, Albert Ribac et Maurice Sailloux ses associés.

"Je vais me marier !"

Vent de surprise dans l'assistance.

"Te marier ? Toi ? Et qui donc est l'heureuse élue ?

– Joséphine Baker !

– Joséphine Baker ? ? ?"

Il nous l'avait déjà présentée et nous savions qu'ils vivaient plus ou moins en concubinage mais de là à officialiser... »

Ignorant les « antécédents » de la volubile vedette, l'une de ses amies s'informe auprès d'elle : « Tu te maries en blanc, n'est-ce pas ?

– En blanc ! Mais non voyons... Pourquoi veux-tu que je change ? Je resterai "en noir", comme d'habitude ! » Une repartie entendue...

Après que Joséphine a goûté aux acclamations de la foule à la sortie de la mairie, les chasseurs font parler la poudre pour la tradition. Les mariés ont reçu leur livret de famille des mains de Monsieur Schmidt qui, en le feuilletant, a montré à Joséphine les nombreuses cases vides : « Voyez, vous pourrez avoir au moins une douzaine d'enfants !... »

Puis, le jour faste se termine dans un restaurant de Beauvais. Fidèle à ses concepts, Tumpie fait arrêter en chemin sa Packard et distribue deux mille francs à des mendiants. La mairie de Crève-Cœur a déjà reçu un don de dix mille francs pour ses œuvres de bienfaisance...

Surmontant tous les obstacles (la religion de Jean, la violente opposition des Lion qui refusaient l'entrée d'une négresse dans leur clan : « tout juste s'ils n'en moururent pas », confiera Brick Top, Joséphine a obtenu gain de cause.

Sur Jean Lion, cet industriel juif aux allures de « playboy » dont elle s'est amourachée, les avis, aujourd'hui encore, divergent. En 1990, Maurice Bataille en déduira ceci : « Joséphine a fait beaucoup de conneries dans sa vie ! Sa relation avec Lion en fut l'illustration parfaite. Seul l'argent de Joséphine l'intéressait ! Un jour, il lui fit vendre l'un de ses superbes bijoux sous prétexte que le joyau n'était plus à la mode. En échange, il lui en acheta un nouveau, beaucoup moins coûteux mais plus "design" et il garda la différence. »

« Lion voulut détruire tout ce que mon oncle avait construit, accuse quant à elle Leilia Scoto. Il souhaitait que Joséphine quitte la scène parce qu'il ne tolérait plus, devant le monde, cette étiquette de "monsieur Baker", mais Joséphine préféra sa couronne de gloire à l'alliance de cet homme. »

Très vite, Madame Lion tombe enceinte. Elle perd l'enfant aussi rapidement, et, partant, son mari... Une procédure de divorce est bientôt engagée qui aboutira officiellement en avril 1941. Joséphine ne s'est pas sentie prête à accorder des concessions à un homme devenu un fantôme à cause des exigences horaires de leurs métiers respectifs. Sincèrement affectée, elle se console néanmoins dans les bras et avec le coffre-fort de Jean Menier, héritier de la célèbre fabrique de chocolat. La fortune des Menier est colossale. Le château de Chenonceau, en Touraine, leur appartient. A Paris, rue de Monceau, ils possèdent un superbe hôtel particulier édifié par Garnier et, à leur gré, ils élisent parfois domicile sur leur yacht, habituellement ancré dans le port de Cannes.

Le couple Menier/Baker va rapidement se défaire, brisé par les sombres événements qui s'annoncent. Chaque fois qu'elle rentre de l'étranger, « l'enfant terrible » trouve son Paris quelque peu changé. En août 1939, de retour d'un gigantesque périple international qui l'a conduite de Londres à l'Amérique du Sud en passant par le Maghreb, elle comprend que cette fois, en Europe, quelque chose de grave se prépare.

En 1936, l'Angleterre a poussé un soupir de soulagement après l'abdication d'Edouard VIII, fasciné par les nazis. Trois ans plus tard, après l'Allemagne et l'Autriche (par le biais de l'Anschluss), et plus anciennement l'Italie, c'est le Portugal, la Turquie et l'Espagne de Franco qui ont été contaminés par le fascisme. La tension qui règne rend un conflit inévitable. Après l'annexion des Sudètes, Hitler assoiffé de conquêtes hurle que « le baromètre de l'époque n'est pas à la paix mais à la guerre » ! Une guerre qui risque de laisser loin, très loin derrière elle la frivolité de toutes ces années tellement folles...

V

SOUDAIN... HITLER ! ! !

> « *On prétend à la légère que les Français détestent les étrangers et souffrent d'une maladie nommée xénophobie. C'est une pure calomnie car ils nous réservent le plus cordial accueil.* »
>
> Joséphine Baker

Premières activités...

LORSQUE le 1er septembre 1939, au début de la matinée, l'armée allemande envahit la Pologne, « Messieurs les Anglais » réagissent les premiers en déclarant la guerre à l'Allemagne. La France ne tarde pas à se ranger aux côtés de son alliée. Dans le pays, depuis la Côte d'Azur jusque dans les ports de Bretagne, l'annonce de la mobilisation générale provoque un mouvement de panique. Ce drame n'épargne personne. Paris s'affole. Cocteau ne cache pas son désespoir. Aux quelques intimes qui l'entourent encore, il pleure déjà le départ de son nouvel « éphèbe-opportuniste », le tout jeune Jean Marais.

La première offensive notable du commandement français se déroule dans la forêt de Warndt. Dans la capitale, le capitaine Jacques Abtey, entré au deuxième bureau de l'état-major de l'armée à Nantes en 1936, se voit proposer la fonction d'adjoint au chef de la section allemande du service de contre-espionnage. Il est plus exactement chargé du contre-espionnage dans la ville de Paris. Son rôle consiste à recruter des agents doubles mais la restriction du budget le contraint à rechercher, avec toutes les précautions d'usage, des bénévoles. L'un de ses amis, l'imprésario Daniel Marouani, lui conseille alors de contacter Joséphine Baker dont il sait « la tripe patriotique ». Au milieu de la tourmente naissante, son frère Félix Marouani s'occupe de la carrière de Joséphine, et s'attache coûte que coûte à la maintenir au rang de grande vedette. Chaque soir, il fait briller son nom de mille feux sur le fronton du Casino de Paris à côté de celui de Maurice Chevalier. Ces deux monstres sacrés redonnent courage à la ville lumière qu'ils portèrent haut l'un et l'autre dans le monde entier : c'est la revue *Paris London*.

JOSÉPHINE BAKER ? Cette plume d'autruche, ce « rien » d'excentricité et de futilité ? A cette suggestion, le capitaine s'esclaffe. Depuis la trahison de Mata-Hari quelque vingt ans plus tôt, on ne se méfie que trop des artistes de music-hall dans le contre-espionnage français. Marouani insiste pour qu'il accepte une rencontre avec la vedette. Abtey ne le regrettera pas... Au Vésinet, la personnalité de Joséphine irradie.

« La France m'a faite ce que je suis, lui lance-t-elle avec ferveur. Je suis prête à lui donner ma vie. Disposez de moi comme vous l'entendez, capitaine ! »

Un véritable prologue de roman d'aventures... Dès lors, « la plume d'autruche » ne ménage plus ses efforts. On commence par lui attribuer des petits rôles sages de bonne sœur bienfaitrice en la nommant présidente de la section des jouets de l'I.P.S.A. (Infirmière Pilote Secouriste de l'Air), la branche aviation de la Croix-Rouge française.

Puis, très vite, elle s'emploie d'elle-même à jouer les

infirmières dans un asile de clochards transformé en hôpital, pour soigner les premiers réfugiés belges qui arrivent rue du Chevaleret à Paris. Grâce à l'amitié de la baronne de Vendeuvre, cofondatrice et directrice des I.P.S.A., elle se voit nommée I.P.S.A. d'honneur et, forte de cette première couverture, elle tente de déceler la véritable identité de certains malades, supposés être des espions allemands. Pour réconforter et soulager, elle offre ce qu'elle a de mieux, sa voix. Sa nouvelle chanson, *Mon cœur est un oiseau des îles*, composée par Scotto emplit les dortoirs d'un parfum d'exotisme.

Dès le début de la « drôle de guerre », Joséphine arguë de ses liens avec les Abatino pour entrer en contact avec un attaché de l'ambassade d'Italie. Elia Durand de la Penne, belle-sœur de Leilia Scoto, l'a présentée à Tino Bonomi son fiancé ; l'homme n'est rien de moins que le ministre des Finances de Mussolini. Joséphine retransmet systématiquement au deuxième bureau toutes les informations importantes qu'elle peut glaner dans l'enceinte italienne. L'« oiseau des îles » réfuta pourtant toujours la qualification d'espionne : « J'ai été une honorable correspondante, non une espionne. Une espionne fait ce qu'elle fait pour de l'argent. Je n'ai fait que rapporter ce que j'entendais. »

A Madrid, où il occupe la fonction d'ambassadeur de France, Philippe Pétain, héros de Verdun, croit dur comme fer en ce début 1940 à une victoire française. Parée du même optimisme, Joséphine gagne la ligne Maginot avec Maurice Chevalier et sa maîtresse du moment, la chanteuse Nita Raya. Ensemble, ils assurent chacun huit concerts biquotidiens et, là encore, l'aura et la gentillesse de « Fifine » accomplissent des prodiges. Un soir, au cours d'un spectacle pour les soldats, elle remarque dans la salle un bidasse à la barbe particulièrement fournie. « Il n'y en avait pas un pour lui faire le poil », dira-t-elle. Le généreux barbu est naturellement convié à la rejoindre sur la scène :

« Je suis le père Noël, s'exclame-t-il !

– Embrasse-le, Joséphine, hurle le public.

– Je ne peux pas, ça va me chatouiller », répond-elle avec son délicieux accent !

Comme ils l'adorent leur Joséphine ! Les soldats sont pleins d'attentions pour elle. Lorsque après le spectacle, elle fait un extra pour les « cuistots », l'un d'eux lui lance : « Vous ne pouviez pas refuser cela à l'un de vos compatriotes ! »

« Vous êtes réellement de Saint Louis ? lui demande-t-elle étonnée. – Non, du Vésinet », rétorque-t-il en débridant son rire sonore !

Un autre jour, elle se rend dans un bureau de tabac pour s'approvisionner en cigarettes. En la voyant entrer, le visage de la buraliste s'éclaire : « Ah ! Mais je vous connais bien, vous, vous êtes Joséphine Baker et il paraît que les cigarettes que vous achetez, vous les distribuez à nos braves gars, eh bien, permettez-moi de vous en offrir cinq cents de plus. » Joséphine accepte mais en constatant l'état délabré de la boutique, elle commande cinq cents cigarettes supplémentaires pour que la vieille femme puisse se rattraper. A côté de cette générosité, Maurice Chevalier enrage : malgré ses multiples tentatives pour supplanter sa rivale, il ne recueille que les miettes de ses triomphes. N'y tenant plus, il laisse publiquement échapper son aigreur : « Il n'est pas difficile à une femme d'avoir du succès auprès de tels nigauds, du moment qu'elle tortille certaines parties de son individu. »

Pis, il refuse de paraître sur scène alors que les soldats l'attendent. Dans la coulisse, Joséphine l'interpelle vigoureusement : « Vous ne pouvez pas faire cela, vous êtes français et vous n'êtes pas ici pour assurer votre succès personnel. Néanmoins si je vous gêne, je suis prête à me retirer.

– Joséphine vous êtes trop jeune pour savoir qu'il arrive un âge où les concurrents deviennent dangereux ! », lui répond Chevalier.

Malgré les flots d'excuses que lui présenta « Momo », jamais elle ne put lui pardonner ce caprice et par extension maîtriser son aversion.

A son retour dans la capitale, Joséphine apprend que Marlène Dietrich, « honteuse d'être Allemande, à l'heure où son pays se couvre de l'opprobre du monde entier », a demandé la nationalité américaine...

Rue de Clichy, les représentations de *Paris London* reprennent de plus belle devant un nombre de spectateurs limité à celui des abris environnants. En cas d'alerte durant le spectacle, la direction a inscrit la marche à suivre sur un bulletin glissé dans chaque programme.

Dans la journée, l'emploi du temps de Tumpie reste édifiant. Accaparée par ses milliers de filleuls de guerre, et les diverses réunions de charité dont elle ne veut pas démissionner, elle se démultiplie. Pour ne rien oublier, elle met au point un système infaillible en notant chaque rendez-vous sur des petits bouts de papier qu'elle épingle au revers de son manteau : « Ce sont mes pense-bêtes ! »

« Tu les disposes de façon si artistique qu'ils en arrivent à former un joli jabot de dentelle ! » s'enthousiasme l'un de ses amis.

Dans l'après-midi, elle consacre encore quelques heures au tournage de son dernier film : *Fausse alerte*. Ce long métrage qui fut pourtant entièrement tourné et officiellement diffusé passa inaperçu. Son héroïne ne le mentionna pas dans ses mémoires et la débutante Micheline Presle, qui campait là l'un de ses tout premiers rôles, avoue aujourd'hui n'en avoir conservé qu'un vague souvenir, tant le contexte de l'époque fit de cette production une œuvre bâclée.

Un exil ? Non un ordre... !

« Tout cela c'est de l'opérette ! » Les derniers événements donnent à Joséphine l'occasion de s'investir plus sérieusement dans la cause patriotique, comme elle le souhaite ardemment. Après l'invasion de la Belgique, de la Hollande puis du Luxembourg, Paris directement menacé capitule : c'est l'exode. Avec Abtey, Joséphine décide de se replier en Dordogne, aux Mirandes, dans ce château qu'elle loue maintenant depuis plus de deux ans. Ils y retrouvent d'autres personnes, des anciens militaires, des amis, quelques habitants du village, comme le forgeron Malaurie. En même temps, ils créent un service de renseignement et de recrutement au profit de l'Intelligence Service.

« Toute la famille de Jean Lion s'était réfugiée au château, raconte la future Madame Jacqueline Abtey. Mon mari m'a raconté qu'il y en avait partout. Joséphine n'était plus chez elle. Un soir, rageuse, elle ramassa un oreiller, une couverture et s'en monta dormir sous les combles ! »

Au mois de mai 1940, peu de temps avant la déclaration de guerre de Mussolini à la Grande-Bretagne et à la France, c'est avec un sentiment de confiance que les Français voient arriver à la Présidence du Conseil Philippe Pétain, successeur du cabinet Reynaud. Lorsque le Maréchal appelle à déposer les armes, la consternation s'abat de nouveau sur la France. Aux Mirandes, comme ailleurs, on ne veut pas y croire. Chaque soir, seule une voix retransmise par la T.S.F. en direct de Londres redonne espoir à ceux qui refusent d'abandonner le combat : « C'est une voix qui s'est installée partout, écrira Abtey. Elle hante le château, se mêle au craquement des bûches dans les cheminées médiévales, résonne dans les escaliers en colimaçon. »

Cette voix de la France libre, qui refuse l'armistice et encourage la lutte, est celle du sous-secrétaire d'Etat à la Guerre, démissionnaire du gouvernement Pétain : Charles de Gaulle. Son fameux appel du 18 juin 1940 le catapulte dans l'histoire.

Le département de la Dordogne, coupé à l'ouest par la ligne de démarcation, tient une position charnière entre la zone occupée et la zone libre. Dès que l'occasion se présente, Joséphine favorise le passage des clandestins. La famille de Jean Lion sera du nombre. Pour mieux s'organiser, elle se dote de moyens sophistiqués en faisant installer un puissant récepteur radio dans la grosse tour du château.

Mais les dénonciations vont bon train et les Allemands finissent par arriver jusqu'aux portes des Mirandes.

Un jour qu'Abtey et ses amis sont en pleine correspondance radio, de violents coups de crosses de fusil ébranlent le lourd portail d'entrée. Ils sursautent. Inquiète, Joséphine se résout néanmoins à descendre dans la cour. Dès qu'elle ouvre la porte, elle aperçoit des véhicules militaires avec leurs mitrailleuses pointées vers le château. Un officier lui fait aussitôt part de son intention de perquisitionner. Dominant son malaise, Joséphine se met à badiner en expliquant qu'elle n'est rien d'autre qu'une danseuse de music-hall : « En tant qu'Américaine, cette guerre ne me concerne pas ! » Les S.S. sont effectivement censés ignorer son accession à la nationalité française en 1937.

Elle enchaîne, exécutant ses numéros de prédilection, roulant des yeux, grimaçant à souhait, embrassant les uns, couvrant les joues des autres de rouge à lèvres. Peu à peu, les Allemands se laissent prendre au jeu et rient à gorge déployée.

Brusquement, l'un d'entre eux se ravise : « Malaurie ? » demande-t-il sèchement.

Joséphine connaît quelques rudiments de la langue de Goethe mais elle feint de comprendre « Mairie ? » Elle leur indique celle de Castelnaud-la-Chapelle. Ils n'insistent pas et repartent comme ils sont arrivés, dans un vacarme épouvantable de bruits de moteur et de rires gras qui s'évanouissent dans la campagne périgourdine.

« Je vais me changer car je crois bien que je me suis fait pipi dessus ! » avoue Joséphine à ses amis...

Vichy permet à Joséphine et à Abtey de prendre contact avec le colonel Paillole, chef des services clandestins de contre-espionnage militaire. A l'hôtel George-V, ils élaborent ensemble le projet de quitter la France pour l'Angleterre. Abtey, rebaptisé « Jacques Hébert », jouera le rôle de l'accompagnateur de la Vénus d'ébène. Elle sera sa couverture. Le colonel émet les mêmes réserves qu'Abtey au début sur les prédispositions de Joséphine. Et comme chez Abtey, ses réticences vont rapidement se dissiper.

Du fond de sa retraite, il n'oublie pas : « Je serais un ingrat si je ne me souvenais de l'enthousiasme de cette brave fille, de son désir farouche de mettre son talent au service de la FRANCE, de ses sentiments patriotiques sans failles, d'une immense générosité. Elle s'est montrée profondément dévouée, humaine et a parfaitement joué le rôle (qui a un peu tourné au romanesque) que nous lui avions assigné. »

On retrouve la vedette et son « accompagnateur » sur la Riviera ; un projet de tournée brésilienne commence à s'édifier. Joséphine téléphone personnellement à l'ambassadeur du Brésil pour obtenir un visa et comme il lui faut transiter par la péninsule Ibérique, elle compte solliciter par là même les autorisations nécessaires pour séjourner en Espagne et au Portugal, deux points stratégiques pour le renseignement. Le Brésil n'est en fait qu'un prétexte, le but étant de faire passer Abtey à Lisbonne sans qu'il soit reconnu par les services allemands pour qui il demeure une « vieille connaissance ».

On redoute une attaque de Gibraltar par l'ennemi ainsi qu'un débarquement sur les côtes du pays de Galles où les Allemands qui soutiennent les nationalistes gallois ont prévu de fomenter des troubles contre l'Angleterre. Le service du colonel Paillole a découvert la filière des espions allemands qui arrivent en Angleterre via la Yougoslavie et il est maintenant urgent de communiquer ces informations à Londres. On décide alors de transcrire ces précieux renseignements, ainsi que d'autres concernant les activités de l'armée allemande dans l'ouest de la France, à l'encre sympathique sur les partitions de Joséphine.

Les visas étant obtenus très rapidement, l'épreuve peut commencer. Si « Jacques Hébert » est découvert, Joséphine « tombera » avec lui, elle le sait mais elle en accepte le risque. Aux frontières, tous les douaniers assaillent la « star » en lui réclamant des autographes tandis qu'Abtey se faufile et se confond avec la masse des voyageurs. Il se rend ensuite à l'ambassade britannique de Lisbonne où il fait part de son désir de rejoindre Londres pour collaborer avec le général de Gaulle. On lui donne l'ordre de rester au Portugal où il sera plus apte à mettre sur pied un service de liaison. Joséphine doit, elle, rentrer en France.

A Marseille, siège de son Service de renseignement, le colonel Paiolle (officiellement « Monsieur Perrier », directeur d'une entreprise de travaux ruraux) l'incite à reprendre ses activités artistiques. Elle refuse : « Tant qu'il y aura un soldat allemand sur le territoire, Joséphine ne peut chanter !

– Peut-être qu'en chantant, vous les ferez fuir », plaisante alors le colonel !

Elle se résout finalement à reprendre pour l'Opéra de Marseille *La Créole* d'Offenbach. Le financement de l'expédition de Lisbonne a sérieusement entamé ses économies et elle doit rétablir son budget. Frédéric Rey, son partenaire de scène dans la dernière revue aux Folies, fait partie du spectacle.

Après dix jours de répétitions et à peine autant de représentations, tout le monde est contraint de plier bagage, au grand dam de Romette et Dubos, les directeurs de l'Opéra. Joséphine et Abtey ont reçu l'ordre de se rendre au plus vite en Afrique du Nord, pour y jouer le rôle d'intermédiaires entre le deuxième bureau français et l'Angleterre, via le Portugal.

Le colonel Duperrier n'a pas oublié les journées entières passées aux côtés de Joséphine Baker et d'un nommé Andrault, pilote à Air France, dans les couloirs des consulats au milieu d'une multitude d'autres candidats au visa : « Elle nous parlait beaucoup de la Dordogne, et nous racontait qu'à Lascaux, on venait récemment de découvrir des grottes préhistoriques... »

Au mois de décembre 1940, les Parisiens assistent à l'étrange cortège des soldats allemands portant à dos d'homme le cercueil de « l'Aiglon ». Les cendres du fils de Napoléon sont transférées à Paris, cent huit ans après sa tragique disparition et, parmi la foule des curieux, nombreux sont ceux qui, nostalgiques, ne peuvent s'empêcher de repenser à cette époque glorieuse, où leur pays, celui de « leur » Empereur, tenait l'Europe à sa botte...

A Marseille, rien ne va plus pour Joséphine. Romette et Dubos menacent de lui intenter un procès à cause d'une « interruption de contrat pour raison médicale ». Son départ prématuré émane d'un ordre de la Résistance mais, incroyable coïncidence : la vedette a réellement les poumons voilés. Elle-même n'en revient pas !

Peu de temps après, elle se rend en Dordogne, délègue le 10 janvier 1941 par un acte officiel ses pouvoirs de gérance du château à Robert Delord, un commerçant sarladais, puis fait transporter à Marseille tous ses animaux des Mirandes ; ils seront du voyage... Une traversée de la Méditerranée épique : « Bonzo, le danois, a eu le mal de mer, écrira Joséphine dans ses mémoires. Il a reçu en outre un bagage sur la tête. Heureusement que ce n'est pas tombé sur Gugusse le ouistiti. On serait en deuil. »

Glou glou, la guenon, Mica, le petit singe-lion, Bigoudi et Point d'interrogation, les deux souris blanches, semblent avoir mieux résisté aux caprices de la Mare Nostrum...

« Alger la Blanche », l'hôtel Aletti, puis, très vite c'est le départ pour le Maroc « dans un train bourré d'Arabes avec un énorme chien (déjà qu'ils n'aiment pas les petits), plus deux singes qu'ils rendraient volontiers à leurs noix de coco : un vrai sport diplomatique ! » Avant de quitter le territoire algérien, Joséphine doit verser 400 000 francs de dédommagement à Romette et Dubos qui ont mis leur menace à exécution.

A Rabat, « La Baker » participe bénévolement au grand gala des ailes du Maroc. Elle y tient le haut de l'affiche aux côtés de Maurice Baquet, le roi de l'acrobatie musicale. L'inoubliable « Bibi Fricotin » de Van Marcel Blistene fait pouffer l'assistance réunie à la Chambre de Commerce en imitant un gardien de but aux prises avec un imaginaire ballon, ou encore en mimant un patineur novice.

La chanteuse et son « accompagnateur, Jacques Hébert » se retrouvent ensuite à Casablanca. Il est maintenant question d'un autre voyage à Lisbonne où le spectacle de Baker est annoncé à grand renfort de publicité. Cette fois, elle obtient difficilement un visa. Celui d'Abtey, curieusement, est refusé... Y aurait-il de la suspicion dans l'air ? De nouvelles informations écrites avec une encre « décidément bien sympathique » sur ses partitions, Joséphine part seule pour le Portugal, via Tanger où elle est accueillie par un ami marocain et profrançais : Son Excellence Bel Bachir, chambellan du calife du Maroc espagnol.

Dans la capitale portugaise, elle descend à l'hôtel d'Estoril et pendant plusieurs semaines, entre deux tours de chant, elle tente d'obtenir le visa de « Monsieur Hébert ». En vain... Mais elle a bien travaillé et de Lisbonne, savamment épinglées dans son soutien-gorge, elle rapporte des liasses d'informations ultra-confidentielles.

Joséphine racontera à Lucienne Legrand qu'un jour, dans un train, lors d'un contrôle par les Allemands, elle a sauvé sa peau *in extremis* en enroulant ses documents dans l'un des stores de son compartiment. Son sang-froid a fait merveille ! Si les Allemands l'avait interceptée, Joséphine aurait connu le sort réservé à ceux qui se livraient à ce genre de pratiques mais, s'estimant toujours redevable envers son pays d'adoption, elle s'exécuta sans l'ombre d'une abnégation.

Marrakech. Joséphine descend au fabuleux hôtel de la Mamounia puis, séduite par l'art de vivre du pays, elle s'installe dans une maison située dans la Médina, au 32 de la rue Allilidj. Abtey logera juste à côté.

Mohammed Menhebi, fils de celui qui fut le grand vizir du sultan Moulay Abd El Aziz (seul Marocain à avoir encore jamais été anobli par la cour d'Angleterre), est présenté à Joséphine. Il lui ouvre grandes les portes de sa maison et de sa famille, bientôt imité par son beau-frère, S.A. Moulay Larbi El Alaoui, cousin germain de Sa Majesté le sultan. Le pacha de Marrakech, Thami El Glaoui, devient un intime. Il la fascine. Cet homme est un allié sûr. Résolument moderne, il éprouve un grand attachement pour la France. Ses fils y ont fait leurs études et l'un d'eux mourra en 1944 pour la cause française. Fin, cultivé, spirituel, on lui doit cette comparaison pertinente : « L'Amérique s'est développée comme une citrouille, la France comme un palmier... »

Depuis son palais des mille et une nuits, sa fortune et son train de vie dépassent ceux du plus riche des maharajahs ; il a étendu son autorité dans tout le Maroc du Sud. Sa parole y fait loi. Auprès de lui, Joséphine se sent en sécurité.

Face à tous ceux qui restent pessimistes sur l'intervention des Etats-Unis dans la guerre, elle affirme contre vents et marées sa certitude du contraire, et cite ces phrases du général de Gaulle : « Rien n'est perdu, car cette guerre est une guerre mondiale. Dans l'univers libre, des forces immenses n'ont pas encore donné. Un jour ces forces écraseront l'ennemi... »

En juin 1941, Joséphine commence à ressentir de violents élancements dans le ventre, des douleurs soudaines et de plus en plus persistantes. Le diagnostic d'un médecin généraliste révèle une sévère péritonite. Dans la nuit, on la transporte en voiture depuis Marrakech jusqu'à Casablanca, où le docteur Comte l'accepte dans sa clinique. D'après le témoignage de Marie Rochas, l'infirmière qui la soigna, Joséphine était enceinte au moment de son admission chez Comte, et tous ses problèmes seraient intervenus à la suite de son accouchement d'un enfant mort-né. Dans sa biographie *The Naked at the Feast*, Lynn Haney semble accréditer cette thèse. « Tout ceci n'est qu'un tissu de mensonges, dément Jacqueline Abtey. Un médecin lui avait tout simplement fait des injections d'Ipedol pour savoir si elle avait encore quelque espoir d'être maman. Les Noirs, c'est connu, supportent mal ce type de produit... D'où l'infection. On pensa aussi à un empoisonnement au verre pilé par les servantes de Menhebi, jalouses de sa condition de femme libre, mais ce ne furent que des suppositions. »

Ayant frôlé la mort, Joséphine se remet mais subit une rechute plus sévère encore. Quand elle apprend que les U.S.A. vont entrer en guerre, elle fait une crise de tachycardie, puis une troisième rechute de péritonite. La malheureuse est à peine rétablie que la voilà victime d'une occlusion intestinale. Comte lui administre un traitement à base de sulfamides et décide de l'opérer. Les conséquences en sont désastreuses : sa patiente va rester entre la vie et la mort pendant des semaines. Habitué au caractère fort, enjoué, et parfois brusque de sa « couverture », Abtey est désemparé. Il la veille jour et nuit. Une légère amélioration semble survenir lorsqu'une pointe d'embolie cloue de nouveau Joséphine sur son lit d'infortune.

A la clinique du docteur Comte, la chambre de Tumpie réunit chaque jour un état-major composé du vice-consul des U.S.A. à Marrakech, de hauts gradés américains et de résistants français. Sous couvert de visites à une compatriote, les cadres américains élaborent autour du lit de la malade, le ventre encore ouvert entre deux opérations, des plans de bataille, échangeant encore des informations politiques jugées d'importance.

Joséphine tente de recouvrer ses forces lorsqu'un jour, on lui annonce la visite de Maurice Chevalier de passage dans la ville. Furieuse, elle déploie toute son énergie pour lui faire interdire l'accès de sa chambre. Non seulement elle l'a toujours considéré comme un « petit monsieur sans âme et sans cœur », mais elle sait qu'il a généreusement fait entendre sa voix sur « Radio Paris ». Aussitôt, à la seule fin de lui nuire, Chevalier accorde une interview à la presse, affirmant avoir assisté à l'agonie de Joséphine Baker, abandonnée dans le dénuement le plus total. Cette fausse information la poursuivra longtemps...

« J'étais enfant à cette époque, confie le comédien Claude Véga, lorsqu'un après-midi, en rentrant chez mes parents près de l'église de la Trinité à Paris, j'ai entendu deux ouvriers discuter à voix haute sur un chantier :

– “Cette pauvre Joséphine ! Si c'est pas malheureux de finir comme ça ! lança le premier.

– Qu'est-ce que tu veux dire ? demanda l'autre, intrigué.

– Comment, tu n'es donc pas au courant ? Mais Joséphine Baker est morte !”

Mon sang se glaça ; je l'admirais tellement ! Je suis rentré en larmes à la maison. »

7 novembre 1942. Quinze mois déjà que Joséphine subit les tourments de la maladie. Mais, tout au long de son calvaire, une seule pensée l'anime : la victoire de la France. Cette fois il semble que les heures qui s'annoncent ne vont guère ressembler aux précédentes... Dans la nuit du 7 au 8, à 0 h 35 très exactement, les étages de la clinique Comte se mettent à résonner d'un braillement aussi perçant que soudain. Tenue en haleine par l'annonce du débarquement américain, Joséphine qui ne parvient pas à dormir se rue dans l'une des chambres qui jouxtent la sienne et y découvre avec émerveillement un minuscule bébé, une petite fille âgée d'à peine quelques secondes. Elle passe la nuit au chevet de la mère, Esther Berino, une ravissante juive marocaine. Au petit matin, lorsque les premiers feux de D.C.A. se déclenchent, les deux femmes surprennent le docteur Beros, qui a mis au monde la petite Nadia, s'exclamer, le ton rageur : « Les salauds, ils ont réussi ! »

Les Américains sont aux portes de Casablanca, résolus à chasser les nazis.

Révulsée par les propos du médecin, Joséphine obtient son arrestation puis se précipite sur la terrasse de sa chambre pour assister à la bataille qui va faire rage trois jours durant : « J'ai toujours su qu'ILS viendraient nous sauver », exulte-t-elle.

Peu après la fin des combats, elle effectue sa première sortie de convalescente et manque d'être piétinée par la foule fuyant les rafales de mitrailleuse d'un avion de chasse allié. Jusqu'à ce qu'elle quitte la clinique, le 1er décembre suivant, elle fait sans relâche le siège de la chambre d'Esther Berino, espérant la convaincre de lui laisser adopter sa fille : « C'est le plus beau bébé que j'aie jamais vu », jure-t-elle à la jeune maman en lui promettant d'en prendre le plus grand soin. Elle ne reviendra que difficilement à plus de raison...

Depuis le début de la guerre, l'honorable correspondante Baker n'a perçu aucun cachet. Aussi, pour subvenir aux besoins de son amie, à qui il a déjà prêté l'une des ailes de son palais de Marrakech, Menhebi n'hésite pas à vendre quelques terres. Jour après jour, Tumpie tente de renaître, mais un soir, un très violent accès de fièvre annonçant une paratyphoïde la terrasse, redoublant ses douleurs un temps apaisées. « Qu'ai-je donc fait au bon Dieu ? » gémit-elle à bout de forces.

Malgré une déchirure intestinale en pleine cicatrisation, en février 1943, Joséphine s'autorise à refaire une modeste réapparition sur les planches du Liberty Club de Casablanca. Un certain Williams, officier américain de couleur, l'a suppliée de relever ce défi, tant les tensions raciales ont pris une tournure inquiétante dans les rangs G.I.'s entre Blancs et Noirs.

Particulièrement sensible à la question, Joséphine se montre à la hauteur de ce que l'on attend d'elle. Le miracle est resté dans les cœurs de tous ceux qui assistèrent à cette soirée. Elle descend dans la salle et parvient à réunir ceux qui la veille étaient prêts à s'entre-tuer : un impensable exploit pour l'époque ! Pendant ce temps, aux Etats-Unis, pour elle le pays de la honte, après une émeute raciste qui embrase la ville de Detroit, on relève le cadavre de trente-quatre « niggers » sudistes qui avaient émigré vers les industries du Nord.

Les Martin qui n'ont pas quitté Saint Louis reçoivent enfin des nouvelles rassurantes de Tumpie. La stupeur s'était abattue sur la famille lorsque, le 25 novembre 1942, un quotidien américain avait publié la nécrologie de Miss Baker, « cette enfant du Missouri devenue à Paris la femme noire la plus riche au monde... ».

Après quelques semaines supplémentaires de convalescence pour Joséphine, le général Bouscat, chef de l'armée de l'Air en Afrique du Nord, la prie d'assurer une tournée de propagande d'un mois pour les G.I.'s à travers tout le Maghreb. « Je travaillerai gratuitement », s'emballe-t-elle en donnant l'ordre de rafistoler ses costumes de scène attaqués par les mites durant son séjour à la clinique. Dans le palais de Menhebi, on s'emploie à fêter dignement sa résurrection et l'inauguration de la tournée. Au cours de la soirée, Joséphine est présentée à Archie Roosevelt, le fils du Président américain. Peu de gens savent alors que l'homme fort de la Maison Blanche projette une sombre perspective pour la France, visant à la déposséder de ses colonies et à l'amputer de l'Alsace, de la Lorraine et de ses départements du Nord. Soupçonnant de Gaulle de rechercher l'aide soviétique pour mieux contrôler les maquis communistes et dans le but de remplacer à plus longue échéance les sous-préfets ayant servi Vichy, Roosevelt crée l'A.M.G.O.T. (American Military Government of Occupied Territories).

« Lorsque je me suis rendue à Marrakech pour rendre visite à Joséphine et m'enquérir de son état, se souvient le commandant Alla Dumesnil, chef de la section des Filles de l'air, elle insista pour que j'assiste à la fameuse soirée déguisée au palais de Menhebi. J'en suis repartie vers deux heures du matin, escortée du général Cornillon Molinier, du général Morel Deville et du général de Courcelles, témoin de l'enregistrement de l'appel du 18 juin et plus tard ambassadeur à Londres. Nous avons traversé la Médina, qui était sombre et déserte à cette heure-là et nous allions nous séparer, lorsque soudain, dans la pénombre, une voix fine, aiguë et transparente, déchira le ciel étoilé. C'était Joséphine qui roucoulait sa *Marseillaise* à elle : *J'ai deux amours*. A l'écoute de ce chant envoûtant, les trois hommes et moi-même nous sommes figés sur place. Ma pudeur m'empêche de vous dire que le frisson qui nous a parcouru le dos a failli nous faire perdre notre fierté de militaire, tant l'émotion était grande... »

Quand la tournée commence, Joséphine retrouve une partie de ses moyens et son enthousiasme lui rallie de nouveaux suffrages. A Oran, dans les rudes conditions du terrain, elle se produit devant quelque trente mille soldats dispersés autour de la ville. La loge : une vieille tente de l'armée ; la scène : un morceau de planche sur deux tréteaux, assemblés puis démontés plusieurs fois dans la journée. Il faut que chaque campement puisse l'entendre. A la fin de la tournée, tout le monde se retrouve chez Menhebi à Marrakech. Pendant ce temps, Giraud tente par tous les moyens de déstabiliser de Gaulle mais, c'est patent, il n'y a place que pour un seul chef et la lutte entre les partisans des deux hommes fait rage. Giraud refuse que Joséphine aille chanter pour les soldats français qui ont bravement combattu en Tunisie (onze mille morts). « Ils n'ont pas besoin de distractions », insiste-t-il. Ecœurée, la vedette projette une tournée de quatre semaines en Libye et en Egypte pour les soldats britanniques. Pourtant elle serait allée de grand cœur remonter le moral de ces unités F.F.L. stationnées entre Tripoli et Gabès. Elle les connaît déjà pour leur avoir distribué un sourire, une parole, quelques friandises, qui n'ont pas laissé indifférent le jeune Robert André Vivien : « Elle m'avait personnellement offert une cigarette et c'est probablement celle dont je garderai, toute ma vie, le meilleur souvenir », confessa plus tard celui qui deviendrait l'un des ministres du général de Gaulle.

Le fantasme de François Mitterrand...

Durant cette période, un autre personnage s'oppose radicalement à l'homme du 18 juin qui vient de rejoindre Alger pour y former son gouvernement provisoire. Ce récalcitrant, sergent au vingt-troisième R.I.C., s'est évadé d'Allemagne et entre au commissariat général des prisonniers de Vichy où il écrit régulièrement dans *France*, revue de « l'Etat nouveau ». Il s'appelle François Mitterrand. Passé du côté de la Résistance, il fonde un réseau clandestin spécialisé dans la préparation des évasions. Mais un mouvement similaire au sien, dépendant de Londres, puis d'Alger, est déjà dirigé par Michel Cailliau, le neveu du Général : « Charette » dans la clandestinité. Un proche de Joséphine, Jean-Pierre Bloch, à cette époque adjoint à l'Intérieur dans le gouvernement provisoire d'Alger, propose au jeune Mitterrand de venir dans la capitale algérienne rencontrer « le grand Charles ». L'entrevue, qui se déroule dans la villa des Glycines, se solde par un échec, Mitterrand expliquant que jamais ses hommes n'accepteront une autorité nouvelle. Il ne lui reste plus qu'à regagner la France. Mais si on lui a facilité la tâche pour venir, on le laisse se débrouiller pour le retour. Selon l'aveu de Mitterrand, Joséphine Baker lui aurait offert l'hospitalité à Marrakech ! Dans toutes les biographies consacrées au « Sphynx », l'anecdote est généreusement exploitée... à tort !

Trente-huit ans plus tard, Mitterrand devint le quatrième président de la Ve République. Deux mois après son élection, dans un numéro de *Paris-Match* daté du 3 juillet 1981, l'écrivain-reporter Marcel Haedrich, compagnon de guerre et ami du nouveau Président, fit état de la rencontre « Baker-Mitterrand », dont il tenait le récit de l'intéressé lui-même. Mitterrand et Haedrich avaient oublié une chose : si Joséphine à cette date n'était plus de ce monde, le commandant Abtey, lui, dans sa retraite périgourdine était bien vivant ! Il le fit savoir à la rédaction de *Paris-Match* dans une lettre datée du jour de la parution du numéro 1675 en demandant un droit de réponse dans les plus courts délais.

« Le fait que Joséphine ait hébergé Mitterrand relève de la science-fiction, explique Jacqueline Abtey. Mon mari qui ne quittait pas sa “couverture” des yeux était formel sur ce point comme sur beaucoup d’autres d’ailleurs... Ni Joséphine ni mon mari n’ont jamais rencontré Mitterrand de leur vie. Quant à notre cher ami Mohammed Menhebi, dont Mitterrand a prétendu avoir été l’hôte, jamais il n’aurait accepté de donner l’hospitalité à un Européen dans les circonstances de l’époque. Le pauvre homme se retournerait dans sa tombe aujourd’hui !

« Dans son article, Haedrich qui qualifie mon mari en gros titre de chapitre d’« amant de Joséphine Baker » comme s’il s’était agi là du nerf de leur mission commune pousse le romanesque en faisant converser Jacques, sans toutefois citer son nom, avec Mitterrand : “J’ai des places pour Londres”, aurait dit mon époux au futur président. » Outré, Jacques envoya à *Paris-Match* une lettre ouverte à Haedrich, comme la loi l’autorisait : « Vous semblez, ou plutôt monsieur Mitterrand semble de par votre plume être très mal informé sur “celui” que vous vous permettez de qualifier d’“amant de Joséphine Baker et qui appartenait aux services secrets”. »

Abtey rappelle la teneur de l’article qui ne laisse aucun doute sur son identité et poursuit : « Cet “officier des services secrets à Marrakech” ne peut-être que moi-même. Et fait aggravant : mon activité d’ancien officier du S.R., chef militaire de Joséphine Baker, est bien connue du grand public à cause de la popularité de J.B. Le rapprochement scandaleux que vous vous permettez de faire entre Joséphine Baker et “l’homme des services secrets” et la manière inqualifiable par laquelle vous en faites un titre à sensation de très mauvais goût portent non seulement atteinte à la mémoire de Joséphine Baker en tant que F.F.L. et à son patriotisme mais aussi, quant à moi, par son caractère gravement dépréciatif, à ma dignité, à mon passé d’officier d'active, de F.F.L. homologué et à l'honorabilité de ma famille.

« Quant au fond de l'histoire concernant ce départ pour Londres de monsieur Mitterrand, je me réserve d'y revenir... Tout mon passé de S.R. et de F.F.L. fait l'objet d'un dépôt de mémoires par-devant notaire. Il en est de même des originaux de mes ordres de missions. Je puis tenir certaines de ces pièces à la discrétion de monsieur le président de la République. »

Le 23 juillet, le colonel Rémy, cité par Haedrich pour avoir organisé le départ de Mitterrand d'Afrique du Nord, répondit à une lettre d'Abtey, son ami : « Je doute que l'hebdomadaire dont vous me parlez donne satisfaction à votre juste demande : à supposer qu'on vous réponde, il vous sera sans doute dit que votre nom n'a point été cité. Ce sont les mœurs du temps ! J'ai pour ma part eu la surprise d'apprendre que, dans ce même hebdomadaire, il était dit que j'avais fait passer en Angleterre notre actuel président de la République !

« Ne vous mettez pas martel en tête. Tous ceux qui vous connaissent auront rectifié d'eux-mêmes et l'opinion des autres n'a nulle importance. Si la chère et admirable femme mise en cause lit au ciel l'hebdomadaire en question, elle aura sûrement éclaté de rire ! »

Cinq jours plus tard, Gerald de Roquemaurel, administrateur de *Paris-Match*, fit savoir à Abtey que sa demande n'était pas recevable pour la raison invoquée par le colonel Rémy : son nom n'avait pas été cité...

Le 20 novembre 1993, le *Times* qui consacrait sa première page à François Mitterrand attribua à « tonton », avec quelques sous-entendus, plusieurs conquêtes « intellectuelles » dont Joséphine Baker. Sa photo figurait en bonne place à côté de celles de Brigitte Bardot et d'Elisabeth Guigou. De la ténacité des légendes...

VI

LES PRÉDICTIONS DU SOUS-LIEUTENANT BAKER...

« *Lorsqu'on compare Napoléon à Hitler, je bondis ! Le premier était un génie, le second est un fou.* »

Joséphine Baker

L'avenir du Moyen-Orient...

LE succès du Liberty Club a redonné des ailes à Joséphine. Persuadée d'avoir vaincu à jamais tous ses démons, elle se dépense dorénavant pour le théâtre aux armées. Dans un premier temps, elle sillonne comme prévu les déserts libyens et égyptiens pendant près d'un mois. Les rapports futuristes qu'elle en rapporte brillent par leur pertinence ; elle a déjà parfaitement deviné le rêve d'indépendance qui habite la plupart des pays arabes du Moyen-Orient. La première, elle fait part des symptômes de défaillance de la France dans cette région sensible du monde.

Un soir, au Pavillon Royal du Caire, elle provoque un incident en mettant Farouk au défi. Le jeune souverain égyptien dîne à quelques tables de la sienne lorsque, apprenant sa présence, il lui fait donner l'ordre de chanter. Par trois fois, Joséphine refuse : « Dites à Sa Majesté que je serais heureuse de le faire, mais au cours d'une soirée officielle au palais ! »

Son objectif : établir un premier signe de reconnaissance du gouvernement provisoire d'Alger par celui d'Egypte. La proposition ne semble pas laisser Farouk indifférent, mais la tournée s'achevant, Joséphine doit repartir. Lorsqu'elle rentre à Alger, le général Billotte, qui aspire lui aussi à une ouverture avec l'Egypte, lui enjoint de retourner au Caire pour œuvrer dans ce sens.

Officiellement, cette troisième tournée est une action de propagande au profit des groupes de résistance de la métropole, sous le haut patronage du général de Gaulle. A Alger, le Général et madame assistent à la première. Dans la coulisse, Joséphine trahit sa vive nervosité. Au moment d'entrer en scène, ses jambes ne la supportent plus. Très en beauté dans sa petite robe patriotique de jersey bleu et rouge tout émaillée de petites notes blanches, elle entame néanmoins le premier couplet de *J'ai deux amours*, quand saisie par l'émotion, elle se laisse tomber à genoux, ses grands yeux noirs baignés de larmes.

« Je ne peux pas chanter, IL est là », s'écrie-t-elle en se tournant vers la loge d'honneur. Le triomphe est mémorable. De Gaulle lui fait remettre une petite croix de Lorraine en or, avant de la laisser sauter dans l'une des deux Jeep prévues pour l'expédition. Menhebi, le soldat Mezan et Abtey sont du voyage. Un fastidieux périple de quinze mille kilomètres à travers le désert commence alors. Les rares postes à essence sont espacés de trois cents kilomètres et en plus de la fatigue, de l'inconfort des véhicules, pour ne pas parler de la chaleur accablante, le danger des mines guette à chaque instant. Le jour, la vision des champs de bataille jonchés de voitures et de cadavres brûlés épouvante Joséphine, mais lorsque l'obscurité vient recouvrir l'horreur, d'autres fléaux, les détrousseurs de cadavres, leur imposent d'interminables heures de garde...

Epuisés, affamés, parfois même désabusés, « JOE » et ses amis ne faillissent pas à leur mission et, arrivés dans la capitale égyptienne, ils s'activent pour mettre sur pied la fameuse soirée au palais.

Le colonel Jacques André, héros du « Normandie Niémen », eut le privilège d'y assister :

« Je m'étais porté volontaire pour gagner l'U.R.S.S. en octobre 1943. Avec mes compagnons pilotes, nous avions embarqué à Marseille pour Le Caire, première destination de notre périple vers la Russie. L'escale prochaine devait être Téhéran mais avant de continuer, nous devions nous assurer que les Russes nous donneraient leur assentiment pour combattre avec eux et l'attente dura quinze jours ; c'est long... C'est ainsi que nous reçûmes une invitation pour nous rendre au théâtre impérial. Avec l'un de mes camarades, Roger Sauvage, un Martiniquais à l'esprit plein de malice, nous nous sommes glissés en coulisses et Roger s'essaya à une plaisanterie qu'il devait regretter. Revêtu de son uniforme, il se dissimula dans le coffre à bijoux d'où Joséphine Baker aurait normalement dû apparaître, lorsqu'il se retrouva coincé à l'intérieur. Le lourd couvercle s'était rabattu. Il essaya de se libérer mais le rideau se leva... Mon ami s'extirpa finalement tant bien que mal de sa prison et les hauts dignitaires de la cour égyptienne, d'abord surpris de voir apparaître cette bouille toute noire, crurent que cela faisait partie du numéro... En coulisses, le scandale fut énorme, mais Joséphine elle-même s'amusait comme une enfant et c'est ce rire espiègle et généreux que nous avons emporté jusqu'à Téhéran, puis en U.R.S.S. en décembre, afin de poursuivre et d'accomplir la mission qui nous avait été assignée... »

En dépit de la farouche opposition de Monsieur Benoît, un diplomate français trop zélé, le sketch sur la Résistance à l'intérieur de l'hexagone obtient un triomphe significatif pour le processus de la reconnaissance française. Lorsque l'on sait que c'est au Caire que se situe le siège de l'union arabe en gestation, qui a parmi ses objectifs le départ de la France du Liban et de la Syrie, on peut mesurer toute l'importance de ce succès.

Un soir, apprenant la présence de Menhebi au Caire, le secrétaire d'Etat anglais aux Affaires étrangères, Anthony Eden, qui s'y trouve également, le convie à l'ambassade britannique en lui envoyant son chauffeur. Menhebi refuse. Il travaille pour la France, non pour l'Angleterre. « Qu'est-ce que vous foutez avec ces cons de Français ? » lui lance alors Eden. Menhebi reste ferme.

C'est dans la capitale égyptienne, à l'hôtel Shepheard's, que Joséphine commet sa seule fausse note de résistante en ne résistant pas, précisément, aux yeux doux de l'Anglais Teddy Philips, attaché à l'ambassade britannique du Caire. Redoutant d'éventuelles confidences sur l'oreiller de la part de Joséphine, Abtey rappelle fermement à sa « couverture » leurs conventions : pendant tout le temps de leur mission, ne jamais entretenir de liaison avec qui que ce soit. Joséphine se plie non sans déplaisir, cette fois, aux ordres d'Abtey...

Après la victoire cairote, à Beyrouth au contraire, tout reste à gagner, car le président sortant, profrançais, vient d'être battu par un candidat pronationaliste... C'est néanmoins la « Perle du Moyen-Orient » que Joséphine élit pour vendre aux enchères sa petite croix de Lorraine en or, offerte quelques jours plus tôt. A en juger par le montant qu'atteint l'adjudication (350 000 francs), cela peut encore laisser supposer une certaine popularité de la France dans ce pays.

Joséphine a consenti à ce sacrifice pour venir en aide aux troupes françaises. Elle leur reverse l'intégralité de la somme mais lorsque plus tard, le Général lui offrira un autre bijou à l'effigie de la croix de Lorraine, une bague en or, seuls la mort et ses vautours la lui raviront...

Jérusalem est l'étape suivante et comme partout ailleurs,

à la fin du spectacle, le déploiement dans le fond de la scène d'un immense drapeau « bleu blanc rouge » de dix mètres de long et brodé d'une croix de Lorraine fait sensation. C'est le symbole choisi par Tumpie pour appréhender à sa façon le monde arabe et le rendre sensible à la cause qu'elle défend si ardemment.

Las, à son retour à Alger, sa désillusion est complète ! Personne, parmi la délégation française, ne semble mesurer l'importance de la montée antifrançaise au Moyen-Orient. Billotte, qui est le seul à s'alarmer, se retrouve complètement isolé dans son action. Les derniers rapports d'Abtey finissent au panier. Pis, à la suite de la plainte de Benoît, le diplomate hostile du Caire, il est littéralement radié des services de renseignement ! Le prétexte semble futile. S'estimant trahi, il demande dans un ultime recours à rencontrer le général de Gaulle. On l'invite à patienter. En attendant, Joséphine et lui s'en retournent à Marrakech.

Madame Abtey nous donne l'une des raisons de ce désaveu : « Un soir à Alger, à la fin d'un spectacle de Joséphine, Palewski, directeur de cabinet dans le gouvernement de de Gaulle, vint saluer l'artiste dans sa loge, les bras chargés de fleurs, en invitant la femme à dîner. Prétextant une fatigue, Joséphine qui préférait passer la soirée en compagnie de Jacques refusa. Palewski le prit très mal et c'est mon mari qui en paya les pots cassés, je dois le dire, jusqu'à la fin de ses jours. Dès cet instant, il fut grillé. »

Le mauvais sort continue de s'acharner sur Joséphine et sur Abtey. Victime d'une nouvelle occlusion intestinale, Tumpie frôle encore une fois la mort au cours d'une longue intervention chirurgicale. Touchés, des centaines d'estropiés, de malheureux, d'aveugles défilent sous ses fenêtres en implorant « Allah ». On va jusqu'à égorger un mouton à l'entrée de sa chambre pour éloigner les mauvais esprits, avant de distribuer la viande aux pauvres. L'infortunée « Josée » paye durement son dévouement. Mais comme dans les grandes productions américaines, où le héros a la vie tenace, elle surmonte une fois de plus son mal, et son exceptionnelle constitution lui permet un rétablissement spectaculaire.

Le 23 mai 1944 à Alger, elle se fond dans le corps des Forces Féminines de l'Air en tant qu'« Engagée Volontaire pour la Durée de la Guerre » sous le numéro d'indice D 403. Elle devient élève stagiaire, rédactrice de première classe, premier échelon (officier de propagande). Par décision du général d'armée aérienne Bouscat, elle est affectée ensuite à l'« Etat-Major général de l'Air » qui est la Direction des forces féminines, administrée par le quartier Hélène-Boucher.

Le 31 mai, Bouscat lui établit l'ordre de mission numéro 2032, la mettant en demeure de se rendre partout où son service l'exigera. Motif : Propagande. Moyens de transport : Tous moyens. Il est annoté dans le bas de l'acte : « Les autorités militaires qualifiées voudront bien faciliter les déplacements du sous-lieutenant Baker. »

De son côté, le 23 mai, Joséphine signe une déclaration d'abandon de la totalité de la solde correspondant à la fonction qu'elle occupe au profit de l'hôpital complémentaire d'Alger, numéro 402, en se réservant toutefois le droit de changer le bénéficiaire de ce don. Cette décision se veut applicable jusqu'au 31 août de la même année.

Mais nous ne sommes encore qu'en juin et d'Ajaccio parvient une demande expresse du maire de la ville, Monsieur Macchini et du délégué en Corse du cinéma français, Monsieur Hochard, qui réclament du sous-lieutenant Baker une tournée de propagande dans l'île de beauté, au profit de la France libre. Une manifestation retentissante en faveur de de Gaulle, sur cette parcelle de France libérée dès septembre 1943, constituera une excellente démonstration pour les Américains dont l'attitude vis-à-vis du Général demeure pour le moins équivoque...

Le « Goéland » et le rossignol...

Abtey décide d'accompagner Joséphine sur l'insistance, semble-t-il, de Macchini. La date du départ est fixée au 6 juin 1944, le jour « le plus long »... Malgré certaines réticences, un « Goéland » est choisi pour assurer le transport, avec un équipage composé du sous-lieutenant Dejean et des adjudants Bernard et Noé. La première partie du voyage se déroule sans incident.

Soudain, l'avion parvenu à environ quatre-vingts kilomètres des côtes corses, l'une de ses hélices cesse subitement de tourner. L'appareil aussitôt perd de la vitesse et vibre dangereusement. Puis, tout à coup, noircissant le hublot, un impressionnant mur de granit apparaît. Le « Goéland » se dirige droit dessus en tanguant furieusement. A bord, l'angoisse règne. On ferme les yeux, invoquant le miracle.

A la toute dernière seconde, dans un élan formidable, le pilote parvient à franchir la roche et, au soulagement général, l'appareil surplombe de nouveau la Méditerranée... qui se rapproche de plus en plus !

« Calez-vous », crie le pilote à ses passagers, tandis que « l'oiseau fou » accélère sa course vers la mer. Il n'a plus qu'une seule solution : l'amerrissage forcé. Il le tente.

Le bruit du contact avec l'eau est épouvantable, mais aucun blessé n'est dénombré. Les occupants de l'avion s'extirpent de la cabine à travers un hublot brisé et, réfugiés sur l'une des ailes, ils attendent les secours. Ce sont les hommes d'un détachement de tirailleurs sénégalais en repos dans le coin qui viennent à leur rencontre à la nage. Hissée sur les larges épaules de l'un d'entre eux, Joséphine Baker fait ainsi son entrée solennelle au pays de l'Empereur. Parcourant inlassablement les fières montagnes de la région, elle laisse un impérissable souvenir sur cette île, où l'on cultive le souvenir d'une autre Joséphine... A Ajaccio, Bastia et Corte, elle donne des galas pour les « Ailes », mais elle n'oublie pas les plus démunis et offre quelques représentations gratuites.

A Ajaccio, son spectacle *Plus parisienne que jamais* embrase la place des frères Bonaparte, future place Charles-de-Gaulle. L'autorisation préfectorale exceptionnelle de laisser les cafés ouverts jusqu'à minuit et demi n'a pas été nécessaire pour assurer un triomphe à Joséphine, malgré le prix élevé des places (deux cents et trois cents francs). Dans la cité impériale, elle s'offre une brève romance avec le médecin le plus réputé de la région avant de gagner Vico, un petit bourg de l'intérieur. Elle honore de sa présence l'établissement de Monsieur Dominique Antoine Gardella, le Café de France, un haut lieu de la Résistance vicolaise. Tumpie se produit ensuite dans la cour du groupe scolaire du village et quitte Vico en conservant sur sa jupe militaire une auréole qu'Annie, le bébé du directeur de l'école, lui a laissée en souvenir...

Seul, *Le Patriote*, journal « coco », fait tache au milieu de tout cet engouement en se distinguant dans un article du plus mauvais goût : « A l'impossible, nul n'est tenu. Monsieur le maire n'ayant pu, d'Alger, nous ramener du ravitaillement... nous a ramené... Joséphine. Sans doute pour nous apprendre à danser devant le buffet, et à combattre le marché noir... »

Mais c'est l'image des vieilles mama, dignes héritières de Colomba, le visage buriné sous leur mezzaro, se signant sur son passage, que Joséphine emporte comme une bénédiction avant de poursuivre sa route.

Après l'« escapade » corse, suivie d'un séjour en Sardaigne, le retour à Marrakech est difficile pour Abtey qui ne parvient toujours pas à approcher de Gaulle. Le désaveu de la part de certains membres du gouvernement provisoire, qu'il qualifie d'« incompétents notoires à la mentalité médiocre », se confirme. Les mêmes n'osent s'attaquer à Joséphine, intouchable de par ses amitiés...

Le 24 août, Baker est mutée à l'état-major territorial pour « théâtre opération zone sud » et rejoint en train les Filles de l'air à Guyoteville, où on l'inscrit sur la deuxième liste d'urgence, en instance de départ pour la métropole. Elle n'a pas foulé le sol français depuis près de trois années, et elle a hâte maintenant de retrouver le plus aimé de ses « deux amours ». Entourée par les deuxième classe féminins dont elle partage les dures conditions de vie, elle doit encore patienter plusieurs jours dans un couvent de la ville. C'est aussi pour elle l'occasion d'obéir pour la première fois aux ordres du commandant Alla Dumesnil, qu'elle n'a pas revue depuis la fameuse fête au palais de Marrakech : « J'ai gardé d'elle le souvenir du personnage le plus courageux et le plus pittoresque qu'il a pu m'être donné de commander, reconnaît le commandant, intarissable sur le sujet. Elle était un ralliement d'enthousiasme sans la moindre discussion. Elle exécutait toutes les corvées que nous lui assignions. Elle acceptait tout, les défilés, les diverses tâches, le fait de se lever à l'aube. Elle n'était pas du tout la grande star que nous connaissions tous de notoriété. Elle avait une double personnalité, car d'une part, elle était remarquablement intelligente et astucieuse et son rôle politique en Afrique du Nord, on ne le dira jamais assez, a été très important, le Maroc français de l'époque lui doit énormément. Elle possédait d'autre part ce côté "oiseau de paradis" dont elle ne pouvait se départir et auquel elle tenait beaucoup.

« Tout le monde sait qu'en uniforme d'aviation, on ne porte pas de ceinturon ni de baudrier. Cela pour vous raconter une anecdote assez désopilante. Un matin, je vis arriver Joséphine dans mon bureau en faisant son numéro : "Mon petit commandant chéri..." Je lui ai demandé : "Qu'est-ce que c'est que cet accoutrement ?" En effet, elle portait une fourragère double en cuir croisée sur les épaules avec un ceinturon. "C'est plus joli, comme ça on me voit mieux, me répondit-elle !

– Qu'est-ce que c'est que ces années de campagne Joséphine, ai-je insisté ?" Sur sa manche, il y avait des galons depuis l'épaule jusqu'aux poignets.

"Ce ne sont pas des arbres de campagne, me répondit-elle, ce sont des arbres de Noël !" Si l'on calculait le nombre de chevrons, ça lui faisait au moins quatre-vingt-dix années de campagne. Il a donc fallu lui faire enlever tout ça, et ça n'a pas été sans mal... »

Toutes ces dorures donnent le tournis à Tumpie, et lorsqu'elle prend son rôle trop au sérieux, elle s'attire aussitôt des remarques ironiques de la part de ses subalternes. « Une fois, elle voulut me faire mettre aux arrêts, parce que je n'avais pas salué comme il se devait le sous-lieutenant Baker », raconte avec un détachement mêlé de dérision toute corse Paul Bruschi, originaire de... Vico !

Le grand jour arrive enfin lorsque avec le gros des troupes, Joséphine embarque à Mers El-Kébir à bord du *Portes de la gloire*, l'un de ces bateaux à fond plat que les Américains appellent des « liberty ship », et dans lesquels on manque de rendre l'âme à la moindre tempête. Arrivée dans le vieux port de Marseille, elle revoit avec émotion Notre-Dame-de-la-Garde qui, depuis la récente libération de la cité phocéenne par les troupes du général Monsabert, a recouvré toute sa signification de protectrice de la ville.

Les supérieurs de Joséphine, eux, ont gagné Saint-Tropez puis Marseille à bord des avions de l'armée américaine. Le sous-lieutenant Baker, coiffée de sa petite casquette bleue de campagne, tricotée avec son prénom brodé devant, a tout enduré sans rechigner.

L'air de Paname...

En octobre, à son arrivée à Paris, qu'elle retrouve avec une joie plus éclatante encore, Joséphine se met aussitôt au service de la population. On la voit goûter à nouveau l'air de Paname et descendre les Champs-Elysées dans son uniforme, poursuivie par une meute de journalistes. « Qu'avez-vous fait pendant la guerre ? lui demande Pierre Duflos pour *Défense de la France*.

– Rien ou plutôt tout. Mais je suis un soldat, et jusqu'à ce que la guerre finisse je demeurerai un soldat et je ne puis rien dire. Un soldat ne parle pas des tâches qu'il accomplit. »

Au hasard de ses rencontres, elle apprend que Carlo Dhermy, son ancien partenaire de *La Créole*, ne pourra plus jamais remonter sur une scène pour danser. Après avoir incendié sa maison, les nazis lui ont brisé les jambes à coups de barre de fer...

Dans la confusion générale, l'heure des règlements de comptes sonne. Certains traîtres d'hier se transforment soudain en héros, tandis que de vrais patriotes finissent parfois par devenir suspects. On n'épargne personne, surtout pas les célébrités.

Directement « harponné » (selon son propre terme) par Pierre Dac sur les ondes de *Radio Londres*, Chevalier, « l'ennemi », s'en prendra violemment dans son livre de souvenirs *Tempes grises* au comédien de confession juive, en lui reprochant d'avoir été la source de tous ses malheurs. Après avoir passé un an à Vichy, Pierre Dac, abondamment décoré pour son action dans la Résistance, remettra les pendules à l'heure dans une lettre cinglante que la Ligue Internationale Contre l'Antisémitisme se fera fort de publier.

A côté de cela, Mistinguett qui, au début de la guerre, n'a pas hésité à se laisser photographier en compagnie d'officiers allemands au cours de dîners mondains, refait surface sans plus de scrupules et, à plus de soixante-dix ans, entend bien continuer à jouer les midinettes sur une scène.

Etrangère à cette agitation, Joséphine, qui n'a jamais failli à ses convictions, ne se laisse pas bercer par les vents de la victoire. Au Vésinet, son « Beau Chêne », successivement occupé par les Allemands et les Américains, est devenu inhabitable. Alors elle dort à l'hôtel et passe ses journées aux halles, achetant des centaines de kilos de viande pour « ses petits vieux » et des montagnes de légumes. Dans l'immeuble qu'elle possède toujours, 11, avenue Bugeaud, elle réquisitionne tout le charbon qu'elle peut trouver pour le redistribuer aux pauvres. Les locataires soulèvent un tollé mais elle reste ferme : « Ils sont riches, ils n'ont qu'à se débrouiller pour payer, il y a plus nécessiteux qu'eux », se justifie-t-elle. L'allure très fière dans son bel uniforme, elle parcourt les banlieues et offre les vivres qu'elle a achetés. En frappant aux portes, elle n'oublie pas de crier bien fort : « C'est l'entraide de l'aviation des Forces Françaises Libres qui pense à vous... »

Pour financer son action, elle se rend au Mont-de-Piété et y dépose sa fabuleuse collection de bijoux...

Joséphine a été affectée au ministère de l'Air, bataillon 117, à compter du 1er octobre 1944, mais le Maréchal de Lattre de Tassigny lui ayant confié la mission de suivre la première armée française à mesure de son avance dans les zones libérées, elle cherche à dénicher dans ce Paris nouvellement libre un orchestre qui accepte de l'accompagner bénévolement. Après moult difficultés, elle reçoit finalement l'assentiment d'un certain Joseph Bouillon (dit Jo Bouillon), chef d'orchestre. Convaincre ses musiciens relève d'une tout autre gageure : « Ils ont des enfants à nourrir... » Il faut l'entremise du ministère de l'Information pour qu'un accord les assurant d'être payés lors des émissions radiophoniques enregistrées au fil de la tournée permette le début des répétitions. Joséphine Baker et Jo Bouillon se souviennent s'être déjà rencontrés en 1933, à l'occasion d'un gala au Casino d'Ostende en Belgique. A cette époque, Jo n'était pas tout à fait inconnu en France ; sa formation musicale connaissait une notoriété au moins comparable à celle de Ray Ventura et de ses collégiens.

La famille Bouillon était originaire de Pézenas dans l'Hérault, et lorsque Jean le patriarche, violoniste, échoua au concours d'entrée au conservatoire de Paris, il se jura que ses enfants, eux, y entreraient par la grande porte. Son vœu fut exaucé mais il ressentit comme une véritable trahison la passion de son fils Joseph pour le jazz. Vivement encouragé par Maurice Chevalier qui devint son parrain, le « fils maudit » rêvait de monter un orchestre de jazz symphonique. Grâce à l'aide financière de la famille Legrand, et notamment de Roger, le rêve devint réalité et le succès immédiat.

Au cours de l'hiver 1944/1945, Jo se retrouve donc « enrôlé » pour la bonne cause par Joséphine Baker. Une façon de s'affranchir de cette réputation de « collabo » dont on l'entoure. La tournée débute à Marseille. Dans une villa du Prado réquisitionnée par le général Cochet pour la « mission administrative-liaison-secours », Joséphine retrouve Alla Dumesnil : « Sur le *Liberty-ship*, elle avait emmené en fraude Mitraillette, une vieille bâtarde de fox-terrier. Une fois placés devant le fait accompli, l'animal était devenu la mascotte des gars de la cambuse, qui la rendirent à sa maîtresse rondelette et luisante. Avant de poursuivre sa tournée sur la Côte d'Azur, Joséphine me confia Mitraillette avec un bout de ficelle pour que je puisse la promener... La pauvre chienne ne pouvait plus la suivre. »

Après le sud, puis l'est de la France, vient l'entrée en Allemagne. Entre deux tours de chant, Joséphine tricote des cache-nez pour les soldats. Buchenwald la surprend dans toute son horreur. Elle chante pour les survivants ; ceux que l'on pourra sauver, et pour les autres... Devant le spectacle de désolation qui surgit à chacun de ses pas, elle serre les dents pour ne pas défaillir. A Sigmaringen, le général Monsabert lui offre la place d'honneur lorsqu'il la reçoit au château de Hohenzollern.

La tournée prend fin. Tumpie devenue le sous-lieutenant Baker, l'un de ses plus beaux rôles, est enfin démobilisée. Elle demande la résiliation de son contrat dès le mois de juillet 1945 en invoquant une raison grave (modification survenue dans sa situation et imprévisible au moment de la signature du contrat). La rupture abusive est ainsi évitée...

Après consultation du chef de service du personnel militaire, le ministre de l'Air lui facilite son départ pour lui permettre de reprendre son activité artistique dès le début du mois de septembre. Joséphine prend les quarante jours de congé qui lui reviennent, rend sa carte d'habillement, tous les objets et vêtements militaires, hormis son uniforme et ses décorations, puis elle part pour Les Mirandes. De là, le 5 juillet, elle écrit au chef du personnel militaire pour réclamer le rappel de sa solde du 1er septembre 1944 au 30 juin 1945.

Le même mois, Pétain est condamné à mort. De Gaulle commue la peine en détention perpétuelle. « C'est moche », dit Joséphine à Abtey. « De Gaulle était son Dieu, mais elle avait toujours respecté la personne du Maréchal », affirme Madame Abtey.

Leur mission terminée, Jo et son orchestre décident d'un commun accord d'assurer une tournée en l'honneur de leur chanteuse. Les premières étapes se tiennent en Suisse et en Belgique. Suit une longue halte en France avant le grand gala, à Berlin, du secrétariat du conseil de contrôle des quatre nations unies. Le spectacle a pour cadre l'ancien palais de justice de la ville, devenu le building interallié. L'Angleterre, l'Amérique et la Russie ont chacune envoyé leurs artistes les plus prestigieux. Pour représenter la France, c'est Joséphine Baker ainsi que la jeune Colette Mars et l'orchestre de Jo Bouillon qui ont été retenus. Joséphine interprète *Amor, amor*, *Mama I wanna make rythm*, *Vereda tropical* devant les généraux Roukov, Kœtz, Sokolowski, et l'ambassadeur Murphy.

« Pendant les changements de costume de Joséphine, l'orchestre jouait ou bien généralement on me chargeait de faire le pitre, raconte René Ono dit "Patoum", le batteur engagé par Jo Bouillon. Déguisé en princesse moyenâgeuse, j'arrivais sur la scène en chantant tandis que mon père se battait avec mon prétendant (dans le spectacle) et le trucidait sous mes yeux. J'étais affublé d'une gigantesque coiffe d'époque avec diadème, qui laissait dépasser trois tresses tombant dans le bas de mes reins. D'ordinaire, ce numéro recueillait tous les suffrages mais il laissa les généraux russes de marbre ; ils n'appréciaient pas ce genre de princesse ! Pas un ne desserrait les dents. J'ai alors osé et je suis descendu dans la salle pour leur chatouiller le menton avec le bout de mes tresses. D'un geste de mauvaise humeur, l'un d'entre eux les saisit à pleine main et... les garda dans sa paume car je m'étais déjà enfui pour regagner la scène ! En coulisses, nous en avons bien ri avec Joséphine. Un mémorable 5 janvier 1946 ! Joséphine était fantastique et, comme moi, toujours partante lorsqu'il s'agissait de "déconner". Nous nous faisions souvent mille et une farces. Elle marchait sur ma robe au moment où j'entrais en scène, me piquait mon diadème... De mon côté, je n'étais pas en reste. Entre chaque numéro elle avait l'habitude de se repoudrer avec une patte de lapin-fétiche. Un jour, j'ai remplacé cette patte par une patte de coq... Ce qui me valut une sévère réprimande de la part de Bouillon alors qu'elle s'était esclaffée comme une petite fille.

Sur scène, la batterie était placée en hauteur. Depuis là-haut, j'avais une vue particulièrement plongeante sur Joséphine qui faisait ses changements de costume derrière un paravent Cela l'amusait : "Faut pas regarder, Monsieur Patoum !" Espiègle, je m'arrangeais alors pour faire comprendre par signes au public quel était mon privilège et que les petits seins de Joséphine n'étaient pas vraiment beaux. "Oui, oui, Monsieur Patoum, très jolis !" me répondait-elle. Joignant le geste à la parole, elle les exhibait fièrement pour faire de moi un convaincu. »

A Berlin, toujours, Joséphine se produit au Capitole, l'un des rares bâtiments encore debout, mais tout autour, dans les rues, le spectacle est affligeant. Leurs maisons détruites, les gens habitent les caves et occupent leur journée à déblayer les chaussées. Ce n'est que moyennant un certain nombre d'heures passées à cette tâche qu'ils obtiennent une carte d'alimentation. De retour en France, relatant cette misère à une journaliste, Joséphine se laissera aller à une maladresse toute féminine : « Le plus merveilleux, c'était de voir les magnifiques buffets que l'on avait dressés pour les invités le soir du gala. Je suis si gourmande et je vous assure qu'il y avait de tout... mais il faut faire attention... à la ligne. »

Après l'Allemagne, la Norvège, la Finlande et le Danemark accueillent « Baker la miraculée ». A Stockholm, elle échappe à l'épidémie d'influenza qui accable le pays, imposant la fermeture de bon nombre de théâtres. Elle demeure la seule artiste encore « en état » de se produire tous les soirs, ce qui impressionne les habitants de la capitale suédoise. « Joséphine est maintenant bien loin du jazz ; qu'est-ce que cela fait ! Des chanteurs de jazz, il y en a beaucoup, mais le bon Dieu n'a créé qu'une Joséphine Baker », peut-on lire dans *Expressen* sous la plume de Mickaël Katz.

Entre deux séries de galas, les musiciens et leur chanteuse regagnent la France. Georges Jouvin, futur vice-président de la S.A.C.E.M., trompettiste dans l'orchestre, se souvient qu'en cette période de vaches maigres, même pour Joséphine Baker, rien n'était facile : « Lors de notre séjour en Suède, nous nous sommes tous retrouvés sans le sou et donc dans l'impossibilité de rentrer au pays. Joséphine dut négocier notre rapatriement avec une compagnie d'aviation. Après trois concerts gratuits pour le personnel, on nous transporta jusqu'en Belgique et de là, nous avons regagné Paris par nos propres moyens... »

« Un jour, Joséphine téléphona de Suède à mon futur époux, intervient Jacqueline Abtey. Jo Bouillon lui faisait du chantage : si elle ne doublait pas le cachet des musiciens, il refuserait désormais d'assurer la tournée. Jacques prit l'avion et, aussitôt arrivé, il empoigna Bouillon en le traitant de “petit maquereau”. Jamais Joséphine n’avait empoché le moindre sou pendant la guerre pendant que lui jouait pour les Allemands. Il n’avait qu’à maintenant se contenter de ce qu’elle lui donnait. Joséphine n’entendit plus parler d’une quelconque modification de contrat... »

Le retour de « La Baker » en Italie, le pays de son cher Pepito, ne passe pas inaperçu. Lorsqu’il apprend qu’elle est encore vivante, le liftier de la Présidence du Conseil n’en revient pas : « Alors, nous pouvons enfin aller applaudir librement la signora Baker ?... »

Joséphine n’a pas oublié les années de proscription du « Duce », à l’époque où les dirigeants fascistes faisaient conspuer les artistes étrangers par des membres fanatiques de la jeunesse universitaire, les « Arditi ». En 1945, ses exigences n’ont plus de limites. Elle demande 3 000 francs suisses par soirée. La presse catholique monte aussitôt au créneau contre ce qu’elle appelle le « premier acte de la reprise des échanges internationaux » : « Pour importer Joséphine, il faudra que l’imprésario se procure ces 3 000 francs suisses. Il est douteux que le ministre du Commerce les lui accorde. Il les trouvera sur le marché dont la couleur est semblable à la peau de Joséphine. Ils lui coûteront alors 300 000 livres, c’est-à-dire le prix de 100 tonnes de charbon d’importation. Nous verrons si les spectateurs jugeront qu’un coup d’œil sur les jambes de Joséphine réchauffe plus que 100 tonnes de charbon... »

Un soir, les musiciens se demandent si leur patron possède encore toute sa raison lorsqu’il leur annonce ses fiançailles avec Joséphine car, dans l’équipe, son peu d’intérêt pour le genre féminin n’est un secret pour personne. En outre, Joséphine « fréquente » plus ou moins Claude Menier, le frère de Jean, tué au cours de la guerre. Ils envisagent le mariage. Dans sa biographie, Jean Sablon, qui fut l’ami du nouveau prétendant, se souvient de lui comme d’un neurasthénique : « Il n’aimait pas la vie. » Sans doute, est-ce l'explication qu'il faut trouver à sa relation avec Joséphine, son contraire...

« Jo et Jo », comme on commence à les appeler, ont curieusement bel et bien choisi d'abolir leur étrange paradoxe, et la petite fête prévue se déroule dans une ambiance des plus joyeuses : « Nous nous étions cotisés pour leur offrir un joli cendrier en cristal, explique encore Patoum. Quelques jours après, au cours d'une de leurs fréquentes disputes, nous entendîmes des bruits d'objets se brisant sur le sol... “Hé ! pas le cendrier, leur ai-je crié, il nous a coûté assez cher !” »

Bouillon, le faux timide aux accès d'autorité soudains, et l'impétueuse Joséphine commencent ainsi l'apprentissage de leurs tempéraments respectifs...

VII

ET LA DORDOGNE S'ÉVEILLA...

« *La société est le commencement du dégoût.* »
Joséphine Baker

Dépression...

En 1946, Joséphine subit le contrecoup de ses années de lutte. Elle parle à qui veut l'entendre de prendre sa retraite : « J'ai quarante ans mais je suis lasse comme si j'en avais soixante-dix », se plaint-elle.

Elle affiche un pessimisme inhabituel, semblant même nier la quintessence de son succès d'avant-guerre : « Je n'avais aucun talent au début, je n'en ai toujours pas. Ce que j'ai fait sur les planches, c'est ce que la musique me commandait de faire. Ma personnalité a été créée par mes agents de presse. Ils me doivent leur intelligence. J'ai vu tant de souffrances que j'ai compris qu'il n'y avait aucune utilité à devenir riche car en un instant on peut tout perdre. »

Puissent ces paroles te préserver de l'avenir, Joséphine...

Paname aussi a changé. Certes, Jean-Paul Sartre est revenu des U.S.A., certes André Breton et ses discussions littéraires reprennent et font recette aux tables du Flore, mais Paris n'est plus ce qu'il était. Comme on ne pardonne pas à une femme de vieillir ou de se négliger, on ne pardonnerait pas à la ville lumière de n'être plus la capitale du monde littéraire et artistique.

« Une seule femme m'a rendu Paris, écrit une journaliste égyptienne de passage dans la capitale. Cette femme, c'est Joséphine Baker avec son gala de rentrée à Chaillot le 31 mai dernier. Joséphine n'est pas une fille de chez vous mais elle ne pouvait s'épanouir que sous le ciel de France. »

C'est l'hommage de l'enfant du Nil à celle du Mississippi, qui rend à la Seine son mouvement de vie...

Soucieux de voir à nouveau sourire Joséphine et estimant à environ dix millions la somme d'argent qu'elle a rapportée à l'armée, Bouscat entreprend pour son amie la rédaction d'un long mémoire en faveur de son élévation au rang de Chevalier de la Légion d'honneur.

Le 17 mai 1946, la requête est officiellement enregistrée. Lorsque peu après, un premier refus parvient au général, le choc est d'autant plus cruel que pour lui l'aboutissement de sa démarche paraissait assuré.

Alla Dumesnil, démissionnaire depuis le mois de février précédent, estime elle aussi cette décision pour le moins surprenante. Dans les premiers jours d'octobre, elle se fait un devoir de rédiger une lettre particulièrement explicite pour que Bouscat fasse définitivement évoluer le dossier.

A la lumière de ce réquisitoire, le général s'en remet cette fois directement au ministre des Armées, mais l'homme du 18 juin n'étant plus celui de la situation, la tiédeur de Monsieur Michelet a même raison de l'enthousiasme du général Billotte, devenu à l'O.N.U. le représentant de la délégation militaire française...

Au cours de ces quatre années, Joséphine Baker, divorcée de Jean Lion et citoyenne française, a fait acte d'allégeance envers son pays d'adoption et en réponse au complot politico-raciste (?) monté contre elle, elle ne sait opposer que ces mots, dignes de nos plus grands héros : « Dans ces moments malheureux, je n'avais qu'une seule chose en tête : aider mon pays à retrouver son prestige. Même si j'étais rentrée sans jambes et sans bras, j'aurais été la femme la plus heureuse du monde. C'est comme cela qu'il faut aimer la France. »

Pendant ce temps, elle lutte pour sa vie à la clinique Ambroise-Paré... Victime d'une nouvelle occlusion intestinale, aggravée d'une septicémie contractée lors d'une tournée en Afrique du Nord, elle vient à nouveau d'être opérée d'urgence. Seule la diligence d'un policier du onzième arrondissement (l'agent 8116) qui a offert son sang permet d'éviter le pire. La nuit, Abtey la veille et dans la journée, leur amie commune, Odette Merlin, propriétaire de l'hôtel Saint-Georges à Alger, la visite. Lucienne Legrand, sœur de Roger, se rend elle aussi dès qu'elle le peut à son chevet : « Dès le seuil de sa chambre une épouvantable odeur d'infection m'accueillait. »

« J'étais si bien dans le coma, confiera Joséphine à Lucienne, c'était comme dans un rêve... »

Mais lorsqu'elle revient à elle, la malheureuse se trouve en proie à de telles souffrances qu'elle refuse de se laisser prodiguer les soins sur l'horrible boursouflure qu'est devenu son ventre. Avec ce cran qui la caractérise, elle coupe elle-même les petites peaux et les croûtes qu'il faut enlever... Depuis son lit, elle dicte de longues lettres pour Monsieur Lacoste, le régisseur des Mirandes, ce château loué avant-guerre, et dans lequel elle compte s'installer. L'arrivée de l'hiver lui donne quelques inquiétudes : « Je compte sur vous pour que la cave soit pleine de bois. Il faut chauffer à outrance parce qu'un froid ou un mauvais rhume risquerait de compromettre tous les résultats obtenus jusque-là.

« Tâchez de me trouver dans la région une bonne vache

normande à 2 ou 3 veaux, parce que je voudrais avoir du beurre et beaucoup de lait pour la maison... »

En raison de la subite flambée des prix, dès septembre elle a déjà fait acheter tous les cadeaux de Noël destinés à ses amis des Mirandes. Son immobilisme la tourmente, et bien que ses jambes ne la supportent pas encore, son esprit élabore mille et un projets. Lorsqu'un admirateur alsacien, apiculteur de son état, lui envoie un lot de ruches pourvues d'essaims, son visage s'éclaire : « Le miel se vend très cher. Nous pourrons en faire un commerce à l'avenir ! »

Le 5 octobre 1946, le jour même des fiançailles d'Abtey demeuré très proche d'elle dans ces moments d'épreuve, un décret attribue au sous-lieutenant Baker la médaille de la Résistance avec rosette. Pour lui remonter le moral, dès le lendemain, Jean-Pierre Bloch vient lui remettre sa décoration sur son lit de malade, en présence du colonel de Boissoudy, de la générale Bouscat, de Madame Félix Eboué et de Madame de Boissieu, fille du général de Gaulle.

La récompense suprême (la même qui a été accordée à Chevalier en 1938) manque cruellement à sa boutonnière... Mais c'est vers Jo Bouillon que vont toutes ses pensées. Elle sait qu'au moment où il prépare sa grande rentrée au Bœuf sur le toit, ce temple parisien du jazz dirigé par Monsieur Moïses, il doute plus que jamais de son succès. Alors, rassemblant son courage et sa volonté, elle décide de faire une « apparition-surprise » au Bœuf et ce, malgré l'interdiction formelle de son médecin. Elle prévient préalablement Jo et fait appel aux forces de l'ordre pour que son ambulance puisse accéder sans encombre et le plus rapidement possible à l'établissement de Moïses.

« L'effet de son arrivée fit sensation et combla les plus folles espérances de chacun d'entre nous, raconte Georges Jouvin. Nous avons aussitôt entamé un *J'ai deux amours* magistral. Les flashes des dizaines de photographes crépitaient tous azimuts devant les premiers clients qui nous firent une ovation. Son maquillage cachait son extrême fatigue, mais son sourire étincelant et généreux fit oublier que, quelques jours plus tôt, le masque de la mort recouvrait son visage. »

Par l'entremise de sa « fiancée », Jo Bouillon a gagné son aléatoire pari. Dans un suprême effort (ce que l'on pourrait qualifier d'effort surhumain), elle a pris tous les risques pour mêler leurs notoriétés et apporter envers celui dont elle veut se faire aimer, la preuve irréfutable de son intégrité. Mais c'est sur un brancard qu'elle regagne d'urgence « Ambroise-Paré »...

Puis, à la fin du mois d'octobre, lorsque les médecins les y autorisent, Jo l'accompagne jusqu'aux Mirandes où en quelques semaines, elle recouvre partiellement sa santé. Là-bas, Joséphine se sent vraiment chez elle... comme si elle y avait vu le jour.

Princesse en Périgord noir !

Une domestique chez les Caumont...

« Vous avez vu, Madame Ségéral, voilà que le château va être loué ! ! !

– Ah bon ? Et à qui donc Madame Malaurie ?

– Bê, j'en sais trop rien. Des gens de Paris sont venus le visiter cet après-midi... Y avait même leur domestique, une négresse... ! »

Cette histoire authentique est le plus ancien souvenir « bakérien » des habitants des Mirandes, ce hameau de Dordogne d'où toutes les « Jeanne » de Paul Guth auraient pu s'échapper, pour découvrir un jour que des années bien plus folles se déroulèrent à Paris, à l'époque où, sur la scène des Folies, un animal tout noir secouait les usages à grands coups d'arrière-train.

Lorsqu'ils aperçoivent pour la première fois Joséphine Baker en 1938, les Mirandais ne la reconnaissent pas. Eux vivent ici à l'ombre de « leur » château et de leurs coutumes médiévales depuis le jour de leur naissance et, en dehors de leurs vertes frontières, l'horizon leur est presque inconnu.

« En l'an MCCCCLXXX et IX furent commensades Les Mirandes de Castelnau. »

Cette inscription gravée sur l'une des pierres de l'imposante bâtisse donne la date exacte (1489) du début de sa construction commanditée par Claude de Cardaillac, épouse de François de Caumont. Ce fut l'un de leurs descendants, Jacques Nompar de Caumont, homme de confiance du roi Henri IV, qui mit fin aux querelles de religion et aux complots dont Les Mirandes furent le centre.

De la création des jardins, jusqu'au choix des vitraux, Caumont est à l'origine de l'aspect actuel du château avant que Viollet-le-Duc ne lui confère ce cachet néo-gothique qui captiva Madame Véra Danfort, acquéreur de la demeure en 1933. Peu avant la guerre, cette Américaine le mit en location tout en continuant de l'habiter. Puis, lorsque Malès son époux (le médecin du *Normandie*) fut fait prisonnier par les Allemands, elle regagna les Etats-Unis avec leur petit garçon, sans pour cela vendre son bien.

Désormais elle est disposée à s'en séparer.

Eprouvant beaucoup de difficultés à prononcer le « r » de Mirandes, Joséphine fait débaptiser le lieu et le nom de Milandes est officiellement adopté dès 1947. Le vice-président du syndicat d'initiative de Bordeaux crie aussitôt au sacrilège et à la profanation de la toponymie locale. Dans une lettre ouverte, il menace de prendre des mesures contre Joséphine. Mais l'affaire est rapidement classée et les habitants de Sarlat, chef-lieu du coin, se rangent aux côtés de leur illustre voisine.

Avec ses huit cents fusillés, presque autant de déportés, sans tenir compte des centaines d'internements, le département a rudement souffert de la guerre et l'installation parmi eux de cette grande fille brune qui ressemble au soleil n'est pas pour leur déplaire. Entre elle et les Périgourdins, commence une sorte d'histoire d'amour...

Aux Milandes, l'été semble arriver toujours beaucoup plus vite qu'ailleurs. En ce 3 juin 1947, tandis que les premières chaleurs commencent à accabler les corps et les esprits, c'est ici, dans ce décor intemporel, théâtre de la folie des hommes, « annexe du paradis » cher à André Maurois, que dans la solennité de la chapelle gothique, consacrée en 1413 et dédiée à saint Jacques le Mineur, Joséphine prononce un « oui » ironique devant le prêtre qui bénit sa nouvelle alliance...

De moins en moins encline à épouser Jo Bouillon, elle va rapidement regretter d'avoir signé ce jour-là, « le plus mauvais contrat de sa vie et de sa carrière »...

Pour l'heure, la bombe à retardement n'a pas encore explosé et l'atmosphère est à la sérénité. La guerre n'est-elle pas définitivement terminée ? Et puis, la Dordogne aux ondes si soyeuses ne continue-t-elle pas de chanter son histoire ?

A force d'être annoncé puis reporté, le mariage des « deux Jo » fit penser à l'un de ces canulars publicitaires dont abusèrent jadis Mistinguett et Chevalier... ou encore Joséphine et Pepito.

Cliché typique d'une noce champêtre, loin des fards parisiens et des mondanités guindées de la capitale, il est cependant qualifié par les médias de « fort sympathique » : « Jo la châtelaine a épousé Jo la musique, le blanc était en noir, la noire était en blanc. »

Un article d'une autre teneur paru dans le magazine *Regards* du 13 juin fait sursauter la famille du nouvel épousé :

« Le mariage est une bonne affaire pour Jo Bouillon qui, de 1940 à 1945, fit généreusement entendre son orchestre sur les ondes de la radiodiffusion vichyste. Pendant ce temps, Joséphine Baker se mettait au service de la Résistance. Maintenant, Jo Bouillon est blanchi mais les nouveaux mariés éviteront sans doute d'évoquer le soir au coin du feu leurs souvenirs de guerre ; la bonne harmonie du ménage risquerait d'en souffrir... »

Quel est donc le réel motif de la violente dispute qui oppose le couple le soir même de la cérémonie ? Nous l'ignorons, mais le scénario de cette journée rendue idyllique ne se termine pas de façon tout à fait conventionnelle ; couchée entre Christina et Philippo Scoto, ses témoins, Joséphine passe sa nuit de noces à incriminer son mari de tous les maux. Les Abatino ont mal perçu l'« intrusion » de Jo Bouillon dans l'existence de Joséphine, sans doute parce qu'ils l'en jugent peu digne et qu'ils craignent de s'éloigner du cœur de leur « Giuseppina »... En 1936, peu après la disparition de Pepito, sa « presque femme » avait modifié ses volontés testamentaires et la « belle-famille » italienne se serait taillé la part du lion si elle était venue à décéder au cours de la guerre. Par ce mariage, tout est changé...

Pour des motifs différents, Jacques Abtey et Jacqueline, sa jeune épousée, sont du même avis que les Scoto. Selon eux ce mariage qui n'en est pas vraiment un n'a pas de sens. Ils ont néanmoins fait le voyage depuis le Maroc où ils résident. Ils l'ont vite regretté... La veille au soir, alors qu'ils tentaient de s'endormir dans l'une des chambres du château, ivre de jalousie envers Jacqueline, Joséphine est allée jusqu'à la menacer en brandissant un long couteau. « Elle avait fait le même numéro à mon mari pendant la guerre, explique Madame Abtey. Il avait été obligé de lui envoyer un uppercut pour la ramener à la raison.

« Depuis le début de notre rencontre, elle m'avait dans le colimateur. N'avait-elle pas osé me dire le jour de mon mariage : "C'est ton mari que j'aurais dû épouser et pas l' 'autre'", en parlant de Jo ! Mon mari et moi avons choisi de quitter le château en pleine nuit ainsi que Menhebi, offusqué, qui nous avait accompagnés. Nous n'avons revu Joséphine que deux ans plus tard lors de notre retour en France. Par l'intermédiaire d'une amie, nous lui avions fait savoir qu'elle était pardonnée. Nous la vîmes aussitôt débarquer en trombe dans la cour de notre moulin en Dordogne au volant de sa voiture. Dans son empressement, elle heurta notre petit pont de pierre. Avec l'âge, sa conduite automobile était loin de s'améliorer... »

« Aux Milandes, les mœurs étaient assez libérées, témoigne Madame L. qui y travailla jusqu'en 1947, en compagnie de son mari, le régisseur. Il n'était pas rare que lorsque j'apportais le petit déjeuner dans la chambre de Joséphine, j'y trouve un homme différent dans son lit. Une fois j'y ai même vu un barbu répugnant, c'était l'un de ces sultans dont elle avait fait la connaissance en Afrique du Nord...

« Lorsque nous prenions ensemble nos repas dans la cuisine du château, à la "bonne franquette" comme l'on dit, elle nous faisait crouler de rire. Les temps étaient encore très difficiles pour tout le monde et la simplicité était de mise. Joséphine nous racontait que si tous les hommes avec lesquels elle avait couché jusqu'alors avaient pu se donner la main, ils auraient formé une chaîne depuis Les Milandes jusqu'à Sarlat, soit huit kilomètres ! Puis elle éclatait de rire... nous aussi !

« Jo, lui, flirtait plus ou moins ouvertement avec le valet de chambre, et lorsque ce manège finissait par insupporter Joséphine, elle courait sus "Monsieur Guy" dans tout le château, un balai à la main... Marivaux en Dordogne ! »

« Nous n'avons jamais vraiment apprécié ses manières, insiste Monsieur L. Je me souviens qu'un jour, elle recevait quelques amis lorsque le soir venu l'un d'entre eux manifesta son désir de se retirer dans sa chambre pour rédiger du courrier. Joséphine lui proposa son bureau en lui certifiant qu'il y serait plus à son aise. Puis, comme il tardait à redescendre, elle s'inquiéta : "Demandez-lui de regagner sa chambre, vous comprenez, me dit-elle, il y a des objets de valeur là-haut, on ne sait jamais"...

« Extrêmement gêné, je me suis toutefois exécuté (avais-je le choix ?), et ce, sans expliquer bien sûr que cet ordre venait de "Madame". Le lendemain matin, notre visiteur en question se plaignit à son hôtesse de mes "mauvaises manières".

"Comment avez-vous osé insulter Monsieur de la sorte, s'insurgea Joséphine en me toisant sévèrement. Mes amis sont ici chez eux, ne l'oubliez jamais", poursuivit-elle sur le même ton. J'étais sidéré et je compris qu'après 22 ans de bons et de loyaux services auprès des Claverie puis de nos amis les Malès, notre avenir n'était plus aux Milandes. »

Peu après leurs noces, les « deux Jo » s'envolent vers l'Amérique du Sud pour une tournée qui a du mal à se concrétiser. Après la guerre, personne ne croit plus là-bas en Joséphine Baker. On la dit vieille et démodée, certains pensent qu'elle est morte.

L'« œuvre » de Chevalier n'en finit plus de déployer ses néfastes ramifications...

Avant le mariage, Jo Bouillon est parti en éclaireur afin d'y négocier des contrats, mais il a fallu toute l'amitié et la notoriété de Hugo Del Carril, le digne successeur de Carlos Gardel, pour imposer en Argentine « la grande Joséphine Baker en chair et en os ». Programmée pour quinze jours, le Politéama de Buenos Aires ne désemplit pas pendant trois mois ! ! ! Le 14 juillet, la salle est transformée en la place Ménilmontant un soir de fête nationale, avec des guirlandes, des lampions, des accordéons et toute la salle reprend en cœur *La Marseillaise*. Ce triomphe fait boule de neige et, bientôt, toute l'Amérique latine la réclame. Cela incite Joséphine à tenter à nouveau sa chance dans son pays natal, mais sa revue *Paris sings again* créée d'abord au Majestic de Boston, puis à New York est un véritable four, une fois de plus ! L'Oncle Sam ne semble toujours pas décidé à réviser son jugement à l'égard de son enfant prodige. Plus grave encore : soixante-trois hôtels new-yorkais refusent de l'accueillir, ce qui la détermine à effectuer un large périple dans le grand Sud, sous le cocasse pseudonyme de « Miss Brown ». Elle désire se rendre compte par elle-même de l'état de la situation dans les contrées les plus ségrégationnistes. Ses observations la consternent : rien n'a changé !

Au cours de ce séjour, elle s'indigne contre une autre situation dénoncée encore actuellement par certains leaders noirs : « L'exploitation de mes frères de couleur par les juifs new-yorkais. » De son premier voyage à Jérusalem pendant la guerre, Joséphine rapporta une étrange fascination pour la religion judaïque : « L'étoile de David représente tellement de choses dans mon cœur et mon esprit, dira-t-elle plus tard. C'est la seule, c'est la vraie. C'est la mienne ! »

Jean-Pierre Bloch aujourd'hui décédé raconte dans une interview accordée à Jacqueline Cartier qu'en 1941, à l'hôtel Aletti d'Alger, il surprit Joséphine un livre de prières juives à la main en train de prier : « "En épousant Jean Lion, j'ai épousé aussi le judaïsme !" s'exclama-t-elle. Tant de gens en 1943 mettaient tous leurs soins à s'en éloigner ! ajoute Bloch, admiratif. Elle avait passé ces années dangereuses avec un petit livre de prières, moitié en français, moitié en hébreu ! Il en avait fallu moins que cela à certains pour passer au four crématoire... Une femme extraordinaire ! »

Ce que Joséphine constate à New York ne peut que la décevoir mais, emportée par sa verve quand elle se confie à Marcel Sauvage pour une nouvelle version de ses mémoires, elle se permet des jugements proches du dérapage antisémite. Ils n'enlèvent rien à l'intégrité de ses combats pour la liberté des peuples. Et des batailles il y en aura encore ! Désormais, elle a acquis assez d'assurance pour ne plus se contenter de subir. Son appartenance ethnique que, par gêne, elle a voulu rejeter à son arrivée à Paris deviendra dorénavant sa fierté, sa marque de reconnaissance, son ex-libris...

Son influence lui permettra de retourner toutes les idées reçues et autres erreurs véhiculées par l'ignorance et la promiscuité.

Elle en est convaincue...

Dès son retour en France, la réalité la rattrape au cours d'un dîner mondain chez Maxim's où elle est conviée en même temps que d'autres artistes de couleur comme Lena Horne ou Duke Ellington. A la même table : Chevalier, Paul Derval et... la Miss. La fin du repas approche lorsque le maître d'hôtel, qui connaît parfaitement les habitudes de l'acariâtre Mistinguett, lui propose une tasse de café.

« Non merci Marcel, j'ai déjà eu assez de noir pour ce soir ! » lui aurait répondu la vieille demoiselle, assez fort pour que tout le monde puisse entendre.

La tournée américaine des Bouillon s'achève néanmoins par un tour d'Europe à guichets fermés. A Madrid, le docteur Fleming, l'inventeur de la pénicilline, offre à Joséphine trois lettres qu'elle classe dans son livre d'or, tandis que Franco lui dédicace son portrait : « A la grande artista Josephina Baker... »

Le point culminant est certainement son passage fracassant au Casino della Rosa de Rome en juillet 1948. Tout le corps diplomatique étranger s'est déplacé pour l'acclamer. Dans la ville éternelle, elle retrouve une partie de la famille Abatino qu'elle continue à couvrir de ses largesses en leur offrant des présents, ses robes et surtout son indéfectible affection.

A cette époque, Christina, la sœur de Pepito, se trouve aux Milandes où, moyennant salaire, Joséphine l'a chargée de veiller à la bonne conduite des travaux dans le domaine. Depuis la capitale italienne, elle la sermonne sévèrement à propos d'un grave différend qui l'oppose à sa sœur Norina : « Il y a 23 ans, je suis entrée dans ta famille et je m'y suis attachée corps et âme. Quand on se fâche, on dit des choses que l'on regrette mais nous avons tous des défauts et des qualités, toi, ta sœur, comme moi-même. C'est pour cela que l'on doit savoir se pardonner les uns les autres. Tu dois le faire absolument car sinon je serai très déçue de toi ! Dis-toi bien que rien ne compte plus que le sang de la famille... »

Cette tournée internationale rapporte aux « deux Jo » des revenus considérables mais ils nourrissent des projets extrêmement ambitieux pour Les Milandes. Pour cette même raison, « Beau Chêne » est mis en vente, et Joséphine dit adieu à la période sans doute la plus insouciante de son existence.

De retour de l'étranger, elle voit exposé dans les vitrines des librairies un livre signé par le capitaine Abtey devenu le commandant Abtey : *La Guerre secrète de Joséphine Baker*. Publié aux éditions Siboney, l'ouvrage est un succès naissant et les premiers exemplaires s'enlèvent comme des petits pains. Joséphine a-t-elle laissé filtrer un quelconque mécontentement ? Le fait est qu'un échotier laisse entendre quelque discordance entre elle et Abtey à propos de droits d'auteurs : « Héroïne et biographe n'en sont encore qu'aux escarmouches. On parle de procès, de saisie des volumes imprimés. La guerre secrète de Joséphine Baker est en passe de devenir une guerre publique contre le commandant Abtey. »

« Très vite, le livre disparut des rayons, révèle Jacqueline Abtey. Mon mari apprit que la maison d'édition avait été achetée pour mettre prématurément fin à la carrière de son ouvrage. » Les anciens d'Alger ne lâchaient pas Abtey. Ni le maréchal Juin qui s'était proposé afin de présider au jury d'honneur pour la reconstitution de carrière du commandant, ni plus tard Kocziusko-Morizet, ambassadeur de France à Washington, n'obtiendront de réparation au « déni de justice » (le terme est de Morizet) commis envers

Jacques Abtey. « Tous les camarades de mon mari ont terminé la guerre avec le grade de général, excepté Paiolle qui devait finir sa carrière avec celui de colonel. Cette injustice ne put jamais être réparée à cause d'oppositions obscures, les gaullistes ne supportant pas que des non-gaullistes puissent être résistants. Jacques Chaban-Delmas, bien des années plus tard, voulut mettre un terme à cette injustice et il donna des ordres dans ce sens. Peu de temps après, il quitta le gouvernement et sa décision n'eut pas de suite. »

En octobre 1948, Carrie Mac Donald, sa fille Margareth et Elmo son gendre quittent définitivement Saint Louis pour aller chez Tumpie « se détendre au soleil de sa gloire », selon Lynn Haney. Jacqueline Abtey n'est pas de cet avis : « Joséphine ne voyait pas d'un très bon œil l'installation de sa famille aux Milandes. C'est Bouillon qui est vraiment à l'origine de leur arrivée en Dordogne. "Tumpie" n'avait pas oublié que sa mère l'avait prostituée à l'âge de 13 ans. Elle nous avait assez souvent parlé de ces histoires à mon mari et à moi. »

Après le décès d'Arthur Martin, loin de sombrer dans l'ascétisme, Mama Carrie a connu plusieurs amants avant de se stabiliser avec un Mexicain, Tony, et de l'épouser. On a affirmé que Joséphine refusa la présence de cet homme aux Milandes, exigeant de sa mère qu'elle l'abandonne en Amérique. Richard Martin junior prétend au contraire que Tony fit le voyage en même temps que sa grand-mère, et qu'il est mort aux Milandes peu de temps après son arrivée... Cette dernière version est peu probable ; aucun registre de Castelnaud-la-Chapelle ne mentionne ce décès.

Cette année-là, Joséphine anime avec succès le club 48 au 15 de l'avenue Montaigne à Paris, où elle crée *Minuit* et *Mon plus beau livre d'images, c'est vous*, « une chanson qu'elle roucoulait en tournant les pages d'un livre géant, spécialement monté chaque soir sur la scène », témoigne l'éditeur Jean-Paul Carracala. Mais ce sont les Folies-Bergère qui lui offrent au début de 1949 son grand retour parisien. Gyarmathy, libéré de la menace nazie, est sorti des caves de la rue Richer et signe la revue, l'une des plus extraordinaires qu'il sera donné de voir au music-hall. Incarnant tour à tour Eve, une Princesse des *Mille et une nuits*, Isabeau de Bavière, Marie Stuart et Joséphine de Beauharnais, sa meneuse obtient un triomphe bien au-delà de ses espérances et de ses complexes de « star vieillissante ». Quatre cents personnes se sont activées à la gloire de « Mademoiselle Joséphine » pour un budget de soixante-dix millions de francs. Le spectacle est commenté dans le monde entier.

Plus que les kilomètres de satin et de velours utilisés pour les robes de la vedette, plus que la magie du décor qui transforme pendant six minutes la salle en un gigantesque vitrail de cathédrale (« que de saints sur la scène des Folies », ironisent les critiques), ce qui sublime le spectateur, c'est l'émouvante interprétation par Joséphine de l'*Ave Maria* de Schubert. Au cours de l'une de ces représentations, un adolescent qui deviendra bientôt célèbre avoue à sa tante qui l'accompagne ressentir comme une vocation, l'appel de la rampe : « Au fil des numéros la fièvre montait, raconte aujourd'hui Jean-Claude Brialy. A la fin du spectacle, ma tante et moi nous sommes rendus dans la loge de Joséphine et je l'entendis dire à ses admirateurs :

"Excusez-moi d'avoir été moins bonne ce soir ; je suis grippée. Le médecin m'a ordonné le repos, mais c'est impossible, si je m'arrête un soir, combien de gens seront sans travail ?"

A côté d'elle, sur la table de maquillage, parmi les poudres, se trouvaient une ordonnance et des boîtes de médicaments. J'ai tiré de cette anecdote mon tout premier enseignement de futur professionnel ! »

Le soir de la première, le 2 mars, une autre spectatrice n'apprécia pas le spectacle d'un même émoi. C'était la première fois que Mama Carrie voyait sa fille sur une scène, et pour elle cette soirée fut plutôt placée sous le signe de l'enfer...

Par pure coquetterie en vogue chez les Noirs américains, elle venait de se faire arracher toutes les dents qui lui restaient pour s'en faire implanter de nouvelles, plus blanches et plus polies. A cette douloureuse opération qui la paralysa pendant des semaines vint s'ajouter ce soir-là son désarroi de voir sa fille livrer publiquement sa pudeur, au cours d'une scène d'Adam et Eve... Vivante incarnation du pseudo-puritanisme américain, Carrie se leva d'un bond pour hurler son mécontentement. Ses proches, soucieux d'étouffer cet éclat, transformèrent très vite l'incident en un excès d'enthousiasme de telle sorte que personne ne se rendit vraiment compte de ce qui s'était passé...

Le 8 mars, Joséphine est avisée par le cabinet ministériel d'un nouveau rejet de son dossier pour la Légion d'honneur. Le général Vallin succédant à Bouscat n'a pas obtenu de meilleurs résultats...

Le « village du monde »...

A la même période, un jeune homme, intime de Jo Bouillon, arrive aux Milandes, des idées plein ses cartons. Agé d'une trentaine d'années, décorateur de son état, Jean Dives a été choisi par son ami pour réaliser certains décors dans la propriété des « deux Jo ». Pendant près de cinq années, jour après jour, partageant l'intimité des lieux, il voit prendre corps l'utopie de Joséphine Baker :

« Elle s'était mise en tête de faire des Milandes un centre touristique, une sorte de Club Med avant l'heure, quelque chose d'unique en France et en Europe, et comptait faire tourner cette exploitation grâce à l'afflux de touristes du monde entier. Pour cela, il fallait des infrastructures solides et des activités susceptibles d'attirer la clientèle. Son projet était d'édifier un village idyllique où seraient élevés, plus tard, des enfants de races et de religions différentes, témoins devant les hommes d'une coexistence dans la paix. Le nom officiel du lieu devint : "Les Milandes, village du monde, capitale de la fraternité."

En Jo Bouillon, elle avait trouvé l'être idoine pour mener à bien son entreprise : "Il est brave Jo, il est bon et j'aime ça", avouait-elle de façon quelque peu abusive. Cela présumait déjà de l'avenir... »

Avec le recul, l'ambition de Joséphine Baker peut paraître démesurée. A l'époque, on la taxe de mégalomanie. Une à une, toutes les maisons du village sont rachetées à l'exception d'une seule : celle de la famille Malaurie. L'ensemble du domaine qui comprend au départ le château, ses terrasses, plus quelques terres, compte bientôt plusieurs centaines d'hectares.

« Presque toutes les terres s'étendant à perte de vue devinrent ensuite sa propriété, explique Jean Dives. La magnifique ferme, une autre de ses acquisitions, devint la résidence de sa mère et de Margareth. On y produisait principalement des noix et du tabac et un élevage à grande échelle allait bientôt s'y développer (cochons, poules du Sussex par centaines, vaches, etc.). Peu après son arrivée, Margareth ouvrit aux Milandes un salon de thé-boulangerie et avec son talent de pâtissière, elle allait remporter des succès qui rendraient son illustre sœur folle de jalousie. »

Son village délimité, Joséphine s'inquiète de l'équiper en installant un transformateur, trois cuves à eau, et près de douze kilomètres de câbles électriques et deux kilomètres de fils téléphoniques. L'un de ses amis, haut placé au ministère de l'Intérieur, lui facilite les démarches pour recruter en masse la main-d'œuvre dont elle a besoin.

« Elle voulait des étrangers, meilleur marché et beaucoup plus malléables », affirme l'intéressé...

Au fil des mois, un parc d'attractions, le « Sans souci », prend forme et peut bientôt accueillir des visiteurs internationaux. Le jour de son inauguration, au mois de septembre 1949, est resté dans la mémoire collective des Périgourdins... et dans celle de Lucienne Legrand :

« Joséphine nous avait demandé de mettre la main à la pâte. Avec mon frère Roger et Frédéric Rey, nous avions donc été réquisitionnés pour servir boissons et sandwiches et encaisser l'argent. Ce n'était pas mon métier et je fus vite débordée ! Pensez donc, il arriva des milliers de personnes ! ! ! Dès le début de la matinée, Rey et moi fûmes victimes d'un fou rire irrépressible qui se prolongea jusqu'au bal donné au château. Joséphine nous faisait les gros yeux car le préfet Lahillonne nous dévisageait. Alors, elle n'eut pas d'autre solution que de nous mettre gentiment dehors pour "continuer ce que nous avions si bien commencé"... »

« Personnellement, je l'admirais beaucoup. Elle avait une telle classe ! Jamais on n'aurait pu imaginer qu'elle avait été élevée dans un taudis. Jean Marais a dit : "L'élégance est un mystère" et il y avait de l'élégance dans chacun de ses gestes. C'était magique ! Le fait de poser un vase sur une table par exemple ; ce geste simple et naturel peut apparaître bien ordinaire, mais Joséphine, elle, possédait un tel chic qu'elle conférait à ce même acte une grâce indéfinissable.

J'ai eu à plusieurs reprises l'occasion de laver son corps lorsqu'elle était malade. A quarante ans, elle avait une plastique à vous couper le souffle ! Je me souviens l'avoir entendue confier à Georges Le Cerf, journaliste à *Claudine*, que pour garder sa forme, elle ne descendait jamais les escaliers qu'à cheval sur la rampe. Je confirme !

Lorsque le journaliste lui demanda ensuite le secret de sa flexibilité, elle lui répondit : "C'est un vieux danseur noir qui m'a donné le truc : je fais de la reptation. A plat ventre par terre, les bras croisés derrière le dos, j'avance à la façon d'un serpent qui rampe, sans m'aider de mes coudes ni de mes genoux."

"Bonne chance à toutes les lectrices qui tenteraient d'essayer !" conclut Georges Le Cerf... »

Très vite, les touristes affluent aux Milandes, provoquant des embouteillages phénoménaux sur les départementales du Périgord. Les voitures venant d'Allemagne, d'Italie, de Hollande, d'Espagne ou de Scandinavie roulent pare-chocs contre pare-chocs sur des distances de plusieurs kilomètres, devant des paysans éberlués.

« C'est Joséphine Baker et Jo Bouillon qui ont promu, et ce de façon déterminante, le tourisme en Dordogne, soutient Jean Dives avec force. Les gens du coin lui doivent l'actuelle prospérité de leur région et ils le savent bien », ajoute-t-il d'un ton rempli de sous-entendus.

« Laisse, laisse-moi faire et un jour, ma Dordogne, si je devine bien, on te connaîtra mieux », avait un jour prédit Etienne de La Boétie...

Ainsi, depuis des siècles, dormant quelque part sous la poussière d'un manuscrit, ces paroles prophétiques attendaient Joséphine, fille dorée venue du Mississippi, pour réveiller et faire sourdre un passé prestigieux qui peu à peu sombrait au creux de sa morte vallée.

Aux Milandes, on vient en famille. Après les péripéties du voyage, les grandes grilles blanches du « Sans souci » s'ouvrent devant les visiteurs sur une allée qui mène tout droit à la Guinguette, le restaurant-bar, construit au bord de la Dordogne.

« Entre les concours de pétanque, le mini-golf, les courses à bicyclette ou encore les randonnées à bord d'un petit train de toutes les couleurs, grands et petits pouvaient se distraire à leur aise », explique Jean Dives.

La visite de la singerie et de la volière exotique, œuvres de Dives, clôture le tour du parc. Si l'entrain n'est pas de mise pour investir le court de tennis, derrière la guinguette, on a encore la possibilité de remonter dans le village pour y effectuer quelques achats dans la boutique de souvenirs. Ou pour y visiter le « Jorama », un endroit fabuleux dans lequel Joséphine s'est plu à multiplier sa propre image. Outre les quatre-vingts tableaux, la vingtaine de sculptures et la fameuse ceinture de bananes, le clou de cette luxueuse exposition reste sans contredit le « musée Grévin » de Joséphine. Il consiste en une succession de scènes avec des personnages de cire la représentant à toutes les étapes de sa vie, depuis Saint Louis, jusqu'à Rome, avec « sainte Josée » agenouillée devant Pie XII, aux côtés de Jo Bouillon...

Une immense piscine en forme de « J », avec tout autour ses petites tables blanches disposées en corolle sur un gazon parfaitement tondu, est inaugurée en 1952. Le bassin, équipé de vestiaires et d'un podium, accueille rapidement des compétitions régionales et de somptueux ballets nautiques.

Selon la saison, Joséphine se produit chez elle, dans son théâtre d'hiver, une salle de trois cents places, construite dans le parc par l'architecte Bizouarne ou sur une scène de plein air, édifiée d'après un modèle cubain.

Sans être assuré de percevoir des honoraires préalablement négociés, Jean Dives continue, lui, à créer le beau, en sublimant l'usure du temps de sa main magicienne :

« Parmi les maisons rachetées, l'une d'elles avait été transformée en un restaurant baptisé “Lou Tornoli” (reviens-y en patois). Le but était de le rendre accessible à toutes les bourses. Plus bas dans le village, c'est une splendide bâtisse du XVIIIe siècle qui retenait l'attention des visiteurs : “La Chartreuse” ! Joséphine me confia le soin de la transformer en un hôtel de luxe.

Pour le premier étage, j'avais proposé que chaque chambre évoque un pays différent avec un décor adapté, le palier supérieur devant, lui, rassembler plusieurs époques et plusieurs styles. La chambre numéro quatre devint ainsi

celle de la "Comtesse du Barry", la numéro six, celle de "La dame aux camélias", ainsi de suite. La plus belle et la plus somptueuse fut baptisée Joséphine... de Beauharnais.
Vingt-trois pièces furent aménagées qui coûtèrent la modique somme de quinze millions. »

Financièrement parlant, Les Milandes se décomposent en deux sociétés par actions : la S.E.P.A.M. (société d'exploitation du parc et des attractions des Milandes), où Joséphine est majoritaire, et la société « Village du monde » où Jo Bouillon, malgré sa majorité, reste locataire de sa femme.

« Lorsqu'il m'avait fait part de sa décision d'abandonner la musique, je l'avais aussitôt mis en garde, avoue Jean Dives ; il commettrait la plus grande erreur de sa vie. Il ne voulut pas m'écouter. Joséphine était devenue jalouse de sa popularité. C'est elle qui lui demanda de sacrifier son métier aux Milandes. Peu après, il cessa d'accompagner son épouse dans ses tournées... »

Dives soutient que Bouillon a investi tout son argent dans le domaine des Milandes, et que pendant les cinq années passées auprès de lui jamais il ne l'a vu se permettre le moindre écart financier, « pas même un pull-over ! » :

« Je ne lui ai connu qu'une seule voiture, une Hotchkiss. C'est vrai qu'il avait acquis cette réputation de radin, mais il fallait qu'il surveille toute la gestion.

« Joséphine et lui se trouvaient sans cesse sollicités et si, elle, malgré ses véritables prédications pour les économies, dépensait souvent à tort et à travers, lui se sentait dans l'obligation de serrer les cordons de la bourse pour compenser. A cette époque, la facture du téléphone s'élevait à 150 000 francs et la quittance d'électricité à 125 000 francs en moyenne. Pour entretenir tout cela, et faire marcher l'exploitation, Les Milandes en arriveront même à recruter jusqu'à cent dix-neuf personnes pour accueillir environ trois cent mille visiteurs en une seule saison ! Il fallait donc une comptabilité rigoureuse !

« Jo a vécu comme moi et comme tous ceux qui ont travaillé là-bas à l'époque, étrangers à la région, à la façon d'un reclus. La Dordogne d'alors était un endroit mort et isolé. Les mois d'hiver semblaient interminables et horriblement tristes. Jo ne voyait pratiquement jamais son épouse, qui, tel Tintin reporter, parcourait le monde. Aussi loin que ma mémoire puisse remonter, la plus longue halte de Joséphine aux Milandes fut de quinze jours. Elle enchaînait tournée sur tournée aux quatre coins du globe pour pouvoir financer le domaine. »

Un ménage « bouillonnant »...

Entre 1947 et 1951, Christina, la sœur de Pepito, et son mari le docteur Scoto, nous le savons, séjournent régulièrement au château. Pendant ses absences, Joséphine continue d'adresser à sa famille italienne un nombre de lettres édifiant, dictant ses consignes quotidiennes. A la lecture de ces écrits, on ressent la ténacité et surtout l'imprudence avec lesquelles elle a à cœur de réussir dans son entreprise :

« Engage deux ouvriers pour couper le bois dans le parc et faire des piquets pour la clôture au bord de la route, à l'endroit que je t'ai montré avant mon départ... »

« Je pense que nous avons besoin d'un nouveau cuisinier-pâtissier aux Milandes. Quelle barbe cette histoire ! Monte donc à Paris en chercher un autre, car celui que nous avons ne fait pas l'affaire... »

« Maryse la nièce de Jo va arriver avec son amie. Donne-leur la chambre ivoire avec des draps neufs assortis et beaucoup, beaucoup de fleurs... »

« Explique aussi aux domestiques qu'il ne faut pas faire bouillir les draps, ni les mettre dans la javel, à cause des couleurs... »

« Surtout n'arrête pas les travaux, je gagne beaucoup d'argent ! »

Sans intention de thésauriser, son discours sur l'argent revient néanmoins comme un leitmotiv : Il faut faire des économies ! Elle tient impérieusement à recevoir de Christina les comptes réguliers de l'exploitation : « Je veux savoir où j'en suis ! »

Son unique but consiste à accumuler les gains et, pour cela, elle ne ménage pas ses forces. Hormis de sérieux ennuis de constipation, sa santé maintenant lui permet ce rythme de travail écrasant, mais l'affluence des contrats la contraint, hélas, à refuser nombre d'offres alléchantes.

Tandis que son corps évolue sur les scènes internationales, son esprit s'attarde dans son petit village de Dordogne. Sa flamme épistolaire n'en finit plus de consumer sa passion sur le papier à en-tête des palaces de toutes les capitales étrangères. Dans la démesure de son engouement et de sa fièvre, elle semble accorder autant d'importance à sa visite chez le Pape qu'à la naissance de nouveaux porcelets à la ferme du château.

Mais, par-delà le caractère folklorique de ces missives, Joséphine livre à Christina tous les tourments de son cœur. De par son comportement, son mari met ses nerfs déjà fragiles à rude épreuve. En 1950, elle envisage le divorce :

« J'ai encore le cœur gros. Le mois dernier, j'étais aux Milandes et Jo m'a téléphoné de Paris en me disant qu'il passerait me prendre le lendemain pour qu'on aille à Bordeaux ensemble. Il a en même temps téléphoné à l'un de ses amis, et cet ami a fait la route avec lui mais il n'est pas arrivé avec Jo aux Milandes. Ma secrétaire Christiane a trouvé dans les papiers de Jo une note de l'hôtel où il a couché pendant la nuit en cours de route, ce qui était prévu. Par contre, ce qui l'était moins, c'est la note très très chère. Il y avait sur la facture une seule chambre, mais tout un tas de services en double. Bien sûr, Jo ne m'a pas parlé de cet ami qui a voyagé avec lui. Christiane a vu la note. Jo la lui a vite reprise en disant qu'il s'agissait de tout à fait autre chose, mais tu connais Christiane, elle est loin d'être idiote. Voilà donc les histoires qui recommencent avec les hommes. Tu sais bien pourquoi je ne peux l'aimer naturellement... Qu'il fasse ce qu'il veut, mais ce que je n'aime pas, c'est que c'est moi qui paye pour ses galants. Il me rend ridicule.

Si tu savais les lettres sarcastiques qu'il m'envoie ! On sent la moquerie à plein nez à mon égard quand il joue à l'amoureux délaissé et incompris.

Il faut que tu te renseignes à Paris, chère Christina, pour trouver un détective privé car je voudrais faire suivre Jo. Il faut que je l'attrape en flagrant délit avec un homme pour que lui et sa famille ne puissent plus rien dire. Il faut jouer au plus malin. Il faut des preuves si je veux gagner mon divorce. Mais ça reste entre nous, il ne se doute de rien. »

Joséphine reproche à son époux et à Guérin, l'un de ses agents, de vouloir saboter sa carrière : « Au lieu de conclure des affaires pour moi, ils passent leur temps en Suisse pour y faire leurs saloperies. Jo connaît beaucoup de pédérastes là-bas. Il m'a dit que Guérin avait couché avec Guy le valet de chambre, mais il faut bien que Jo ait lui aussi couché avec Guy avant, pour savoir cela... Je te dis, c'est complètement fou ! Tout cela m'épuise davantage encore que mon travail. »

Si l'on se fie au témoignage de Madame L. qui en surprit les échos en passant près de la salle de bains de Joséphine, au début de leur vie commune aux Milandes, « Jo et Jo » entretenaient des relations sexuelles plutôt torrides : « On aurait dit des cris de bêtes... »

« Il faut dire que Jo Bouillon avait cette réputation d'être particulièrement bien membré », nous apprend avec une pointe de malice Jean F., un mondain de l'époque...

Pour sa part, Joséphine qui, par tempérament, avoue détester les frontières, ne déprécie pas semble-t-il la compagnie féminine. Aux Milandes, personne n'ignore la bisexualité du couple. On épilogue sur les « protecteurs » fortunés de « Madame » mais aussi sur sa relation avec N., coiffeuse à Sarlat... Dans sa biographie *Vivre deux fois*, parue en 1979, Georges Tabet aborde franchement le sujet : « Dans les années trente, au Casino de Paris, Joséphine avait déjà de brèves rencontres saphiques jugées sans importance, avec de jeunes danseuses, rondes de préférence. Cela se limitait à quelques attouchements auxquels elle se livrait parfois même devant moi dans les coulisses, comme on a un petit creux et qu'on consomme du bout du doigt. »

Dans ce domaine également, Joséphine entre en conflit avec elle-même. Si elle cède au désir, elle le paye ensuite d'une forte culpabilité. N'oublions pas que la France des années 50 est une France prude et du point de vue légal très rigide. Joséphine incrimine plus encore son mari de s'être ouvertement affiché en France et à l'étranger avec des garçons « plutôt jeunes ». A Paris, dans les milieux autorisés, on fait des gorges chaudes de la garçonnière de Jo tandis qu'en Dordogne, on se moque carrément en parlant des deux reines des Milandes...

Mama Carrie se tient à l'écart de toutes les tensions. Lorsqu'un jour sa fille vient se plaindre chez elle après une querelle avec Jo Bouillon, elle la rabroue :

« Où a commencé ta dispute ?

– Au château, répond Joséphine.

– Eh bien retournes-y et règle tout ça là-bas ! »

« Le mariage avec Bouillon ne lui a rien apporté, dit Jacqueline Abtey. Quand elle l'a épousé, beaucoup de gens se sont détournés d'elle. Je pense aux plus grandes familles françaises comme les Faucher-Magnon, les Menier, les Wormser, propriétaires de "Cent mil chemises". Elle les avait tous connus avant-guerre à une époque où Abatino triait leurs relations sur le volet... »

Avec les beaux-parents Bouillon, les rapports deviennent de plus en plus tendus. Eux aussi vivent aux Milandes, mais ces bourgeois traditionalistes n'ont jamais vraiment accepté leur bru d'ébène. Alors que le père de Jo agonise, Joséphine s'ouvre à Christina :

« Tu ne peux pas imaginer combien je suis désolée des nouvelles de "papa Bouillon", malgré qu'il ne m'aime pas et que ma belle-mère ne m'aime pas non plus. Je le sais plus que jamais car elle me fait nettement sentir qu'elle ne veut pas que je sois près de son mari. Moi qui rêve de rester près de lui comme une fille véritable. Dieu sait combien je lui ai été fidèle et sincère, combien j'ai travaillé dur pour qu'ils puissent être heureux et malgré cela je suis pour eux une ennemie. Ils mordent la main de celle qui leur donne à manger.

Je sais que c'est beaucoup te demander ma chérie, mais reste à l'hôpital près de lui pour que Mama Bouillon ne soit pas seule car je ne voudrais pas que leurs trois méchants fils pensent que je les ai mis à la porte. »

Pendant ce temps, Jo s'occupe activement de faire tourner Les Milandes...

« Il y mettait beaucoup de cœur et d'ardeur, reprend Jean Dives. Au cours de toutes ces années je ne l'ai jamais vu voyager ailleurs que dans un univers de problèmes multiples à résoudre. Il était près des gens et comprenait leurs besoins. Un hiver, il avait aménagé une salle de cinéma rudimentaire pour distraire les ouvriers. Il leur projetait deux films par semaine. Devant toutes ces marques d'attention, il s'était attiré la sympathie des employés.

« Joséphine exigeait un personnel fixe. Elle ne comprenait pas la difficulté d'embaucher l'hiver, vu le peu d'activités qu'offrait la région hors saison. Ce qui compliquait les choses, c'est que "Madame Bouillon" n'y allait pas de main morte pour licencier les gens. Une fois, elle arriva aux Milandes pour quatre jours et ayant eu vent de coucheries au sein des employés du Tornoli, elle réunit tous les domestiques en leur faisant une scène fracassante. Vingt-deux personnes furent renvoyées sans préavis ni émoluments. Le lendemain, elle repartit en tournée, laissant à Jo le soin de les remplacer et de faire face aux nombreux procès qui s'ensuivirent.

« Quant à moi, je n'ai jamais reçu les appointements prévus pour mon travail et je crois que j'ai rarement détesté quelqu'un comme j'ai pu la haïr. Je n'en éprouvais que plus de compassion pour le pauvre Jo qui, lui, s'était fourgué dans une épouvantable... guêpière ! »

Ouvriers et châtelains...

Jeanne Lanoy, intérimaire aux cuisines des différents restaurants aux Milandes, se souvient :

« Je travaillais à la guinguette lorsqu'on me demanda de me mettre à la disposition du directeur du Tornoli. Réprouvant l'ambiance malsaine qui avait toujours régné là-haut, j'ai refusé. Joséphine me convoqua mais plutôt que de subir une avanie, alléguant une migraine, je suis rentrée chez moi. Elle se plaisait à humilier publiquement un ou plusieurs d'entre nous pour bien démontrer à tous les autres qu'elle demeurait maîtresse des lieux. Le lendemain, je reçus une lettre frappée du sceau des Milandes ; Joséphine, ironique, m'enjoignait de rester “à la maison” pour le reste de la saison afin de bien continuer à me soigner... Heureusement, par la suite, tout rentra dans l'ordre et je pus recouvrer mon emploi.

« Mon mari, lui, tenait le poste à essence du domaine près de l'entrée du parc du “Sans souci” avec Richard Martin, le frère de Joséphine, fraîchement débarqué de Saint Louis. Jo Bouillon les avait conjointement embauchés après deux semaines de stage chez Esso à Paris.

« Un matin que l'état de santé de mon époux l'empêcha de rejoindre son travail, je me rendis au château porter un certificat médical à Bouillon, son patron. Dans la cour, j'aperçus Joséphine en grande conversation avec un groupe de personnes et, ne jugeant pas opportun de la déranger, je remis directement le certificat à Jo.

« De loin, elle dut m'observer car le lendemain, mon époux reçut une lettre d'elle, lui faisant part de sa tristesse parce que je n'étais pas allée la saluer. Elle avait besoin de toutes sortes de marques d'affection et le moindre manquement la blessait au plus profond d'elle-même. »

Joséphine n'est pas toujours la victime de ce que l'on associe trop souvent à de la paranoïa. Le manque d'activité pendant l'hiver laisse aux ouvriers et aux employés des Milandes le champ libre à certaines tentations comme la boisson. De toute évidence, le travail s'en ressent et Joséphine se montre intransigeante. « Je l'ai souvent vue faire tourner elle-même les machines à laver, alors qu'elle arrivait épuisée de ses voyages », se rappelle Madame Lanoy ; « des employées peu scrupuleuses avaient "oublié" de le faire. Leur laxisme la hérissait ».

Perfectionniste à la ville comme sur scène, « la patronne » exige un jour d'une femme de chambre qu'elle refasse un lit jugé mal arrangé. La jeune fille le prend de haut en répondant que, lorsque l'on ne fait rien de ses dix doigts, il est plutôt malvenu d'apporter sa critique.

« Sachez madame, lui rétorque Joséphine sur le même ton, que lorsque je reproche quelque chose à quelqu'un, c'est que je suis toujours en mesure de lui prouver que je peux faire mieux. Je vais d'ailleurs vous le démontrer. »

Elle étaye ses propos en refaisant le lit avec une méticulosité qui laisse la jeune fille perplexe et confuse.

« On a reproché beaucoup de choses à Joséphine, témoigne encore Jeanne Lanoy, mais il convient tout de même de rétablir certaines vérités. La plaie des Milandes, c'était les directeurs des différents services qui eux, plus que les employés, avaient accès aux comptes et dans leur grande majorité, ils en ont abusé. A la ferme par exemple, lorsque le directeur vendait cinq moutons à l'un des bouchers du coin, il ne figurait que trois bêtes sur le contrat de vente, les deux autres étant tout bénéfice pour le directeur. Et c'était partout la même chose. Joséphine ne se rendait pas compte du nombre de félons qui gravitaient autour d'elle.

« Jo Bouillon tentait de les contrôler autant qu'il le pouvait, mais c'était très difficile. D'autant plus que certains d'entre eux vivaient sous sa protection comme cet homosexuel allemand, d'une cruauté sans pareille envers ses subalternes. Je pense notamment à une petite Polonaise recrutée par Joséphine lors d'une tournée. "Le boche", comme nous l'appelions, l'obligeait à s'agenouiller sur le sol pour frotter le carrelage alors que tous les autres utilisaient des frottoirs à long manche. La pauvre gosse était devenue son souffre-douleur. Quand Jo Bouillon était là, le lâche jouait le jeu contraire bien sûr. Un matin je suis sortie de mes gonds et j'ai rappelé au "boche" que l'époque de l'occupation était révolue et qu'il était grand temps qu'il s'en aperçoive. Dès lors, son comportement changea radicalement ! »

Joséphine présente, les confrontations avec Jo Bouillon prennent des tournures toujours plus épiques. Elle contrecarre systématiquement toutes ses décisions, préférant s'en remettre pour son infortune aux mauvais conseilleurs.

« Un jour, un thé dansant devait avoir lieu dans le parc, se souvient Georges Jouvin. Jo m'avait demandé de l'animer. Il avait tout organisé pour qu'à l'heure dite, nous puissions commencer. Il me confia inquiet : "Tu vas voir, ma femme va arriver et elle va vouloir tout changer."

Il n'avait pas terminé sa phrase, qu'au loin, nous vîmes arriver Joséphine, l'air renfrogné :

"Qu'est-ce que c'est que cette organisation ! hurla-t-elle. Changez-moi tout ça !"

« On eut beau lui expliquer qu'il était trop tard, que le public ne tarderait pas à arriver, elle donna des ordres pour tout déménager. Le retard accumulé fut tel qu'une grande partie des gens qui piétinèrent une demi-heure durant devant la grille du parc s'en allèrent, mécontents. Les recettes en subirent les conséquences.

« Le résultat fut le même lorsque Jo Bouillon décida d'organiser une soirée "Opéra", dans le cadre des festivités estivales du parc. A l'époque, les bandes sonores n'existaient pas et il fut convenu qu'avec ma formation de vingt musiciens, j'accompagnerai le corps de ballet de l'Opéra de Paris. Un accord avec le palais Garnier avait été conclu, qui permettait les réservations depuis la capitale. De très belles affiches furent posées un petit peu partout dans la région.

« Sur la route de Sarlat, alors qu'elle rentrait de tournée, Joséphine les aperçut et une fois arrivée aux Milandes, elle explosa : "Ici, c'est d'abord Joséphine Baker, les autres après !"

« Elle fit annuler la soirée ainsi que toutes les réservations et d'autres affiches furent exécutées à la hâte : "Concert chez la mère Bouillon". Elle se rendit elle-même les poser chez les commerçants de Sarlat, à bord de sa vieille "2 chevaux". Jo n'en crut pas ses yeux et la "mère Bouillon" n'attira pratiquement pas un chat ! »

Malgré une aversion personnelle pour le personnage, Jean Dives reconnaît que, lorsque la bonté la touchait, l'épouse de son meilleur ami savait gagner la sympathie du personnel.

Contradictoire jusque dans ses largesses, elle promet un jour à l'ensemble des ouvriers que dorénavant ils pourront boire à satiété à la buvette tenue par Madame Boudoir ; elle payera une tournée sur deux...

Un autre après-midi, alors que quelques-uns d'entre eux s'activent à la construction d'un mur, elle les interpelle :

« Mes enfants chéris, ce soir c'est moi qui vais vous faire la cuisine. Je réussis très bien les pâtes et je vous donne rendez-vous à dix-neuf heures à la guinguette. »

Joséphine Baker en personne !

Tous les hommes sont aux anges. Ils se mettent sur leur trente et un et à dix-neuf heures sonnantes, les voilà fin prêts pour l'événement.

Ils l'attendent pendant deux heures et demie !

« Lorsqu'elle arriva radieuse, on eût dit qu'elle faisait son entrée sur la scène de l'Olympia », raille Jean Dives.

D'entrée, la « patronne » met la main à la « pâte » mais les ouvriers somnolents dînent à la hâte avant de repartir se coucher. Joséphine se montre cruellement déçue. On doit lui expliquer qu'il n'est pas possible de faire patienter des gens de cette façon, à fortiori des gaillards qui travaillent dès cinq heures le matin et ont donc besoin de se plier à des horaires réguliers.

Peut-on exiger d'un artiste qu'il devienne rationnel ? Joséphine n'a jamais su respecter la limite entre la vie et la scène, tout simplement parce qu'elle l'ignorait. « C'est regrettable, déplore le décorateur, car chez elle tout partait souvent d'un bon sentiment. »

Dans la manche d'une vedette...

Heureusement, les planches lui apportent encore de vrais bonheurs. Pour le reste du monde, elle demeure la fascinante Baker et, au-dessus de cet étrange rayonnement, se dessine maintenant son nimbe de résistante qui la mène vers d'autres stèles.

La gloire se laisse apprivoiser par ceux qui la confondent avec le jour. L'éternité alors leur semble moins loin... et Joséphine respire juste à côté.

« Mes parents en étaient fous », s'exclame Ginette Renaudin. Ce mètre cinquante de vivacité et de dévouement vient de fêter son vingt-septième anniversaire lorsqu'en 1950, elle entre au service de l'idole de ses parents. Joséphine l'a remarquée lors d'un essayage chez Rochas, où elle œuvre comme première main. Un heureux concours de circonstances va très vite les rapprocher.

« La chance de ma vie, s'écrie Ginette !

Les tournées, ça commençait en général par le train ou

l'avion, dit-elle. Dans les airs, Joséphine avait tellement peur qu'à aucun moment elle ne fermait l'œil et ne le laissait fermer aux autres. Lors d'un vol de nuit entre Paris et Rio, je venais de m'assoupir quand elle me réveilla en me coudoyant brutalement :

"Regardez, Ginette, le troisième réacteur s'est arrêté, c'est affreux, faites quelque chose !"

Elle qui d'ordinaire paraissait si forte perdit son sang-froid. Ses mains étaient glacées. Nous eûmes des difficultés à l'atterrissage mais on ne dénombra aucune victime. Une fois à l'hôtel, elle m'expliqua que sa phobie de l'avion remontait au temps de son accident en Corse, pendant la guerre. »

« En tournée avec Joséphine, chaque minute réservait son lot de surprises, se souvient encore l'habilleuse. Elle entretenait cette vilaine manie de ramener des singes d'où qu'elle vienne. Un jour, sur le quai d'une gare, elle remarqua un légionnaire avec deux ouistitis sur les épaules ; elle se précipita pour les lui acheter, malgré les protestations de son mari. Quel jour maudit que celui-là ! ! ! L'un de ces deux animaux, Binki, m'en fit voir de toutes les couleurs. Pendant que Joséphine était en scène, il en profitait pour s'échapper de la loge et pour courir partout dans la coulisse, grimpant aux rideaux et poussant des cris épouvantables. Il fallait fournir des efforts insensés pour le récupérer avant que sa maîtresse ne termine son numéro, sinon, j'aurais eu droit à d'autres hurlements. Lorsque ensuite je changeais Joséphine, il prenait un malin plaisir à s'agripper autour de mon cou pour se soulager le long de mon dos...

Il savait que je ne pouvais pas m'en défaire car tout devait aller vite, très vite...

Aux U.S.A, Monsieur Binki fut même la vedette de la presse pendant huit jours. Il contracta tout d'abord une pneumonie puis, une fois remis, il se brûla le derrière en s'asseyant sur le radiateur. Il n'en fallut pas plus pour épater ces grands fous d'Américains !

Hors ces épisodes plutôt sympathiques, ce n'était pas drôle tous les jours... Dès que des problèmes survenaient, Joséphine se défoulait en calmant ses nerfs sur moi.

Mais je l'aimais tellement ! A l'étranger, je séjournais la plupart du temps dans l'appartement qu'elle louait avec son mari, et nos séjours étaient rythmés par leurs disputes fracassantes à propos du comportement de Jo. Il succombait facilement au charme des jeunes hommes et Joséphine en souffrait énormément. Elle s'imaginait qu'elle parviendrait à le changer... »

Jacqueline Abtey est persuadée que Joséphine avait épousé Bouillon par défi : « Elle n'aimait que la difficulté, ça l'excitait jusqu'à la perversité. Quand elle se mit en tête de se marier avec l'un des fils Menier à la fin de la guerre, elle se voyait déjà passant le reste de sa vie à essayer de guérir cet homme de son infirmité. Madame Menier mère s'opposa à cette union fantaisiste. Pour Bouillon, ce fut le même scénario ; Joséphine s'était persuadée qu'elle en aurait fait "un homme" comme elle disait. »

« Quand le chef d'orchestre Milos Bartek, en alternance avec Pierre Spiers, remplaça Jo Bouillon, nous avons appris à nous connaître davantage, poursuit Ginette. J'étais devenue sa confidente et une réelle affection s'était installée entre nous. Elle continuait néanmoins à me mener la vie dure et pourtant elle savait pertinemment que je faisais l'impossible pour déférer à ses moindres désirs. Dans ses moments de clémence, elle ne manquait jamais de le souligner. Tous les soirs, par exemple, je devais frotter pendant des heures les foulards dont elle recouvrait ses petits cheveux toujours abondamment graissés. En 1950, nous n'avions pas les lessives d'aujourd'hui, surtout en tournée, dans des coins parfois très reculés.

« Une autre fois, j'étais en train d'écrire à mes parents quand elle se pencha sur moi et s'aperçut que je l'appelais par son prénom. Elle me fit une scène à tout rompre car il fallait lui donner du : “Madame !” Son caractère lunatique me déroutait. »

Parmi toutes les photographies représentant l’habilleuse dans l’exercice de ses fonctions, il en est une qui frappe davantage que les autres. Joséphine Baker y est figée dans ses paradis et ses strass, tandis que derrière elle, Ginette, vêtue d’un vieux jean et d’une chemise, semble fournir un effort démesuré pour tenter de remonter la fermeture Eclair de sa robe. Ce cliché aurait bien pu réveiller chez Margaret Mitchell tout le symbole d’une transposition, celle de sa pittoresque mama noire serrant le corset de Scarlett O’Hara. Ici la Blanche est au service d’une Noire et peut-être que la petite négresse du Missouri a voulu saisir et exploiter cet ancien rêve, plus vieux et plus profond encore que celui de Martin Luther King, un rêve viscéral : celui de la revanche. Alors, son comportement outrancier envers Ginette et les autres trouverait une explication. Ces ressentiments refoulés depuis tant d’années, depuis l’époque où, dans la terreur et la tragédie (celle du massacre de Saint Louis), elle a déterminé le sens de son combat, Tumpie éprouve parfois de soudains accès de haine, comme d’autres subissent une forte montée de fièvre.

Mam’zelle Joséphine n’a-t-elle pas l’âme d’une Scarlett... ?

Le Périgord et les quarante voleurs...

Lorsqu’elle revient aux Milandes, Margareth, Christina ou parfois même Lucienne Legrand l’informent des derniers problèmes survenus au domaine, mais bien souvent, Joséphine a du mal à donner foi à leurs récits :

« Quand elle installa du mobilier et de la lingerie de luxe dans des paillotes destinées à accueillir des étudiants étrangers, je l’ai avertie qu’elle faisait une folie, raconte Madame Legrand. Elle avait paré chaque paillote de rideaux hors de prix de chez "Leu Leu" et de draps d'un raffinement rare, importés d'Italie, par Christina Scoto !

"Oh ! toi et tes voleurs ! Justement, si ce sont des jeunes, il faut leur apprendre à aimer les belles choses. Je veux qu'ils aillent dire que chez Joséphine Baker, on leur a enseigné le goût du beau, me répondit-elle, convaincue.

– Tu crois au père Noël, lui ai-je opposé !"

Les étudiants payaient leur séjour mais les tarifs étaient dérisoires par rapport aux prestations qui leur étaient offertes. Le lendemain de leur départ, Joséphine et moi sommes allées faire l'état des lieux : tout avait disparu... J'ai dit à mon amie qu'au train où allaient les choses, elle finirait clocharde.

"Tu as raison, je crois vraiment au père Noël", s'inclina-t-elle amèrement. »

Comme le renard du *Petit Prince* de Saint-Exupéry, Joséphine ne voit bien qu'avec le cœur, le matériel étant invisible à ses yeux. Dans la région, nombre de gens lui « tondent la laine sur le dos » ; il n'est pas rare qu'à l'issue d'une saison aux Milandes, les employés aient amassé un pécule suffisant pour édifier la maison de leur rêve ou s'offrir le dernier modèle de Renault... Quand elle s'en aperçoit, « la patronne » devient extrêmement suspicieuse et sa réputation de mauvaise payeuse se répand comme la lèpre...

Plus grave encore, dans son manque de discernement, elle commence à douter de Jo Bouillon. « C'est un bateau sans gouvernail ! » soupire-t-il en brocardant avec ses amis « la folle de Bassan »...

Pourtant il continue à vouer à son épouse la plus fervente des admirations et si d'aucuns s'avisent de violer son intimité en prenant des photos d'elle sans une autorisation expresse, il peut faire montre d'une sévérité inhabituelle.

Dans leur milieu, ils ne sont pas les seuls à trahir leurs natures véritables derrière un certificat de mariage. Combien de couples insoupçonnables ne fonctionnent-ils

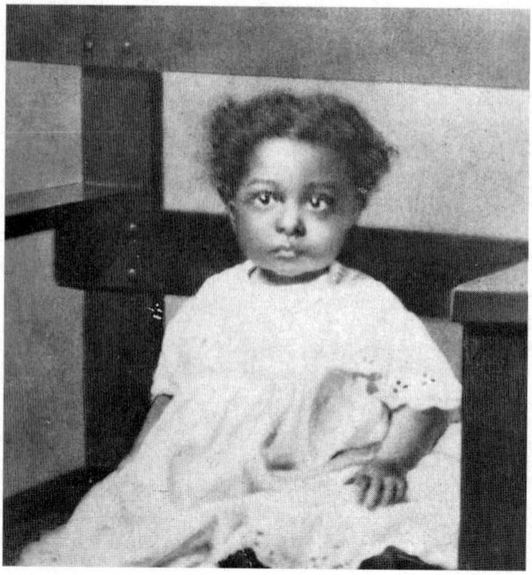

Première photo de Joséphine vers 1908, à Saint Louis. On la surnomme « Tumpie ».

Joséphine, à 15 ans. Ce cliché rare fut pieusement conservé par Eddy Carson, son père présumé.

Paris, le 2 octobre 1925. Joséphine explose dans *La Revue Nègre* au Théâtre des Champs-Elysées.

Le jazz envahit l'époque et Joséphine en devient le symbole. Son art de la mimique et de la provocation fait scandale et révolutionne les mœurs.

1926 et 1927. La Vénus d'ébène est sacrée vedette aux Folies-Bergère, avec *Un Vent de folie* et *La Folie du jour*. Son ascension commence.

Pepito Abatino (au centre) est l'homme de la providence. Pendant 9 ans, ce Sicilien sera le mentor et le « presque » époux de Joséphine. Ici, dans leur cabaret « Chez Joséphine », rue Fontaine à Paris.

Manager exclusif de la « Perle noire », Abatino en fait la star la plus demandée de l'époque... et la plus chère. La « réclame » s'empare de son image.

Au volant, Joséphine était un véritable danger public mais en jeune femme moderne, elle se montre passionnée par l'automobile. Ici avec Violette Morris.

1930, *Paris qui remue*. Consécration suprême : Joséphine devient meneuse de revue au Casino de Paris, jusque-là fief de Mistinguett.

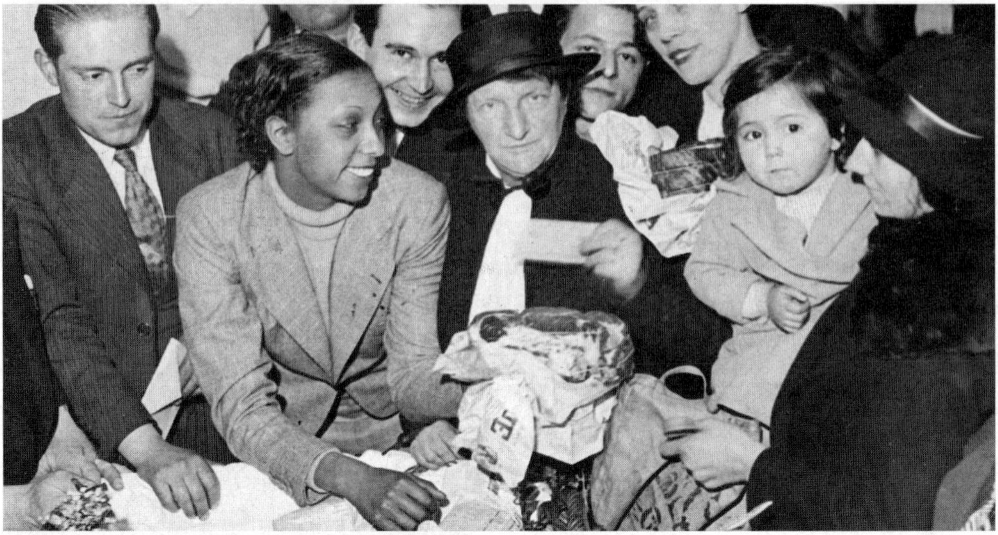

1932. Tumpie n'a jamais oublié son enfance malheureuse.
Toujours en avance sur son temps, elle crée le concept des « Restos du cœur ».

1935. *La Créole* à Marigny.
Triomphe total dans cette opérette de Jacques Offenbach.

1935. *Zouzou* avec Jean Gabin. Le premier film parlant de Joséphine dont le succès franchira les frontières européennes.

940. La guerre a éclaté. oséphine multiplie les ;alas pour les soldats. Ici, :n février, à Medrano avec 'ernandel.

En 1944, après une formidable carrière dans le renseignement en Afrique du Nord, suivie d'un engagement dans l'Armée de l'air, Joséphine retrouve Paris avec le grade de sous-lieutenant. Elle sera faite Chevalier de la Légion d'honneur.

'aris, 1946. A l'extrême gauche, le commandant Alla Dumesnil. A gauche de oséphine, Si Mohammed Menhebi, deux précieux amis de combat.

3 juin 1947.
Joséphine devi
madame Jo Boui
dans son château
Milandes : un mari
purement musi
entre la chanteuse
son chef d'orches
Jo accompagne
femme en tour
dans le monde ent
Pourtant, très vite
discorde s'insta
dans ce drôle
couple.

Avec Jacques Pills, qui épousera Lucienne Boyer puis Edith Piaf, Joséphine vécut une folle romance en 1932. Ici, en 1951 à New York.

Joséphine porte en elle l'amour des animaux. Le singe Binki fut l'un de ses nombreux protégés.

Construction du théâtre d'hiver dans le parc des Milandes. Pour la photo, Jo et Jo miment une de leurs scènes de ménage désormais quotidiennes.

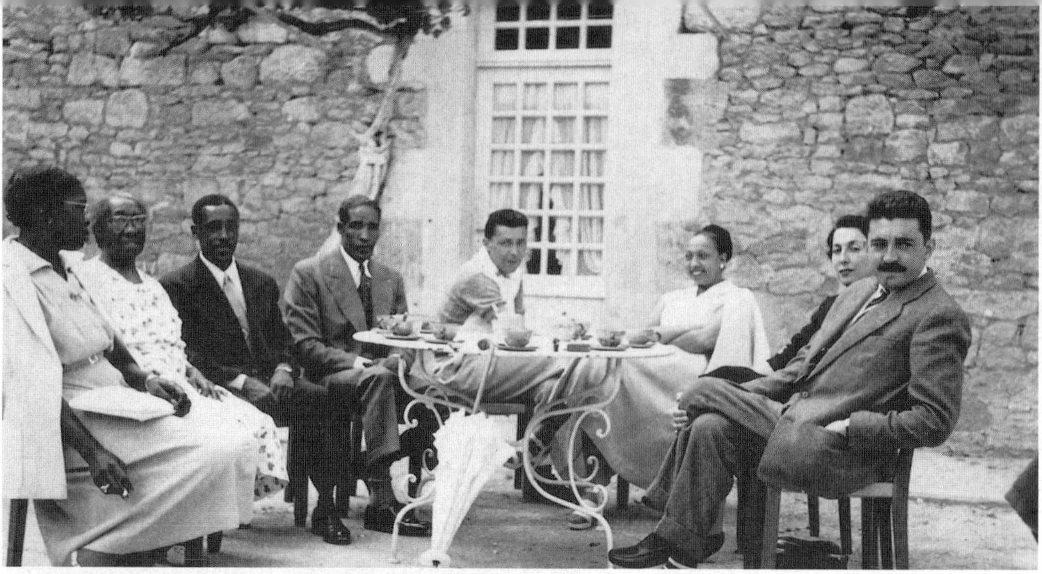

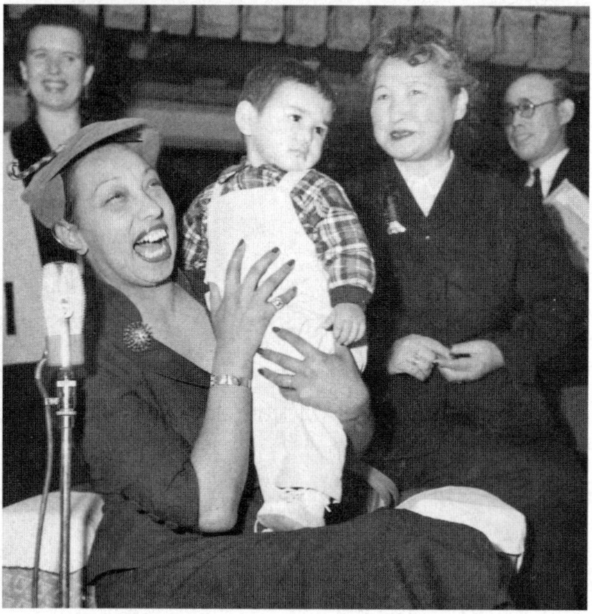

Joséphine en famille aux Milandes. De gauche à droite : Margareth, sa sœur ; Carrie, sa mère ; Richard son frère ; Elmo, son beau-frère ; Jo Bouillon ; Joséphine ; une amie et le décorateur Jean Dives.

Tokio, 1954. Joséphine présente à la presse son premier fils adoptif, Akio.

1953. Au bal des Petits Lits Blancs, Charlie Chaplin monte sur scène pour encourager et remercier Joséphine.

1957. La famille s'est agrandie. Avec les orphelins du monde entier qu'elle a adoptés, Joséphine présente son livre *La Tribu arc-en-ciel*.

Adepte de la fraternité universelle, Joséphine donne sa vie à la lutte contre tous les racismes. Ici, en 1957, à la LICA, future LICRA.

1959. *Paris mes amours*.
A l'Olympia, avec Harold Nicholas, elle fait revivre aux Parisiens la folle époque du charleston.

Ginette Renaudin, la fidèle habilleuse, tente d'agrafer la robe de la gourmande Joséphine.

1959. Avec le « pape de l'Olympia », Bruno Coquatrix, lors d'une soirée donnée au palais de Chaillot sous la présidence du général de Gaulle.

1964, show télévisé de Jacques Rutman. A soixante ans, Joséphine multiplie les apparitions pour éponger ses dettes et sauver son domaine des Milandes.

Olympia, 1968, avec Jean-Marie Proslier. Joséphine adore ce partenaire subtil et discret.

ɔséphine, cet oiseau qu'on appela Madame. » Jean Loup Dabadie.

Aux Milandes, rien ne va plus. Menacée d'expulsion, Joséphine continue néanmoins, entre deux tournées, à s'occuper de ses enfants.

1968. Dans les cou lisses de l'Olympia Dalida se montr solidaire des com bats de Joséphine.

1969. Joséphine perdu les Milandes Ruinée, elle trouv à Monaco u refuge inespéré Ici, avec sa tribu à la piscine d Beach.

Toujours prompte à offrir son talent, Joséphine participe au gala de sauvegarde du château de Versailles. Ici, dans les loges avec André Bernard, programmateur de *La Chance aux Chansons*.

Noël 1972. Pour son émission *Entente cordiale*, l'amie Mick Micheyl réunit autour de Joséphine, sa vedette : de gauche à droite, Antoine, Sim, Mick Micheyl, Enrico Marcias, Jean-Claude Brialy (en bas), Zanini. A l'extrême-droite, Dick Rivers, et Serge Lama (coupé sur la photo).

1974. Avec Grace de Monaco, sa bonne fée, qui l'a sauvée du naufrage.
Elles se tutoient dans l'intimité et leur admiration réciproque est sans bornes.

Bobino, 1975. Après des années d'épreuves, à 68 ans, Joséphine reconquiert Paris. Le Tout-Paris est dans la salle. Mais, ayant présumé de ses forces, la « mama » ne survivra pas à son triomphe.

pas aujourd'hui encore de cette manière, à la télévision, dans le show-business ou parmi la caste politique ?

Avec un respect et une tolérance mutuels, le « conte de fées » des Bouillon pourrait parfaitement continuer à tromper, mais le caractère fantasque et cyclothymique de Joséphine et le peu de retenue de Jo portent leurs rapports à de violents conflits d'autorité.

« Elle pouvait être la femme la plus adorable que la terre ait portée, rapporte Lucienne Legrand, l'instant d'après, elle devenait violente, détestable, tempêtant pour des vétilles. Capable du meilleur comme du pire, ce qu'elle vous donnait de bon cœur, elle vous le reprenait le jour suivant. Ses dieux de la veille devenaient ses diables du lendemain. »

Pour ses amis, Joséphine se transforme volontiers en agence matrimoniale, unissant les uns, rapprochant les autres mais par ce stakhanovisme du bonheur elle tente d'exorciser ce qui lui sera personnellement toujours refusé. Habituée à se battre dès son plus jeune âge contre ceux à qui elle a dû arracher sa liberté, contre elle-même ensuite, déchirée par ses propres paradoxes, elle n'est pas de celles qui bâtissent toute leur vie à l'ombre d'un grand amour. Et parfois, celui des autres la brûle jusqu'à la déchirure et la rupture, sans autre forme d'explications...

« C'était au mois de juin, vers le milieu des années cinquante, confie Georges Jouvin. Il fit très chaud cette année-là aux Milandes... Entre Joséphine et Jo Bouillon, le feu de la discorde se propageait de façon désastreuse.

J'arrivais de Paris. En me rendant directement au château, j'y ai trouvé Joséphine dans les escaliers, en peignoir, la mine défaite.

"Voilà où m'a menée Jo, s'insurgea-t-elle dès qu'elle m'aperçut. Il est la cause de mes malheurs. C'est lui le responsable de tous les problèmes ici aux Milandes."

Elle avait installé une petite table entre deux étages, et de là, elle téléphonait à tout ce que la planète pouvait compter d'officiels : des ministres, des ambassadeurs, des diplomates... invités à venir passer quelques jours dans sa "capitale de la fraternité universelle" !

Atterré par ses accusations que je pensais sans fondement, et par la probable note de téléphone astronomique qu'elle allait encore devoir payer, je suis allé rejoindre Jo, au bord de la piscine. Il s'y trouvait en compagnie d'un groupe de touristes. A peine l'avais-je salué que Joséphine, l'air toujours aussi maussade, fit brusquement irruption, prenant son mari à l'écart. Tandis que les échos de leur dispute nous parvenaient par bribes, nous entendîmes un bruit terrible : elle venait de pousser le pauvre Jo tout habillé dans l'eau de la piscine... »

VIII

LE PIÈGE AMÉRICAIN...

« *Aujourd'hui, j'entends dire "sale Blanc" ! Une haine est née, un autre racisme, et il sera terrible, parce que la race blanche a beaucoup fait souffrir.* »

Joséphine Baker

Une carrière sacrifiée...

EN 1951, au plus fort de la dictature maccarthyste, Joséphine signe un mirobolant contrat avec le producteur américain Ned Schuyler, qui lui garantit un engagement de quatre années à travers tous les Etats-Unis. L'une des clauses prévoit trois mois de congé par an : un véritable pont d'or. Cette fois, Jo Bouillon en est persuadé, si le vent de la chance tourne en leur faveur, Les Milandes seront définitivement à l'abri de tous problèmes de dettes...

La tournée débute en janvier 1951 en Floride, et déjà Joséphine provoque les premiers remous en exigeant que ses frères de couleur puissent venir l'applaudir au même titre que les Blancs. Elle n'hésite pas à enlever elle-même les panneaux ségrégationnistes, sous l'objectif des photographes.

Le lendemain soir, une population multiraciale impressionnante se presse au Copa City de Miami : première victoire.

Dans une lettre à ses parents, Ginette Renaudin exulte : « La soirée d'hier fut un triomphe, les gens avaient envahi la scène et Joséphine ne disposait plus que de trois mètres pour chanter et danser. Il a fallu que les agents fassent la chaîne pour qu'elle puisse regagner sa loge. Il y avait aussi le boxeur Joe Louis que papa aime tant (il m'a donné un autographe pour lui)... »

Les toilettes de « Miss Baker » font sensation. On en parle presque autant que de ses chansons. Il y en a plus de soixante, toutes différentes, signées Dior, Balenciaga, Dessès, Fath, Rochas... Celle de De Griffe vaut 900 000 francs. La presse raconte qu'il a fallu plus de quatre voyages en avion avec Air France pour les transporter. Partout, dès que Tumpie effectue son entrée sur scène, c'est du délire. Devant les acclamations du public, elle annonce le nom des couturiers français qui bénéficient ainsi d'une belle publicité. Aucun d'entre eux n'aura l'élégance de s'en souvenir...

Jean Clément, qui coiffe Joséphine chez Calou, sur les Champs-Elysées, a confectionné pour la circonstance les coiffures les plus folles.

Elle se plaint parfois du désagrément que peuvent causer de telles parures, « leur poids immense gêne l'expression naturelle de la figure », mais elle raffole de ce qu'elle appelle ses « complications ».

A Paris, Clément a construit un petit laboratoire spécialement réservé pour elle où ils ont pris l'habitude d'étudier ensemble mille et une nouveautés. C'est l'âge d'or de la haute coiffure dans le monde.

Aux U.S.A., le coiffeur fait preuve d'un génie renouvelé, inventant des sophistications sculptées d'arabesques, de palmes, de fleurs, d'oiseaux, de cheveux laqués, baptisées de noms exotiques comme « Orchidée noire », « Chinchilla des îles », « Oriflamme »...

Il collabore avec le maquettiste attitré de Joséphine, Lucien Bertaux, qui dessine les robes et les bijoux de scène.

Le Bakerfix et les produits défrisants ayant fait leur œuvre, le cuir chevelu de Joséphine a été attaqué et elle doit s'astreindre au port de la perruque. L'ovale de son visage complique encore la chose, qui ne supporte que les cheveux tirés en arrière et remontés. On ne peut ainsi jamais lui poser une perruque complète. Par conséquent, d'incontournables montages spéciaux demandent des prouesses à Clément dans la pose et du courage à la vedette pour les porter.

A l'heure où Gene Kelly, Vincente Minelli et Gershwin conduisent le film *Un Américain à Paris* vers un triomphe international, Joséphine a du mal à croire à son début de notoriété dans son pays natal. Qui aurait pu présumer que c'est au cœur de l'Amérique de ses démons que sa carrière connaîtrait son second souffle ? Pourtant, là-bas, on ne parle plus que d'elle.

« Je vous ai vue à Paris voici vingt-cinq ans, aux Folies-Bergère, j'étais au premier rang d'orchestre, l'apostrophe un admirateur new-yorkais, je vous ai revue la semaine dernière, j'avais loué une loge au Strand, vous n'avez pas changé !

– Si vous aviez loué une loge il y a vingt-cinq ans et si vous aviez été au premier rang de l'orchestre cette fois-ci, vous auriez vu une différence », minaude Joséphine. L'autodérision constitue l'un de ses meilleurs atouts communicatif et scénique.

La presse fait état d'un livret d'opérette, écrit pour elle par Ernest Hemingway. Même il est question qu'elle en partage l'affiche avec Katherin Dunham. Un film musical est également annoncé : *L'Atlantide*, quatrième version, avec Joséphine en vedette. Juste à côté des étoiles de Marylin et d'Elvis, la carrière américaine de « La Baker », après trente ans de métier, devient enfin prometteuse. Dans les milieux autorisés, on murmure que son succès pourrait bien la mener jusqu'à HOLLYWOOD, où les Noirs, et Joséphine en est consciente, en sont réduits à ne jouer que leur propre rôle, à Hollywood encore où les réalisateurs de westerns font mentir la pellicule en accablant les Indiens d'Amérique de tous les vices.

Mais au fil de la tournée, Baker ne se contente plus d'exiger des salles mixtes, elle prend fait et cause pour ses frères de couleur et, dans tout le pays, on l'encourage à continuer. Elle n'a plus alors qu'une seule idée en tête : devenir le porte-drapeau de la souffrance des siens. Au diable les modalités de son contrat avec Ned Schuyler ! Elle se sent prise dans le feu de l'action et, maintenant, plus rien ne l'arrêtera. Elle écoute, se renseigne, tente de soulager, remplissant son cahier de doléances et, face aux bourreaux de son peuple, elle se montre intraitable.

A Dallas, elle se trouve dans un restaurant, lorsque, parvenant à sa hauteur, un dénommé Harlan lance à haute voix :

« Quel malheur d'avoir à déjeuner avec des nègres sous les yeux ! »

Joséphine le fait arrêter. Il écope d'une amende de cent cinquante dollars.

« De combien d'affaires n'ai-je pas été le témoin ? écrira-t-elle. Tous les jours, lors de mes tournées, des gens de couleur, victimes du racisme, venaient me voir. Ils m'expliquaient comment la police les avait tabassés dans la rue sous n'importe quel prétexte.

« Une femme complètement effondrée m'a dit un jour : "Mon mari, qui était machiniste dans un cirque, a été tué par son camarade blanc lors d'une beuverie et on a condamné l'assassin à seulement deux ans de prison, pour avoir fréquenté un Noir ! ! !"

« J'ai également appris qu'à Sioux City, on a fait arrêter des obsèques en cours car le mort était un Indien et donc n'avait pas droit au cimetière des Blancs. Pourtant, il avait été un héros de la guerre de Corée.

« Ailleurs, j'ai payé les obsèques de Mac Gee, ce Noir que l'on a condamné à la chaise électrique en l'accusant d'avoir violé une Blanche, alors qu'il n'y avait aucune espèce de preuve contre lui.

« Une autre histoire saisissante m'a fait frissonner d'horreur. En Alabama, un riche propriétaire terrien, un Blanc, rachetait des petits délinquants noirs dans les prisons, et les employait dans ses champs en échange de leur liberté. Il leur infligeait un traitement si dur, que l'un d'eux s'échappa un jour et quand il fut rattrapé, il le ligota et força ses camarades à le battre à mort. Puis ils furent eux-mêmes ligotés et battus. »

Le jour de gloire est arrivé...

Au cours d'une journée mémorable organisée en son honneur (le Baker day), Joséphine reçoit sa récompense pour son œuvre. Le 20 mai 1951, toute la communauté noire de Harlem lui rend un spectaculaire hommage. Pour la circonstance, Ginette a troqué son vieux jean et ses savates contre une robe et des chaussures que « Madame » lui a choisies selon ses goûts, « le seul cadeau qu'elle m'ait jamais offert », et une nouvelle fois, la fidèle habilleuse se retrouve aux premiers rangs d'une fresque aujourd'hui historique.

« Fantastique ! écrit-elle dès le lendemain à ses parents. Nous sommes arrivées à l'hôtel, à New York, à 11 heures. Il y a eu une grande réception puis un grand déjeuner, et un cortège s'est formé avec des dizaines de voitures. Joséphine se tenait debout et saluait la foule qui l'acclamait. On aurait dit une souveraine en voyage officiel. On voyait des milliers de petits papiers qui tombaient des étages des gratte-ciel ; les gens portaient leur habit du dimanche :

c'était grandiose. La foule était en liesse. C'est formidable pour Elle car c'est tout le peuple noir qui lui a fait une ovation sans pareille. Elle est leur idole. Le consul de France était présent et il a déclaré qu'il ressentait une immense fierté d'être le compatriote de la Française Joséphine Baker. Vous entendrez parler de tout cela car nous avons été filmés entre autres par les actualités françaises.

« "Madame" a fait un grand discours à la tribune, dressée sur une grande place. Les journaux américains ont rappelé qu'elle n'a pas hésité à pénétrer de force dans le bureau du directeur de la First National Bank pour qu'il accepte d'employer des Noirs, que c'est grâce à elle si la première étudiante de couleur a pu rentrer dans une université réservée aux Blancs. On a également évoqué ses conférences dans toutes les grandes universités noires, notamment celle de Nashville.

« Le soir, elle a chanté devant une foule impressionnante. Trois mille enfants ont dansé pour elle et elle a accepté de devenir la marraine des plus pauvres d'entre eux. Je suis si fière d'être avec Elle... ! »

Seule ombre au tableau, ce jour-là, le coup de téléphone du général Vallin qui, depuis Paris, avise Joséphine d'un nouveau rejet de sa candidature à la Légion d'honneur. « Nul n'est prophète en son pays », mais lequel des deux amours de Joséphine est demeuré sa patrie ?

Jo Bouillon, qui a effectué l'aller et retour depuis Les Milandes pour assister au « Baker day », est inquiet. Il connaît le caractère explosif et sans concessions de son épouse et il craint qu'elle n'aille trop loin. Pourtant il ne la blâme pas car il n'ignore rien de la situation aux Etats-Unis et comprend ses humiliations de femme noire. Un jour ou l'autre, les choses devront changer, mais il préférerait que ce soit quelqu'un d'autre qui s'en charge. Joséphine et lui ont un projet de grande envergure aux Milandes. Il ne faut plus commettre de faux pas. Mais « Madame Soupe », comme l'appellent les Américains, n'entend déjà plus ses exhortations à la prudence et un soir, à New York, après la dernière de ses cinq représentations quotidiennes à guichets fermés au Strand, le cabaret en vogue de Broadway, un incident survient dans un restaurant. Il va mettre le feu aux poudres.

« Le Stork Club, qui appartenait à Sherman Billingsley, était un endroit très chic mais qui pratiquait la discrimination raciale, raconte Joséphine. Un soir, je m'y suis cependant rendue avec quelques amis blancs et bien sûr, on a voulu m'en refuser l'accès. Je suis rentrée malgré eux... En revanche, toute la soirée j'ai vainement attendu que l'on m'apporte le plat que j'avais commandé. J'ai donc provoqué un énorme scandale pour attirer l'attention sur cet endroit célèbre pour ses forts préjugés racistes. Le journaliste Walter Winchell, qui était présent ce soir-là, n'a pas levé le petit doigt pour me défendre. Une semaine plus tard, c'est l'un des fils du Pacha El Glaoui qui reçut le même affront. »

En s'attaquant directement à Winchell, Joséphine déclenche une véritable avalanche médiatique. Les premières retombées créent d'abord un formidable engouement en sa faveur. A Cleveland, la petite Nancy Holloway la découvre émerveillée, tandis que dans les autres théâtres, on se bouscule davantage encore pour la voir et l'écouter. Les lettres de Ginette le rappellent :

« Le succès est de plus en plus grand. Après le spectacle, j'ai dû me battre avec le public. Ils voulaient tous rentrer dans la loge et voir madame. Il a fallu que j'appelle la police, sinon nous serions mortes étouffées. Je n'étais vraiment pas belle à voir après la bagarre. Le lendemain, nous avons reçu une proposition de contrat pour le sud, mais il aurait fallu que je me barbouille de noir car là-bas, jamais ils n'auraient accepté que l'habilleuse d'une vedette de couleur soit une Blanche. Nous avons bien sûr refusé ! »

Cet enthousiasme est de courte durée. Blessé dans son orgueil et dans sa haine, Winchell se déchaîne contre

Joséphine en la vilipendant dans son journal le *Daily Miror* et à la télévision :

« Il le fit d'une part pour défendre son ami Billingsley, précise Joséphine, et d'autre part parce que le Stork Club était sa "cantine". Il s'employa alors à briser ma carrière aux Etats-Unis, en employant tous les moyens possibles et imaginables.

« Walter Winchell était un homme sans pitié, sans scrupules, sans cœur et sans sentiments, qui avait déjà ruiné un nombre incalculable de personnes par le simple fait d'écrire des articles les désavouant, et ceci quelle que fût la position de la victime. Sa puissance était trop grande et personne n'osait le combattre. Mon manager me supplia de ne pas lui résister en me disant : "Attention Joséphine, ne vous laissez pas prendre par le sentiment, surtout ne vous mêlez pas des questions raciales, vous perdrez votre prestige, vos amis, vous perdrez la fortune..."

« Je lui ai répondu qu'il fallait que je prenne une décision, soit la richesse sans bornes, soit la dignité humaine et que mon choix était clair. Je suis même allée trouver un de mes amis qui tenait un cabaret et qui, lui aussi en tant que Blanc, défendait la cause du peuple noir. Il m'a répondu que jamais je ne pourrai combattre seule, tant la question raciale était vive.

« Les organisations noires comme la N.A.A.C.P. (Association d'avancement des gens de couleur) et l'Urban League, toutes deux reconnues par le gouvernement, prirent peur, mais elles continuèrent la bataille en pleine conscience. Elles m'épaulèrent solidement, même lorsque Winchell réussit à détourner l'opinion publique contre moi. »

Dans son hystérie, le journaliste accuse Joséphine de communisme puis de collaboration avec les fascistes. Joséphine appelle Jacques Abtey au secours : « Arrange-toi avec les journaux marocains, algériens, tunisiens, égyptiens et ceux de Palestine qui sont d'accord avec les juifs de là-bas, pour que l'affaire du Stork Club soit publiée.

Madame Roosevelt est avec nous, la grande organisation du Congrès israélite aussi. 75 % du public est également derrière nous car Winchell est détesté depuis des années. Prépare-toi à une grande bataille. Il faut gagner car ce n'est pas seulement une cause Joséphine Baker mais celle de la démocratie américaine. C'est donc une grande chose. »

Abtey rassemble les doubles des états de service du sous-lieutenant Baker, authentifiés par les autorités militaires françaises, et fait le voyage jusqu'aux U.S.A. pour témoigner des activités de Tumpie pendant la Résistance : « Madame Baker n'a jamais pactisé avec le fascisme en se comportant comme une femme courageuse et libre, contre toutes les dictatures, contre tous les totalitarismes. »

« Mon mari avait rencontré Gardfield Hays, l'avocat international le plus connu en Amérique, raconte Jacqueline Abtey. Il était fort réputé pour avoir défendu Dimitri au procès du Reichtag avant la guerre. Aimant beaucoup Joséphine et admirant son courage, il lui avait proposé son aide. “Chez nous, avait-il confié à mon mari, n'importe quel colosse a des pieds d'argile. En témoignant en faveur de Joséphine, preuves à l'appui, vous pourrez abattre Winchell.” C'est ce qui se produisit ! Le journaliste qui faisait et défaisait les réputations tomba à son tour. Affolé par la conférence de presse de mon mari, Winchell demanda à le rencontrer. “Donnons-nous rendez-vous au ‘barber shop’ du Sheraton” (l'hôtel de Jacques), suggéra-t-il à mon mari. Nous nous trouvions en plein film d'espionnage...

Désespéré, Winchell plaida sa cause : “J'aime Joséphine, je l'ai toujours défendue auparavant, vous m'avez brisé le cœur.” »

Pour Joséphine, le mal est fait. La campagne diffamatoire de Winchell a porté quelques fruits ; la plupart des Noirs refusent d'adresser la parole à Tumpie lorsqu'ils la rencontrent. Ils ont peur ! Au vrai, protégée par sa nationalité française, il est plus facile à « La Baker » de jouer les pasionarias que pour le « nigger » vivant et travaillant aux U.S.A. L'époque n'est pas encore aux franches revendications car les Noirs et la société américaine tout entière ne sont pas prêts. Une fois encore, Joséphine se pose en précurseur et l'on écrit que même Sidney Bechet, son ami de toujours, l'a publiquement désavouée. Accusation que dément formellement le musicien.

A Detroit, Edith Sampson, une avocate de couleur, monte au créneau à son tour, dispensant un brûlant réquisitoire contre le colonialisme français, « cette souillure infligée à la conscience du monde »...

Pour riposter, Joséphine, qui exige que désormais son nom soit prononcé à la française : « BA-KER », lui décoche le même style frappé :

« Les Américains envoient des missionnaires à travers le monde pour qu'ils disent que les U.S.A. sont la meilleure terre d'accueil pour les gens de couleur. Eddy Sampson a elle aussi été envoyée de cette façon aux quatre coins du globe. J'ai essayé de la dissuader, mais elle trahit son peuple pour mieux remplir ses poches. Je la vomis comme tous les gens de couleur la vomissent... »

Le Ku Klux Klan entre dans cette ronde infernale et de nombreuses lettres de menaces de mort parviennent à Joséphine. On lui promet de lui blanchir la face à l'acide chlorhydrique. Alors qu'elle se bat à visage découvert, les clowns masqués de l'« empire invisible » opèrent dans la clandestinité. Dans le civil, ils s'identifient en posant la question suivante : « Connaissez-vous un certain Monsieur A.Y.A.K. ? (*Are You A Klansman ?*)

Lorsque l'on sait la duplicité des sénateurs, notamment ceux du Sud, il est aisé d'évaluer les chances de réussite de l'infortunée Tumpie dans son combat : aucune ! Tous les théâtres des Etats-Unis lui ferment leurs portes. De toute évidence, il lui faut quitter son pays natal où, à son violent ressentiment, elle est devenue plus qu'indésirable ; *persona non grata*.

Avec Ginette, elle gagne alors l'Amérique du Sud mais là encore, l'influence du F.B.I. rend leur séjour impossible. A leur arrivée à Lima, on veut faire signer à la chanteuse un papier qui la fait renoncer à ses luttes politiques ; elle préfère de nouveau perdre ses contrats plutôt que se compromettre. Abtey a refusé la demande de Joséphine de la suivre dans sa tournée pour continuer à témoigner en sa faveur. Là ne se situe plus son rôle.

Si au Chili le Président Ibanez prête toute son attention à Joséphine, en Uruguay au contraire, malgré l'allégresse de la population, l'ensemble de la presse, d'abord séduite cède très vite aux pressions de l'ambassade U.S. Le scénario se renouvelle au Brésil. Sa visite au Président Vargas ne dissuade pas les autorités américaines de la prendre en filature, ni d'intimider les associations antiracistes. C'est finalement en Argentine, au cœur du mirage péroniste, que Joséphine croit découvrir sa terre d'élection...

Sœur Evita...

« Après avoir été l'administrateur de l'orchestre de Jo, nous apprend Lucienne Legrand, mon frère Roger était parti vivre à Buenos Aires. Lors d'une tournée avec Joséphine, il était tombé éperdument amoureux d'une Argentine : Maléna.

Celle qui devint ma belle-sœur était une proche des Perón puisque son rôle, au sein du gouvernement, consistait à accueillir les hôtes étrangers de prestige pour leur faire visiter les réalisations sociales et culturelles du régime. Joséphine bénéficia donc de ce privilège et ce qu'on voulut bien lui montrer la rapprocha davantage de celle dont elle connaissait la légende, et qui venait de disparaître quelques mois plus tôt : Evita Perón. En septembre 52, Joséphine fut présentée au Président et leur sympathie fut réciproque.

Perón, profrançais, aimait à s'exprimer dans la langue de Molière. »

A son rôle de vedette, Joséphine se plaît bientôt à joindre une véritable activité politique, encouragée par le Président lui-même, qui la considère comme le digne successeur de sa femme dans le cœur des Argentins. Une photo d'époque nous restitue Joséphine béate d'admiration devant le portrait d'Evita dans l'un des salons du palais présidentiel. N'y a-t-il pas une certaine similitude dans le parcours de ces deux femmes du peuple à la prodigalité effrénée ? N'ont-elles pas toutes les deux éprouvé ce mordant et ce goût de la revanche ? N'affectionnent-elles pas les grands discours dans lesquels elles prônent la justice et l'égalité en exerçant une magique emprise sur les foules ? Forte de ce soutien, depuis Buenos Aires, Joséphine attaque sans ménagement les U.S.A. par des déclarations dont elle regrettera plus tard la teneur et l'excès :

« La tension est tellement aiguë là-bas que la population a inventé un slogan disant que la seule différence entre l'Allemagne de Hitler et la situation actuelle, c'est que Hitler ne cachait pas son jeu tandis qu'aux Etats-Unis, personne ne sait sur quel pied danser. »

A la suite de ses propos, on parle de l'interdire d'accès aux Etats-Unis.

« Perón comprit très vite ce qu'il pouvait tirer de Joséphine, poursuit Lucienne, et il l'utilisa habilement. Il fallut plusieurs semaines à mon amie pour qu'elle accepte de reconnaître la face cachée du régime et qu'elle réalise enfin son effroyable erreur. Le pays vivait sous une terreur secrète habilement maquillée par le mythe d'Evita. Eloignée des réalités quotidiennes et flouée par les progrès sociaux que l'on mettait en exergue, Joséphine s'était même laissé photographier au milieu d'aliénés dans un hôpital psychiatrique, des clichés qui devaient témoigner de leur bonne prise en charge... »

Désenchantée, Joséphine quitte le pays. Quant au mausolée d'Evita, pour lequel elle s'est personnellement et publiquement investie, il ne sera jamais achevé. Perón renversé et exilé, le cadavre de sa femme sera volé et ses photos brûlées.

« Cuba, l'étape suivante, devait devenir le point culminant de tous nos problèmes, explique Ginette Renaudin. Je n'avais pas vécu l'épisode argentin car, excédée par le comportement de Joséphine à mon égard, je l'avais carrément "plaquée" pour rentrer en France. Je l'ai regretté, mais elle y était vraiment allé trop fort !

« J'avais toujours eu du mal à être payée et ce jour-là, nous étions en train de faire les comptes lorsque j'ai osé donner mon avis à ce sujet : ce fut l'apocalypse ! Elle hurla que j'aurais mieux fait de me taire, que j'allais voir ce qu'il m'en coûterait de m'être mêlée de détails qui ne m'incombaient pas ! Je me suis énervée à mon tour :

"Ça va me coûter un billet d'avion, car je m'en vais !"

« Je suis donc rentrée à Paris et j'ai cru que tout était fini entre nous.

« Quelque temps plus tard, alors que j'avais repris ma place chez Rochas, j'ai reçu un télégramme d'elle me demandant de venir la retrouver à Cuba, mes conditions seraient les siennes... Je n'en ai pas cru un mot mais j'ai de nouveau tout laissé tomber pour aller la rejoindre avec la même joie que la première fois. »

Joséphine entretient quelque espoir de sortir enfin de l'impasse professionnelle et financière dans laquelle les Américains l'ont entraînée, mais son optimisme est de courte durée car, en aidant l'île de Cuba à se débarrasser de la domination espagnole en 1898, les Etats-Unis n'y ont vu que l'opportunité d'y établir l'un de leurs points stratégiques. Cuba était devenu le lupanar de l'Amérique.

Lorsque Joséphine y arrive en février 1953, Batista est au pouvoir et le quotidien américain de La Havane laisse entendre que c'est dans ce pays qu'elle sera enterrée si elle s'acharne dans sa lutte. Les deux grands hôtels de la ville la refusent et on la déclare interdite d'entrée dans les cinémas, les radios et les cabarets, que ce soit pour y travailler ou en tant que simple spectatrice.

En deux temps, trois mouvements, elle se retrouve placée en garde à vue au nom de la « sécurité nationale ». Au quartier général militaire, les autorités ont préparé une déclaration spécifiant qu'elle tient des directives de Moscou. Manque sa signature. Joséphine proteste et il faut l'intervention de l'ambassade de France pour qu'on se résigne à la libérer.

Seul un petit cinéma de quartier daigne accueillir son programme mais à la fin de la représentation, des hommes en civil l'attendent, un revolver à la main. Debout, face à ses agresseurs, elle lève les bras en les priant de rengainer leur arme car elle n'en a qu'une à leur opposer : son cœur !

« Dans ce cinéma, nous donnions quatre représentations par jour en alternance avec des films, se souvient toujours Ginette.

« Pour moi, le travail était donc énorme mais je redoublais d'énergie. "Madame" m'avait même demandé de préparer quelques photos pour ses admirateurs et d'imiter sa signature...

« Et voilà qu'elle se mit à me réprimander vertement parce qu'il manquait un bouton à la chemise de Jo Bouillon qui nous avait rejointes ! Je lui ai dit que je ne pouvais pas mener de front la couture pour son mari et les changements de costume.

"Si vous êtes fatiguée, rentrez chez vous, je me débrouillerai autrement", m'ordonna-t-elle.

« Je l'ai prise au mot et je suis partie pendant la projection du deuxième film mais, les remords me gagnant, je suis revenue quelques minutes avant son entrée en scène. En me voyant, elle ne pipa mot. Moi non plus ! Ses robes se trouvaient étalées par terre et elle se faisait attacher par la seule personne disponible : l'employée des toilettes qui ne comprenait rien à ce qu'elle lui demandait. Je sentais Joséphine bouillir...

J'ai gentiment écarté ma remplaçante. Joséphine s'est alors brusquement retournée, m'a prise dans ses bras et, les larmes aux yeux, m'a chuchoté : "Ginette, pourquoi m'avez-vous fait cela ?

– Et vous, madame ?"

Elle m'a de nouveau serrée de toutes ses forces, et Dieu sait si elle en avait, puis nous nous sommes embrassées et tout fut oublié... jusqu'à la fois suivante. »

Le 28 décembre 1953, une foule très dense se presse devant le palais de la Mutualité à Paris. Les prolétaires se mêlent aux grands bourgeois, aux noctambules, aux banlieusards, aux écrivains, aux gens des faubourgs et aux étudiants. Il y a des antiracistes convaincus, des sympathisants, aussi bien que des sceptiques venus en curieux. Joséphine doit y faire le récit annoncé de ses mésaventures aux Etats-Unis. Elle saisit l'occasion pour lancer une attaque personnelle contre Nixon, histoire d'enfoncer définitivement le clou :

« L'attitude du vice-président américain n'est pas des plus honorables. Il a apposé sa signature sur une restriction de location aux nègres et aux juifs, pour une des maisons les plus renommées de Washington qui lui appartient. Dans le même temps, alors qu'il était en campagne, il est allé prêcher la fin de la discrimination dans son Etat. »

Pour la première fois, elle aborde un problème dont on ne parle en France que du bout des lèvres : la haine noire, celle qui dans les années 50 va commencer à déchirer les U.S.A.

« Il faut que les Noirs sachent qu'il y a des Blancs qui sont aussi pour l'égalité des races. J'estime qu'ils devraient voyager pour s'apercevoir que tous les Blancs ne veulent pas les exploiter. C'est urgent car les trois quarts de la population sont des gens de couleur. S'ils s'unissent contre les Blancs cela fera très mal. Il ne faut surtout pas qu'il y ait vengeance, car la vengeance dictée par la haine est toujours injuste. Aujourd'hui j'entends dire : "Sale Blanc" et c'est très grave. Il faut stopper cela avant que ça ne prenne des proportions trop importantes. »

Des paroles lourdes de prémonition.

La conférence de la Mutualité est longuement acclamée. Dans la presse, les retombées sont conséquentes. Seul « Rivarol » nuance franchement son analyse :

« N'importe qui mais pas elle... Mademoiselle Joséphine Baker est bien injuste car elle serait totalement ignorée, la pauvre, si elle n'avait pas été quelques années en arrière la négresse de la saison avec des plumes dans le derrière. Quand on a bâti sa carrière et sa fortune sur la couleur de sa peau et sur la cambrure très particulière de la race noire, n'a-t-on pas mauvaise grâce à se plaindre de la discrimination raciale ? »

Tous ces événements contribuent néanmoins à renforcer le prestige de « La Baker ». Lorsqu'elle fait sa rentrée parisienne au Drap d'or, c'est autant la militante que l'on vient applaudir que le galbe de ses jambes ou le velours de sa voix, devenue beaucoup plus grave après la guerre.

Au bal des Petits Lits blancs, Charlie Chaplin monte sur scène pour la féliciter.

Mais c'est à Pigalle, à la sortie de l'un de ces cabarets de travestis qu'elle fréquente assidûment, que Joséphine, courtisane jusque derrière les paravents de sa légende, reçoit la plus inattendue des consécrations. Des prostituées, ces princesses du boulevard, la reconnaissent et tel un hommage lige à une fille de la rue couronnée par le peuple, elles la fixent sur son pinacle :

« Toi, on t'aime bien et on t'aimera toujours parce que t'as un cœur gros comme ça, et t'es comme nous, t'as jamais fait de chiqué... »

IX

UNE MAMAN INTERNATIONALE...

> « *Il est plus facile à un père d'avoir des enfants qu'à des enfants d'avoir un père.* »
>
> S.S. Jean XXIII

Une fée dans le vent...

CEPENDANT qu'aux Milandes où les dettes s'amoncellent, le ménage Bouillon périclite chaque jour davantage, Joséphine a toujours le succès en poupe...

Mais cette gloire arrachée au destin, dont elle s'enivre depuis des années, ne semble plus combler le vide existentiel à l'approche de la cinquantaine ; une hantise de la solitude la poursuit jusque dans la nuit.

C'est probablement du creux de l'une de ces insomnies que dut germer comme un appel, une vocation, ce désir insensé de revivre la Genèse, pour finalement voir son microcosme milandais devenir malgré elle un péché capital.

« Comme il fallait que quelqu'un se sacrifie, alors j'ai accepté cette lourde tâche... »

Au théâtre de sa vie, manque encore une dernière scène.

Dès lors, le temps va être aux grandes et nobles décisions, celles-là même qui la mèneront jusqu'à sa perte.

Du haut de ses erreurs, elle ne verra pas le gouffre...

Tumpie ne se lasse pas d'entendre les publics du monde entier acclamer « l'autre Joséphine », qui joue inlassablement le rôle de marchande de bonheur dans lequel elle s'est enfermée avec complaisance. Mais à quarante-huit ans, elle estime opportun de dérober à la nature ce dont elle l'a (presque...) toujours privée : être mère.

En avril 1954, elle se rend en tournée à Tokyo, une arrière-pensée cachée dans ses malles bourrées de renard rose (la dernière folie de Bertaux). Quelques jours plus tard, elle se présente à la presse avec un bébé dans chaque bras :

« Ce sont mes enfants », annonce-t-elle fièrement.

Elle les a découverts dans un orphelinat, grâce à sa vieille amie Miki Sawada, épouse de l'ex-ambassadeur du Japon à Paris. Le premier, Akio, est coréen. La légende veut qu'il ait été abandonné sous un parapluie ouvert. Janot, lui aussi un fils de l'occupation, est shintoïste. Respectivement âgés de vingt et un et neuf mois. Joséphine décide de les baptiser sur place, selon les préceptes de leur religion. « Ginette, vous serez la marraine de l'aîné ! » convient-elle avec son esprit de simplification.

La nouvelle de la cérémonie qui suit arrose copieusement toutes les antennes de presse internationales...

En Dordogne, l'enthousiasme de Jo Bouillon est plus mesuré. Ces adoptions font certes partie de leurs projets, mais il préférerait les espacer dans le temps. Faisant fi de ses inquiétudes, au fil de ses voyages, son épouse continue à lui réserver des « surprises » en multipliant ses visites dans les orphelinats étrangers. Peu exigeante dans ses choix, elle prend l'enfant qu'on veut bien lui remettre, contournant ainsi des formalités trop contraignantes.

La même année à Helsinki... Démunie, une mère se voit contrainte par l'État finlandais d'abandonner son dernier fils dans un foyer. Peu de temps après, on l'informe qu'une

« dame » s'intéresse à son cadet, sans pour autant lui révéler son identité, ce qui serait contraire à la loi. La conscience déchirée, la pauvre femme préfère reculer sa décision, mais ne respectant pas le délai officiel, Joséphine emmène, dans sa hâte, son poupon blond comme la Finlande, avec des joues rosies par la rigueur de ses hivers : Jari. Un autre petit déshérité, originaire de Colombie, vient bientôt le rejoindre aux Milandes. Cette fois-ci, c'est la mère elle-même qui l'a sacrifié. Au cours de ce séjour colombien, une sombre croyance locale qui affirme que les Blancs se guérissent de la peste avec le sang des bébés noirs faillit causer à l'intrépide Joséphine de très sérieuses déconvenues.

En Dordogne, l'enfant est rebaptisé Luis... comme Mariano qui en fait son filleul.

En 1955, Jean-Claude, un Français, rejoint le clan et Joséphine réussit un gigantesque défi publicitaire qui a pour effet de tripler le nombre de visiteurs aux Milandes ; avec les paroles d'une chanson composée par Francis Lopez, *Dans mon village*, elle touche les cœurs du monde entier... et les royalties conséquentes au succès du disque !

A la fin de la même année, c'est au tour d'un Breton issu de l'assistance publique d'être adopté. Pour parfaire la représentation de sa « famille du monde », et parce qu'Israël a refusé de lui donner l'un de ses fils, Joséphine n'hésite pas à tromper l'opinion en mystifiant l'identité d'un petit Julien. Il devient juif et s'appelle désormais Moïse...

Jo Bouillon, qui n'en est plus à une lubie près avec sa femme (ne s'est-elle pas un jour lancé le défi de faire pousser des fraises à Noël, simplement parce qu'elle est Joséphine Baker ? !), considère son geste avec épouvante.

« Raisonner avec elle revenait en substance à s'adresser aux Cariatides, avec le même espoir de voir leurs lèvres se décrisper », se désole Jean Dives...

Margareth a elle aussi connu une maternité contrariée et Joséphine souhaite ardemment que sa sœur suive son exemple : « Avec ton mari, vous n'allez tout de même pas finir vos jours comme deux vieux croûtons égoïstes ! »

Margareth donne alors son assentiment à l'adoption à la seule condition que ce soit une fille. Cette volonté quelque peu imposée est à l'origine de l'arrivée aux Milandes en 1956 de deux nouveaux orphelins, issus de l'assistance publique d'Alger : Brahim, un Berbère, et Marianne, abandonnée par sa mère juste après sa naissance à l'hôpital Mustapha.

Une fois rentrée chez elle, Joséphine refuse net de céder à sa sœur l'enfant qui lui est destinée. Elle s'y est déjà trop attachée et au grand désespoir de Jo Bouillon, qui redoute des problèmes d'ordre sexuel avec les garçons, une première fille entre légalement au sein de la famille « Arc-en-ciel ».

Marianne devient vite « la préférée de sa maman »...

Aujourd'hui quadragénaire et à son tour mère de deux grandes filles, la jeune femme raconte qu'au hasard d'une « visite » dans l'une des armoires que Joséphine tenait secrètes, elle découvrit sa véritable identité : Myriam Pavlanovitch, de père russe et de mère arabe, « probablement d'origine juive ».

Lorsque Joséphine se rend compte de ce « viol », elle arrache les fameux documents des mains de sa fille adoptive, avant de les détruire sous ses yeux :

« Cela ne te regarde pas, la secoue-t-elle, bouleversée, ta vie c'est ma vie. »

Ce réflexe naturel rend d'autant plus touchante sa farouche volonté de créer entre elle et ses « petits », comme elle aime à les appeler, un authentique cordon ombilical.

Le rythme de ces adoptions s'éloigne peu à peu de celui prévu au départ. La nichée artificielle la plus célèbre du monde ne compte maintenant pas moins de huit bambins !

Bouillon crie à l'inconscience en brandissant devant sa femme le spectre noir de la faillite.

« Je voudrais être la maman de 60 000 enfants », lui oppose-t-elle, péremptoire.

Financièrement et civilement prisonnier d'une épouse hystérico-fantomatique qui lui impose un rôle de père de famille nombreuse qu'il n'a plus forcément envie de jouer à cinquante ans, assumant en outre la responsabilité d'une entreprise complètement ingérable et victime d'un espionnage incessant de la part des membres de sa belle-famille, Bouillon frôle la dépression. A bout de nerfs, le malheureux n'espère plus qu'un miracle.

Un soir où, dans le grand salon du château, le crépitement des bûches a posé dans l'atmosphère une quiétude presque oubliée, Joséphine, détachée et lointaine, lui annonce sa volonté d'arrêter le métier !

Lui, qui appréhende déjà ses fracassants retours de tournée, se demande angoissé quelle sera désormais la nature de leurs rapports au quotidien...

Lorsqu'en mars 1956, la nouvelle des adieux de Joséphine Baker à la scène tombe dans les salles de rédaction de presse, la stupeur prend les journalistes de court.

« J'ai cinquante ans cette année, c'est l'âge de la retraite. Je veux dire adieu à mon public, quand il est encore physiquement possible de pouvoir le faire », argumente la vedette, à ceux qui assaillent Les Milandes de coups de téléphone.

Le mois de janvier précédent, Mistinguett a rendu l'âme et Joséphine ne veut surtout pas finir comme elle, rôdant la nuit dans un appartement-musée et pleurant sa gloire déchue, la tête contre ses plumes.

« C'est une manière très personnelle de nous faire savoir qu'elle sera de nouveau des nôtres », titre le *Herald Tribune*...

« C'est la fin d'un régime », déplore tristement un autre confrère !

Puis, la décision semble irrévocable.

Invitée à participer sur Europe 1 à l'émission « Vous êtes formidable », Joséphine obtient un score d'audience sans précédent sur une antenne de radio. Le sujet, il est vrai, lui tient particulièrement à cœur et en un temps record, elle recueille plus de 360 000 signatures en faveur d'une loi plus souple sur l'adoption. Quarante années plus tard, le problème posé reste toujours aussi vivace...

A l'issue d'une quinzaine de représentations, le 10 avril, la grande dernière est donnée à l'Olympia au profit de l'Association de la Presse du Music-Hall.

« Elle est la seule femme à Paris que l'on puisse appeler par son prénom », déclame avec emphase Jean Nohain, en ouvrant le feu. Les deux mains humblement réunies sur son cœur, Joséphine apparaît dans le même rond de projecteur, en récitant son sacro-saint *J'ai deux amours*.

« Combien avez-vous d'amours dans votre vie, monsieur ? interroge-t-elle soudain un spectateur du premier rang. Un ? Dix ? »

L'homme se lève fougueusement et lui répond d'un seul cri : « Je n'en ai qu'un et c'est toi Joséphine ! » Ce vieux monsieur ému n'est autre qu'Henri Varna, auquel toute sa vie elle serait reconnaissante : « Il m'a appris les ficelles du métier. »

A la fin de la représentation, un jeune Noir vient s'agenouiller symboliquement devant elle pour la remercier de ses engagements en faveur de la paix : « Cela fait trente ans que je vous aime », lui murmure-t-il en mêlant ses larmes aux siennes.

Souveraine dans son fourreau noir surmonté d'un casque de strass, Joséphine reçoit ensuite la nuit durant un émouvant témoignage de respect de la part de toute la profession à travers les performances de Gilbert Bécaud, Eddie Constantine, du clown Popov ou de Serrault et Poiret. Tous les cabarets de la capitale ont apporté leur contribution en déléguant pour l'occasion leurs plus beaux ballets. Dans les coulisses surpeuplées, une plume en chasse une autre. Brigitte Bardot en personne est attendue pour danser le charleston, parée d'une ceinture de bananes mais on l'annonce souffrante...

Après la remise officielle de la médaille vermeille de la ville de Paris, Joséphine gagne l'étranger pour dire adieu à tous ses publics. Elle est escortée d'un groupe de fans, décidés à la suivre jusqu'au bout.

Jeanine Dupont, aujourd'hui cadre retraité d'Air France, participa en tant que danseuse à ce qui devait être l'ultime tournée de Joséphine. Chaque soir, dans son agenda fétiche, rouge, qu'elle conserve pieusement, elle relatait les anecdotes du jour.

A Agrigente en Sicile, après un spectacle, l'ensemble de la troupe affamée fait en vain le tour de la ville pour tenter d'y trouver un restaurant ouvert. Ils vont rentrer à l'hôtel le ventre vide, lorsqu'un brave aubergiste ayant reconnu Joséphine se dévoue pour lui préparer sa meilleure cuisine.

« De la grand-mère aux petits-cousins, toute la famille était là qui nous regardait manger en silence, se souvient Jeanine Dupont. A l'issue du repas, le patriarche mit un point d'honneur à refuser notre argent. Embarrassée, le lendemain après-midi, Joséphine nous embaucha tous pour apporter au vieil homme les montagnes de gâteaux et de sucreries qu'elle avait achetées :

"C'est pour les enfants", lui souffla-t-elle, radieuse.

Bientôt, tous les gosses du quartier se retrouvèrent autour d'elle en piaillant comme une nuée de moineaux autour d'une miette de pain », plaisante l'ancienne danseuse.

Si Joséphine entretient depuis toujours la fâcheuse habitude de marchander les prix et de réclamer des remises dans les magasins, ce témoignage démontre au moins qu'elle n'exploite pas la misère d'autrui. La voleuse de charbon de Saint Louis sait d'instinct où se trouve l'argent et quels sont ceux qu'elle se croit en droit de pouvoir arnaquer...

A la fin de leur périple sicilien, un détail frappe Madame Dupont :

« Sur la scène du théâtre de Catane, elle interprétait sa dernière chanson lorsque, d'un geste, elle fit arrêter la musique. Haranguant le public, elle lança de sa voix la plus grave : "Vous êtes tous des choux, des choux à la crème et moi... à la crème au chocolat et parfois cela se digère mal !" »

En privé, elle disserte volontiers sur les notions de races et de leurs gènes. Elle y tient alors le langage du commun des mortels, avec ses clichés types et ses préjugés, fondés ou pas. Ainsi, elle voit chez l'Africain une tendance à la paresse et si, à une certaine époque, elle emploie aux Milandes une majorité de Maliens, c'est parce qu'elle leur reconnaît « au moins » la vertu de l'honnêteté.

Quelques-uns de ses contemporains avancent le terme d'esclavagisme, mais il serait maladroit d'en tirer des conclusions trop à la mode de nos jours et de parler d'idéologie. Chez Joséphine, tout cela émane directement de son caractère excessif et despotique et contrairement à certaines futures associations antiracistes à la pensée unilatérale, derrière sa lucidité, elle ne distille en public que paix, amour et tolérance.

En 1956, l'une des raisons de ses adieux à la scène tient tout entière dans cette phrase prononcée à Catane. Joséphine pense qu'il reste encore tant à accomplir pour la paix et l'égalité des races, qu'elle ne tarde pas à reprendre son bâton de pèlerin en se mettant de son plein gré à l'entière disposition de la L.I.C.A. :

« J'abandonne tout, je donne mon temps, mon argent, je donne jusqu'à mon dernier souffle, pour que nous allions de porte en porte, de maison en maison, de rue en rue, de ville en ville, de pays en pays, dire la vérité sur le racisme, en dénoncer la nocivité, l'ignorance, la stupidité, pour convaincre ceux qui ne sont pas convaincus, pour les convertir, pour les amener à nous. »

Malgré ses paradoxes, nul ne peut douter de la volonté

qui est la sienne d'abolir les frontières, mais dans ce domaine, son pire ennemi reste elle-même...

A cœur perdu pour la L.I.C.A....

Fondée par Bernard Lecache en 1927, pour lutter contre l'antisémitisme, ce qui s'appela d'abord la L.I.C.A. (Ligue Internationale Contre l'Antisémitisme) avant de devenir l'actuelle L.I.C.R.A. (Ligue Internationale Contre le Racisme et l'Antisémitisme) regroupa très vite de prestigieuses personnalités comme Léon Blum, Anna de Noailles, Albert Einstein, Léon Jouhaux ou encore André Malraux et Joseph Kessel.

Par esprit d'indépendance, Joséphine refuse d'être membre officiel, préférant porter le titre honorifique de « déléguée internationale à la propagande » mais tous les maires de France qui souhaitent la recevoir peuvent lui écrire au 40, rue Paradis, siège de la Ligue. Entre l'été 1956 et l'ensemble de l'année 1957, pas une ville, pas un département ne manque de programmer une conférence de Joséphine Baker.

Comme elle l'a annoncé, elle se rendra de commune en commune en compagnie de Bernard Lecache et Georges Delbos, établissant des contacts directs et faisant connaître partout aux pouvoirs publics les principes et les doléances de la Ligue devant des foules conquises par avance.

Avant d'entamer ce marathon, elle solennise aux Milandes les noces de son frère Richard. Il épouse l'unique employée de la poste du « village du monde » : Marie-Louise Dazinière. Particulièrement jovial et d'humeur toujours égale, dès son arrivée en Dordogne, le concupiscent Richard a fait l'unanimité autour de lui. Arthur, son fils issu d'un premier lit, est venu rejoindre la tribu avec sa jeune épouse, une Allemande. Ensemble, ils ont une première petite fille, Corréa, née aux Milandes, puis une seconde. La famille américaine s'agrandit...

Ce 4 juin 1956, après la cérémonie de mariage, tout le village est convié à déguster quatre gâteaux symboliques : celui des mariés, celui de l'anniversaire de Joséphine, celui de ses neuf ans de mariage (avec un jour de décalage) et celui enfin de ses adieux à la scène. Sur le registre des témoins, elle signe de façon tout à fait fantaisiste, mais avec un fort soupçon de sincérité : « Joséphine Baker, ancienne artiste... »

« Aux Milandes, tout était prétexte à publicité, se remémore Jeanne Lanoy, et ce mariage fut un coup très réussi. *Paris-Match* couvrit l'événement en publiant un long reportage dès la semaine suivante... »

La cérémonie sitôt terminée, Joséphine part en croisade.

La première tournée la mène à Chartres, Châlons-sur-Marne, Laon, Epinay, Reims, Toulouse, Dijon, Dole, Périgueux, Bordeaux, Marseille, Le Mans, Epernay, Angers, Nantes, Tours, Orléans, Saint-Quentin, Rouen, Le Havre, Vitry-le-François... La liste est impressionnante. Partout elle est reçue avec le même enthousiasme, la même ferveur et, par son rayonnement, elle réussit à rallier à sa cause des foules de plus en plus nombreuses.

« Grâce au sourire de Joséphine Baker, la L.I.C.A. nous a convertis à l'antiracisme », écrit un journaliste de Châlons.

Entre deux sermons, « Sainte Joséphine » retrouve aux Milandes ses différends avec son mari. Un jour où la tension monte d'un cran, elle quitte brusquement le château pour se ruer dans l'une des granges de la ferme et finalement revenir, armée d'un marteau, d'une poignée de clous et de quatre bouts de planches provenant de l'une des cages à lapins. Dans un élan de rage, elle claquemure Jo en clouant les portes de sa chambre...

Bouillon s'enferme souvent de lui-même pendant de longues heures, parfois des jours entiers, et lorsqu'il revient à la vie, sa métamorphose physique impressionne les employés ; il est hâve, amaigri, hagard...

Pourtant, en dépit de leurs dissonances, il s'accroche encore aux fils ténus de leur union pour résister.

Portée par son utopie, Joséphine l'abandonne à ses vicissitudes et reprend la route pour sillonner derechef la France profonde : Annecy, Mulhouse, Colmar, Grenoble, Nice, Romans-sur-Isère, Mazamet, Châtellerault...

Chaque année, le congrès de la Ligue à Paris la fête chaleureusement. Elle a coutume d'y prendre la parole en captivant son auditoire par ses ardents récits et un humour dont elle ne se départit jamais. Le 12 mai 1957, son discours dans les salons du Lutétia, à l'occasion du XIXe congrès, est imprimé dans un petit fascicule, *Le soleil brillera pour vous aussi*, et vendu cinquante francs, au profit de la Ligue. C'est l'occasion pour Lecache de souligner avec ferveur qu'avant la guerre, Joséphine est venue à la L.I.C.A. pour demander de l'aide, et qu'aujourd'hui, c'est elle qui porte le mouvement.

« Tant qu'il y aura des Joséphine Baker qui se lèveront à l'horizon, nous aurons raison de lutter comme nous le faisons », a-t-il l'obligeance d'ajouter.

Maintenant, c'est l'Afrique noire qui la sollicite avec insistance... Alors, après une série de conférences au Danemark, au Luxembourg, en Belgique puis dans une église d'Allemagne qui accueillit l'un des réquisitoires xénophobes de Hitler, Joséphine s'envole le 24 mai pour un séjour d'une semaine vers la grande terre de ses aïeux. A Abidjan, dès sa descente de l'avion, l'accueil est délirant. Répartie sur des dizaines de kilomètres, la foule frappe sur des tamtams en agitant des petits drapeaux, comme elle le fera pour de Gaulle.

Tandis que les officiels africains lui rendent leurs hommages avec la pompe toute théâtrale qu'ils ont empruntée à notre histoire, Joséphine parcourt les contrées, multipliant les rencontres, créant ici et là de nouvelles sections de la L.I.C.A.

Dans la capitale sénégalaise, elle donne sa conférence la plus importante à l'hôtel de la Croix du Sud et le soir, incognito, elle se rend à la Médina, aux abords de la ville, pour tenter de pénétrer au cœur des brûlants problèmes qui frappent le pays.

Elle ne rapporte qu'un seul souvenir de ce séjour : Koffi, un petit Ivoirien dont on murmure dans les milieux autorisés qu'il serait le fils de Félix Houphouët-Boigny. Le Président ivoirien accepte de parrainer l'enfant...

Cette fois, Jo Bouillon explose. Il se retrouve avec neuf adoptés sur les bras et il pressent que ce ne sera pas le dernier. Il met sous les yeux de Joséphine les comptes de leur exploitation : c'est une catastrophe ! Même la vente de l'immeuble de l'avenue Bugeaud à Paris et la publication d'un conte, *La Tribu arc-en-ciel*, écrit par Joséphine avec sa collaboration et illustré par le Hollandais Piet Worm, ne permettent pas de combler un déficit évalué à quatre-vingt-trois millions et vingt-quatre mille francs ! Il propose de résorber la totalité des dettes avant de continuer les travaux, mais son épouse réunit les entrepreneurs pour leur ordonner le contraire. Miné par un véritable problème de conscience, Jo décide en dernier ressort de sacrifier Vaucresson, la maison familiale des Bouillon, pour réinvestir la somme rapportée aux Milandes, devenu un tonneau des Danaïdes.

Aussi, sa perplexité est-elle à la mesure de sa colère, lorsqu'au début de l'été, le 26 juin exactement, il réceptionne un « petit papier bleu » en provenance du tribunal de Sarlat. Sans qu'il s'y attende le moins du monde, sa femme a engagé une procédure de divorce pour « incompatibilité d'humeur ». Hors de lui, il convoque la presse :

« On ne trahit pas son destin. J'ai abandonné mon orchestre pour me consacrer tout entier à l'idéal de Joséphine. Pendant dix ans, j'ai été aux Milandes le décorateur et le gentleman-farmer. Maintenant, il faut reprendre la musique. Quand je travaillerai, j'assumerai moi-même l'avenir des petits mais je ne veux pas du divorce, car je refuse de détruire sur un coup de tête de Joséphine le foyer de nos neuf enfants. »

Il y a bien maintes tentatives de réconciliation, mais selon l'allégation populaire, c'est désormais « reculer pour mieux sauter ». Jo envoie tout de même cinq émissaires pour infléchir la décision de Joséphine. Insensible, elle déclare au curé de Castelnaud : « Je devais choisir entre mon idéal et mon mari, c'est mon idéal que j'ai choisi. »

« Voici une page de ma vie terminée et une autre va commencer, confie-t-elle à Christina. Inutile de te dire que Jo est devenu terrible de vice », ajoute-t-elle en guise de post-scriptum...

Bouillon s'aperçoit que, devant l'entêtement de sa femme, il perd chaque jour davantage de terrain. Leurs discussions se terminent toujours de la même façon, chacun campant sur ses propres positions. Lorsqu'il en est réduit à admettre son échec, il préfère s'éloigner, au moins pour quelque temps. Dans la région, paysans et châtelains s'en donnent à cœur joie pour pérorer de plus belle et aiguiser leurs commentaires médisants. Cela crée une nouvelle animation dans un pays qui, sans Les Milandes, en serait dépourvu.

Parmi les esprits partisans, on peut dénombrer quelques âmes qui demeurent fidèles à « la patronne ». Les autres, de plus en plus nombreux, prennent le parti de Jo. Outrée d'être mise au pilori, Joséphine se tourne une fois de plus vers sa vieille confidente Christina, pour lui livrer ses plus profonds ressentiments :

« Jo est dégoûtant. Il fait croire au public que je l'ai mis à la porte sans argent en disant que j'étais folle, qu'on devrait m'enfermer dans une maison de santé. Il a été vraiment moche. Dis à ton mari que ses prédictions se sont réalisées. Hélas ! Mais il est normal que je souffre car je ne voulais écouter personne et, ne voulant pas écouter, j'ai fait de la peine à ceux qui m'ont aimée.

« Maman a eu deux attaques de paralysie à la suite de ces histoires et elle est gravement malade. Elle maigrit de plus en plus. Le docteur Pasquier de Sarlat la trouve très mal en point.

« J'avais cru que le mariage changerait la vie de Jo, au contraire, il me semble que cela a empiré car Les Milandes étaient devenues pires que l'île de Capri... J'ai pris peur pour les enfants, car tout de même, ce sont des garçons, et l'ambiance de cette maison pourrait être désastreuse pour leur avenir. »

Joséphine affirme à qui veut la croire que Jo Bouillon l'a « volée de façon honteuse » : « Il a fait tout ce qu'il a pu pour me mettre en faillite afin d'acheter Les Milandes avec une petite somme d'argent lui et un groupe de ses amis, confesse-t-elle à Christina. Mais grâce au ciel, tous mes directeurs du monde entier sont venus à mon secours et j'ai du travail pendant un an. De cette façon, tout est sauvé. Heureusement que je n'ai pas perdu la tête en mettant Les Milandes au nom de Jo, sinon je n'aurais plus rien.

Les enfants m'ont été confiés par le tribunal. »

Aujourd'hui encore, beaucoup restent persuadés que Bouillon fut le principal artisan du naufrage des Milandes. Richard Martin sembla le confirmer en déclarant à Lynn Haney que son beau-frère tenait deux sortes de comptabilité au château ; l'une tout à fait officielle et l'autre plus secrète, pour ses propres besoins...

L'absence de Jo est de courte durée. Dès lors, les relations du couple sont émaillées d'incessants départs suivis de retrouvailles tout aussi tapageuses, sous l'objectif complice des photographes de *France-Dimanche* et devant des enfants à chaque fois plus fragilisés.

Durant cette période, la mort de Jean Lion, victime d'une grippe asiatique, ne trouble pas son ex-femme outre mesure. La blessure d'amour-propre effacée, Joséphine ne conserva guère de lui un souvenir très chevaleresque.

En revanche, sa tardive nomination à l'Ordre national

de la Légion d'honneur la comble de bonheur. Lorsqu'elle apprend la nouvelle, elle se trouve à Stockholm. On lui a apporté un télégramme dans sa loge au milieu d'un tour de chant. Alors qu'elle ne s'en préoccupe plus, Jacques Chaban-Delmas répare cette vieille injustice par un décret tant convoité, au matin du 9 décembre 1957. Trois jours plus tard, la décision est publiée au *Journal officiel*, mais faute de temps, la cérémonie de la remise de la médaille est reportée... Maintenant cela peut bien attendre.

Partie honorer un contrat, à Noël, Joséphine se retrouve loin des siens. Solitaire, elle assiste à la messe de minuit dans une église milanaise : « J'ai pensé très fort à vous tous et je ne crois pas que j'aurais passé un meilleur réveillon », avoue-t-elle à Christina avec un goût d'amertume.

Une cloche sonne...

Pendant ce temps, sur les bancs de la petite école de Castelnaud, les enfants reçoivent les premiers rudiments de l'instruction. Les absences de leur mère ne les perturbent pas encore ; ils sont bien trop jeunes et, pour eux, l'affection d'une nurse vaut bien celle d'une maman courant d'air...

« Au début de leur arrivée, raconte Jean Dives, les premiers d'entre eux se sentirent beaucoup plus proches de Jo, qu'ils côtoyaient quotidiennement, Joséphine n'étant qu'une étrangère. Un jour, cela tourna au drame...

Elle était arrivée de tournée très tard dans la nuit, et lorsqu'au petit matin, elle se leva pour se précipiter dans leur dortoir, l'un d'entre eux se mit à pleurer et courut se réfugier dans les bras de son père ; au lever, Joséphine tenait davantage d'une guenon que de la star sophistiquée que tout le monde connaissait. Elle se montra inconsolable jusqu'à son départ, le surlendemain.

De ce jour, pendant les absences de sa femme, Jo

adopta le réflexe de montrer chaque soir aux enfants une photo d'elle pour qu'ils n'oublient pas son visage :

"Ça, c'est maman", répétait-il inlassablement avec cette placidité qui l'honorait. »

Des conflits de même nature tendent également à se multiplier avec les nurses. Durant ses séjours aux Milandes, Joséphine a du mal à tolérer qu'en sa présence, ses enfants se tournent vers celles qui les réveillent le matin. C'est une réaction légitime, mais le caractère et la personnalité de « la maman du monde » rendent la situation toujours plus dramatique. Après avoir renvoyé un nombre de nurses incalculable, sous prétexte qu'elles ont giflé l'un des enfants ou qu'elles les abandonnent dans des conditions d'hygiène déplorables, elle confie à Ginette Renaudin son profond désarroi :

« Elle me demanda de lui trouver quelqu'un de fiable, se souvient l'habilleuse. J'ai immédiatement pensé à ma tante Marie qui avait des références dans les plus grandes familles. Mais là encore, l'expérience fut de courte durée. Envieuse de l'attachement de ses enfants envers elle, Joséphine la faisait pleurer. »

Monsieur et Madame Besse sont les premiers instituteurs des « enfants du monde ». Ils n'ont pas oublié :

« C'est grâce à Joséphine si nous avons pu bénéficier du premier car de ramassage scolaire de la région et nous n'en étions pas peu fiers ! Généreuse, elle faisait régulièrement livrer à la cantine de l'école d'énormes sacs de légumes provenant de ses champs. Les enfants semblaient conscients de la place que tenait leur maman dans le monde, et bien que capricieux à la limite de l'impolitesse, ils se montraient toujours très gentils et affectueux. Leur mère, qui les voyait très peu, leur passait beaucoup trop de choses. »

Joséphine évoque de moins en moins son retrait définitif de la scène et, entre deux « ultimes dernières », elle dépense encore son temps et son énergie pour essayer de convaincre non seulement de l'importance des rapports humains, mais aussi des échanges économiques entre les pays. Elle a pris la récente signature du traité de Rome comme un encouragement mais sa vision dépasse l'Europe unie. Comme les quelques rares mondialistes convaincus des années 50, elle ne rêve que d'une seule et même communauté internationale. Un signe lui paraît prémonitoire à cet égard : l'élection du général de Gaulle à la Présidence de la République en mai 1958. L'homme du 18 juin 40, celui qui lui a permis de conserver sa liberté acquise à son arrivée à Paris, un soir de 1925, garde une place privilégiée dans son cœur.

Elle continue aussi à répondre à l'appel de toutes les causes pour lesquelles on la sollicite et le 26 décembre 1958, sensibilisée par le brûlant problème de l'Algérie, elle se rend à Alger. A l'hôpital Maillot, elle participe à la distribution de douze tonnes de colis provenant de dons, qu'Air France a gracieusement transportées.

Influencée par ses voyages, elle échafaude pour Les Milandes des ambitions toujours plus audacieuses même si, bien souvent, sa mégalomanie étouffe la pertinence de ses jugements, déjà très décalés par rapport à la réalité. Une nuit, en rentrant de tournée, elle réveille tout le château. Il faut que les siens apprennent son dernier fantasme : de la neige artificielle pour les touristes ! De toute évidence, le coût d'une telle installation compromettrait irrémédiablement un tel projet ! Il faut tout le bon sens de sa sœur pour que Joséphine se résigne à ne pas s'engager dans des débours qui lui seraient fatals.

Margareth n'a pas été dotée de sa grâce, mais sa tête tient droit sur ses épaules. Rationnelle et lucide, elle est avec sa mère le frein qui parfois évite bien des catastrophes. La fille de Carrie et d'Arthur Martin vit maintenant un semblant d'équilibre, entre le Don Juan qui lui sert de mari et Rama, la petite fille que Joséphine lui a ramenée de

Belgique. Parfois, lorsqu'il arrive que les vapeurs de whisky influencent le comportement des deux sœurs, leurs fréquentes disputes se transforment en une rixe... Et la réconciliation naît de cette même violence de sentiments qui les soude depuis Saint Louis.

Dans la « Capitale de la fraternité », le miracle tant espéré de Jo Bouillon ne s'est pas encore produit. Joséphine va devoir dépoussiérer plumes et strass et se remettre à s'entraîner sérieusement en vue d'une rentrée parisienne ; elle n'a plus d'autre choix. Aux soucis financiers qui la minent, vient s'ajouter la disparition de sa mère, au mois de janvier 1959. Les dix dernières années de celle-ci furent confortables aux Milandes, mais Carrie supporta très mal son exil. Devant les fastes éphémères et l'étalement des grandeurs terrestres de sa fille, elle resta la voyante de la famille, « hors du monde, venant d'un lointain passé, considérant un avenir plus vaste ».

Avec sa disparition, se rouvre pour Tumpie tout un monde d'images : le ghetto de Saint Louis et ses fumées nauséabondes, son humiliation d'enfant rejetée, ce passé enfin qu'elle a toujours voulu dissimuler à l'opinion publique et qui, avec la disparition de « mama Carrie », lui revient avec plus d'acuité, comme un boomerang en plein visage.

L'enfant qu'elle rapporte peu après d'Amérique du Sud ne connaîtra pas sa grand-mère, mais aux Milandes, son papa l'accueille avec chaleur... Après une nouvelle éclipse, Jo Bouillon est revenu. Par le fait de la Princesse (en Périgord noir), et dans un souci évident de ne pas provoquer les foudres de celle qui reste encore sa femme, il reprend son rôle de père consentant et de mari docile.

L'arrivée de ce petit Indien a comblé un vieux souhait de Joséphine, soucieuse de compléter sa « tribu ». Pour le réaliser, elle n'a pas lésiné sur les moyens et s'est laissé publiquement accuser de rapt ! A Caracas, elle a dû rester à la disposition des autorités jusqu'à ce qu'elle consente à rendre l'enfant acheté à sa mère. Elle est tout de même habilement parvenue à ses fins puisque la tribu des Guajiro lui a offert un de ses fils.

A Orly, la télévision et Bruno Coquatrix les attendent. Joséphine a choisi l'Olympia pour effectuer ce qui est annoncé comme son grand retour. Avec ses quatre cents costumes de paradis et d'aigrettes, ses dix-sept décors et ses quelque quarante tableaux, la revue promet d'être grandiose...

Le feu aux planches...

Fernand Sardou, Gilbert Bécaud, Jean Yanne, André Hornez, Marguerite Monnot, Henri Betty se sont mis à l'œuvre pour elle. Reste à se montrer à la hauteur de cette énergie car en plein tourbillon du rock'n' roll, tout le monde ne lui donne pas la partie gagnée. Depuis son absence sur les scènes françaises, d'autres « farfelus » font danser la foule. Dalida est déjà une vedette confirmée et à la télévision, Line Renaud vient d'introniser un poulain qui la dépassera bientôt : Johnny Hallyday. Lorsqu'au hasard d'une visite à Coquatrix, Joséphine aperçoit Johnny sur scène, son jugement est sans réserves : « Ce garçon a une présence incroyable. C'est une vraie bête de scène. Il ira très loin ! »

Pour la nouvelle génération, Joséphine Baker avec ses colifichets, ses falbalas et ses traînes démesurées est en quelque sorte à la musique ce qu'un musée est à l'histoire : le support nostalgique d'un monde révolu. On la compare au musée Grévin... à cinquante-trois ans !

Et puis il y a les autres, les passéistes, ceux qui se raccrochent avec acharnement au spectre de Mistinguett...

« Plus qu'un succès, *Paris mes amours* fut un triomphe ! dit Jacques Crépineau qui travaillait à l'Olympia à cette époque en qualité d'éclairagiste. Pourtant, le jour de la première à trois heures du matin, nous répétions encore ; rien n'était au point. C'était la première fois que Coquatrix montait une revue. Boulevard des Capucines on redoutait la catastrophe. Mais le soir du 27 mai, le miracle eut lieu. La communion avec la salle fut extraordinaire. »

Le spectacle qui tient l'affiche huit mois d'affilée (personne aujourd'hui n'a égalé ce record) connaît l'année suivante une carrière internationale et notamment américaine, *The Fabulous Josephine Baker*, avant une reprise de trois mois à l'Olympia durant l'été 1961.

Paris mes amours remet Joséphine en selle. Dans les manifestations publiques, on se l'arrache de nouveau, comme à sa grande époque des années folles avec Pepito. Les inaugurations succèdent aux inaugurations : le salon de la confiserie, porte de Versailles, le 22 juin, l'exposition « Les mille et un enchantements », des broderies orientales présentées chez « Estelle » à Paris, le 30...

Tumpie est devenue un mythe et, quelles que soient les critiques émises à son encontre, on ne peut sous-estimer la fascination qu'elle est l'une des seules à pouvoir exercer sur les foules. Le spectateur qui vient applaudir une vedette attend deux choses d'elle : une part d'humanité, à laquelle il peut s'identifier et une part de rêve qui lui ouvre un monde étranger. Joséphine réunit ces deux éléments indispensables pour créer une idole. Sur scène, elle a l'imagination fertile. Comme un enfant, elle invente en toute liberté, et même ses erreurs tournent à son avantage.

Un soir à l'Olympia, la fermeture Eclair de sa robe cède accidentellement. Sans perdre son sang-froid, elle recule en dansant jusque vers le fond de la scène, à la hauteur de l'ouverture du rideau, permettant à Ginette de réparer succinctement le dommage. Le public n'y voit que du feu...

« C'était lors d'un spectacle en Italie, raconte Line Renaud, j'étais allée l'écouter dans un théâtre de plein air. Tout à coup, la pluie commença à tomber à seaux. Imperturbable, Joséphine fit demander un parapluie en coulisses et c'est ainsi équipée qu'elle termina son tour de chant. J'étais sidérée, et plus tard, lorsque la même mésaventure m'arriva, j'ai réagi de la même façon ; je lui avais piqué son truc ! »

« Cette femme-là, c'était un monument, une royale emmerdeuse aussi, mais un monument par-dessus tout, explique Doudou, ancien régisseur de l'Olympia et confident des stars. Elle mérite le respect peut-être plus que quiconque dans ce métier. Les jeunes générations montantes d'artistes des années 50 et 60 semblaient l'avoir compris. Les nouveaux loups de la chanson venaient la voir non pas pour la copier, mais pour prendre une leçon, une leçon scénique, une leçon de chant, de danse, de maintien, car elle était également un mannequin hors classe. Sur scène, il y avait le professeur et dans la salle, revêtus de leurs tenues de soirée, obligatoires à l'époque, les élèves hypnotisés. Jamais sur le plateau, je n'ai entendu qui que ce soit dire "la vieille" en parlant d'elle, comme on pouvait le faire pour Barbara par exemple...

« Quand elle n'arrivait pas à la dernière minute, Joséphine se présentait parfois très tôt dans l'après-midi. Comme Montand, à 14 heures, elle était là pour le concert du soir. Elle emmenait avec elle tout ce qu'il lui fallait et transformait sa loge en appartement. Elle y mangeait, y tricotait, faisait ses exercices, revoyait ses textes... Ensuite, elle se rendait sur le plateau pour assister à toutes les répétitions, s'intéressant au moindre détail.

« Elle vérifiait l'effet des projecteurs sur ses robes avec des filtres qu'elle choisissait toujours dans les ambres très clairs, ou des roses tirant sur le mauve, car ils atténuaient son maquillage outrancier.

« Dans le boulot, elle ne laissait pas passer grand-chose. Lors des répétitions avec son chorégraphe Georges Reich, si quelqu'un ne comprenait pas, elle réexpliquait volontiers son point de vue, mais il ne fallait pas s'aventurer ensuite à faire le moindre faux pas... Elle détestait que l'on se paye sa tête et lorsqu'elle donnait libre cours à ses humeurs, ce n'était pas agréable du tout. Si elle n'était pas aussi démoniaque que Le Luron ou Claude François, elle savait très bien faire la gueule, la Joséphine !

« Elle était très lucide. Pour elle, le mot Star dont on l'affublait ne voulait rien dire :

"Comment veux-tu que je réponde lorsqu'on dit que je suis une star. Je ne suis rien de tout cela. On m'a mise sur un piédestal quand je suis arrivée à Paris, et j'ai accepté avec joie bien sûr, mais pas dans un esprit de vedette ni de calcul."

Elle ne s'en montrait pas moins respectueuse de son public. Je ne l'ai jamais entendue se plaindre comme certains de ses collègues : "Les gens ont été à vomir ce soir ! "

"Non, répondait-elle ! Si le spectacle ne marche pas, c'est l'artiste qui est à vomir, pas le spectateur car le public, lui, réagit toujours de la même façon !"

"Tu sais, quand je rentre en scène, me confia-t-elle un jour, et que tu me vois si majestueuse et si sereine, dis-toi bien que je fais la belle mais qu'au fond de moi, je sais que ce n'est jamais gagné d'avance. On a gagné à la quatrième ou à la cinquième chanson. Les gens m'aiment et respectent mon passé artistique et ils payent pour venir me voir. Dans leurs applaudissements, je compte 50 % pour ceux qui ont déjà entendu parler de moi mais qui me découvrent sur scène et 50 % de passionnés. Je dois donc me démener pour les premiers tout en continuant à respecter les seconds. Pour moi, c'est une bagarre permanente, ce n'est jamais dans la poche." »

A l'époque de *Paris mes amours*, Jacques Pills passe beaucoup de temps au bar de l'Olympia tenu par la légendaire Marie-Line. Chacun là-bas connaît les liens qui l'ont unis à Joséphine et, en petit comité, il vante les prouesses sexuelles de son ancienne maîtresse : « Quelle baiseuse », raconte-t-il en s'amusant...

Le spectacle donne à Joséphine l'opportunité de rencontrer de nouveaux partenaires tels que Jean-Marie Proslier, à qui son destin sera lié jusqu'à la fin.

« Caché dans un coin de la coulisse, je la voyais descendre, superbe, l'escalier de l'Olympia, relate l'humoriste. Peu rassurée par son vertige et sa sévère myopie, elle avait suggéré aux boys de se placer en quinconce une marche sur deux et chaque soir elle entamait sa descente en tendant sa main au premier garçon à sa droite puis à celui de gauche et ainsi de suite jusqu'à ce que son talon foule la scène.

Au début, le comportement des boys m'intriguait beaucoup.

Que pouvait-elle bien leur dire, pour qu'ils dissimulent si mal une évidente envie de pouffer ? J'appris plus tard qu'avant d'apparaître en scène, elle partait dévorer de pleines assiettées de spaghettis dans le même restaurant italien, en compagnie de Ginette qui la transportait sur son scooter. A son retour évidemment, elle rentrait péniblement dans son costume de lumière et se mettait à paniquer, en jurant qu'on ne l'y reprendrait plus.

Tandis qu'elle descendait l'escalier sous les vivats de la foule, elle grimaçait pour amuser les boys :

"Aïe ! Aïe ! Aïe ! mes enfants, j'ai encore trop mangé ce soir, je sens que ma robe va craquer. Pourvu qu'il n'y ait pas d'accident !"

Le lendemain elle récidivait... »

« Sa taille fine, outre l'usage des guêpières, lui demandait d'énormes sacrifices, car elle était terriblement gourmande (presque autant que moi), plaisante encore Proslier. Elle se prétendait au régime, alors que son sac regorgeait de blocs de foie gras de sa Dordogne... j'allais dire natale. Sa méthode pour chasser les kilos relevait de l'insolite : elle se confectionnait d'énormes tartines de foie gras et quand je lui disais qu'elle était folle, elle m'expliquait en toute mauvaise foi :

“Mais ce n’est rien puisque avec ça, je mange du pain Azyme... ! Toi aussi tu aimes ça, ajoutait-elle en me prenant par le bras. Viens donc, dans ma loge, on sera plus tranquille pour manger.”

Et cela finissait en gueuleton ! »

« Je n’ai jamais rencontré quelqu’un avec un pareil appétit, s’enthousiasme quant à lui Henri Genès. Lors d’un repas organisé dans le Sud-Ouest de la France, j’ai vu la Joséphine attraper une centaine de goujons avé les doigts et les avaler aussi sec (...). »

« Un soir, toujours à l’Olympia, reprend Proslier, elle adapta son numéro de diseuse de bonne aventure en prédisant à un spectateur qu’il allait très prochainement déguster un délicieux foie gras. Elle souleva en même temps l’un des volants de sa robe gitane et en extirpa une boîte de conserve de la fabrique de l’une de ses amies périgourdines, présente dans la salle. C’était une façon de lui faire de “la réclame” comme on disait à l’époque. Puis, prenant le public en otage, elle exhiba bien haut la boîte en s’écriant :

“Vous aussi, vous allez tous manger du bon foie gras Carrier Delpeyrat ; vous ne pouvez pas y échapper, c’est impossible !” »

Après chaque semaine de représentation, Joséphine reprend le chemin des Milandes pour retrouver sa famille et les soucis financiers qui la rongent jusqu’à l’obsession. Son « idéal » est un gouffre, dans lequel elle engloutit progressivement tous ses cachets.

Même les touristes commencent à bouder le « village du monde ». Trop éloigné de la capitale, et sans commodités d’accès, le public se détourne des Milandes au profit d’un nouveau tourisme de proximité comme Ermenonville, créé par Jean Richard aux environs de Paris. Joséphine voit d’un très mauvais œil le succès de ce parc, mais en s’installant en Dordogne, elle n’a pas opté pour la facilité.

Faute d’argent donc d’entretien, les différentes infrastructures deviennent de moins en moins fonctionnelles, et bientôt le parc ferme ses portes.

Quand le besoin d'argent se crée, il pousse à toutes les fantaisies. Un radiesthésiste peu scrupuleux ou présomptueusement optimiste se présente un jour au château. Son but : retrouver le fameux « tas d'or » de François de Caumont, une légende vieille de cinq siècles qui perdure avec ténacité dans la région. Les sous-sols de la bâtisse, composés de longs et sinueux souterrains dans lesquels les enfants s'aventurent parfois pour y jouer à « cache-cache », sont sondés. Lorsque le pendule du radiesthésiste se met enfin à tourner sous la chapelle, le brave homme ne doute plus de sa victoire ! Cette information excite immédiatement l'imagination de Joséphine. Plus réservé, Jo Bouillon préfère avoir recours à des historiens. Tous réfutent la thèse d'un hypothétique trésor aux Milandes. Les recherches sont abandonnées.

Une telle découverte serait apparue comme un nouveau clin d'œil de la providence pour Joséphine, fille de la chance et du hasard. Sa déception est à la hauteur de son désarroi.

Le comédien André Pousse, provisoirement engagé pour s'occuper de ses relations avec la presse, se souvient parfaitement de l'impasse dans laquelle Joséphine se trouva :

« Je la savais dans la gadoue jusqu'au cou, et quand un jour elle me demanda dix francs pour prendre un taxi, j'ai dit à la secrétaire : “Je te parie que pour faire des économies, elle va prendre le métro et garder la différence !” Nous l'avons épiée par la fenêtre : ça n'a pas loupé ! Elle s'est s'engouffrée dans la première bouche du métropolitain...

« Une autre fois, j'ai bien cru qu'elle avait perdu la raison lorsque lui ayant signalé l'épuisement du stock des photos destinées à ses admirateurs, elle me répondit avec le plus grand naturel : “Tu n'as qu'à aller en acheter à la librairie du coin !”

Celle-là, aucun artiste encore n'avait osé me la faire ! »

Habillés au départ par des maisons de confection comme Sélimaille pour laquelle leur mère fit de la publicité, les enfants subissent la dégradation de la situation. Au fil des difficultés, les instituteurs de Castelnaud constatent des tenues de plus en plus négligées :

« Il manquait toujours un bouton à leurs blouses, leurs pull-overs étaient trop grands, leurs lacets défaits... »

Bien qu'elle fréquente de plus en plus sporadiquement les couturiers, Joséphine choisit cette année-là encore sa garde-robe chez Christian Dior. Sur les célèbres marches de la boutique de l'avenue Montaigne, elle se laisse photographier toutes dents dehors en compagnie de Juliette Gréco, que dans l'intimité elle avoue détester...

C'est à cette époque qu'elle s'oriente vers la Franc-Maçonnerie, pour tenter d'y trouver une aide. Après un brillant mémoire, elle y est admise en tant que membre d'honneur à la « Nouvelle Jérusalem » au sein de la grande loge féminine de France. Le 1er octobre 1959, « Madame Joséphine Baker » reçoit la Croix d'Officier du Mérite national français. Le 12, elle préside le XXIe congrès annuel de la L.I.C.A. pour stimuler les nouvelles générations d'antiracistes : « Je vois les jeunes qui se joignent à nous et ça fait du bien, mais il ne faut pas que vous poussiez trop fort, les jeunes, car je tiens à rester le plus longtemps possible auprès de vous. »

Puis vient l'histoire de Noël... Certainement la plus pathétique des adoptions à grand spectacle de Joséphine.

« Le jour venait à peine de se lever sur Paris, raconte Madame Vincent, lorsqu'un chiffonnier qui passait devant des poubelles à la gare Saint-Lazare découvrit, enroulé dans un chiffon, puis dans une feuille de papier journal, un minuscule petit être qui braillait. Il était né quelques heures plus tôt et si, par chance, il avait échappé au broyage de la benne, il fallut agir très vite pour qu'il ne meure pas de froid ; il était complètement gelé. Le chiffonnier amena l'enfant dans les locaux de la R.A.T.P. où mon mari qui dirigeait le service fit le nécessaire et prévint la police. Le bébé fut ensuite conduit à l'assistance publique et, quelque temps plus tard, nous avons appris par la presse que Joséphine Baker avait tout mis en œuvre pour l'adopter. »

Ce conte digne d'Andersen laisse Jo Bouillon de marbre. Cette fois, la mesure est à son comble ; il estime que sa femme a dépassé la limite que son esprit cartésien a fixée. Après une nouvelle scène plus spectaculaire que les autres, il la quitte de nouveau pour monter à Paris, où il nourrit l'aventureux projet de reformer son orchestre. Le matin de son départ, il rend visite au couple Besse en les priant de lui envoyer régulièrement des nouvelles des « petits » ainsi que leur bulletin scolaire. Il leur fait également promettre de ne pas en parler à Joséphine ; elle s'y opposerait violemment. Puis, le cœur serré, il s'en va...

Malgré les efforts de son ami Georges Jouvin pour le sortir de l'ombre, le retour de Jo parmi l'élite des chefs d'orchestre français est un rêve impossible :

« De toute évidence, il n'était plus dans le coup, dit Jouvin. Son style dépassé se rapprochait trop d'un jazz folklorique qui n'obtenait plus les faveurs du public. »

L'Olympia ne désemplit pas. Joséphine y retrouve chaque soir la ferveur de la foule et l'ambiance familière des coulisses.

« Regardez-la et observez le miracle », s'extasie chaque fois davantage André Levasseur, le jeune et timide décorateur-maquettiste de la revue.

Debout, derrière le rideau, Joséphine attend son entrée en scène et dans l'obscurité, usée par l'âge et par sa vie trépidante, elle ressemble déjà à l'une de ces vieilles négresses de Louisiane, engoncées dans leur « rocking chair » et leur indolence. Mais à quelques secondes du coup d'envoi, impatiente et nerveuse, elle redresse son corps, étend tous ses muscles telle une gymnaste avant l'effort, puis le port de tête redevenu altier, elle élève son bras avec la grâce d'une sirène, pratiquant sous le regard fasciné de quelques privilégiés, une véritable révolution visuelle.

« C'était complètement hallucinant, avoue Doudou. Je n'ai jamais revu cela de ma vie ! »

Le 11 janvier 1960, Joséphine est la première à féliciter Brigitte Bardot et Jacques Charrier de la naissance très mouvementée de leur fils Nicolas. Six jours plus tard, elle fête la dernière de *Paris mes amours*, une soirée émouvante pour Ginette Renaudin qui rend son tablier après dix années de bons et loyaux services. « Je laissais derrière moi les plus belles années de ma vie », constate-t-elle aujourd'hui en regardant nostalgique l'index de sa main droite, complètement déformé pour avoir trop souvent remonté la fermeture Eclair des robes de la gourmande Joséphine. A trente-sept ans, il était temps pour elle de rechercher un emploi plus stable chez un patron qui puisse enfin la déclarer...

Une amitié venue du ciel...

Privée de son « bouchon », Joséphine repart en tournée à travers la Belgique, l'Europe, les U.S.A., puis le monde pour se retrouver la nuit venue prisonnière de ces chambres d'hôtel, anonymes et sans âme. Elle revient à Paris à la fin de l'hiver à l'occasion du XXXIe « Gala de l'Union des Artistes ». On la voit présenter un numéro de cirque avec des éléphants. Lors de la dernière répétition, l'un d'entre eux, « un petit vietnamien » à qui elle a oublié de donner du sucre, l'envoie d'un coup de trompe sur les gradins : plus de peur que de mal ! L'année précédente, peu de temps avant sa mort, Gérard Philipe, président du Syndicat français des acteurs, demanda à Joséphine de présider la XXXe édition du Gala : « Votre présence est un signe de joie, et l'une des plus belles, d'une joie gagnée, méritée. » Mais à la suite d'un différend avec Bill Taub, son imprésario américain, Joséphine fut retenue à Chicago où elle triomphait : son manager lui avait confisqué son passeport. Jo Bouillon se rendit sur place : « Taub me tendit les papiers que j'avais voulu examiner... Je ne les lui rendis jamais ! » Sa mission accomplie, Bouillon retourna à Paris. Après sa dernière à Chicago, Joséphine prit un avion pour New York. De là elle devait gagner Londres où un avion-taxi l'attendait pour la déposer à Paris. Las !, bloqué par la neige, l'aéroport de New York ne permit à aucun appareil de décoller ce jour-là... Joséphine envoya au cirque d'hiver une série de télégrammes aux spectateurs, aux invités officiels comme le lord-maire de Londres et aux participants du spectacle (dont son vieil ami Michel Simon) qui eut lieu sans elle.

Les enfants manquent à Joséphine. Dès qu'elle le peut, elle les emmène à tour de rôle en leur apprenant son répertoire pour qu'ils puissent l'accompagner sur scène... au grand dam des instituteurs de Castelnaud : « Cela gênait le bon fonctionnement de la classe et les retardait considérablement. Leur précepteur les suivait partout mais quand, à leur retour, nous demandions aux petits de nous parler du travail qu'ils auraient dû accomplir, ils ne savaient que raconter leur visite chez le roi du Danemark, devant leurs camarades éblouis. Ils n'avaient rien appris de concret ! Pour ces absences spéciales, il fallait demander des autorisations au recteur et celui-ci les accordait toujours. Dans le voisinage les commentaires allaient bon train car, pour les autres élèves, une absence de plus de quatre jours était sanctionnée par la suppression des allocations familiales. Joséphine pensait que l'on apprend bien mieux au cours de tels voyages que sur un banc d'école !

« Souvent aussi, nous voyions débarquer un photographe dans la classe, qui se mettait à mitrailler les enfants sans faire cas de notre présence. "Nous avons obtenu l'autorisation de Madame Baker !" nous lançaient-ils lorsque nous leur demandions de sortir. »

« Elle redoutait à ce point la solitude que ç'en devenait maladif, se remémore Dany Revel, le pianiste que Joséphine débaucha de l'Olympia, où il assurait l'entracte. Après le spectacle, il fallait que je la suive où qu'elle aille. La tutelle qu'elle m'imposait était à la limite du supportable. Pour elle, les week-ends et les vacances, c'était du superflu. Même la nuit, elle me téléphonait pour parler boulot !

« J'ai gagné beaucoup d'argent avec Joséphine, je l'avoue, mais elle avait souvent la fâcheuse tendance à abuser de son entourage, sans l'ombre d'un scrupule. Un jour, elle me téléphona pour me proposer un contrat. Nous avions préalablement convenu ensemble d'un montant, et voilà qu'à la fin du spectacle, elle commence à vouloir marchander mon salaire !

"Tu ne vas pas me prendre tout ça, tu veux m'étrangler !" pleurnicha-t-elle.

« Elle ne voulut pas en démordre et téléphona chez moi au moins une dizaine de fois pour obtenir gain de cause. Finalement, je lui ai concédé une partie de mon cachet et elle se montra satisfaite d'avoir resquillé cinquante francs... C'était une résurgence de son aspect enfantin et primitif. Elle adorait me houspiller pour une peccadille, quand par ailleurs ses mains étaient littéralement percées.

Mais moi aussi je l'aimais... »

Le 6 octobre 1961, Joséphine se rend à Vienne pour honorer un gala. La caravelle F. BHRM doit faire une escale à Munich, ce qui n'est pas fait pour rassurer Joséphine...

« Avant que je n'aie le temps d'aller la saluer, elle est entrée spontanément dans le poste de pilotage pendant l'étape Orly-Munich, raconte aujourd'hui François Colasse, qui pilotait l'appareil. Elle s'est aussitôt informée si le mécanicien, le commandant et moi-même, avions des enfants, puis nous avons échangé des photos de nos progénitures.

« A l'escale de Munich, les passagers sont descendus dans l'aérogare tandis qu'avec l'équipage, nous sommes restés à bord pour préparer l'étape suivante. A l'instant où nous mettions les réacteurs en marche, la porte du cockpit s'ouvrit et, en un éclair, Joséphine entra en me tendant un gros sac en papier :

"C'est pour votre Marie-Françoise qui ressemble tant à la mienne et pour votre petit garçon", me glissa-t-elle avant de disparaître !

Le sachet contenait un mannequin représentant un petit tyrolien avec un piolet et un renard en peluche.

Quelques années plus tard, le destin devait de nouveau nous réunir à Casablanca. Elle venait d'y donner une représentation et, avec ma famille au complet, nous nous sommes tous retrouvés dans sa loge. Mon épouse et les enfants ne l'avaient encore jamais rencontrée.

Ma fille sortit alors le petit renard de son sac et l'exhiba devant Joséphine. Un instant hésitante, nous vîmes soudain s'illuminer le regard de cette femme à l'incroyable magnétisme :

"Mais oui... Oh, vous l'avez gardé... ? Je me souviens, c'était à Munich et nous allions à Vienne... Tu es donc Marie-Françoise ?"

La soirée se termina en embrassades. Nous pleurions, nous riions, ne sachant plus vraiment ce que nous faisions. Elle nous avait envoûtés !

Quand le cours de la vie nous reprit nos enfants, tous deux emportèrent avec eux leur petit jouet, comme s'ils avaient voulu conserver un petit peu de cette lumière... »

En dehors de la solennelle cérémonie de remise de la Légion d'honneur et de la Croix de guerre de Joséphine, le 18 août 1961, Les Milandes brillent une dernière fois de tous leurs lustres au cours de l'été 1962. A la surprise générale, la châtelaine devient la nouvelle « Arlésienne » de Bizet, sous la direction de Max de Rieux. Lorsque le metteur en scène se présente dans la « capitale de la fraternité », on le fait patienter dans l'arrière-cour du château. Une pleine minute ne s'est pas encore écoulée que la fenêtre de la chambre de Joséphine s'ouvre promptement :

« Oh mon ami, mon cher ami, je savais que vous viendriez à mon secours, vous êtes mon sauveur, l'envoyé du ciel », l'accueille Baker en levant les bras vers le ciel.

« La garce, grommelle un peu plus tard de Rieux à André Bernard, actuel programmateur de *La Chance aux chansons* qui l'accompagne, la garce, elle m'a eu. »

Amadouant de Rieux, comme elle seule peut le faire, Joséphine lui fait engager des sommes dispendieuses pour le spectacle. Il loue des chevaux camarguais, engage une multitude d'habilleuses provençales et monte un décor dépassant l'imagination. Tumpie joue la comédie en « play-back » dans la cour de sa ferme, sur une scène spécialement aménagée et, pour l'occasion, on rouvre les grilles du « Sans souci ». Après la représentation, une retraite aux flambeaux anime le village et vers minuit, tout le monde quitte la ferme pour regagner le parc, illuminé comme aux plus beaux jours. Le théâtre de plein air est lui aussi rouvert et des groupes folkloriques de la région occupent la scène pendant une heure, avant de laisser le public danser à la cadence d'orchestres tropicaux.

Quelques semaines plus tard, Max de Rieux se tue dans un accident de la route. Son Arlésienne s'éteindra elle aussi sur la scène de l'Olympia, fustigée par la critique. Patrick Maurin, âgé de quatorze ans, fit partie de la distribution. Il devait mourir Patrick Dewaere...

Après cet échec, Joséphine semble abandonner tout projet de théâtre. Pourtant, son sens inné de la comédie, déjà remarqué par Steinberg en 1926 à Berlin, ne peut que merveilleusement servir cette noble discipline. Après-guerre, Henri Varna la pressentit pour le rôle de « La veuve joyeuse » à Mogador avec Guétary, mais le projet ne fut pas mené à son terme. Pepito disparu, jamais Joséphine ne retrouva un mentor de sa classe et de sa compétence pour l'épauler et la hisser plus haut encore que ses limites.

Elle éprouve la même déception lorsque Paco, le seul filleul artistique qu'elle ait jamais soutenu, lui annonce sa décision de mettre prématurément fin à sa carrière.

Paco est le fils d'une amie intime de Joséphine, Rita Puig, collaboratrice particulière de l'ambassadeur d'Espagne à Paris. En 1959, Rita met tout en œuvre pour dissuader Paco de chanter, et elle supplie Joséphine d'abonder dans ce sens en le décourageant. Mais lorsqu'un soir après le spectacle, vers minuit, dans une salle de l'Olympia déserte et à peine éclairée, le jeune Espagnol interprète sans micro les chansons qui lui ont valu le premier prix au festival de Saragosse, Joséphine, seule spectatrice avec Rita, s'effondre en larmes : « Je n'ai jamais ressenti de tels frissons depuis Tino Rossi, j'en ai la chair de poule... »

Le lendemain, Guy Lafarge, directeur artistique de R.C.A., fait signer au jeune prodige un contrat exclusif. Lancé sous le pseudonyme de José Francis et présenté à la télévision française par Dalida, Paco déclenche des hystéries en Espagne et en Amérique du Sud, mais sa carrière française ne prend pas d'essor. Ecœuré par les rouages du métier, et avouant lui-même l'absence de ce feu sacré indispensable pour ne pas se brûler aux lumières de la rampe, il décide de tout arrêter, choisissant de se produire exclusivement aux Milandes, pour les beaux yeux de sa marraine...

Paco ou l'intimité des dieux...

« L'amitié qui unissait Joséphine à ma famille remontait à 1949, à l'époque où ma mère lui apprit au piano toutes les chansons de son répertoire espagnol comme *La novia* ou *Enamorada*, témoigne Paco. Des chansons qu'elle me volera par la suite...

« Depuis, elle était devenue "sa sœur" et moi "son fils". Elle couchait souvent chez nous à Paris. Je la revois encore arriver avec un ouistiti sur une épaule et un régime de bananes sur l'autre. Après son départ, on retrouvait des peaux et des crottes dans toute la maison...

« Un détail m'a toujours saisi chez elle : son extraordinaire faculté à s'endormir partout et à n'importe quel moment. Elle pouvait même s'assoupir pendant que vous lui parliez, puis elle se réveillait en sursaut et reprenait la conversation là où elle l'avait laissée. La moquette du salon était son matelas préféré. Elle y faisait sa sieste et ces petits bouts de sommeil compensaient toutes ses nuits passées à ruminer ses éternels problèmes.

« Je me demandais souvent où elle pouvait bien puiser cette énergie débordante. Aux Milandes, je l'ai vue travailler d'arrache-pied toute la sainte journée : préparer le repas des enfants, désherber avec les ouvriers, passer l'aspirateur, et le soir venu, elle n'attendait qu'une chose, que nous nous retrouvions tous les deux dans l'un des salons du château. Notre sensibilité artistique était la fibre de notre amitié et, durant toute la nuit, elle me demandait de lui interpréter des chansons des répertoires péruvien, cubain, argentin ou encore brésilien. Elle avait le tempo dans le sang. Ses larmes saillaient alors, profondes et sincères. Je n'ai jamais ressenti une telle émotivité chez un être. La seconde d'après elle était capable de passer au plus pragmatique des problèmes mais elle vivait à fond son émotion de l'instant.

« Lorsque nous nous disputions, la musique nous réconciliait. Elle passait par l'écubier de nos deux cœurs. C'était magique.

« Si dans la journée, je fredonnais en m'accompagnant à la guitare, selon la musique que je jouais, je voyais l'un des enfants accourir au son du rythme de son pays. C'était extraordinaire de voir combien l'atavisme fonctionnait comme un premier instinct chez ces petits orphelins. J'étais pour eux une sorte de grand frère.

« Celui qui m'émouvait le plus était Koffi, l'Ivoirien. Un jour que nous regardions ensemble la télévision, je le vis disparaître puis revenir s'asseoir à côté de moi en plaçant son bras contre le mien. Il l'avait badigeonné de farine pour que nous soyons de la même couleur. Lorsque j'ai relevé les yeux, j'ai vu que deux grosses larmes coulaient sur son tendre petit minois... Que de frissons ce jour-là ! »

« Avec ma mère, nous avons certainement compté parmi les rares personnes à avoir réellement côtoyé Joséphine dans son intimité, autant que l'on peut se rapprocher du soleil, poursuit Paco. Avec nous elle baissait sa garde et n'avait pas ce recul qu'elle observait dès qu'un élément extérieur tentait de s'introduire.

« On a beaucoup parlé de sa démesure, de ses énigmes, de sa résistance à toute épreuve, de sa folie... Pour moi, c'est évident, c'était un être venu d'une autre planète. Et ce que je dis n'a rien de péjoratif, ni de gratifiant.

« J'étais bien au courant des rumeurs qui circulaient au sujet de sa sexualité par exemple, mais à aucun moment je n'ai remarqué dans son regard une quelconque lueur, ni pour un homme ni pour une femme. Et pourtant j'étais très vigilant car je voulais en avoir le cœur net. Je la pensais asexuée, ascendant mystère. Lorsque je le lui disais, elle creusait davantage ce mysticisme en faisant rire ses yeux noirs d'antilope.

« Je ne suis toujours pas parvenu non plus à analyser le pouvoir et l'influence de cette femme sur les foules. Elle était un Hitler de la scène et je pèse mes mots.

« Dans la vie de tous les jours, je la trouvais toute simple, mais dans une salle de spectacle, elle devenait une torche dont on ne pouvait plus détacher son regard, pratiquant une lévitation collective dans laquelle on se sentait entraîné. Je l'ai vue des centaines de fois sur scène et ce sentiment ne faisait que s'amplifier au fil du temps. Ses gestes étaient immuables, je connaissais par cœur ses ruses de vieille professionnelle ; pourtant elle arrivait à me bluffer chaque fois. Elle provoquait comme une machiavélique corrélation, une lame de fond qui ne laissait rien sur son passage.

« Cette force surnaturelle qui transparaissait sur scène à travers la puissance de sa voix claire et veloutée, elle devait bien la puiser quelque part et tous ceux qui restaient trop longtemps à son contact le payaient de leur santé. Si l'on se penche attentivement sur son parcours, on s'aperçoit qu'autour d'elle, elle a provoqué consciemment ou pas beaucoup de désolation : Pepito, Jo Bouillon, certains employés des Milandes, ses propres enfants, ma mère, moi-même et tant d'autres... Je suis meurtri à jamais par ma relation avec elle. Elle m'a trop fait saigner l'âme et le cœur. Bien que platoniques, nos rapports étaient violents, étranges, impalpables. Beaucoup de sentiments sonnaient faux chez elle. On ne peut même pas parler d'affectation car elle croyait sincèrement à certains de ses faux-semblants, mais plutôt de mythomanie. Elle devait avoir beaucoup souffert pour se comporter de la sorte. C'était une machine déréglée. Elle m'a si habilement utilisé que, par sa faute, j'ai été soigné pour dépression nerveuse pendant deux ans, tout comme Pierre, ce Malien chargé de corriger ses enfants...

« En dépit de tout, je n'arrive pas à éprouver de haine envers elle. C'est impossible. On ne pouvait pas haïr Joséphine. On ne peut pas en vouloir à une irresponsable. Ce que je lui pardonne moins, c'est d'avoir mêlé ses pauvres gosses à ce cirque commercial qu'étaient Les Milandes. Peu de gens peuvent savoir cela, mais la vérité est souvent dure à accepter surtout quand on ne lui ressemble pas ! Selon ses humeurs, son comportement envers eux ressemblait à celui d'une copine et dans ses phases de dépression, furtives mais fréquentes, elle les faisait coucher tout autour de son lit ; mais lorsque ses contrariétés la dépassaient, elle devenait une directrice de pensionnat pernicieuse et répressive.

« Un jour, sa promptitude à la main surprit Moïse dans toute sa candeur ; alors que le malheureux tentait d'escalader une armoire pour s'emparer d'un paquet de gâteaux qu'elle lui avait défendu de toucher, Joséphine anticipa son geste en lui brisant une assiette sur la tête !

« Elle avait beau jeu ensuite de se plaindre de leur indifférence à son égard. Comment pouvait-elle espérer recevoir de l'amour ? Ils ne l'aimaient pas, ils la redoutaient. Seule Marianne semblait échapper à ces traitements. Joséphine succombait toujours à son charme envoûtant. A six ans, elle était déjà l'archétype de la garce. A table, il fallait entendre les mouches voler. Terrorisés, les petits ne bronchaient pas. Pendant ses absences, au contraire, l'atmosphère était à la fête et les petits suisses volaient dans la cuisine. Ils avaient aussi besoin de cela ! »

En 1963, Jo Bouillon quitte définitivement la France pour s'installer en Argentine, chez ses amis Roger et Maléna Legrand. Joséphine et lui n'ont pas trouvé de compromis. Cette fois c'est bel et bien la fin de ce « drôle de couple ». Georges Jouvin prétend avoir payé le billet d'avion de Jo, totalement démuni... Les débuts dans la capitale argentine sont difficiles. A Buenos Aires, Bouillon tente de reconstruire sa vie en débutant comme pompiste dans une station-service avant de s'associer avec Legrand et l'un de leurs amis. Tous trois montent un restaurant dont Jo rachètera les parts quelques années plus tard. Ouvert tous les soirs, du lundi au samedi, « Le Bistrot », avec sa cuisine traditionnelle française, deviendra l'un des endroits les plus prisés de Palermo, le quartier chic.

Pendant ce temps, son épouse à bout de forces multiplie les tournées et les apparitions publiques pour renflouer le navire. Le 18 juin 1963, elle est à Copenhague la vedette du « Festival des Travailleurs ». Le roi Frederik vient l'applaudir et l'encourager. Un soir d'août 1963, l'écrivain et poète noir américain Langston Hugues se promène au hasard d'un pavé parisien encore brûlant de la chaleur du jour, lorsqu'un brouhaha mêlé à une voix indistincte attire son attention et le conduit jusque sur le parvis de l'Hôtel de Ville. Là, émerveillé par « la voix » qu'il identifie maintenant, il se glisse parmi la multitude pour se rapprocher de l'estrade dressée au milieu de la place :

« On commémorait la Libération de Paris et Joséphine Baker, dans son uniforme de l'armée française, en était la vedette. Elle a chanté *Mon Paris* et *J'ai deux amours*, devant une foule qui semblait grosse d'un demi-million de personnes. Elle arborait ses médailles et n'était pas maquillée. Que c'était émouvant ! Et la foule se composait de toutes les races de cette ville plus cosmopolite que jamais – beaucoup d'Africains, d'Algériens, d'Indochinois, de Marocains, d'Américains... »

Cette année 1963, Joséphine s'investit de nouveau dans les problèmes politiques et raciaux de son pays en participant activement à la marche de Washington en faveur des droits civiques, aux côtés de Martin Luther King. C'est peu dire que le très médiatique pasteur ne recueille pas toutes les faveurs de Tumpie ; par sentiment personnel ou par pure jalousie, elle exècre le personnage et sa réputation. « C'est un gros porc vulgaire et répugnant ! » confie-t-elle à l'une de ses amies.

En France, on accuse Joséphine de profiter de la communauté noire américaine pour régler ses dettes françaises. Dans *Sud-Ouest*, elle offre un agressif démenti. Lorsque J.F.K. est assassiné à Dallas, elle se trouve à New York pour un gala au Carnegie Hall. « Le monde bascule », télégraphie-t-elle à Jo Bouillon avant de se rendre aux obsèques célébrées à Washington. Elle mesure profondément la gravité d'une telle disparition et l'année suivante elle se battra pour la réélection de Johnson, le successeur désigné de Kennedy.

Le mois de novembre 1963, marqué par la mort d'Edith Piaf et celle de Jean Cocteau, n'est pas en reste de tragédie. Admiratrice et amie de longue date du poète, Joséphine éprouvait moins de sympathie pour Piaf, son respect de l'artiste masquant à peine sa répulsion pour le personnage : « Edith Piaf, elle est comme la lune, c'est une illusion... » Cela ne la dispensa guère de rendre visite à « la Môme », gravement malade sur un lit d'hôpital : « Je me dois d'y aller, je suis Joséphine Baker. »

Au cours de leurs vies respectives, Piaf, dans son malheur, avait réussi à obtenir tout ce qui fut refusé à Joséphine : la consécration américaine et la main de Pills en 1952, l'homme que Joséphine avait tant aimé et qui l'avait bafouée... C'était beaucoup trop pour qu'au-delà d'une rivalité professionnelle, elle pût porter un quelconque sentiment d'estime à la dame en noir.

Pour ses confrères les plus sérieux, Joséphine n'a aucune indulgence. C'est une attitude inscrite dans la déontologie des « glorieux ». Ainsi la Miss abhorra la Vénus d'ébène qui elle-même exécra Gréco, à son tour dérangée par l'arrivée des « yé-yé ».

A l'instar de nombre d'artistes, séquestrés dans leur propre gloire, « La Baker » n'a qu'une vision limitée de ceux qui, à côté d'elle, exercent la même profession. Lorsqu'en 1970 l'imprésario suisse Maguy Chauvin, une amie intime, suscitera les délicates faveurs d'Yvan Rebroff, Joséphine, ivre de jalousie, se vengera lors d'un concert :

« Cela se passait à Turin où un gala prestigieux devait réunir les plus grands artistes internationaux, se souvient Maguy. Sachant que Rebroff devait répéter le deuxième jour en même temps qu'elle, Joséphine monopolisa la scène jusque cinq minutes avant le début du spectacle. Le pauvre Yvan qui la vénérait se rongeait les ongles, assis à côté de moi. Il dut monter sur les planches sans avoir pu répéter une seule chanson ! Elle réitéra avec Brel lors d'un concert que j'avais organisé pour lui en Suisse. Dans un premier temps, elle tenta de faire annuler la soirée, et ensuite elle mit tout en œuvre pour retarder autant que possible l'entrée de Brel en scène. Il n'a jamais su l'origine de ces contretemps... Dans ses dénigrements, Joséphine faisait preuve d'autant de férocité qu'une dizaine de travestis réunis, le tout savamment arrosé de cynisme. Ce sont les seuls moments où elle se montrait vraiment méchante.

« Elle séjournait très régulièrement chez moi en Suisse. Non pas pour s'y reposer, elle ne savait pas ce que cela pouvait signifier, mais pour débattre avec moi de moult projets pour la paix dans le monde, pour Les Milandes... Bien que je jouais pour elle les managers artistiques, nous ne parlions jamais métier car ça ne l'intéressait pas. Elle savait ce qu'elle avait à faire sur une scène, elle y était comme dans sa cuisine. L'essentiel était ailleurs, toujours ailleurs. Un jour, j'ai voulu lui présenter Joan Baez ; elle a balayé mon invitation d'un revers de la main pour passer à autre chose. Toutes ces vedettes étaient fascinées par son aura mais Joséphine n'en avait cure. Le tournesol ne peut vivre sans soleil mais le soleil regarde-t-il le tournesol ? C'est la situation du monde qui préoccupait cette femme rongée par une solitude intérieure. En trente ans, je ne me souviens pas avoir pris une seule fois le thé avec Joséphine à une terrasse de café : c'était du temps perdu ! Elle pensait vivre encore cent cinquante ans mais elle ne voulait pas perdre une seconde !

Ses amitiés n'étaient pas des hasards (elle fut entre autres marraine du neveu de Günter Sachs). Elle savait d'instinct ce qu'elle pourrait obtenir d'une personne et elle agissait en conséquence, avec beaucoup de discernement et d'intelligence. Aussi, lorsque le sentiment venait se mêler à l'intérêt, son instinct de possessivité faisait des ravages... Lors de l'un de ses séjours chez moi, je me souviens l'avoir laissée seule le temps d'une journée pour accompagner un ami de la famille en villégiature. Lorsque je suis revenue, je l'ai trouvée attablée au bistrot du coin ; elle en était à son troisième whisky. Dès qu'elle me vit, elle qui n'affectionnait ni les embrassades, ni les grandes démonstrations d'affection, m'implora de lui pardonner le tort qu'elle venait de m'occasionner auprès des habitants du bourg... Elle me raconta comment elle avait ameuté toute la population et prévenu les pompiers pour montrer à tous comment Maguy Chauvin traitait les animaux... Dans la matinée, ma petite chatte s'était emprisonnée sur le toit et je n'avais pas eu le temps de m'occuper d'elle. Joséphine s'était vengée de mon absence ! »

Jean-Claude Pascal compte aussi parmi les artistes que déteste Joséphine, et c'est Jean Sablon qui fait un jour les frais de sa jalousie. Au cours d'un spectacle commun, elle change à la dernière minute la chanson qu'elle a prévue d'interpréter pour entonner celle du crooner « made in France ». En coulisses, Sablon pleure de détresse ; Joséphine, son idole... Diana Ross doit éprouver la même désillusion lors de son unique rencontre avec « la première star internationale black de tous les temps ». « C'est à peine si Joséphine daigna lui jeter un regard, confie Maguy Chauvin. Elle la méprisa formidablement. Heureux encore que la fière « Divine » n'ait jamais eu vent des confidences privées de Joséphine à propos de « la petite gourde noire ».

« La Baker » semble aussi éloignée des nouvelles révolutions musicales que Manchester peut l'être de la Dordogne, mais elle ne tient pas à couper ses enfants de l'extérieur et leur rapporte les dernières nouveautés qu'on lui conseille ici et là, au hasard de ses tournées. La tolérance face au modernisme comprend toutefois des limites et le sexe reste tabou. Lorsqu'un reportage télévisé montre la « Vénus noire », frétillant à moitié nue sous sa ceinture de bananes, Joséphine empêche ses « petits » de regarder. Vis-à-vis d'eux, elle veut demeurer un exemple irréprochable, un modèle de vertu. Ce passé qui fut sa carte de visite artistique ne l'intéresse plus. Elle ne joue plus le même rôle...

A Paris, le docteur Pierre Thiroloix conserve un souvenir quelque peu singulier de la première consultation de Joséphine dans son cabinet. Cela se passe en 1959. Le docteur a pris le relais de son père auprès de leur illustre patiente et, en quelques minutes, tous les clichés de la « scandaleuse Baker » tombent devant lui comme une noix du Périgord, battue par les vents d'octobre :

« Il fallait lui faire un électroencéphalogramme, raconte-t-il. La position à tenir pour ce genre d'examen est celle du chien, à savoir les genoux pliés et les bras tendus avec les mains en appui sur la table. La fameuse table d'examen sur laquelle les patients montent toujours avec une certaine appréhension est aujourd'hui recouverte de grandes feuilles de papier que l'on déroule et que l'on change après chaque consultation. Jadis on utilisait des draps.

« Joséphine commença par m'exiler dans la pièce voisine pour qu'elle puisse se déshabiller. Jamais, aucun de mes malades ne me l'avait demandé. Sans plus de commentaires, j'ai néanmoins respecté sa volonté. Lorsque je suis revenu, je n'ai vu qu'une grosse boule blanche qui tranchait avec le cuir noir de la table ! Sourcillant le temps d'une seconde, j'ai promptement réalisé que Joséphine avait adopté la position voulue, mais en se recouvrant entièrement le corps sous le drap... Seul son visage dépassait, qui marquait une incommensurable gêne.

« Un fou rire intérieur s'empara de moi et je dus user de toute ma diplomatie pour obtenir d'elle qu'elle me permette d'avoir accès aux régions sollicitées pour la pose de tous les instruments. J'ai finalement réussi à pratiquer l'examen et ce ne fut pas sans difficultés.

« La vision de la pudibonde Baker, recroquevillée dans mon cabinet, n'osant dévoiler que frileusement chaque millimètre de son corps, restera pour moi le souvenir le plus insolite de toute ma carrière de médecin », atteste Thiroloix, qui n'a rien d'un exubérant...

X

QUAND SE COUCHE LE SOLEIL...

« *Avec mon public, je n'ai jamais triché, je lui ai donné tout ce que j'avais. A soixante ans, je me retrouve moralement nue comme un ver.* »

Joséphine Baker

Une mère en représentation...

En 1964, Joséphine passe beaucoup de temps à Paris. Elle s'y rend souvent au volant de sa vieille voiture qui doit effectuer de constants séjours chez un garagiste de l'avenue des Ternes ; la plupart du temps, le brave homme ferme les yeux sur les notes impayées...

Les petites gens et toutes sortes d'associations témoignent régulièrement leur sympathie à la « maman du monde ». A l'occasion de la fête des mères, elle est invitée par le comité du même nom, chez Le Doyen et lorsqu'on lui propose de faire sculpter son bras par l'artiste Bartoletti, elle tend une main gracieusement gantée par le syndicat des gantiers de France... sous l'œil des photographes naturellement !

Ces manifestations lui garantissent une publicité qu'elle recherche assidûment, mais dans le pays, les voix de pseudo-intellectuels commencent à s'élever pour lui reprocher son tapage médiatique avec ses adoptés.

« Je me souviens d'une scène qui m'a amusé mais point surpris, se souvient Marc Vromet Buchet. Cela se passait en juin 63. Joséphine revenait du Brésil et j'étais allé la chercher à Orly pour la conduire ensuite au Bourget où un avion pour Copenhague l'attendait. A Orly, je l'ai laissée seule un instant et, lorsque je suis revenu, elle était assise près d'un écran télévisé qui diffusait une publicité pour une marque de couches avec un bébé qui braillait. A l'approche d'un groupe de personnes, je l'ai vue se lever et prendre ces gens à témoin, en se lamentant :

"Oh, le pauvre chéri, si vous saviez comme mon cœur se brise à chacun de ses cris !"

Les femmes la couvraient de louanges : "Madame Baker, êtes-vous courageuse d'élever tous ces enfants !" Quand le groupe s'éloignait, non sans avoir laissé quelques billets, Joséphine récidivait avec les suivants... »

Marc Vromet Buchet, à l'origine l'un des plus fervents admirateurs de « La Baker », accède un jour, tout comme Paco, jusqu'à son intimité. De par ses hautes fonctions aux Renseignements généraux, il offre à son idole l'opportunité de précieux services. Ses souvenirs sont innombrables :

« A l'issue d'une première "invitation" pour un week-end à la Chartreuse des Milandes, elle me tendit... une note de frais du séjour. Je fis ainsi connaissance avec le personnage. D'autres, plus riches et plus célèbres que moi, ne déboursaient pas le moindre centime !

« Lorsqu'elle venait dormir dans mon appartement parisien rue de Dantzig, au contraire, tout devenait gratuit pour elle. Le cérémonial commençait toujours de la même façon : elle enlevait sa perruque, la plaçait sur l'un des deux obélisques en ivoire qui ornent encore mon hall d'entrée, puis elle trempait ses doigts dans un bol d'eau sucrée pour mieux frisotter sa postiche. Mais notre souvenir le plus pittoresque fut et restera à jamais le fameux voyage à Angers...

« Ce jour-là, je me trouvais à Paris quand Joséphine me téléphona en me demandant de la rejoindre de toute urgence aux Milandes. J'ai pris le train de nuit et, lorsque je suis arrivé au château, elle me tança copieusement pour mon retard ; son chauffeur ne s'était pas réveillé assez tôt pour me récupérer à la gare...

Sans me laisser le temps de prendre une tasse de café, elle me poussa dans sa voiture, prit le volant et m'annonça : "Direction, Angers !" Rosalie, sa chienne, était également du voyage...

En cours de route, nous nous sommes d'abord arrêtés à Limoges, chez des amis qui avaient réalisé certaines mosaïques aux Milandes. Ils nous ont invités à partager leur déjeuner au bord de la piscine de leur somptueuse propriété. Pour Joséphine, c'était déjà deux repas de gagnés...

Lorsqu'enfin, vers seize heures, nous sommes arrivés à destination, je me suis esclaffé en voyant les affiches collées sur les murs : Joséphine Baker dans *La Chaste Suzanne* !

"Toi chaste ?" lui lançai-je.

Elle fit mine de me gronder avant de pouffer à son tour...

Le thème de la pièce à laquelle elle devait participer était l'histoire d'un père et d'un fils qui avaient la même maîtresse (sans le savoir), une certaine Suzanne, vedette au Moulin Rouge.

Après la première représentation, au cours de laquelle j'ai joué à l'attaché de presse et à l'habilleuse, nous sommes rentrés dormir à l'hôtel où, là, j'ai exercé la fonction de secrétaire en frappant quelques lettres à la machine.

Le lendemain, très tôt, Joséphine me réveilla en me secouant : "Rosalie a des puces, tu sais ces petites bêtes... Elle n'arrête pas de se gratter. Cours acheter de l'éther à la pharmacie."

Encore tout ébouriffé et mal remis de notre journée mouvementée de la veille, je suis allé m'enquérir de ce qu'elle m'avait demandé. A mon retour, je l'ai retrouvée assise sur une chaise, Rosalie entre ses genoux.

Elle commençait à lui enlever les tiques avec la main (car c'étaient des tiques...).

Elle plaça les horribles bestioles dans un carton et me pressa d'aller les brûler dehors sur la petite place devant l'hôtel. Je n'eus d'autre choix que de m'exécuter et lorsque je suis remonté, elle me demanda, l'air soupçonneux :

"J'ai regardé par la fenêtre et je ne t'ai pas vu, où étais-tu ?

– Je n'allais tout de même pas faire cela devant tout le monde, me suis-je défendu, j'ai donc essayé de trouver un coin discret."

Elle ne répondit pas mais, en jetant à nouveau un coup d'œil dans la rue, elle aperçut un groupe de femmes traverser la place, une branche d'olivier à la main.

"Qu'est-ce que c'est ?" me questionna-t-elle.

Nous étions le dimanche des Rameaux et elle manifesta son soudain désir de se rendre à la messe :

"Moi aussi je veux y aller, je suis catholique !"

Et nous voilà partis en direction de l'église, Joséphine, Rosalie et moi ! Comme la circulation était dense aux abords du bâtiment religieux, j'ai expliqué à un agent de police que j'étais avec madame Baker, en lui demandant gentiment de nous trouver une place.

"J'en ai rien à f... de madame Baker, me lança-t-il effrontément.

– Et de ceci, vous n'en avez toujours rien à faire ?" lui rétorquai-je sur le même ton, en lui mettant ma carte professionnelle barrée des trois couleurs nationales sous le nez.

Il se confondit en excuses et, grâce à son excès de zèle, nous pûmes gagner l'église très rapidement. Au moment où nous allions franchir le portail d'entrée, Joséphine s'écria :

"J'ai oublié mon chapeau ! Ce n'est pas possible, je ne peux pas rentrer sans chapeau."

Elle retira alors l'un de ses deux gants blancs, l'enroula autour de son petit chignon et me prit énergiquement par le bras. Les fidèles étaient déjà tous installés. Notre traversée de la nef de cette petite église de province, avec une Joséphine si curieusement chapeautée, fit vraiment sensation !

Le prêtre avait à peine entamé son service qu'elle commença à trépigner, en me bourrant les côtes :

"J'ai envie de faire pipi, allons-nous'en..."

Elle était infernale !

Nous sommes rentrés à l'hôtel, avant la matinée et la représentation du lendemain soir.

Le retour aux Milandes fut tout aussi rocambolesque. Pour éviter une nuit d'hôtel et gagner du temps, elle tint absolument à prendre le volant après la fin du spectacle, c'est-à-dire vers minuit. J'étais exténué mais, terrifié par sa conduite, je n'ai pu me résoudre à fermer l'œil. Nous avons effectivement frôlé le fossé à de nombreuses reprises...

Après une ou deux heures de route, elle arrêta la voiture sur l'accotement pour descendre de nouveau "faire pipi". La nuit était complètement noire et les phares avaient tous été intentionnellement éteints. Elle disparut pendant plusieurs minutes... Je me demandais où elle avait bien pu passer lorsque sa voix, distante de plusieurs dizaines de mètres, me parvint, étouffée : "Ne regarde pas !"

Une fois arrivés au château, j'ai repris le train pour Paris, et je me suis dit que jamais plus elle ne m'y reprendrait... Mais on ne résiste pas à Joséphine Baker. Mon ami et moi, nous sommes installés à Envaux, un hameau situé à deux kilomètres des Milandes pour vivre tout près d'elle. Je dirigeais bénévolement son secrétariat et lui prêtais souvent de grosses sommes d'argent. Elle s'en montrait rarement reconnaissante... Si j'amenais mes chats avec moi pour travailler au château, j'avais droit à des scènes. Les pauvres choux étaient accusés de filer les tapis d'Orient offerts par l'impératrice Farah, alors que les siens déféquaient dans toute la maison. Je devais donc laisser les miens chez moi et rentrer à midi spécialement pour les nourrir avant de revenir vaquer aux affaires de "Madame Joséphine" !

Je m'occupais aussi des gosses en allant les chercher à l'école. Si d'aventure, elle me surprenait dans le parc du château en débardeur de style "Marcel", elle me priait instamment d'aller me rhabiller :

"Il ne faut pas leur donner le mauvais exemple", disait-elle.

Ma sexualité la gênait. Vis-à-vis de sa "tribu", ce n'était pas très recommandable. Les avatars de son dernier mariage l'avait trop meurtrie. Je me souviens m'être un jour rendu dans son bureau en sa compagnie et d'y avoir surpris Jo Bouillon, à demi nu dans les bras d'un journaliste... Elle joua l'indifférence mais lorsqu'elle se retrouva seule avec Jo, l'ambiance ne dut certainement pas être à la fête... »

En 1960 à l'Olympia, le chorégraphe Georges Reich fait les frais de cette homophobie de surface ou latente. Tandis qu'il sort de sa loge, vêtu d'un collant rose pailleté, Joséphine le met à l'index devant tout le monde : « La voilà la honte des femmes ! » l'apostropha-t-elle, mi-caustique, mi-vindicative.

Si elle s'est toujours entourée de « folles », au sens figuratif du terme, Joséphine ne badine pas avec l'éducation de ses propres enfants. Un jour, elle découvre que l'un d'entre eux lui a volé de l'argent, avant d'aller enterrer le « butin » dans le parc du château. Elle entre dans une énorme colère et les représailles ne se font pas attendre très longtemps. Un écriteau barré d'un large « Je suis voleur de X francs » accroché autour du cou, le gamin est condamné à effectuer trois fois le tour du village, sous le regard des touristes...

« C'était une mère très inquiète, explique Jean-Claude Bouillon. Aussi, sa violence irrationnelle et démesurée dans ses gestes venait, je crois, de sa peur de nous perdre. Elle nous avait tous tirés de la misère humaine, de la mort pour certains et elle s'était rendu compte de la fragilité des choses. Peut-être, ressentait-elle beaucoup plus qu'une autre ces caprices du destin qui font qu'on vous retire l'enfant qu'une sorte de miracle vous a accordé. »

Isolée au milieu de tant de garçons, Marianne adopte des attitudes de vraie meneuse de bande, mais elle rêve aussi parfois d'une petite sœur qui ait les traits de ses poupées.

C'est le hasard qui répond à son vœu lorsqu'un matin de 1964, sa mère dépose près d'elle dans son lit une petite fille basanée, à l'identité particulière.

Cette enfant est le fruit d'un adultère au sein d'une illustre famille royale régnante, dont la toute-puissance nous « invite » à la discrétion. Secret d'Etat... La Princesse désavouée a passé les derniers mois de sa grossesse aux Milandes chez Joséphine, son amie. Stellina devient ainsi la cadette de la « tribu Arc-en-ciel ». A force de compresser son ventre pour dissimuler son état, sa mère a été responsable d'une malformation du bébé à sa naissance : un pied-bot que de longues séances d'orthopédie parviendront à corriger.

Bardot à la rescousse...

L'année 1964 marque aussi le grand retour de Joséphine à l'Olympia, en avril. Le ministre du Travail, Gilbert Grandval, se déplace pour encourager celle qui revient de New York tout auréolée d'une gloire nouvelle, jusque dans sa loge : une faveur exceptionnelle, habituellement réservée à l'artisanat français. Rue des Capucines, Doudou le régisseur occupe toujours la même fonction :

« Je l'ai retrouvée très marquée par les ans, mais sur scène, sa superbe et sa toute-puissante incantation demeuraient inaltérables. Chaque soir, pendant les courtes semaines qu'elle passa chez nous, je l'observais encore et toujours et je pensais : Comment va-t-elle être ce soir ? Va-t-elle encore les avoir ?

« La plupart du temps, elle les "avait" effectivement et quand je voyais qu'elle commençait à faire son cinéma en se mettant à sangloter au milieu d'une chanson, ou en s'agrippant au rideau, je me disais en riant que, vraiment, elle exagérait. Je l'avais baptisée la Sarah Bernhardt du pauvre, car elle adorait faire pleurer dans les chaumières... »

Dans sa quête infinie pour sauver son idéal et surtout sa situation, Joséphine se rend à la S.A.C.E.M. Son président Henri Contet, parolier d'Edith Piaf, lui alloue un coquet pécule. Plus tard, il avouera à Pascal Sevran son plus grand regret : « N'avoir jamais écrit pour la grande Joséphine. » Un mois plus tard, la télévision française la met à l'honneur dans un super-show réalisé par Jacques Rutman et présenté par Jacques Charles.

Au théâtre des Champs-Elysées, c'est Robert Manuel qui préside une soirée de bienfaisance... six cents personnes seulement assistent au spectacle, soit un peu plus d'un tiers de la salle ! Certains commencent à ne plus s'attendrir du tout.

Menacée par le spectre d'une misère plus sombre encore, le 1er juin, Joséphine pousse un cri de désespoir pour tenter de faire réagir l'opinion. On lui a coupé l'électricité et seules quelques bougies éclairent le texte préparé pour la presse et la radio :

« Si la perte des Milandes m'oblige à constater que l'humanité ne veut pas soutenir ce que l'on fait pour elle, alors mes enfants et moi, nous nous retirerons en quelque pays lointain et nous demanderons à la solitude cette tranquillité que les hommes nous ont refusée. »

Emue, le 4 juin, à la fin du journal de 20 heures, Brigitte Bardot lance à son tour un appel symbolique à la télévision pour sauver la « maman du monde ». Elle lui adresse un chèque d'un million de centimes. L'effet est immédiat. Un grand mouvement de solidarité prend naissance en France, comme à l'étranger. A Paris, un comité d'aide se constitue autour de François Mauriac, Antoine Pinay, Marcel Dassault, Bruno Coquatrix, Jean-Paul Belmondo, Gilbert Bécaud et bien sûr Brigitte Bardot. Des quatre coins du monde, les dons affluent. Parmi les plus remarqués, celui de la générale de Gaulle et de tous les membres du gouvernement français. Dans une lettre ouverte publiée par la L.I.C.A. dans son journal, *Le Droit de vivre*, Joséphine remercie « le grand cœur de B.B. et sa générosité désintéressée » et souligne l'effort fourni par les organisateurs de soirées de bienfaisance pour que Les Milandes ne meurent pas. A Abidjan, outre son apport personnel, le Président Houphouët-Boigny se manifeste en organisant une soirée donnée le 26 juin au Grand-Hôtel d'Abidjan, qui rapporte une recette colossale.

Toutes ces sommes ne permettent pas de recouvrer le montant des dettes, mais contribuent au moins à faire annuler la vente du mobilier prévue par le tribunal. Une véritable petite fortune est dépensée en cartons de remerciement car Joséphine a tenu à témoigner sa reconnaissance envers ses bienfaiteurs. Toutes sont signées de sa main.

Une certaine presse se défoule alors contre B.B. Dans un article de *Art* : « La T.V. au secours des orphelins de luxe », Raymond de Becker crée la polémique :

« La télévision est un organisme d'Etat. Il est inadmissible qu'elle soit mise au service d'intérêts privés. Fussent-ils de ceux de miséreux de luxe. Madame Bardot a eu l'outrecuidance de vouloir définir “le devoir des Français”. »

Ce à quoi les défenseurs de la nouvelle Marianne, qui aujourd'hui encore se bat contre ces injustices, rétorquent : « La charité ne porte tort à personne et elle fait du bien à ceux qui la pratiquent ! »

Faites passer...

Sans doute faut-il chercher ici la complaisance de Joséphine envers sa jeune bienfaitrice ; tout comme Gilbert Bécaud et Claude François le « chouchou », B.B. échappera miraculeusement aux piques empoisonnées de « La Baker ».

Depuis toujours, Joséphine voue aux sciences occultes une sincère fascination. Mireille Ponsard, qui partagea, on s'en souvient, l'une de ses affiches en 1933, se remémore leurs nombreuses visites chez des cartomanciennes, installées sur leur parcours : « Elle en raffolait et, au cours de la tournée, il n'est pas une seule gitane dans une seule des villes que nous avons traversées qui ne l'ait reçue en consultation. »

Malgré l'âge et les épreuves, Joséphine n'a rien perdu de cet engouement pour la voyance. C'est à ce titre que le fameux Bouadana, médium de Rita Hayworth et de Marlon Brando, est invité à venir s'installer chez elle. Cet Indien septuagénaire terrorise les paysans de la région par la force et la véracité de ses prédictions. Joséphine ne l'écoute que lorsque ses visions tournent en sa faveur... Devine-t-il les nouvelles déconvenues qui guettent son hôtesse ? Toujours est-il qu'en juillet, victime d'une sévère crise cardiaque, Joséphine se retrouve une nouvelle fois alitée dans un hôpital parisien.

Le 11 septembre 1964 au soir, alors qu'à Rome l'Eglise entre dans sa dernière année de sessions conciliaires, la châtelaine des Milandes, convalescente, écrit à Paul VI. Elle réclame du Pape le départ du nouveau curé de la paroisse ; dans l'après-midi, une brutale altercation les a opposés dans le cœur de la chapelle.

« Vous n'êtes qu'une voleuse », l'a accusée le prêtre devant quelques touristes.

Bondissant sur Joséphine qui a voulu protester, il l'a giflée en se faisant fort de la reconduire à l'extérieur. Rageuse, elle l'a repoussé, puis a couru vers la sacristie pour s'emparer du Christ ancien qu'elle y a déposé des années auparavant.

Le curé a menacé de faire sonner les cloches contre elle... comme à Vienne en 1928. Désireuse de ne pas s'exposer davantage au ridicule, Joséphine s'est alors inclinée. Piquée au vif, elle a quitté les lieux.

En un an, l'abbé Thobie s'est taillé une solide réputation. Grand blessé de guerre et trépané, ce dépressif s'est enfermé dans un mutisme têtu. Quand la nouvelle de l'incident se répand, Monsieur Rouland, le maire de

Castelnaud, explique, goguenard, à un journaliste de *Sud-Ouest* :

« Moi-même j'ai reçu une claque de lui, mais il ne l'a pas fait méchamment, c'était un peu comme s'il voulait me donner la Confirmation... »

Encouragée par ses visites aux différents papes, Joséphine se sent en odeur de sainteté. Sous ses réactions parfois inattendues, brûle la révolte, vite réprimée par un respect apparent des usages. A la sortie d'une audience accordée plus tard par Paul VI, sur la place Saint-Pierre de Rome elle déclarera à ses enfants : « Nous ne remettrons plus les pieds ici, tant qu'il y aura autant de mendiants autour de cette place, et tellement de richesses à l'intérieur ! »

C'est précisément dans de tels moments qu'elle doit le plus se ressembler. Mais souvent, à quelques pas de là, l'objectif d'un photographe ou l'oreille indiscrète d'un journaliste lui rappelle les conventions et elle reprend alors et ses attitudes compassées et son rôle d'irréprochable « mama » universelle.

« Attention, mesdames et messieurs, le spectacle continue ! »

Elle commence de la même façon à tenir ses distances avec les francs-maçons. Elle ne les sent plus en accord avec ses idéaux...

Le 2 novembre 1965, Hassan II la reçoit en audience privée pendant plus d'une demi-heure. Le souverain marocain se propose de l'aider en lui offrant un financement à hauteur de 300 000 francs, ajouté à l'équivalent de 100 000 francs, prélevés sur sa cassette personnelle. Un journaliste rapporte que, dans sa confusion, Joséphine a oublié de faire la révérence qu'elle a si bien exécutée en arrivant... De son côté, l'Algérien Ben Bella lui a promis de lui faire remettre 250 000 francs supplémentaires, mais il a été limogé peu de temps après sa promesse. Le monde continue à se mobiliser pour Joséphine et elle continue à mobiliser le monde :

« Un jour, elle me téléphona affolée, raconte Line Renaud. Je me trouvais à Las Vegas où je menais la revue. Joséphine connaissait mes amitiés avec beaucoup de grandes vedettes américaines, comme Sinatra ou Dean Martin, et elle me supplia de faire quelque chose pour Les Milandes. Elle souhaitait que j'organise un gala en sa faveur. Je lui ai démontré que c'était impossible, que le contexte ne s'y prêtait pas. J'en étais navrée, d'autant plus que c'est elle qui m'avait enseigné l'art ô combien périlleux de descendre l'escalier du Casino de Paris en 1959. Elle eut du mal à comprendre, pour elle le mot impossible n'existait pas, mais elle ne m'en a jamais tenu rigueur. »

« Personnellement, je n'étais pas une inconditionnelle de Line Renaud, témoigne Ginette Renaudin, mais Joséphine prenait souvent sa défense car, même si elle était amusée par son gentil nombrilisme, elle n'ignorait pas qu'après elle, Line serait la seule capable de reprendre le flambeau de la revue : "Si si, elle est bien !"

Outre sa fausse affection pour "la demoiselle from Armentières", son jugement professionnel ne me paraissait guère sincère. Je la connaissais trop bien pour que ses yeux puissent me mentir. »

Oncle Fidel...

Depuis longtemps, Joséphine regarde d'un œil bienveillant l'évolution politique dans certains pays d'Amérique du Sud. Che Guevara la fascine et à Cuba, le renversement du sinistre Batista la comble de satisfaction. Fidel Castro, le nouvel homme fort de La Havane, connaît de notoriété la position de Joséphine à l'égard de son pays natal. Tumpie y voit l'opportunité d'obtenir du Président cubain un financement partiel pour sa nouvelle idée : un collège de la fraternité universelle aux Milandes ! Des négociations discrètes sont engagées avec Antonio Carillo, ambassadeur de Cuba à Paris, qui aboutissent pour Joséphine sur une invitation à La Havane à l'occasion de la conférence tricontinentale. Ce sommet coïncide avec le septième anniversaire de la révolution cubaine. Le voyage est programmé pour la fin de décembre 1965. Auparavant, Joséphine adresse un courrier à l'ennemi juré des Etats-Unis :

« Ma visite aura pour but d'attirer l'attention du monde entier sur le fait que vous approuvez mon idéal dont mes enfants sont le vivant symbole. Au cas où vous le désireriez, je serai disposée à donner dans votre pays une ou plusieurs représentations au profit de vos œuvres philanthropiques nationales. »

Elle signe : « Votre humble sœur. »

Rita Puig est sollicitée pour lui servir d'interprète, car non seulement la maman de Paco connaît les subtilités de la langue espagnole mais elle sera surtout capable d'oublier ce qu'elle aura entendu. Placée devant le fait accompli, Rita délaisse sa famille, son travail et, avec la bénédiction de son mari et celle de l'ambassadeur d'Espagne, elle consent à sacrifier les fêtes de Noël loin des siens. Apporter sa contribution à une cause à laquelle elle adhère profondément lui tient encore sincèrement à cœur...

« Lorsque nous sommes arrivées à La Havane, témoigne-t-elle, l'accueil fut délirant. La façade de la maison des syndicats, où un hommage tout à fait exceptionnel lui fut rendu, avait été entièrement recouverte de fleurs coupées qui reconstituait son portrait avec ce slogan : "*Benvenida Josephina.*"

A l'hôtel Hilton, un bâtiment restauré pour la circonstance, deux superbes suites nous avaient été attribuées. Les autorités cubaines avaient déroulé le tapis rouge. Joséphine elle-même n'en revenait pas. Elle insista pour que je m'installe dans sa chambre et, après un brin de toilette, nous sommes allées dîner en ville, dans un restaurant que l'on nous avait recommandé.

A notre retour à l'hôtel, nous apprîmes que nos suites avaient été changées. Nous logerions désormais deux étages au-dessus où la vue sur la mer n'en était que plus merveilleuse. Intriguée, Joséphine se posait mille questions sur ce revirement subit. Je me doutais que cela n'avait pas été le fruit du hasard, mais je ne voulais pas lui en parler. Devant son insistance, je dus l'entraîner sur la spacieuse terrasse de sa suite et tandis qu'au loin, les navires de guerre de la flotte américaine, qui attendaient la chute du régime pour intervenir, pointaient le bout de leurs canons, je lui ai chuchoté à l'oreille :

"Ils se sont certainement aperçus que les micros placés dans les premières chambres ne fonctionnaient pas."

Soulagée, elle me sauta au cou :

"Ma chérie, j'aurais dû y penser avant ! ! !"

Dès lors, elle ne cessa plus de tarir d'éloges sur Castro et ce, à haute voix bien sûr, pour qu'on l'entende mieux...

Le jour de son premier spectacle, lorsqu'elle se présenta pour les répétitions, elle fut surprise de constater qu'on avait mis à sa disposition un orchestre symphonique de cinquante musiciens. Elle jugea que c'était trop pour elle et se mit à trier les instrumentistes. Au bout d'une demi-heure, elle fut en mesure de diriger elle-même, et avec maestria, un ensemble de vingt-cinq musiciens éblouis. Sidérée à mon tour, je l'ai regardée faire et j'ai vraiment compris ce jour-là pourquoi elle était devenue Joséphine Baker.

Le soir même, Castro vint l'applaudir et, le lendemain, il nous accorda un entretien particulier dans son bureau au palais présidentiel. Joséphine lui parla de ses déboires aux Etats-Unis et ils épiloguèrent généreusement sur leur haine commune du colonialisme américain. Ils ne pouvaient avoir trouvé meilleur terrain d'entente...

D'un autre côté, nous sentions bien qu'autour de nous, mille et une précautions avaient été prises pour qu'aucun contact ne soit établi avec la population locale. Notre chauffeur, présenté dès notre descente de l'avion, avait reçu l'ordre de ne pas nous lâcher d'une semelle. C'était toujours le même, de jour comme de nuit. Le pauvre homme ne dormait jamais. Interdiction également d'adresser la parole à "Madame Baker". Nous non plus, nous ne pouvions téléphoner en France ; c'était impossible !

"La petite bananière" comme l'appelait les autochtones avait entamé une tournée à travers le pays, chantant sur un camion. Elle se donnait jusqu'à l'épuisement et, à la fin de chaque représentation, elle s'affaissait dans mes bras : "Je n'en peux plus !"

Des premières tractations financières se déroulèrent avec Carillo. 250 000 francs furent remis sur place à Joséphine et elle reçut la même somme quelques semaines plus tard aux Milandes.

"Je suis heureuse d'avoir été le témoin du premier grand échec de l'impérialisme américain", déclara-t-elle publiquement dans le même élan de spontanéité et d'inconscience que chez Perón.

Je suis rentrée seule à Paris, une semaine avant Joséphine et, par la faute d'un diplomate français qui m'avait remis une lettre ouverte pour un membre de sa famille, il s'en fallut de peu pour que je ne revoie jamais la mienne... »

« Josephina » revient malade de Cuba ; toujours son intestin qui depuis la guerre ne lui laisse pas de répit.

« Elle fut de nouveau opérée à l'hôpital américain de Neuilly, et on lui plaça l'intestin à l'envers, dit Rita. Sans cela, elle serait morte ! Elle souffrait le martyre et je ne comptais plus les heures passées à lui frotter le dos ; ça la soulageait. Je m'occupais aussi de recevoir la presse. Je me souviendrai toujours de l'expression de son visage lorsqu'elle découvrit les fleurs envoyées par le général de Gaulle. La gerbe était si fournie et encombrante qu'elle ne passait pas par la porte de la chambre... »

Peu après, s'estimant trahie, Rita décide de rompre brutalement sa relation avec Joséphine : « Tu t'es servie de moi, ton collègue de la Fraternité, c'est du bluff, lui reprocha-t-elle. Si elle avait posé ne serait-ce que la première pierre, au moins symboliquement, comme je le lui suggérais, j'aurais continué à la suivre. Elle ne l'a pas fait et pour cause : c'était pour elle une façon détournée de recevoir de l'argent et garder son château. Je ne lui ai jamais pardonné mais au moins je perçai à jour sa véritable personnalité...

"Tu ne peux pas me faire cela", me répondit-elle.

Quelque temps plus tard, elle apprit que mon mari se trouvait à l'hôpital, et elle me téléphona : "Il faut que je vienne le voir !" Je l'en ai fermement dissuadée :

"Pour nous, tu n'existes plus. Oublie ce numéro de téléphone, nos souvenirs et notre amitié. Tu ne fais plus partie de notre vie !"

Elle en fut profondément meurtrie, assure Rita, mais je n'ai pas cédé... »

D'autres amis se sont définitivement éloignés de Joséphine : Jacques et Jacqueline Abtey. « Depuis qu'il l'avait enrôlée dans le renseignement, mon mari s'était toujours senti moralement responsable d'elle, et ce, même après la guerre, dit Madame Abtey. A notre retour du Maroc, fin 1948, nous vivions près d'elle en Dordogne qui est ma terre d'origine. Chaque fois qu'elle a eu besoin de lui, elle l'a appelé et il a toujours répondu à son appel. Toujours. Il intercédait par exemple auprès des gendarmes quand Richard, le frère de Joséphine, qui aimait trop la boisson avait encore fait des siennes aux Milandes. Moi-même, en dépit de sa jalousie à mon égard, je l'ai toujours aidée. Cela ne l'empêcha pas de se conduire en garce avec nous. "Pourquoi n'apportes-tu pas ton aide à Jacques pour le faire connaître en tant que peintre ?" demanda un jour l'une de nos amies à Joséphine. Mon mari était un artiste-peintre qui n'a jamais eu la chance d'être reconnu de son vivant autrement que par des éloges de professionnels tels que Jean Gabriel Domergue. La réponse de Joséphine nous écœura sans nous étonner : “Jacques et Jacqueline sont heureux en amour, ça devrait leur suffire !”

« Quand elle invitait de hautes personnalités au château elle ne nous conviait qu’en tant que faire-valoir. Nous ne lui demandions rien. Elle savait que nos services étaient désintéressés et elle en abusait. “Tu ne comprends rien aux affaires”, disait-elle à mon mari lorsqu’il lui prodiguait ses conseils... Elle préférait s’en remettre à des gens qui la roulaient. Je pense à ce pseudo-comptable adipeux et colloïdal qui se servait allégrement dans sa caisse et qu’elle laissait faire sachant que, si elle omettait de lui régler son mois, il ne lui créerait pas d’ennuis et se paierait d’une autre façon. Ce genre d’agissements exaspérait mon mari, mais Joséphine n’en faisait qu’à sa tête. Elle flattait ces gens-là pour qu’ils continuent à lui être fidèles, leur rapportant des cadeaux des quatre coins du monde. Pour ma part, je n’ai jamais rien reçu d’elle... juste des promesses. Je n’attendais rien mais lorsque je voyais sa générosité envers ceux qui la volaient, ça me restait en travers de la gorge. Une seule fois, elle m’a rapporté de New York un bonnet de bain en plastique parsemé de petites fleurs... Je l’ai refusé.

« Un jour, Menhebi, son vieil et riche ami marocain qui était tombé dans la misère à cause d’une mauvaise gestion de sa fortune, lui avait demandé un prêt d’argent. Elle a fait la sourde oreille et c’est mon mari qui fit un geste pour le pauvre homme. Démuni, il n’intéressait plus Joséphine. En revanche, Moulay Larby qui, lui, avait accédé à un poste très important au Maroc se vit offrir pour son épouse et ce, sous les yeux de Menhebi qui en pleura ensuite avec nous, un magnifique bijou. Mon mari et Menhebi ne reconnaissaient plus la Joséphine résistante. Elle avait changé, considérablement changé...

« Vers 1961 je crois, quand la coupe a été pleine, nous avons tout envoyé balader et nous n’avons pas revu Joséphine pendant un certain temps.

Un soir à Nice où nous avions loué un appartement,

nous eûmes la surprise de la voir débouler chez nous comme si de rien n'était, avec l'un de ses enfants. Sans attendre notre autorisation, elle prit une douche, vida mon frigidaire car elle n'avait pas eu le temps de se restaurer et prit ses aises en faisant preuve d'un culot extraordinaire. Je sentais mon mari bouillir et prêt à exploser. "Laisse-moi faire, je vais lui parler et je te promets qu'on ne la reverra pas de sitôt", l'ai-je rassuré. Je lui ai alors déballé calmement tout ce que nous avions sur le cœur en la priant de quitter immédiatement les lieux. Elle a fait la moue, claqué la porte et nous ne l'avons plus jamais croisée. Elle nous avait usés jusqu'à la corde tant et si bien que nous avions perdu tout sentiment pour elle. »

La pestiférée...

En juillet 1966, invitées par Castro, Joséphine et sa « tribu Arc-en-ciel » arrivent à La Havane où « oncle Fidel » les installe dans une confortable villa de bord de mer avec piscine. Avant de les laisser repartir, Castro offre à chaque enfant un costume de petit révolutionnaire confectionné à sa mesure. Joséphine leur demandera tout de même de ne pas trop les exhiber en France, son voyage lors de la conférence tricontinentale ayant plus été un pied de nez aux Etats-Unis qu'une réelle adhésion à la politique du Président cubain. Après Cuba, les vacances d'été se poursuivent à Buenos Aires chez « papa Jo ». Bouillon retrouve ses enfants fort changés. Leur départ pour la France l'affecte mais trois mois plus tard, c'est Joséphine elle-même qui lui demande de revenir pour tenter de trouver une solution définitive, car la crainte de voir vendre Les Milandes aux enchères réapparaît, lancinante. Le 5 juillet, on a de nouveau évité la catastrophe. Les créanciers ont accordé un sursis de trois mois. Ce qui a repoussé le délai à septembre... A cette date, le cœur plein d'espoir, Joséphine rend visite au ministre de la Jeunesse et des Sports, André Missoffe, pour plaider sa cause.

« Je suis l'un de vos admirateurs, lui a répondu le ministre, mais il n'est pas possible de vous donner les quatre millions qui vous manquent. Il faut que vous abandonniez à d'autres la gestion des Milandes, tout en poursuivant votre mission. Ne faites pas concurrence à l'assistance publique. »

Elle a également essuyé un net refus de la part du directeur du Crédit Agricole... « Nous autres en étions malades pour elle », se souvient une employée de la célèbre banque.

En octobre, « Jo et Jo » se rendent au Maroc. Le roi propose de mettre à leur disposition un vaste terrain et la possibilité de tout recommencer à zéro. Joséphine ne s'en sent pas le courage. « Ce n'est qu'en France qu'on peut donner un tel exemple de tous ces petits enfants venus des quatre coins du monde pour vivre enfin en frères », confesse-t-elle à « Cinq colonnes à la une ».

Pour tout l'or du monde, Tumpie ne lâchera pas Les Milandes...

Elle continue à travailler sans relâche en acceptant tous les contrats qu'on lui propose. Peu avant Noël, elle laisse son mari en Dordogne et emmène son melting-pot à Paris. Ensemble, ils font la tournée des grands magasins de la capitale, suscitant la curiosité des badauds, enchantés. Cette année-là, Joséphine fête ses soixante printemps et sa triste condition lui arrache ce terrible aveu : « Une vieille dame est plus pitoyable qu'une vieille rose... »

Sa couronne s'est dépouillée de ses lauriers et ses déboires la talonnent chaque jour. Si le peuple lui voue toujours le même amour, l'élite de la profession la fuit comme une pestiférée. Ainsi, lorsqu'un organisateur de spectacle du sud-ouest de la France demande à Rika Zaraï, une débutante, si elle accepte que Joséphine soit sa vedette américaine, la chanteuse israélienne se demande s'il n'y a pas erreur sur la personne :

« Ce monsieur m'avait expliqué que beaucoup d'autres artistes avaient refusé de se produire à ses côtés. Le jour du gala, je suis allée la voir dans la coulisse en lui faisant part de ma fierté de chanter à ses côtés. J'ai ajouté que ce serait un honneur exceptionnel pour moi de l'annoncer au public. Quand j'ai cité son nom, elle est montée sur scène, les larmes au bord des yeux. Les gens ont été très chic avec elle et, après avoir reçu une longue ovation, elle est venue m'embrasser dans ma loge en me confiant que cela faisait longtemps qu'un professionnel n'avait pas fait un tel geste pour elle... »

Dans un même élan de solidarité, Salvatore Adamo compose une chanson, *Noël sur Les Milandes*, dont il envoie le texte à Joséphine, en lui cédant l'intégralité des droits d'auteur. Curieusement, il ne recevra aucune réponse.

Depuis toujours fasciné par le mythe Baker, l'interprète de *Tombe la neige* a été touché par les images publiées dans la presse du dimanche, montrant une Joséphine vêtue à la limite de l'indigence ; happée par ses problèmes, elle ne donne plus la même importance à son apparence physique : « Ça ne fait rien si je suis moche à la ville, l'essentiel est que je sois belle sur scène. »

« Lorsque nous arrivons dans un aéroport et qu'on la reçoit comme l'on recevrait la reine d'Angleterre, j'ai honte de la voir fouler le tapis rouge dans ses vêtements usés, avec ses bagages de romanichelle », fait un jour remarquer le pianiste Pierre Spiers à son épouse Marie. Depuis 1949, le couple partage l'intimité de Joséphine au même titre que les Puig et Marie habille maintenant son amie à la scène comme à la ville. Aussi, Joséphine n'oublie jamais de faire figurer le nom de la boutique de mode de Marie (Sonatine) sur chacun de ses programmes. Pierre Spiers y assure sa publicité pour son école de musique...

Après sa querelle avec Rita Puig, Joséphine s'est tournée en désespoir de cause vers Marie Spiers, et elle met un point d'honneur à rembourser chaque robe, chaque morceau d'étoffe, à sa nouvelle couturière. Les délais de remboursement s'espaçant de plus en plus, Marie a recours à une comptable qui, devant la complexité de la tâche, déclare forfait au bout de quelques jours...

En face de la boutique de Madame Spiers, rue de Courcelles à Paris, un autre ami, le coiffeur François Solvinto, met son salon à la disposition de son idole en lui offrant gracieusement toutes ses perruques de ville. Lorsqu'elle s'amuse à jouer les commerçantes chez l'un ou chez l'autre, Joséphine fait bénéficier ses amis d'une formidable publicité. Par sa seule présence chez « Sonatine », elle fait tripler le chiffre d'affaires de Marie.

A la veille de ce Noël 1966, les Spiers s'accordent pour lui offrir une sacoche décente, destinée à remplacer son vieux range-documents en plastique. Marie se rend chez Hermès pour y choisir le modèle le plus luxueux : une peau de crocodile. Bien mal lui en a pris ! « Qu'est-ce que c'est que ça ! s'insurge Joséphine. C'est une folie. Ramène-la donc où tu l'as trouvée, fais-toi rembourser et va chez Monoprix m'en acheter une autre plus simple en plastique ! » Cette leçon d'humilité laisse les Spiers perplexes. La directrice de chez Hermès manque, elle, d'en ravaler son snobisme.

Fraîche émoulue d'une école de couture au cœur de sa Touraine natale, la tête pleine d'ambition, son mariage avec Spiers a conféré à Marie un certain statut social. Se retrouver de surcroît dans les petits papiers d'un personnage public de la dimension de Joséphine représente pour elle une indéniable réussite. La présence d'une indomptable telle que Tumpie la rassure et pour ne pas la perdre, parce qu'elle l'aime vraiment, elle subit les humiliations en silence.

Il est vrai que dès lors que l'on devient l'un de ses proches, quel que soit le prix à payer, « La Baker » vous ouvre les portes d'un monde fabuleux, fait d'événements et de rencontres exceptionnels avec les plus grands de ce monde. Se priver de telles opportunités ne peut relever que d'une force de conviction indiscutable, dont a fait preuve Rita Puig. Sinon, il faut accepter le revers d'une médaille moins reluisant. Marie a choisi... Malgré ses efforts immenses, elle ne parviendra jamais à s'attirer l'entière estime de Joséphine : « Quelque chose me déplaît chez "Merry" », confessa-t-elle à Rita Puig, puis à Ginette Renaudin...

A la grande joie des enfants, « papa Jo » passe les fêtes de fin d'année aux Milandes. Des moments forts en émotion, partagés avec... la presse. Peu après Joséphine part en tournée en Algérie, au Moyen-Orient, en Asie... Ayant sollicité une audience du général de Gaulle non sans hésitation (« Je ne veux pas demander de l'argent, comme si je vendais les services que j'avais rendus au pays »), elle charge Bouillon de la représenter auprès du « grand Charles ». « Elle avait la répulsion de l'argent, écrivit Bouillon. Il le lui rendait bien : c'était l'argent qui la coulait ! »

L'entrevue, très brève, aboutit à un entretien plus long avec le chef de cabinet du Général, monsieur Gallichon. Ce dernier propose à « Monsieur Baker » la solution d'un château dans l'Allier où Joséphine pourra, comme préconisé au Maroc, tout recommencer. Cette solution ne séduit ni Jo Bouillon ni sa femme.

C'est alors que Joséphine se tourne vers Sylvain Floirat, président fondateur d'Europe 1 qui a diffusé l'un de ses appels de détresse sur son antenne. Depuis peu, président du Syndicat d'Initiative et du Tribunal de Commerce de la région, Floirat affirme à la châtelaine des Milandes que son domaine ne l'intéresse pas mais, avec un couple d'amis de Joséphine, les Carrier, il laisse supposer le contraire et demande à visiter l'ensemble de l'exploitation.

Avec son habitude de la confusion et des raccourcis, dans une lettre-testament inédite, Joséphine nous donne son sentiment sur cette rencontre :

« Floirat voulait bien payer mes dettes, soit 184 millions d'anciens francs. Le domaine serait acheté à ce prix, mais j'aurais le droit d'y vivre tant que je le voudrais avec mes enfants. Cependant, il ne voulait pas que son nom paraisse dans l'affaire, pour de multiples raisons et aussi parce que le prix de ses créanciers pourrait augmenter s'ils savaient que c'était lui qui payait. Je commençais à n'y plus rien comprendre, car le montant de mes dettes était connu depuis longtemps. Les uns et les autres savaient qu'une expertise, faite trois ans auparavant, avait estimé les terres à 623 millions d'anciens francs donc, le fait qu'il rachète le tout pour 184 millions me semblait assez flou... Un imprésario très connu à Paris, qui se disait ami de Floirat, m'avait proposé la même affaire et si je dois croire celui-ci, le président d'Europe 1 n'était pas si indifférent vis-à-vis des Milandes. »

« Floirat lui avait tout simplement proposé l'usufruit de son domaine », témoigne à son tour Madame Carrier-Delpeyrat, devenue l'un des prête-noms de son amie. « Mais Joséphine n'avait pas voulu accepter le fait que "Ses" Milandes puissent appartenir à un autre. Cela aurait pu la sauver mais elle n'avait qu'une seule chose en tête : gagner et gagner sans compromission. Souvent, elle venait nous demander conseil et ensemble nous essayions d'y voir clair. Quand mon mari lui expliquait quelque chose en lui indiquant les directives à prendre, elle disait toujours "Oui oui..." et puis quand elle se retrouvait seule, il devait y avoir un déclic qui la faisait changer d'avis car ensuite, elle faisait exactement le contraire.

Un jour, elle nous confia tous ses bijoux en nous demandant de les conserver précieusement ; elle les estimait plus en sécurité chez nous qu'au château. Je la revois encore arriver avec cette boîte à chaussures regorgeant de perles, de rubis, et autres sublimes joyaux...

Un beau matin, elle nous téléphona :

« Je passe chercher quelques pierres car j'ai rendez-vous à Paris avec un producteur américain à propos d'un projet de film sur ma vie.

– Je parie qu'elle va les mettre au mont-de-piété, me glissa mon mari.

Il la sermonna en lui demandant de ne surtout pas le faire. Elle le rassura : “Ne t’inquiète pas, ne t’inquiète pas...”
La semaine suivante nous apprîmes de source sûre que les bijoux étaient partis chez “ma tante”... Dès ce jour, nous avons su qu’à moins d’un coup de théâtre, c’était fini pour elle. »

Au mois de février 1967, les Guadeloupéens victimes d’Inès, un cyclone particulièrement dévastateur, lancent un appel international. Fidèle à sa croisade pour la fraternité universelle, leur sœur de couleur inaugure à Marseille, où elle n’a pas chanté depuis 1959, un vaste tour de l’hexagone, en faveur des populations sinistrées. Le même mois, une fastueuse rentrée aux Folies-Bergère est annoncée puis aussitôt démentie. Il faut trouver d’autres fonds.

Trigano et compagnie...

Un autre magnat se manifeste à la même époque, en offrant à Joséphine de « collaborer » avec elle : Gilbert Trigano...
Le P.-D.G. du Club Med propose que son groupe prenne en charge toute la responsabilité administrative et directive du domaine, en donnant à Joséphine un pourcentage à discuter. Une deuxième hypothèse est le rachat total des Milandes par le Club et le paiement intégral des dettes. Le château et les terres autour seraient laissés à Joséphine pour y bâtir le fameux collège de la fraternité. Refusant de mêler les affaires à son idéal, l’intéressée met sa réponse en jachère et charge maître Brisseau, de la Fiduciaire de Paris, de parlementer à sa place.
« Au cours de la discussion, Trigano faillit tout casser car il voulait racheter absolument toute l’affaire », écrira-t-elle.
Epouvanté par l’entêtement de sa femme, Jo Bouillon repart pour Buenos Aires...

Pendant quelques mois, la situation n'évolue guère. Si le miracle ne se produit toujours pas, il faut bien le provoquer en allant frapper à d'autres portes. Optimiste, Joséphine se rend à New York en janvier 1968 pour tenter d'y recueillir de nouveaux fonds. Les créanciers menacent sérieusement de mettre en vente la propriété le 16 du mois suivant. Il faut l'intervention de Robert Kennedy pour que Joséphine puisse entrer sur le territoire américain, mais elle en revient bredouille... La vente est cependant évitée de justesse ; une annulation pour vice de forme. Maintenant il va falloir aller très vite pour sauver la situation...

A Paris, Bruno Coquatrix propose à Joséphine un contrat de quinze jours avec possibilité de prolongations. La première a lieu le 4 avril 1968 à l'Olympia, en présence des enfants. La critique l'encense. Elle reçoit le prix du « Rideau rouge » des mains d'Annie Cordy et de Madame de Toulouse-Lautrec.

Cette fois, Doudou, le régisseur, la retrouve bien différente : « Elle était devenue très susceptible et lorsque Bruno lui suggérait de placer telle chanson avant telle autre par exemple, elle se braquait : "Dis tout de suite que ma chanson n'est pas bonne, à ce moment-là on la changera !" Quelques instants après, elle revenait en nous disant : "J'ai une idée", et elle nous faisait la même suggestion que Bruno auparavant, en la reprenant à son actif... »

« Mon dernier souvenir heureux avec elle reste cet après-midi passé ensemble à la Foire du Trône ; les forains l'avaient plébiscitée pour parrainer la fête d'inauguration. Le lendemain, nous y étions retournés tous les deux incognito car elle voulait pouvoir profiter tranquillement de chaque manège. Je la regardais s'étourdir en s'amusant comme une enfant et mon cœur se serra car je savais que, le soir même, d'autres rondes moins joyeuses l'attendraient...

Des événements plus graves nous ont séparés peu après. En mai 68, alors qu'elle tenait encore l'affiche de l'Olympia, j'ai réuni tout le monde en disant : "On arrête tout, on va s'aligner sur les autres théâtres et faire grève !"

Joséphine fit volte-face :

“Tu ne vas pas me faire ça ? C’est moi qui occuperai le théâtre !”

Après qu’elle eut courageusement défilé, le 4 juin en faveur de de Gaulle, elle vint me voir en m’adressant un sermon :

“Remets les pieds sur terre, Doudou, ne suis pas les syndicats et les étudiants. La France est un pays foutu si vous faites des bêtises.” »

D’expérience, Joséphine déteste les syndicats. Ils figurent parmi ses obsessions, comme la négligence morale ou physique chez les autres. Dans les coulisses de l’Olympia, Tabarly en fait les frais : « Qu’est-ce que c’est que ce vagabond mal habillé ? » se renseigne-t-elle auprès de son amie Lucienne Legrand en l’apercevant dans l’entrebâillement de la porte de sa loge. Elle n’a jamais entendu parler de lui et refuse de le recevoir. Tabarly repart sans rien dire, « mais, avec dans le regard la lueur un peu navrée des marins lorsqu’ils découvrent les turpitudes de la terre ferme »...

Au mois d’avril 1968, Monsieur Rouland, le maire de Castelnaud-la-Chapelle, se rend aux Milandes avec sa fille pour faire part à Joséphine d’une décision adoptée par le conseil municipal. Ils sont reçus dans un salon d’honneur, sans son mobilier, avec seulement quelques matelas regroupés autour de la cheminée. Une cuvette placée au milieu de la pièce recueille l’eau qui s’infiltre par la toiture...

La commune propose de racheter le château pour épargner les enfants, mais Joséphine le prend comme une insulte personnelle. « Elle était fière, dit aujourd’hui la fille de l’ancien maire. Je me rappelle qu’elle se cabrait en répétant impérieusement : La vente n’aura pas lieu, vous verrez. Ils n’oseront pas me faire ça. Je suis JO-SÉ-PHINE ! ! ! »

Pourtant, d’atermoiements en délais, la menace de la vente tant de fois annoncée pèse plus que jamais. On parle du 3 mai... Pour l’éviter, Joséphine demande à maître

Brisseau de trouver la somme nécessaire, soit 37 millions d'anciens francs, frais compris.

« Maître Brisseau, prudent, a trouvé 40 millions pour payer en avance les intérêts à 12,5 % mais il m'a bien dit que, si je ne remboursais pas cet argent dans le délai voulu, il me mettrait en vente », écrit Joséphine dans la fameuse lettre-testament datée de mai 1968. Prise avec un « couteau sous la gorge », elle accepte en espérant trouver la somme nécessaire, soit entre 130 et 150 millions d'A.F. pour rembourser Monsieur Brisseau, mais aussi l'ensemble de ses créanciers : « J'ai cherché tous les moyens possibles, je suis allée voir les banques, les groupes financiers, etc. C'est là que j'ai trouvé un certain Monsieur Pérou, assureur sur la vie. Il m'a trouvé un créancier, Monsieur Carpentier, qui m'a prêté 35 millions d'A.F. avec intérêts bien entendu. Mais pour garantir Carpentier, il fallait que je prenne une assurance sur la vie chez Pérou. Cette assurance est toujours en vigueur à la date d'aujourd'hui, c'est-à-dire que s'il m'arrive un accident mortel, il empochera une très forte somme d'argent.

Brisseau, encore lui, me téléphona plusieurs fois aux Milandes et me menaça de mettre le domaine en vente. Il voulait me rencontrer à nouveau mais je n'ai plus accepté ses rendez-vous car il me disait que je lui faisais toujours des promesses, sachant très bien que je luttais tant que je le pouvais pour essayer de m'en sortir. On aurait dit qu'il avait plaisir à me torturer. Depuis le début de mes ennuis financiers, il sollicitait des créanciers et allait même les chercher lui-même car son but était de me mettre en faillite et de me faire vendre, toujours à très bon marché bien sûr... Un ou deux de ses créanciers sont venus me le dire et, par la suite, se sont retirés après avoir constaté sa manœuvre.

« Avec Pérou c'était la même chose. Ce monsieur est très violent, il m'a menacée dans son bureau avec des mots insultants, même devant les amis que j'emmenais quelquefois avec moi pour qu'ils puissent se rendre compte du genre du personnage. D'ailleurs, mes amis furent scandalisés de son attitude, surtout quand il disait qu'il allait me mettre sur la paille, qu'il avait des chances de racheter Les Milandes pour trois fois rien et qu'il me ruinerait. Il poussait même son fils, un jeune avocat, à me mettre en vente, mais celui-ci trouva les agissements de son père peu dignes.

"C'est bien dommage que votre affaire s'arrange, me disait-il, car vous êtes notre meilleure cliente dans la région !" »

La veille du 3 mai, les hommes d'affaires de Joséphine, ses avocats, ainsi que ses avoués et son ami Bruno Coquatrix se mettent en contact avec les « adversaires » de la châtelaine des Milandes. Ils plaident le succès de l'opération « disque blanc », lancée par Guy Lux à la télévision. Ce S.O.S. a déjà rapporté huit millions de francs en France et le concept a toutes les chances d'être repris par les télévisions européennes. Le parti adverse accepte de repousser la date de la vente à la condition qu'on leur verse vingt-cinq millions d'anciens francs. Le 2 mai, ils prennent l'argent, mais sous prétexte que les sommes leur sont arrivées trop tard et bien que le commissaire-priseur ait été prévenu, ils achètent le lendemain Les Milandes au cours d'une vente aux enchères qui restera dans les annales de la médiocrité. De mesures dilatoires en solutions éphémères, l'irréparable renverse les dernières illusions de Joséphine. Coquatrix qu'elle a chargé d'assurer la surenchère ne s'est pas manifesté...

« J'ai eu l'impression de voir un animal sans défense en train d'être déchiqueté », confiera Akio Bouillon, l'aîné de la « tribu Arc-en-ciel », témoin à la vente.

Ainsi, le château, dont la mise à prix était de 297 000 francs, a été adjugé à seulement mille francs de plus par Monsieur Joseph Papalia, pharmacien aux Eyzies. L'ensemble de bâtiments à usage de bar, restaurant, hôtel, musée a été, lui, vendu le prix proposé sans aucune surenchère. L'hôtel de la Chartreuse, décoré avec tant de cœur par Jean Dives, s'est également envolé à son prix de départ. La liste est très longue puisque le domaine a été décomposé en vingt lots tous adjugés pour une bagatelle par rapport à leur prix réel fixé par diverses expertises. Dans la nuit, le château a été revendu au prix fort à un certain Monsieur Joly... Le seul créancier ayant accepté de reporter la vente, et qui, de ce fait, aurait pu la faire annuler, curieusement, n'a pas pu être joint à temps... S'estimant floué, Monsieur Auge, hôtelier à Souillac dans le Lot, demandera l'annulation en mai 1969. Il expliquera qu'il ne s'est jamais manifesté, ni présenté, ni même fait représenter.

Les occasions de sauver Les Milandes s'étaient pourtant présentées en grand nombre. Joséphine les avait toutes écartées d'un revers orgueilleux.

« Elle n'a jamais su saisir les perches que des gens bien intentionnés lui ont toujours tendues, dit Jacqueline Abtey. Je pense notamment au Danois Oscar Petersen qui lui avait proposé en 1960 de créer une "Fondation Joséphine Baker". Cela lui aurait permis de vivre dans son château jusqu'à sa mort ainsi que ses enfants jusqu'à leur majorité. D'autres enfants du monde auraient ensuite pris le relais, perpétuant l'œuvre de Joséphine. Le richissime Petersen, alors président du conseil de l'Europe, possédait l'un des plus grands hôtels de Copenhague ainsi que sa propre compagnie aérienne d'affaire. Il envisageait de transformer aux Milandes l'hôtel de la "Chartreuse" en un séminaire international, de s'occuper également de tout l'aspect commercial du site, en "épongeant peu à peu le pastis" comme l'on dit. Une banque danoise et une autre de Hambourg s'étaient associées pour le projet. Bien entendu Joséphine n'aurait tiré aucun bénéfice de cette fondation. Le fait de ne plus pouvoir régner en maîtresse absolue sur son domaine et sur ses employés la mit mal à l'aise, mais après réflexion, elle parut enchantée. Hélas, apprenant la nouvelle, Coquatrix la dissuada avec force arguments : "Tu es la grande Joséphine, viens vivre à Paris, les gens là-bas ne t'ont pas oubliée et t'attendent..." Coquatrix avait à cette époque besoin d'une grande vedette et il n'en avait pas ! Edith Piaf venait de mourir. Un avocat bordelais de Joséphine qui la dupait et qui avait tout intérêt à ne pas voir la situation des Milandes s'arranger lui tint un discours similaire. Tant et si bien que Joséphine revint sur sa décision. "Tu viens de tuer la poule aux œufs d'or", lui dit alors mon mari qui avait fait quatre aller et retour à Copenhague pour discuter de l'affaire à sa place. »

En janvier 1961, Ernst Marischka, le metteur en scène de la série des *Sissi* avec Romy Schneider, avait offert à Joséphine un contrat inespéré pour réaliser un film sur elle et sa « tribu Arc-en-ciel » : « Plusieurs millions à la signature du contrat, à valoir sur le contrat qui s'échelonnaient ensuite avec un autre à-valoir au premier tour de manivelle, et la même somme en fin de tournage. » Le soir même à Vienne elle sabla le champagne en compagnie de Marischka. Mais dans la nuit « l'ordinateur Baker » se mit en route et, le lendemain, elle déclina l'offre : « Ses enfants n'étaient pas des objets d'exploitation ! »

« C'était encore l'une des contradictions de Joséphine, car certains jours aux Milandes, cela ne la gênait pas d'exhiber ouvertement ses gosses devant les touristes », affirme Jacqueline Abtey.

Elle avait également refusé une transaction mirobolante avec un producteur américain pour un projet de film sur sa vie car l'une des clauses prévoyait qu'elle devait aller chanter au Vietnam pour les G.I.'s, comme l'avait fait Marlène Dietrich. Elle réprouvait fermement cette guerre !

« Ce sont ses mêmes agissements paradoxaux qui valurent à Joséphine de ne pas recevoir le prix Nobel de la paix qui aurait officiellement consacré son œuvre », déplore Maguy Chauvin.

Après les événements de mai, c'est une Baker amaigrie qui reprend une série de représentations à l'Olympia, jusqu'à la fin du mois de juin. Les musiciens menacent de faire grève si Joséphine s'entête à vouloir interpréter *Fleur de Paris*, une chanson patriote écrite en 1944 pour célébrer la fin du joug nazi sur la capitale. Le sous-lieutenant Baker qui tient à continuer de distribuer chaque soir dans la salle des cocardes tricolores achetées à ses frais est estomaqué devant tant d'ingratitude et d'incompréhension : « On a eu la liberté de sortir des drapeaux rouges et des drapeaux noirs dans Paris et moi je n'aurais pas le droit de chanter Bleu, blanc, rouge ? C'est trop fort ! »

Le 8, deux jours après l'assassinat de Bob Kennedy, elle n'hésite pas à engloutir une grosse partie de son cachet pour emmener cinq de ses enfants à ses obsèques : « Abattre une tête n'empêche pas une cause de survivre. Les enfants sont en âge de comprendre que la cause de Bob était la nôtre. Nous suivrons tous le convoi ! »

Dix jours plus tard, elle assiste au Mont Valérien à la commémoration de l'appel de Londres en présence du général de Gaulle. Elle y croise Alla Dumesnil, son « commandant » chéri des années de guerre :

« J'étais venue en civil, se souvient le commandant. Soudain, je vis Joséphine apparaître dans son uniforme, derrière ses grosses lunettes noires. Une nouvelle fois, sa simplicité m'a frappée. Nous commencions à bavarder lorsque le général passa devant nous.

"Commandant Dumesnil, Forces Aériennes Françaises Libres", me suis-je présentée...

Le général me fit l'honneur de se rappeler mon engagement et cela me flatta.

Quand ce fut son tour, Joséphine allait décliner son identité, lorsque, paré de son humour froid, le général l'arrêta : "Non, ne me dites rien, je crois que je vous ai reconnue..." Le grand homme est mort quelques mois plus tard, et c'est la dernière fois que je devais les revoir, tous les deux... »

Dans la débâcle, des ambassadeurs africains, amis d'Houphouët-Boigny, tentent en vain d'aider Joséphine à déceler une faute de procédure, et faire ainsi casser la vente. De son côté, maître Jean-Baptiste Biaggi, devenu célèbre grâce au procès de l'O.A.S., assiste gracieusement son amie dans toutes ses démarches. Il est l'un des collaborateurs de Robert Badinter. En juillet, chargé de remettre deux assignations à la suite de la vente du 3 mai, le sieur Joly se présente aux Milandes. Joséphine effectue ce jour-là sa première sortie de convalescente (une attaque cérébrale), lorsqu'elle le rencontre dans le village. Il n'a pas le temps de prononcer une seule parole qu'une gifle magistrale le flagelle. Abasourdi, Joly en perd ses lunettes... et ses esprits. Il porte plainte pour coups et injures auprès du tribunal de Bergerac. Pour sa défense, Joséphine explique qu'elle n'a fait que le traiter de « triste sire » et de « bourreau » et qu'il l'a mérité pour tout le mal occasionné à ses enfants et à elle-même ! Quelques jours auparavant, des « messagers » de Joly ont braqué une arme contre les « enfants du monde » dans le parc du « Sans souci »...

« Dans cette affaire, on a frôlé la haine, rapporte Bruno Coquatrix dans le *Paris Jour* du 8 mai 1968. Je citerai pour exemple ce pénible incident à l'issue duquel des gens sont venus aux Milandes pour chercher querelle à la sœur de la vedette, allant même jusqu'à la frapper... C'est contre tout cela que je m'insurge. Si Joséphine n'avait pas eu son idéal à soutenir, si elle ne s'était pas sentie responsable de sa tribu, je suis persuadé qu'elle se serait suicidée. Maintenant elle mérite au moins le respect et la tranquillité. »

La plaidoirie du directeur de l'Olympia n'empêche pas Rivarol qui, de tout temps, fut hostile aux combats de Joséphine de publier un virulent article daté du 5 septembre : « Joséphine Baker chante à Tivoli sans oublier d'apitoyer les spectateurs sur ses déboires financiers et elle quête pour ses 12 enfants adoptifs avec la même impudeur qu'elle met pour signaler à la presse ses moindres faits et gestes. Si tous ceux qui adoptent des enfants tendaient la main pour qu'on les aide à les élever (dans le luxe), quel mérite auraient-ils ? Joséphine, elle, tend la main, une main où ne manquent ni bague, ni bracelet. »

La solution finale...

Joséphine qui ne s'avoue pas vaincue confie son dossier juridique à maître Floriot et reprend la route des tournées. Elle revient encore épisodiquement aux Milandes ; la justice lui a accordé quatre mois de sursis. Le 26 septembre, elle sera expulsée... De nombreux coups de téléphone l'encouragent alors à résister. De son côté, Joly accepte de faire prolonger le délai d'expulsion jusqu'au 1er décembre. Au vu de la loi en vigueur, Joséphine reste donc maîtresse des lieux jusqu'au 15 mars de l'année suivante. Elle réussit à mettre en lieu sûr quelques objets de valeur et entre le 19 et le 22 janvier 1969, ce qui reste de son mobilier est saisi et vendu aux enchères pour éponger une partie de la dette. Mais les sommes récoltées n'outrepassent guère vingt-six millions d'anciens francs, au lieu des quarante-six escomptés. « Toutes les paysannes endimanchées s'y rendirent », rapporte Madame Carrier qui n'eut pas la force d'assister au douloureux spectacle.

« Peu avant ces enchères, raconte Marc Vromet Buchet, un personnage douteux s'était présenté au château en prétendant avec beaucoup trop de faconde appartenir à la famille royale d'Angleterre. Il n'en fallait pas plus pour duper Joséphine. Cet escroc de nationalité belge lui proposa d'emporter tous ses meubles à l'étranger pour les “mettre à l'abri”. Confiante, elle accepta et lui remit la somme réclamée, soit 15 000 francs en liquide. La scène se déroula sous mes yeux devant la pompe à essence. L'homme allait la déposséder lorsque Trijoulet, le comptable du château, cria à l'escroquerie. Mais l'oiseau s'était déjà envolé avec l'argent. »

Joly, qui jusque-là a fait preuve selon lui de beaucoup de patience, va passer outre le délai légal. Un matin de mars, il se fait ouvrir les portes du château. Lorsqu'elle apprend la nouvelle, Joséphine se trouve à Paris, où grâce à Jean-Claude Brialy elle a signé un contrat avec La Goulue, un cabaret situé rue des Petits-Champs. Délaissant ses répétitions, elle décide de jouer son dernier coup de poker et prend le train de nuit pour Souillac. Résolue à chasser les opportuns, elle arrive aux Milandes, suivie d'une nuée de photographes et sous le regard des objectifs enjambe la fenêtre de la cuisine. Après une brève échauffourée, elle chasse le couple Joly qui se retranche au premier étage. Dans un sac, elle a emmené des provisions que sa sœur Margareth lui a préparées : du confit d'oie et une montagne de crêpes du Périgord ; de quoi tenir un siège : c'est justement son intention ! Dormant sur un lit de camp installé près de sa cuisinière, elle harangue les journalistes : « J'y suis j'y reste. La loi me protège jusqu'au 15 mars, après on verra... »

Pour éviter tout contact avec ses adversaires, elle a cloué la porte qui sépare la cuisine du couloir menant au premier étage. Là-haut, les Joly, qui ont allumé un feu, semblent eux aussi déterminés : « Nous sommes ici chez nous depuis la vente du 3 mai 68. Nous avons l'intention de faire visiter le château aux touristes dès cet été. Il faut que nous y fassions des travaux. »

Joséphine se fait plus menaçante : « Je serais fort surprise que l'on me chasse des Milandes par la force. Si les pouvoirs publics ne me viennent pas en aide, je ferai la grève de la faim. »

Elle n'a plus rien à perdre...

René Lacoste, son conseiller juridique, l'informe qu'il a demandé l'annulation de la vente, sans lui cacher son scepticisme. D'autant plus que le délai d'expulsion expire dans cinq jours. Les Joly n'attendront pas jusque-là. Ils quittent prématurément le château mais avec un sombre dessein. Le mardi 11 mars, huit hommes à la large carrure, des peintres en bâtiment de Clermont-Ferrand, sont recrutés ;

une prime individuelle de cent francs leur sera distribuée s'ils parviennent à débusquer Joséphine Baker de sa cuisine. Petite cervelle et gros bras, les pauvres garçons acceptent au pied levé et le lendemain, alléchés par l'appât du gain, ils accomplissent leur besogne.

« A 7 heures trente, elle venait de se lever et sortait pour aller chercher de l'eau, lorsque les huit "hommes" la ceinturèrent, raconte Madame Carrier. Comme elle faisait mine de regagner sa cuisine, ils l'agrippèrent violemment mais elle leur tint tête en se raccrochant à la barre de sa cuisinière. Ils la tirèrent alors par les pieds pour la jeter sur les marches de sa cuisine. Elle se retrouva dehors, les pieds nus sous la pluie, dans son vieux peignoir usé. Un bonnet de nuit cachait comme une ultime pudeur les dégâts de sa calvitie. Sur ses genoux, sa petite chatte malade et trempée jusqu'aux os miaulait de désespoir. Quelques jours auparavant, le vétérinaire qui avait été appelé ne s'était pas déplacé car il savait que Joséphine n'aurait pas eu les moyens de le payer... »

Le lendemain, la presse du monde entier reproduit l'image de Joséphine en clocharde...

« Cet aspect misérabiliste qu'elle avait toujours fui n'était pas digne d'elle, estime Jacqueline Abtey. Elle n'aurait pas dû se laisser mitrailler par les photographes dans cet accoutrement. Joséphine représentait autre chose. Toute sa vie elle avait offert l'image de la grandeur, de l'honneur et de la fierté. »

Tumpie est allée jusqu'au bout de ses forces et de ses convictions... Dans l'ambulance qui la transporte à Périgueux, la petite miséreuse de Saint Louis comprend-elle enfin que, lorsque l'on vient du ruisseau, il est vain de vouloir se battre dans la cour des puissants ? Sa réponse reste gravée au cœur de l'un de ses vinyles :

« *Non je ne crois pas que les hommes soient assez fous*
Pour ne jamais pleurer,
C'est le sort de ceux qui meurent sans avoir su s'aimer... »

XI

UN ROCHER POUR SURVIVRE...

« *J'ai adopté des chiens pour me mordre.* »
Joséphine Baker

Brialy et les fées...

Au seuil de 1969, le général de Gaulle, octogénaire, est toujours le garant des institutions, dans une France encore ébranlée par l'insurrection de mai 68. Le fameux référendum sur la régionalisation et sur la réforme du Sénat se prépare. Malgré ses déceptions, Joséphine demeure une inconditionnelle, non seulement de l'homme mais de la « chose » de Gaulle. Un jour pourtant, elle confie à Maguy Chauvin son amertume de constater que, dans un propos public, le Général l'a nommée avec condescendance parmi ceux qui ne regardent jamais que par le plus petit bout de la lorgnette.

La gravité de la situation politique relègue au second plan le naufrage de Joséphine dans la presse à sensation. « La folle des Milandes » a trop monopolisé l'attention. Hospitalisée plusieurs jours durant à la suite de son expulsion, elle n'a pas abdiqué pour autant et se prête aux essayages pour La Goulue, les bras entravés par les tuyaux de perfusion.

« Toutes les maisons de haute couture refusèrent de travailler pour elle, raconte Jean-Claude Brialy. Seule Jeanine Six, une couturière de quartier, se dévoua pour aider Marie Spiers. Le 27 mars néanmoins, la première fut un événement. Nous avions décidé de la faire coïncider avec celle de la pièce que je jouais à l'époque : *La Puce à l'oreille.* Les télévisions du monde entier sont venues. Anna Magnani était arrivée de Rome pour la soirée. D'autres stars étaient là, comme Maria Callas ou Catherine Deneuve. Tout se déroula pour le mieux. Joséphine interpréta vingt-cinq chansons et une fois de plus, elle captiva son auditoire en distribuant un bouquet de fleurs à chaque spectateur lors d'une tournée des tables, mémorable. »

Dans le cabaret rebaptisé « Chez Joséphine », la nouvelle locataire se sent à son aise.

« Depuis les maîtres d'hôtel jusqu'aux cuisiniers, elle avait tissé des liens d'amour et de chaleur avec chacun des membres du personnel, se remémore Jacques Collard, alors responsable commercial des lieux. Cela lui permit d'oublier un temps le cauchemar de l'avenue Mac-Mahon, ce deux-pièces meublé dans lequel s'entassaient ses enfants, sa sœur, son beau-frère, leur fille Rama et une partie des animaux des Milandes qu'elle n'avait pas voulu abandonner. »

Chaque soir, devant cinquante ou trois cents personnes, Joséphine se donne sans mesure mais, en dépit du dévouement de Marie Spiers, l'argent lui fait terriblement défaut. Dans la tourmente, les deux amies se sont rapprochées davantage et, plus que jamais, Marie va se montrer à la hauteur de son indéfectible attachement à Joséphine, mâtiné d'une étrange idolâtrie. Son fils Gérard, alors enrégimenté au château de Vincennes, tient la batterie au sein de l'orchestre de La Goulue. Grâce aux cinquante francs mensuels que Joséphine, sa marraine, ne manque jamais de lui allouer, le jeune homme vient d'obtenir son permis de conduire et, le soir venu, il troque son uniforme pour rouler à tombeau ouvert vers le monde des chimères.

Le lundi, son jour de relâche, Joséphine parcourt l'Europe en solitaire pour aller honorer des engagements à Bruxelles, Copenhague, Amsterdam ou Berlin. Ses partitions enroulées dans une ficelle, elle part avec juste assez d'appoint pour payer un billet de train... de deuxième classe. Au hasard de l'un de ses périples, elle retrouve en Sicile la famille Abatino. Un soir, à l'issue de son tour de chant à Catane, un spectateur fasciné insiste pour la rencontrer. Il est psychiatre. Leilia Scoto arrange une entrevue chez elle et lorsque, quelques jours plus tard, le docteur Boz bouleversé fait publier son analyse dans la presse locale, il confesse « un désarroi jamais éprouvé auparavant, face à une présence, une spiritualité, une force aux frontières du soutenable »...

A Paname cependant, la situation se dégrade chaque jour davantage ; le client se fait rare à La Goulue. Même si, parodiant son hôte d'antan, Tristan Bernard, Joséphine plaisante encore avec ses rares amis, « venez armés, l'endroit est désert », elle sait qu'elle n'a plus la Baraka. La direction qui détient aussi le Bus Palladium ne lui a consacré aucun budget publicitaire. Le cachet de mille cinq cents francs par soirée, plus 10 % sur les recettes, semble correct mais pas une seule affiche n'a été posée dans Paris.

« Aucune annonce n'avait été faite, c'était lamentable, se souvient Georges Debot, chargé des relations-presse du cabaret. Si bien qu'au bout de trois mois, le contrat devant se terminer, j'ai tenté de relancer et d'attirer mes confrères en placardant une affiche devant le cabaret avec cette inscription : "Huit derniers jours", comme cela se pratique dans de pareilles circonstances. Joséphine, dont les patrons ne voulaient plus, n'assimila pas ces "huit derniers jours" à une sortie honorable. Elle se montra fort marrie et j'eus beau lui expliquer, rien n'y changea. Je l'ai revue quelques mois plus tard. Nous sommes tombés nez à nez dans une allée des "Magasins réunis" où elle farfouillait dans un bac de vêtements soldés, en compagnie de deux de ses fils : "Merci pour ce que vous avez fait pour moi, merci...", m'agressa-t-elle, en me lançant un regard rempli d'amertume. »

S'il ne cache pas son admiration pour l'artiste, Debot reste moins convaincu de la valeur et de l'authenticité du personnage et le revendique : « Entre nous, le courant n'est jamais passé. J'avais et j'ai toujours une opinion de la famille très peu valorisante, et lorsqu'au cours de notre première rencontre, Joséphine me demanda si j'aimais ma mère, je me suis insurgé contre elle en lui disant, un petit peu durement peut-être, que cela ne la regardait pas. J'ai ajouté que, pour nourrir douze gosses, il valait mieux faire partie des Rothschild qu'être chanteuse de variétés :

"Pourquoi n'élevez-vous pas vos enfants sans faire tout ce tapage ? » lui demandais-je souvent. Elle pratiquait alors l'art consommé de l'esquive, en feignant d'abord de ne rien comprendre de ce que je disais, puis dans son jeu de mielleuse dissimulation, elle prenait les autres à témoin sans accorder le moindre crédit à mes paroles :

"Oh qu'il est méchant !, oh écoutez-le !, il n'est vraiment pas très gentil..."

Il y a un souvenir qui se démarque, lorsque je repense à tout cela : un incident qui se déroula un soir, très tard, au cours de l'une des représentations à La Goulue. Nous étions le 1er mai et Joséphine était en train de chanter, lorsqu'un petit bohémien entra dans le cabaret pour vendre son muguet.

Quand elle l'aperçut, elle interrompit sa chanson et, prenant le gosse par la main, elle lui demanda de la conduire jusque chez son père qui devait certainement l'attendre au-dehors. Elle ne s'était pas trompée ; ce n'est pas à la famélique de Saint Louis qu'on aurait appris la loi de la rue. Le père tapi au coin de la chaussée eut droit à une fracassante scène de plein air à une heure du matin. Joséphine tenait encore son micro à la main et il s'en fallut de peu qu'elle n'assomme le gitan, littéralement abasourdi !

Tous les clients du cabaret l'avaient suivie et les voisins alertés applaudissaient depuis leurs fenêtres, ce qui configura au tableau un côté "Commedia dell' Arte" que Joséphine orchestra avec le génie improvisateur dont elle a toujours su tirer parti dans sa vie... »

Un tremplin princier...

Au cours de cette sombre période, André Levasseur, le maquettiste de *Paris mes amours*, devenu décorateur attitré auprès de la princesse Grace, se présente un soir rue des Petits-Champs ; le directeur de la Société des Bains de Mer à Monaco a choisi « Madame Baker » pour tenir le haut de l'affiche du bal de la Croix-Rouge monégasque :

« Elle n'osait y croire, raconte Levasseur, mais le lendemain lorsque je téléphonai à son appartement, j'appris qu'elle avait disparu sans laisser d'adresse... Quelques jours plus tard, alors que l'affolement était devenu général, elle nous envoya enfin un télégramme explicatif : elle se trouvait en Espagne avec ses enfants chez Don Luis de Rabajas de Barcelone ! Etouffée par le prix des loyers parisiens, elle avait trouvé refuge chez son ami milliardaire. »

Au cours de ce séjour, gênée par l'homosexualité de son fils Jari, Joséphine prend la décision de l'envoyer chez son père en Argentine.

Lorsqu'en juillet, les répétitions débutent à Monte-Carlo, elle se présente avec ponctualité au rendez-vous, mais comme il s'agit d'un gala de charité, elle refuse tout cachet. Aussi, la S.B.M. lui donne le change en lui offrant les costumes de la revue et en l'hébergeant avec sa famille ainsi que Marie Spiers à l'Hermitage, l'hôtel romantique « le plus titré au monde »... Des abonnements pour la piscine et le cinéma sont distribués aux enfants. Pour faire amende honorable envers ses bienfaiteurs, Joséphine exige de sa progéniture un comportement absolument irréprochable, et dans ses inspections quotidiennes, elle se montre implacable : « Toi tu as les oreilles sales, et toi, retourne donc nettoyer tes ongles ! »

Elle les a en outre sommés de ne pas utiliser les serviettes de bain de l'hôtel pour aller à la plage et lorsqu'elle constate leur désobéissance, les coupables doivent rembourser le linge avec leur propre argent de poche. Peu après, Jari s'envole pour Buenos Aires...

« C'est à moi que revint l'honneur d'exécuter les costumes et les décors de la revue et d'en assurer cette fois-ci la mise en scène, reprend Levasseur, mais le soir du gala, Joséphine faillit me faire mourir d'angoisse... A cinq minutes de l'ouverture de rideau, sa loge était vide ! Brialy, chargé de jouer les “Monsieur Loyal”, était en scène depuis un petit moment déjà lorsqu'en coulisse, la lumière qui annonçait que tout était prêt s'éteignit finalement, en désespoir de cause : il fallait commencer. L'orchestre attaqua aussitôt la musique de *J'ai deux amours* et Joséphine n'apparaissant toujours pas en haut de l'escalier, je fis signe à Brialy, saisi de panique, de continuer à “meubler”. Soudain, du fond de la salle : un cri aigu...

“Coucou, je suis là, j'arrive !”

Superbement moulée dans son tailleur blanc, Joséphine se glissait entre les tables pour parvenir jusqu'à la scène, puis disparut tout de go, non sans avoir harangué le parterre le plus huppé de la planète : “Je vais me faire belle et je reviens, attendez-moi !”

Mais on ne bluffe pas si aisément un public aussi blasé que celui du Sporting, et ni les strass, ni les aigrettes de l'Impératrice Joséphine ne parvinrent à briser l'insolente indifférence de la Jet Set. Visiblement agacée, elle décida de sortir le grand jeu...

Au beau milieu d'une chanson, elle fit signe au chef

d'orchestre d'arrêter la musique, expliquant qu'elle allait danser le charleston, "comme en 1925"... "Regardez bien, j'espère que vous êtes bien assis !" s'écria-t-elle. Dans la salle, un lourd silence semblait s'être soudain posé sur tout ce qui avait une vie. Aimé Barelli donna le signal et les musiciens entamèrent un frénétique charleston, de plus en plus rythmé. Hargneuse et déchaînée, Joséphine se lança alors à corps perdu dans cette danse diabolique qui l'avait révélée à Paris et au monde, près de cinquante années auparavant. Lorsqu'enfin, la dernière note de musique tomba aussi promptement que le verdict de ses juges, elle comprit qu'elle avait vaincu !

"A la bonne heure", dut-elle penser en elle-même.

C'était l'un de ses leitmotiv. »

Le public acclame Joséphine. Même les plus coincés cèdent. Les altesses poudrées et couvertes de joyaux se mettent à hurler en frappant dans leurs mains. A la fin du spectacle, tous se précipitent dans sa loge pour féliciter « La Baker ». On la complimente sur sa voix restée « merveilleuse et si chaude » : « Je n'ai aucun mérite, répond-elle, à l'époque des bananes, il n'y avait pas de micros et ça, ça vous forge les cordes vocales ! » Devant la presse, Grace qui connaît l'exigence des grandes performances redouble d'éloges : « Je suis une ancienne professionnelle et je me rends compte d'un pareil tour de force. »

Une autre véritable carrière semble maintenant s'ouvrir à Joséphine. Paradoxalement, l'été 1969 va s'achever sans qu'aucune solution concrète n'apparaisse encore pour la « tribu Arc-en-ciel ». Joséphine, pas plus que ses enfants, ne supporte la perspective de devoir regagner la grisaille parisienne. Alors, la princesse accepte de jouer les bonnes fées et avance les premiers fonds pour l'achat d'une villa toute simple à Roquebrune-Cap-Martin. La Croix-Rouge monégasque prend temporairement le relais. Par égard pour les habitants de la principauté et pour ne pas provoquer une sollicitation régulière de la part d'étrangers, les bontés de la princesse vont rester on ne peut plus discrètes. Le dossier Baker est confié à Georgette Armita, secrétaire à la Croix-Rouge monégasque ; elle fera office d'agent de liaison entre Grace et Joséphine. C'est elle qui engage toutes les démarches, visitant la demeure, 39, avenue Varavilla, et entretenant des relations suivies avec l'agent immobilier. Madame Armita s'occupe ensuite d'aménager la villa sous la direction de son supérieur hiérarchique, le secrétaire général. Quelques jours plus tard, Joséphine et ses enfants s'y installent. Tumpie pense avoir enfin trouvé à Monaco ce havre de paix auquel elle aspire tant depuis si longtemps. Mais très vite, les agissements de ses enfants, maintenant adolescents et révoltés, vont laisser la place à une réalité plus cruelle...

Nostalgies et réalités...

L'appareil d'Air France qui effectue ce jour-là le trajet Paris-Casablanca a déjà atteint sa vitesse de croisière, lorsque l'une des passagères glisse discrètement un billet dans la main de l'hôtesse. Nous sommes au début du mois de juillet 1970 : « Pouvez-vous remettre ceci à Madame Baker ? » demande la jeune femme, nerveuse sur son siège.

Joséphine se trouve à bord de l'appareil et par courtoisie le commandant de bord l'a surclassée en première. Quand elle reçoit le mot qui lui est destiné, elle fait expressément prier son impromptue correspondante de venir la rejoindre, par l'entremise de l'hôtesse.

« Dès qu'elle me vit, son visage passa par toutes sortes d'expressions, raconte aujourd'hui Sarah Boréo. Nous sommes tombées dans les bras l'une de l'autre et j'eus la sensation de n'avoir jamais quitté cette femme depuis mon premier cri, il y avait de cela un petit peu plus de 27 ans...

Elle non plus apparemment n'avait pas oublié la petite Nadia Bérino, de la clinique Comte de Casablanca, ce bébé qu'elle avait voulu retirer à sa mère afin de l'adopter. Par la suite, la vie lui apporta beaucoup d'autres "petits bonshommes", comme elle le chantait, mais elle m'avoua avoir longuement pensé à moi après son départ de la clinique en décembre 1942.

J'étais devenue chanteuse sous un pseudonyme et, à mon tour, j'attendais un enfant, le seul que la nature m'accorderait. Joséphine convia l'ensemble des passagers de première ainsi que les membres de l'équipage à sabler le champagne avec nous pour fêter l'événement. Elle me communiqua son numéro de téléphone personnel en m'invitant à Roquebrune, mais cette fois-ci, la vie nous sépara à jamais... »

A cette époque, Joséphine coordonne ses déplacements professionnels avec des visites officielles chez les différents ministres de l'Education de la planète, défendant à nouveau son projet de collège de la Fraternité Universelle. Dans cette institution où l'on pratiquerait la réforme de l'enseignement à l'échelle du monde, des bacheliers de toutes les couleurs étudieraient durant un an la déclaration des droits de l'homme, les problèmes posés par la discrimination raciale et les nouvelles méthodes d'éducation avant que d'aller porter à leur tour la bonne parole dans leurs pays d'origine. « Je ne sais pas si le chromosome de l'optimisme existe, mais s'il existe, le sien doit être gros comme une orange », s'enthousiasme le docteur Boz. Le jugement d'une partie des enfants de la chanteuse est beaucoup moins indulgent : « Elle délire ! »

Poursuivant obstinément son but, Joséphine rencontre le maréchal Tito et son épouse sur l'île de Brioni en Yougoslavie. Elle sollicite l'aide du maréchal-président pour exploiter la forteresse Saint-Nicholas et les terrains avoisinants, situés sur une île jumelle de celle de Kakas. Se heurtant systématiquement aux promesses diplomatiques et à sa propre utopie, la malheureuse ne réalisera jamais aucun de ses projets de collège...

Cela ne l'empêche pas d'entretenir Tito sur la misère en Yougoslavie. « C'est votre rôle de faire le bonheur de votre peuple », le sermonne-t-elle en le remerciant de sa sollicitude... et de son chèque. « Je salue avec une main pour mieux prendre de l'autre », avouera-t-elle à Maguy Chauvin.

Dans un même temps, de l'autre côté de l'Atlantique, dans cette Amérique où, malgré ses déclarations, elle a laissé son cœur et son âme, le problème noir continue à la hanter. A l'heure du procès d'Angela Davis, cette extrémiste de couleur, adepte d'un marxisme corrigé, le terme « Black Power » la fait se hérisser : « Ces mots me choquent, dit-elle à une journaliste du périodique américain. Ne me parlez pas de pouvoir noir. Tous les pouvoirs sont les mêmes et cette forme de discrimination me déplaît profondément. Ça ne tient pas debout ! Joséphine Baker n'approuvera jamais cette violence et les hommes de couleur aux U.S.A. ont beaucoup à apprendre des populations africaines. Le seul remède pour dissiper tous les antagonismes est de mélanger le sang, sinon la race humaine est vouée à la dégénérescence. Le mariage des sangs est merveilleux et donne des enfants forts et intelligents. »

Lors de la campagne à la présidence des Etats-Unis, elle est invitée par les républicains à une réception donnée sur la tour Eiffel. Elle y fait la connaissance de Nancy Holloway. Sa jeune admiratrice anonyme de Cleveland en 1951 à son tour connaît la notoriété en France mais lorsque, devant les propos proracistes d'un sénateur, Nancy se libère d'un virulent : *« Fuck his mummy »*. Joséphine se sent soudain replongée dans la boue de Saint Louis. Elle honnit la vulgarité. L'impétueuse twisteuse s'en souvient :

« Elle me fit la leçon en m'expliquant qu'en toutes circonstances, chacun se devait de surveiller son langage et de garder sa dignité. »

Lennon apôtre de Joséphine...

S'il est patent qu'elle possède un magnétisme sur les foules et une autorité certaine, la politique de Joséphine n'est autre que celle de la fleur au fusil. En cela, elle rejoint les grands courants des années 70, chantés par Dylan et Lennon. Avec Joan Baez, ils sont ses apôtres. Bien qu'elle méprise l'accoutrement et la déchéance physique des hippies, elle qui, dans son enfance, a porté de vraies guenilles, Joséphine pourrait être le chef de file de leur mouvement. Elle ne désavouerait pas la réaction de Lennon qui, lors d'un gala devant la reine d'Angleterre, ose lancer à l'assistance : « Ceux qui occupent les places les moins chères peuvent frapper dans leurs mains, les autres, remuez vos bijoux ! »

La chanson de Lennon, *Imagine*, ne correspond-elle pas, dans la forme et sur le fond, à ce à quoi elle aspire depuis toujours ? Malgré son inconstance, n'essaie-t-elle pas à travers ses luttes d'approcher l'univers psychédélique du Beatle ?

Loin du marchandage de voix, des clivages stériles et des capharnaüms parlementaires, la stratégie politique de Baker, plus subversive, se résume à une réelle prédisposition à vouloir changer les choses. Elle se veut au-dessus des partis mais lorsqu'un jour, Brahim fait état de son attirance pour tout ce qui est prorusse, elle a cette réaction violente : « S'il y a un seul communiste parmi mes enfants, je le virerai. »

Son fils lui fait remarquer qu'elle n'est pas logique avec elle-même puisque, la première, elle réclame l'équité entre les êtres. Elle aiguise alors sa pensée : « Non ! Moi, je suis une vraie communiste. Le vrai communisme n'a rien à voir avec celui des assassins de l'Est. Il est ce qu'il y a de plus beau sur terre : le partage et l'égalité pour tous. Le premier vrai communiste ce fut Jésus-Christ ! »

Outre la « vermine communiste qu'il faut écraser », elle condamne fermement le régime sud-africain et lorsqu'en 1974 elle reçoit une intéressante proposition pour aller chanter là-bas, elle refuse catégoriquement de s'y rendre. Poussée par son pianiste Dany Revel, qui lui fera faux bond au dernier moment pour suivre le Golden Gate

Quartet, elle revient sur sa décision. Mais lorsqu'elle arrive au mois de novembre à Johannesburg, elle exprime publiquement son dégoût : « Si j'avais su que la situation était aussi mauvaise, que les auditoires multiraciaux étaient interdits, jamais je ne serais venue ici. Les gens de couleur sont toujours parqués comme du bétail dans les quartiers noirs de Johannesburg. C'est horrible ! Quand cela cessera-t-il ? C'est le seul pays où je n'ai pas été accueillie par les dirigeants. Je ne mènerai pas de campagne anti-apartheid à l'étranger, je ne jetterai pas d'huile sur le feu, mais je dois dire la vérité. »

Condamnée à ne plus remettre les pieds sur le territoire sud-africain, Joséphine y est couverte des pires insultes. Sa nièce Leilia Scoto, qui l'accompagne, se souvient précisément d'un incident survenu au Colosseum Theatre de Johannesburg : « Juste avant le début du spectacle, on nous annonça qu'une bombe avait été placée dans la salle, mais Joséphine ne céda pas au chantage et, une fois sur scène, elle expliqua aux spectateurs qu'elle chanterait pour ceux qui ne se seraient pas enfuis. C'est ce qu'elle fit ! »

Les années rebelles...

Trente-cinq ans après la mort de Pepito, Joséphine se sent toujours aussi proche des Abatino. Julio de la Penne, le fils de Leilia, vient s'installer à Roquebrune.

« Elle parlait constamment de ma famille, de Christina, de ma mère et de moi-même en répétant devant ses propres enfants, qu'à ses yeux, nous représentions sa véritable famille, se souvient-il. Lorsque nous étions tous à table, c'étaient aussi de vraies réunions familiales et si son humeur était à la fantaisie, ce qui était rare quand elle se trouvait à la maison, elle mettait une ambiance extraordinaire. Elle chantait et s'accompagnait en tapant sur les verres et les assiettes avec son couteau ou sa fourchette. C'était dans ces moments-là que, souvent, se faisaient et se défaisaient les projets de chacun. Mais si l'on voulait prendre la parole, il fallait lever la main...

« L'atmosphère n'était cependant pas toujours à l'allégresse à la villa. Je déplorais le comportement des enfants envers Joséphine et elle en souffrait de la même façon. Leurs conditions de vie n'étaient plus les mêmes qu'aux grandes heures des Milandes. Même s'ils mangeaient encore à leur faim, l'espace était devenu restreint et ils dormaient tous dans des chambres avec des lits superposés hors Akio qui, en sa qualité d'aîné, bénéficiait d'une pièce particulière. Au vrai, l'écart de génération entre eux et leur mère commençait à se faire sentir. Ils étaient pour la plupart adolescents, et comme beaucoup de jeunes de cet âge, ils ont commencé à se rebeller face à l'autorité parentale. Le temps des représentations en costume trois pièces, alignés comme à la parade, devant les objectifs des journalistes était révolu. A dix-sept et dix-huit ans, les plus grands d'entre eux avaient tous envie d'avoir les cheveux longs, de porter des pantalons à la mode et de sortir en boîte de nuit. Joséphine, devenue plus vieille France que la France elle-même, s'y opposait : "Les pantalons à pattes d'éléphant, c'est pour les homosexuels !"

« Ainsi, tout est devenu difficile dans leurs rapports. Les "douze" ne supportaient pas davantage l'autorité et les mercuriales de leur tante. Margareth, devenue résidente monégasque, était employée par sa sœur comme bonne à tout faire, et lorsque Tumpie s'absentait, dépassée à son tour par les événements, la pauvre femme subissait la désinvolture de ses neveux et nièces. Ils ne l'aidaient que très rarement. A leur âge, ils ne voulaient plus que l'on choisisse pour eux. Rejetant progressivement toutes leurs notions d'éducation, "des principes victoriens pour parfaits petits gentlemen", ils se liguèrent alors férocement contre la hiérarchie. »

Vis-à-vis de l'opinion, la « maman du monde » se sent responsable de sa « tribu ». Elle souhaite donner tout ce qu'il est possible à une mère d'apporter à ses enfants, entendons une excellente éducation et le meilleur passeport pour l'avenir. Sa fierté est immense, lorsque Marianne s'assoit un jour sur le même banc d'école que la princesse Caroline. Mais sa maladresse et sa rigidité indomptables ne peuvent que heurter leur ingratitude d'enfants de star, capricieux et assistés.

« L'indifférence et la rébellion offrent les voies d'évasion les plus faciles à l'ombre écrasante de la grandeur et ce sont justement ces voies que choisissent les enfants des grands hommes », a si justement écrit le biographe de Grace Kelly, l'Américain Robert Stacey. Joséphine s'aperçoit avec horreur que, parmi ses « petits », certains sont devenus des voyous...

Grace ferme les yeux sur beaucoup de leurs méfaits mais, lorsque l'un d'entre eux commet un jour un grave préjudice dans une banque de la Principauté, où la princesse elle-même s'est chargée de le faire engager, il y a des grincements de dents au palais. Joséphine croit mourir de honte. Affolé, le « coupable » s'enfuit en Argentine rejoindre son père. Rongée par le remords, Joséphine tente alors de soustraire Jari à la bienveillance de Jo Bouillon en écrivant de longues lettres à son « Finlandais », pour le supplier de revenir « à la maison ». Avec Marianne également, les relations se sont sensiblement dégradées. La vraie meneuse de la « bande des douze » lui jette au visage les pires reproches. Effrayée, Joséphine appelle Levasseur à son secours : « Ils vont finir par me tuer... »

La police monégasque, probablement à la demande de Rainier, fait alors installer des micros dans les chambres des enfants à la villa. Joséphine n'aura jamais qu'une connaissance partielle des bandes récupérées. Par égard pour elle, les policiers lui cacheront l'essentiel des conversations de sa tendre progéniture.

« Malgré les marques d'amour qu'on lui témoignait un peu partout dans le monde, se souvient Guy-Louis

Duboucheron, l'un des riches admirateurs de celle qui fut la Vénus d'ébène, elle doutait de plus en plus d'elle-même. Alors j'ai voulu lui prouver qu'elle était encore une immense star. Je me suis présenté un soir de printemps 1972 à Roquebrune sans m'annoncer. Elle était en train de dîner : "Fais-toi aussi belle que possible, je t'emmène au Festival de Cannes", lui ai-je glissé à l'oreille... »

Dans sa précipitation, Joséphine ne prend pas même le temps de recolorer le vernis écaillé de l'un de ses faux ongles de chez « Jassi », son fidèle ami niçois. En un quart d'heure, elle est prête, et lorsque la Rolls de Duboucheron arrive au pied de l'escalier du palais du festival, son chevalier servant en descend pour lui ouvrir sa portière, avant qu'un immense bourdonnement ne les emporte tous deux. Les autres jours, quand elle vient faire sa provende au Monoprix de Nice, c'est à la faveur de l'automobiliste qui a bien voulu prendre à son bord cette étrange auto-stoppeuse, que l'infortunée Tumpie emprunte le même chemin... Ce soir elle est reine.

« Vive Joséphine », « Hourra ! » A Cannes, refoulé derrière les barrières de sécurité, le public l'a reconnue et laisse jaillir son effervescence. Visiblement touchée, Joséphine gravit une à une les marches sous les flashes des photographes et des caméras de la télévision.

« Elle paraissait si émue, qu'un moment j'ai craint pour son cœur, assure le célèbre mondain. A la sortie, le scénario se renouvela et, cette nuit-là, elle dut certainement dormir encore moins que de coutume... »

Si dans l'intimité, elle avoue sa gêne de devoir encore s'exhiber sur une scène à son âge, Joséphine doit coûte que coûte subvenir aux besoins de sa famille. Sa cote artistique ayant considérablement baissé, surtout en France, elle écume entre deux galas de prestige les cabarets minables tout en continuant malgré sa détresse à vouer à son public le même amour dans un respect quasi religieux.

« Je suis souvent parti en tournée avec elle, confie Julio, et j'ai passé d'inoubliables instants, comme cet épisode new-yorkais... Nous nous étions rendus au théâtre pour assister à la première de *Coco Chanel*, avec je ne sais plus quelle grande actrice américaine. Tout au long de la pièce, Joséphine n'eut de cesse de me bourrer les côtes de coups de coude, chuchotant à mon oreille : "Elle est formidable cette fille, quel jeu, mais comment s'appelle-t-elle ?" Lorsqu'à la fin de la représentation, elle s'est rendue dans sa loge pour la féliciter, après qu'on lui a appris le nom de l'actrice en question (que je ne connaissais pas non plus), elle s'est jetée à son cou : "Oh, ma chérie, vous avez été merveilleuse... comme d'habitude !" J'étais sidéré ! »

« Lorsque nous prenions l'avion à Nice, elle exigeait que nous soyons à l'aéroport très tôt le matin. Le hall du bâtiment était désert ; à cette heure-ci, nous étions absolument seuls, assis côte à côte. Joséphine guettait le bruit des stores métalliques qui se levaient devant les boutiques et aussitôt, elle se ruait vers les vendeuses pour bavarder avec elles. Elle ne tenait pas en place, car elle avait besoin de ce contact et de cette fraternité. Dans ces moments-là, on devenait très vite son ami. »

A cause de sa myopie, il arrive aussi à Joséphine de commettre des bévues de taille. A l'étranger, une heure avant le spectacle, elle envoie souvent Julio en éclaireur dans la salle pour s'informer de la place des personnalités attendues. Même si elle ne les reconnaîtra pas, la bienséance lui dicte de les saluer.

« Ce soir-là, enchaîne Julio, nous étions au Mexique et j'appris que Dolorès del Rio, l'idole de mes westerns d'adolescent, serait présente. J'en fis part à Joséphine qui, une fois sur scène, la fit acclamer. Des murmures s'élevèrent dans le public : à quelques tables de là, Maria Félix, ennemie jurée et concurrente de Dolorès, bouillonnait... par ma faute ; j'avais oublié de signaler sa présence.

La rumeur prête à Joséphine et à Maria Félix une vieille

relation sentimentale. Après le spectacle, dans la loge, l'actrice mexicaine fulmine : "Je voulais te faire une surprise, en venant t'écouter, pour une surprise, en effet c'en est une ! Je connais quelqu'un qui doit jubiler. Tu m'as humiliée !" »

« Joséphine était extrêmement distraite, poursuit le petit-neveu d'Abatino, intarissable. Je me souviens qu'un jour à New York, nous prenions un verre dans un bar très chic, quand un homme de couleur vint l'embrasser. J'étais allé régler l'addition à la caisse et je n'ai pu apercevoir l'individu que de dos, mais à en juger par leur étreinte, je les ai devinés très proches. Lorsque je suis revenu, Joséphine était seule.

"Ce soir, nous dînons chez ce monsieur ! m'annonça-t-elle. Seulement, je suis incapable de me souvenir de son nom. Enfin ! Nous verrons bien, il m'a écrit son adresse sur un bout de papier..."

« A l'heure H, l'ascenseur nous déposa directement dans l'appartement, à l'étage qui nous avait été indiqué. Un majordome nous accueillit avec son plus large sourire, en nous témoignant les plus grandes marques de politesse. Mais nous ne savions toujours pas chez qui nous étions... Heureusement, le brave serviteur ouvrit enfin la bouche pour nous dire dans un français certainement appris pour la circonstance : "Bienvenue Madame Baker ! Je vais annoncer votre arrivée à Monsieur."

"Oh Duke ! *my friend*", s'écria Joséphine avec un naturel déconcertant, en tendant les bras vers notre hôte qui se tenait debout au milieu d'un immense salon au décor immaculé. Le mystérieux interlocuteur du bar n'était autre que Duke Ellington !...

« Une autre fois, à Venise, je m'étais placé dans le public, lorsqu'en plein tour de chant, elle descendit dans la salle et s'avança vers moi en me demandant de me lever. J'ai d'abord cru à une mauvaise blague, puis je dus convenir qu'elle ne m'avait pas reconnu. Je lui répétais doucement : "Joséphine, c'est moi !" Elle insistait en criant dans son micro : “Allez viens monsieur, viens vite !” Finalement, quand elle s’aperçut de son erreur, elle me glissa agacée : “Idiot, tu ne pouvais pas le dire plus tôt ! ! !” Puis elle alla choisir une autre “victime”... »

Il est une histoire inconnue du public et pourtant authentique, qui va beaucoup marquer Joséphine dans les dernières années de sa vie. La scène se déroule dans un théâtre de Turin. Elle vient de donner une représentation, et après la traditionnelle cérémonie des autographes, à laquelle elle se prête avec grâce la plupart du temps, elle se retrouve seule avec Julio. Soudain, la porte de la loge s’ouvre, laissant une femme apparemment enceinte de plusieurs mois s’avancer avec humilité vers elle. Elle considère Joséphine sans ciller avec une expression presque dévote puis lui demande de toucher son ventre pour bénir l’enfant qu’elle porte.

« Ma tante et moi nous sommes regardés interloqués, explique Julio, mais la jeune femme se montra si insistante que le plus solennellement du monde Joséphine posa sa main brune sur le ventre de celle qui maintenant se trouvait à genoux devant elle.

“Attention, vous allez froisser votre bébé si vous restez pliée comme cela”, lui dit-elle. Puis, tout en formulant des vœux de prospérité et de santé pour l’enfant qui viendrait, elle releva la future maman, transie d’émotion. »

Les salaires de l’effort...

Le 1er janvier 1972, Maurice Chevalier, l’ennemi de toujours, miné par la maladie comme il l’avait été par l’ascension de Joséphine et surtout par celle d’Yves Montand, sa bête noire, « Momo » s’est éteint. Curieusement, Joséphine demande à ses enfants de l’accompagner devant sa dépouille ; ils marquent leur vive surprise : « On croyait que vous vous étiez toujours détestés ! ? »

« Oui, c'est vrai, mais devant la mort tout doit s'effacer. Désormais, il mérite le respect... » Bourvil... Fernandel.. Mariano... Le cercle des géants se rétrécit...

En février, Joséphine participe en tant qu'ambassadrice de l'U.N.I.C.E.F., une nouvelle mission qui s'inscrit dans la lignée de « son idéal », à un gala donné au Grand Théâtre de Genève en faveur d'enfants défavorisés. « Joséphine Baker fut la seule vraiment “dans le coup”, elle sait de l'intérieur ce que c'est d'élever des gosses abandonnés, de se battre pour eux », peut-on lire le lendemain dans *La Tribune de Genève.*

Et la ronde infernale des tournées se poursuit, qui conduit Joséphine jusqu'à Noël.

Pour sa dernière émission de l'année, « Entente cordiale », Mick Micheyl, ex-meneuse du Casino de Paris, maintenant reconvertie dans la production audiovisuelle, a tenu à l'inviter. Elle lui donne la vedette de son show. La créatrice de *Un gamin de Paris* s'en souvient, émue : « J'étais allée chercher Joséphine à Orly pour la conduire aux studios des Buttes-Chaumont. A l'aéroport, tous les porteurs se battaient pour avoir l'honneur de transporter sa vieille valise entourée de ficelle et donc facilement reconnaissable.

« Sachant que le tournage durerait plusieurs jours et qu'elle n'aurait pas les moyens de s'offrir une chambre d'hôtel, j'avais fait transformer plusieurs loges des “Buttes” en appartement. Cela l'enchanta, elle était gaie comme un pinson au milieu des autres artistes (Brialy, Sim, Antoine, Lama, Macias, Dick Rivers, Zanini, Guy Lux et Sophie Darel), dont je l'avais entourée. »

1973 est professionnellement une année décisive pour Joséphine puisque marquée par une tentative de retour aux Etats-Unis. En avril, grâce au producteur noir Jack Jordan, elle arrive à New York pour un premier contact avec la presse. Dans le hall du Beverley Hills, elle remarque un jeune homme aux allures excentriques. Renseignements pris et show-biz oblige, elle lui téléphone dans sa chambre pour lui crier son admiration.

« C'était comme si c'était la reine d'Angleterre en personne qui m'avait appelé », confia, ému, Elton John.

Les New-Yorkais se souviendront encore longtemps du passage de « la légende » au Carnegie Hall, en juin de cette année-là. On a fait autour de l'événement une publicité considérable. Le jour de la première, Tumpie est payée de reconnaissance. Toute la jeunesse noire qui l'attendait lui fait un triomphe. Malgré une terrible extinction de voix, elle ne les déçoit pas !

« Je ne pensais pas que je serais si bien reçue ! J'espérais un tout petit peu de votre amour, mais je constate que vous m'adorez. Je suis HEU-REUSE ! ! ! » leur crie-t-elle.

Tout au long du spectacle, elle parle à ces jeunes en les abreuvant d'amour et d'amitié. Quand cela devient trop solennel, elle trouve le truc pour les faire hurler de rire. Elle est burlesque et nostalgique à la fois, en un mot : extraordinaire. Pourtant, ni les éclairages trop violents ni les décors inexistants ne la servent. On croirait à une répétition générale mais une répétition géniale. Après avoir fait applaudir Burt Lancaster, l'un de ses cobayes de la soirée, fidèle à ses habitudes, elle ne peut s'empêcher de descendre parmi le public pour offrir une rose à un spectateur. Elle lui demande de la faire passer de main en main en témoignage de paix. Tandis que la fleur fait le tour de l'immense salle, la moitié des gens pleurent d'émotion.

« Vous savez, j'ai beaucoup voyagé, leur explique-t-elle, beaucoup, beaucoup... Au cours de toutes ces années, je vous ai donné tout ce que j'avais. Maintenant je vous appartiens comme vous m'appartenez. »

Puis elle entonne de sa voix brisée les premières rimes de *My way*, sous une salve d'applaudissements. Cette version ô combien émouvante restera à jamais gravée dans les murs de Carnegie Hall... La critique américaine salue unanimement sa performance.

Après New York, Joséphine se rend en Suède dans le

courant du mois de juillet. Mais au cours d'une série de représentations au Tivoli de Copenhague, son cœur flanche une nouvelle fois. Placée en observation à l'hôpital de l'université de la capitale danoise, on la soigne pour surmenage et grande tension nerveuse. Près d'elle, sur son lit, Fifi est la seule à faire la fête aux enfants quand ils viennent visiter leur mère. Inconsciente, Joséphine ne les a pas reconnus. Fifi ? Une petite chienne que des prisonniers berlinois lui ont offerte l'année précédente pour la remercier d'être venue chanter pour eux...

Remise de son accident avec une rapidité qui laisse les médecins danois perplexes, le 12 décembre 1973, Joséphine fait un détour par Saint Louis, pour être célébrée au cours d'un « Baker day » mémorable, où il lui est demandé de revêtir son uniforme de guerre. C'est ainsi, fièrement parée de toutes ses médailles, qu'elle reçoit des mains du maire un diplôme avec le sceau de la ville, reconnaissant les mérites de la citoyenne de Saint Louis. A la fin du mois, elle revient en France participer à Versailles, au grand gala de bienfaisance pour la sauvegarde du château, présidé par Grace de Monaco, avec Liza Minelli, Zizi Jeanmaire et Rudolf Noureïev entre autres.

« Au cours des répétitions, je l'avais retrouvée assise sur un banc, dans un peignoir effiloché, la tête recouverte de quatre ou cinq turbans, raconte Hector Pascual, directeur du musée Yves-Saint-Laurent. Sur le coup, je ne l'ai pas reconnue ; elle paraissait avoir cent ans. En coulisse, on s'était aperçu qu'il n'y aurait pas de loge individuelle pour chaque artiste et il fut procédé à un tirage au sort qui lésa Zizi Jeanmaire. Devant sa colère, Joséphine lui céda sa propre loge...

« Au-dehors, la neige recouvrait peu à peu le parc. Il faisait froid, très froid et Joséphine me proposa un morceau du sandwich qu'elle était en train d'avaler. Touché par la pitance de cette vieille femme, j'ai laissé la pluie envahir le bord de mes yeux, tandis que les souvenirs m'emportaient en Argentine en l'an 1948. J'étais alors un jeune étudiant aux Beaux-Arts de Buenos Aires, et j'avais sollicité un rendez-vous pour exécuter son portrait. Elle m'apparut belle, si belle ! Vêtue d'un tailleur classique noir, à la mode new-look, la tête habillée d'un foulard de couleur sombre, retombant sur ses épaules, elle semblait souveraine. La finesse de sa chaussure et la hauteur de son talon la rendaient infiniment longue et achevaient de lui prêter cette majesté que seule une déesse pouvait lui avoir léguée en héritage. Tout en elle respirait la beauté ; la classe, l'élégance et le raffinement de ses manières me rendirent muet d'admiration. Dans sa loge, la couleur blanche était omniprésente, depuis les voilages jusqu'au revêtement de sa brosse à cheveux, en passant par les tentures d'organdi.

« A Versailles, j'ai rappelé à Joséphine les circonstances de notre rencontre en lui disant que je n'avais pas apprécié ses relations politiques de l'époque en Argentine. “C'est une question d'opinion”, me répondit-elle, avant que nous changions de conversation... Quelques heures plus tard, le présentateur annonça son nom et les notes harmonieuses de *J'ai deux amours* s'élevèrent dans un théâtre encore étrangement peuplé par l'âme évanescente de Marie-Antoinette... Puis, un magnifique carrosse argenté arriva sur la scène, tiré par les six cerfs de céramique que j'avais conçus et réalisés. L'attelage s'immobilisa. Joséphine, recouverte d'un interminable manteau d'hermine, en descendit. D'un geste, elle fit tomber sa fourrure, et son corps moulé dans un collant de couleur chair jaillit soudain, provocant et parfait. Coiffée d'un bouquet de plumes de faisans royaux et d'un énorme rubis épinglant un turban de satin doré, elle s'avança vers la foule qui se leva, sublimée. Eclipsés les Liza, les Zizi, les Noureïev. Les filles du Crazy Horse participaient elles aussi à l'événement ; elles n'en croyaient pas leurs yeux. Au dîner qui suivit dans les appartements du roi, sous la présidence de la princesse de Monaco, elle recueillit une nouvelle ovation en paraissant à moitié nue sous sa robe de gaze noire transparente. L'un de mes collaborateurs, qui la détestait sans jamais avoir assisté à aucune de ses prestations, devint ce soir là l'un de ses plus fervents admirateurs ! »

A douze contre un...

Hors les décorations militaires qui sont les seules à revêtir à ses yeux une réelle signification, Joséphine pense qu'avec l'âge les récompenses ne représentent que ce que la vanité des hommes veut bien en faire. Paradoxalement, c'est au cours des cinq dernières années de sa vie qu'elle reçoit quantité de prix, symboliques ou prestigieux : en 1970, le Grand Cordon d'Or des Toques Blanches par l'Amicale culinaire des cuisiniers et pâtissiers de la principauté de Monaco, le « prix Zucchi de l'amour universel » à Vérone. L'année suivante, la Médaille d'Or avec Palme de la Ligue Universelle du Bien Public vient compléter son palmarès. En 1972, une « rose Joséphine Baker » est créée en Europe tandis qu'à New York, le Club de la presse lui remet un diplôme récompensant l'artiste et la militante. La ville de Los Angeles en fait autant, précédant celle de Menton deux ans plus tard...

La décision de la rédaction de *Tuesday at home* de décerner à Joséphine le prix de la femme de l'année 1973 est pour elle un moment d'émotion. La remise du trophée a lieu au palais de Monaco en janvier 1974, en présence de la princesse, de Madame le Consul des Etats-Unis à Nice, du chargé de mission du prince Rainier et de la vice-présidente du journal. C'est au bord de la piscine privée du même palais qu'au début du séjour monégasque, le couple Grimaldi a tenu à présenter Caroline, Albert et Stéphanie à l'ensemble de la famille « Arc-en-ciel », avant que les événements ne prennent une autre tournure et que la déception ne s'installe...

« Pour la cérémonie du *Tuesday at home* Joséphine était

arrivée en avance, raconte Julio, et en voyant la princesse, elle s'exerça à une profonde révérence. Grace lui sourit alors en lui tendant les mains : "Mais que fais-tu Joséphine, nous sommes seules pour le moment !" »

L'hommage de la princesse tient en un vibrant discours de circonstance, assorti de la remise d'un véritable joyau : une pendule en or de quatorze carats, signée de sa main. Les deux femmes se tutoient dans l'intimité, et leur admiration se veut réciproque mais s'il faut en croire Maguy Chauvin, il n'y a pas d'amitié profonde : « Entre elles, chacune jouait un rôle, elles étaient bien toutes deux Américaines mais beaucoup de paramètres les distinguaient : leur éducation, leur statut et surtout... leur couleur. »

Tout, pourtant, nous démontre le contraire. Tant dans ses actions efficaces que dans sa volonté d'abolir les barrières, la très religieuse Grace Kelly semble s'être toujours montrée à la hauteur de ses déclarations. Un soir cependant, elle fait comprendre à Joséphine qu'en principauté, la discrétion doit rester de mise. Les propos qu'elle a tenus en public lors d'un spectacle donné dans la salle Garnier, en présence notamment de Claudia Cardinale, ont frisé l'incident diplomatique. Julio était présent : « "J'ai deux amours, mon pays et Paris, c'est vrai, mais je ne veux plus être Française tant que je serai en guerre avec la famille Pompidou !" s'exclama soudain ma tante qui était l'invitée d'honneur. A l'époque, Pompidou était président, et Rainier, déjà échaudé par ses anciens démêlés avec de Gaulle, dissimula mal son mécontentement. Ménageant Joséphine, Grace lui expliqua avec un humour tiède que la principauté n'était pas de taille à mener une guerre contre la France... Tantie soupçonnait "les Pompidou" d'avoir manifesté un intérêt pour le rachat des Milandes... »

Pour ne pas avoir à déclarer son salaire en France, quand elle chante à l'étranger, Joséphine exige toujours d'être payée cash. Elle n'accorde aucune confiance aux banquiers, « tous des voleurs », et plutôt que de déposer son argent dans l'une des agences internationales de la Banco di Roma dont elle est cliente, elle préfère passer le filtre d'Orly le manteau rempli de dollars, au nez et à la barbe des douaniers qu'elle berne en les charmant.

« Comment crois-tu que ta vieille tante se débrouillait pendant la Résistance ? » s'esclaffe-t-elle ensuite, triomphante, avec Julio. « Un soir, peu après le début de mon séjour à Roquebrune, raconte ce dernier, ce fut le branle-bas de combat à la villa. Joséphine venait de dénicher un garde-meuble pour y entreposer tout ce qui avait pu être sauvé des Milandes : l'Alcazar. Quand elle apprit qu'à quelques mètres près, le magasin se situait sur le territoire français, elle s'affola et nous embaucha, une amie et moi, pour aller déménager le tout dans une annexe du bâtiment qui, lui, se trouvait en territoire monégasque. Toute la nuit, nous avons trimbalé des meubles et des caisses. Aux aurores, nous nous sommes retrouvés affalés sur le trottoir, lorsqu'une vieille dame très matinale qui promenait son chien nous tendit charitablement un billet. Elle n'avait pas reconnu Joséphine, couverte de poussière... »

Celle qui ne possède plus ni couverture sociale ni compte en banque français se préoccupe encore de ceux dont on prétend qu'ils ont sombré dans le même chaos. Un soir, à Paris, alors qu'elle sort de La Lorraine, célèbre brasserie de la place des Ternes, où elle vient de dîner en compagnie de Marie Spiers, les deux femmes entendent un crieur de nouvelles s'égosiller : « Demandez *France-Soir*, Michel Simon complètement ruiné et malade se trouve dans une situation critique ! »

« Mon Dieu, s'étrangle Joséphine, bouleversée, on ne peut laisser Michel comme cela. Marie, envoie-lui donc un chèque de... deux cent cinquante francs (?) et dis-lui que je l'embrasse. »

Quelque temps plus tard, le plus attendrissant des comédiens français répond en adressant ses remerciements à Marie et une lettre à Joséphine. Elle se cache pour la lire et revient vers Marie des larmes plein les yeux : « Il m'a dit qu'en souvenir de moi, il n'encaisserait jamais le chèque... »

Au fil des années, à Roquebrune, la situation s'aggrave entre « la maman du monde » et ses enfants. Devant leurs revendications d'indépendance et de liberté, Joséphine commence à céder du terrain. Au début du séjour monégasque, elle pouvait encore les « tenir » sous sa coupe, et l'histoire de la « potée » illustre parfaitement ces rapports de force entre les « douze » et leur mère. Piètre cuisinière, Joséphine a en effet décidé un soir de les « régaler » en confectionnant un simili pot-au-feu. Marie Spiers, séjournant alors à Roquebrune, était du nombre des invités. Elle se souvient que tout se déroula sans incidents notoires jusqu'à ce que Joséphine découvrît le lendemain matin un plat entier de sa préparation déversé derrière un radiateur. « Elle explosa, raconte Marie. “Qui a fait ça ?” se mit-elle à hurler. En privé, elle m'expliqua : “Tu vas voir, ils vont tous rejeter la faute sur Janot” (il était plus fragile que les autres). Mais comme personne ne se résolvait à parler, elle opta pour une punition collective et tous furent interdits de déjeuner jusqu'à ce que le jardin soit entièrement désherbé. »

Souvent, Joséphine n'hésite pas à gifler ses enfants, mais beaucoup d'entre eux sont maintenant devenus de solides gaillards. « Mes frères lui répondaient : on sort quand même, que tu le veuilles ou non », révèle l'un des « douze ». « Face aux menaces, maman n'a plus osé réagir. Elle avait peur qu'ils n'aillent trop loin dans leur violence. Elle s'enfermait alors dans sa chambre, car en plus d'être impolis, mes frères devenaient méchants en la couvrant d'invectives. Puis, après une altercation beaucoup plus grave que les autres avec Akio, elle est tombée malade pendant trois jours. A la suite de cela, elle a définitivement capitulé. Dès lors, il y a eu un basculement d'autorité et chacun a fait ce qu'il a voulu, les plus jeunes profitant à leur tour de cette liberté nouvellement acquise. »

En attaquant ainsi l'hégémonie de leur mère, les enfants de Joséphine instaurent « en toute laideur et en toute jeunesse un début de tyrannie ». Un jour, Julio remarque un hématome sur le bras gauche de sa tante. Quand il la questionne à ce sujet, elle lui répond de façon faussement évasive : « Demande donc à... »

Moïse apporte sa contribution aux contrariétés de sa mère en déposant un soir à la villa des chandeliers dérobés dans un palace monégasque. Joséphine l'exile dans un kibboutz en Israël pour qu'il apprenne les rudiments de la vie en communauté. Comme il est psychologiquement fragilisé, sa mère adoptive fait l'impossible pour le soutenir. Elle l'encourage en lui adressant des lettres empreintes d'humilité, la philosophie des sages : « Pardonne chaque regard méprisant à ton égard. Pardonne tous les mots qui pourraient t'être adressés pour te blesser. Ne réponds pas. Si tu as des larmes aux yeux, dis-toi bien que ce sont des larmes de sagesse qui seraient tombées sur la terre d'Israël.

Ta maman qui ne t'a jamais aimé plus que maintenant. »

« Elle aurait fait n'importe quoi pour eux, certifie Julio. Cela me rappelle cette dame étrange qui s'était un jour présentée au portail de la villa, en prétendant être la mère de Noël. Joséphine, hors d'elle, la prit vigoureusement à partie : “Si vous êtes réellement la maman de mon fils, vous avez commis un crime que même une chienne n'aurait pas commis !” Elle ordonna à l'intruse de disparaître sous peine d'égorgement. Les veines de son cou étaient gonflées, je ne l'avais jamais vue dans cet état. J'ai redouté le malaise. Elle les défendait bec et ongles et pourtant elle connaissait les travers de ses petits garnements. Combien de fois, dans l'avion qui nous ramenait à Nice, l'ai-je vue préparer quelques billets de banque dans son sac à main, pour placer ensuite le sac bien en évidence dans sa chambre... “Tu comprends, me disait-elle, il vaut mieux qu'ils volent chez moi que dehors”... »

Depuis sa retraite, le colonel Paiolle, l'un des chefs de Joséphine pendant la Résistance, suit l'évolution de la situation du sous-lieutenant Baker à travers la presse : « J'ai énormément souffert des difficultés qui ont marqué la fin de sa vie, dit-il. Elle a beaucoup trop donné d'elle-même et je crains qu'elle n'ait pas eu la joie d'être payée de reconnaissance. »

Entre la mère et ses adoptés, le dialogue est bientôt rompu. Parmi les douze, nul n'est tenu au courant du « mariage » de Joséphine en septembre 1973 avec un certain Robert Brady, riche artiste américain et mondain invétéré, installé à Cuernavaca au Mexique. Cette union purement spirituelle s'achève quelques mois plus tard, aussi étrangement qu'elle est née, laissant dans le cœur de Joséphine sa dernière amertume de femme « amoureuse »... La presse à scandale, alertée, selon Joséphine, par Jean-Claude Rouzaud, un secrétaire loquace, aussitôt évincé, prend le relais, mais aucun n'accorde le moindre crédit à une telle invraisemblance...

« Joséphine avait coutume de me haranguer depuis la scène pour me présenter au public comme sa "petite sœur", raconte Maguy Chauvin. Un soir, en mon absence elle demanda à Rouzaud de jouer le rôle d'aîné de sa tribu. »

Le jeune homme qui appelait Joséphine « maman » devant sa propre mère ne se fit pas prier. Une fois mis à pied, ayant adopté le pseudonyme de Jean-Claude Baker, il croira tenir sa vengeance quelque vingt ans plus tard en collaborant avec Chris Chase à la rédaction d'un livre très orienté. Rouzaud défendra son triste recueil d'anecdotes paru d'abord aux Etats-Unis puis en France expurgé d'une centaine de pages, dans quelques vulgaires émissions à scandale. Le flop du « faux Baker » comme l'appellent les enfants Bouillon, légalement adoptés par « Jo et Jo », sera à la hauteur de l'amour des Français pour leur tendre Joséphine.

« Le pseudo Baker a transformé le sens de nos propos en opérant des découpages, ce bouquin est truffé d'horreurs ! s'insurge aujourd'hui Jacqueline Abtey. Mon mari qui avait reçu de Rouzaud le livre anglais l'a jeté à la poubelle après l'avoir rageusement déchiré. Ce fut l'une des grandes contrariétés de sa fin de vie. Seul son grand âge le fit renoncer à un procès perdu d'avance. Quant à la version française, nous n'en avons jamais entendu parler... »

Ginette Renaudin, également interviewée, avoue n'avoir pas pu aller au bout de sa lecture, tant son écœurement fut grand : « Je n'y ai pas reconnu la Joséphine que j'ai côtoyée dans la plus stricte intimité à la scène comme à la ville, en tournée comme aux Milandes, pendant dix ans. Moi aussi, j'ai conservé beaucoup de lettres de Joséphine où elle m'écrit "votre deuxième maman". Je n'en ai jamais fait d'exploitation commerciale pour autant et surtout... j'ai continué à porter mon nom de naissance ! »

Jean-Marie Proslier : « Joséphine qui m'appelait son "petit frère" multipliait les "cousins", les "neveux", et les "fils" à la mode de Bretagne. Il fallait savoir garder sa place et ne pas en abuser. »

Un affront détonateur...

Quelques mois après la fièvre de Carnegie Hall, se souvient-on encore de Joséphine aux Etats-Unis, paradis du superficiel ? Elle tente néanmoins d'y faire une nouvelle apparition. A New York, le Palace Theatre la programme du 31 décembre 1973 au 5 janvier 1974. Tout s'annonce sous les meilleurs augures. Joséphine fait même la une du supplément *Art et loisirs* du *Times*.

Depuis les Etats-Unis, elle télégraphie à Julio de venir la rejoindre, mais il n'est pas disponible et c'est Richard Martin junior, son neveu de Saint Louis, qui se dévoue. Le jeune Richard est immédiatement fasciné par cette « petite tante » qui n'est encore pour lui qu'une lointaine légende : « Lorsque je me retrouvais seul avec elle dans notre chambre au Waldorf Astoria, elle tenait absolument à ce que je mette le bouchon dans le fond de la baignoire...

comme en 1936. Ça l'amusait ! Elle me piquait tout le temps mon parfum, "Old spice".

"Donne-moi ça, ça sent trop bon", me disait-elle.

Avec tantie, j'ai même appris comment quitter un hôtel de luxe sans en avoir réglé la note. J'étais mort de trouille, mais elle m'obligea à sortir ses costumes et ses bagages par la porte de service du Waldorf tandis qu'elle baratinait le gars de la réception. »

« Pendant les répétitions, les membres du Palace Theatre n'ont témoigné à Joséphine aucune marque de respect. Même les musiciens, avachis sur leur chaise, n'ont pas daigné répondre à ses questions. L'atmosphère a été épouvantable. Aussi, le soir de la représentation, l'orchestre n'est pas en rythme et les trous de mémoire légendaires de Baker lui jouent plus de tours encore qu'à l'accoutumée. »

« Lorsqu'elle se produisit ensuite au Raffles, un autre pénible incident vint émailler ce séjour cauchemardesque, continue Richard Martin. Bette Midler qui adorait ma tante se présenta un soir au cabaret, mais les videurs lui refusèrent l'entrée. "Tantie", aussitôt avertie, sortit comme une folle, attrapa Bette Midler par le bras et la conduisit jusqu'à la table qui lui avait été réservée... »

De retour à Roquebrune, Joséphine prend connaissance de l'article rédigé par un certain Rader. Il l'a interviewée pendant les répétitions du Palace, et son compte rendu est implacable. Piquée au vif, elle menace le directeur d'*Esquire* :

« J'ai été humiliée comme jamais auparavant. Mon avocat va vous écrire pour vous demander d'apporter une rectification dans votre prochain numéro. Toutes les mauvaises choses écrites à propos de la direction et de l'équipe du théâtre sont fausses, car je n'ai jamais reçu autant de respect, d'estime et d'affection que dans ce théâtre et comme dans tous les autres théâtres des U.S.A. d'ailleurs. »

On sent à travers ses mots combien elle est atteinte dans son orgueil... et sa mauvaise foi aussi, car elle s'est parfaitement rendu compte qu'outre sa piètre prestation, personne au Palace n'a été troublé par sa présence. Elle n'arrive pas à admettre cette indifférence non plus qu'elle n'en supporte l'étalage dans un journal.

Heureusement, en France et dans le monde, elle trouve encore la source de nombreux bonheurs. En mai 1974, elle participe au « Grand échiquier » de Chancel à l'occasion des vingt-cinq ans de règne du prince Rainier et, en juin, elle « casse la baraque » au quarante et unième Gala de l'union des artistes, en présentant des poneys nains. Le Japon l'accueille en grande pompe, où elle donne une série de concerts à l'occasion du 14 juillet. A son retour sur la Côte d'Azur une « fiesta » est donnée en son honneur, lors du festival de jazz de Nice. Peu après, elle remplace Sammy Davis junior au pied levé sur la scène du Sporting de Monte-Carlo, flambant neuf. Offusqué de n'avoir pas reçu d'invitation pour l'inauguration de la nouvelle salle, le « grand Sammy » a annoncé son intention de ne pas se produire comme convenu. Retranché sur son yacht et ivre mort, il s'est ensuite offert le triste privilège d'insulter la princesse lorsque celle-ci a tenté de lui présenter ses excuses.

Déconcertée, Grace a confié son désarroi à Levasseur qui en a discrètement avisé Joséphine. Une rencontre « fortuite » entre elle et le couple princier est improvisée dans l'enceinte du Casino. Joséphine vole ainsi au secours de sa bienfaitrice une semaine avant le grand show de Levasseur dans lequel il va lui faire jouer, en couleur et en rythme, le rôle de sa propre vie.

« J'avais demandé à Brialy de reprendre son habit de Monsieur Loyal, relate Levasseur, mais ça ne l'amusait plus de jouer les faire-valoir. Il entendait désormais se consacrer exclusivement au théâtre et au cinéma. Lorsqu'il apprit que Jacques Martin avait accepté de le remplacer, son amitié envers Joséphine l'emporta et il revint sur sa décision. »

« Mistinguett et Chevalier sont morts, hélas ! Moi, je suis à demi vivante, mais encore là tout de même », avoue Joséphine à Rainier, dans l'allégresse des répétitions !

Devant le succès foudroyant, ce spectacle prévu pour une soirée exceptionnelle est redonné au lendemain du 9 août, puis les jours suivants : un fait unique en principauté. Une fois de plus, Joséphine refuse d'être payée...

Alarmée par leur situation financière, Margareth appelle Marie Spiers au secours : « C'est une catastrophe ! Les épiciers, le boulanger, le boucher, tous les commerçants qui nous faisaient crédit refusent de me servir tant que je ne leur aurai pas réglé le montant de ce que nous leur devons. Qu'allons-nous devenir ? »

Marie Spiers sait la fierté de Joséphine et décide secrètement avec Brialy d'en référer au responsable des spectacles de la S.B.M. On convient que les cachets de Joséphine seront versés sur un compte au nom de Marie.

« Toutes les dettes purent ainsi être secrètement et provisoirement épongées, mais si elle l'avait su, elle nous aurait étranglés ! plaisante Madame Spiers. Elle avait le sens de l'honneur. Je me souviens d'un épisode particulièrement dramatique, où Joséphine complètement démunie fut sauvée par la nourrice de mon fils, surnommée "Mademoiselle Wouah Wouah" : elle avait mis à sa disposition l'intégralité de ses économies. Intègre, Joséphine ne manqua jamais de faire déposer chaque mois, sur son compte, la somme de cent francs à laquelle elle joignait systématiquement un petit mot. Je n'ai pas oublié la tête du directeur de la banque lorsqu'il reçut la première fois un mandat au nom de "Mademoiselle Wouah Wouah"... »

Peu avant le spectacle de Monte-Carlo, Paul Colin, qui donna à Levasseur l'autorisation d'utiliser l'un de ses croquis pour la revue, revint subitement sur sa décision. Courroucée, Joséphine téléphona à l'avocat de l'affichiste en lui expliquant que, depuis des années, elle ne lui avait jamais demandé un seul centime pour l'utilisation de sa propre image et que s'il osait une quelconque poursuite elle s'occuperait personnellement de son cas. On n'entendit plus parler de Colin... Sans doute craignit-il que

Joséphine ne révèle l'usurpation de l'affiche de *La Revue nègre* ?...

Le succès du Sporting augure d'une réussite possible à Paris, mais la désillusion est de taille lorsqu'avec Levasseur, Joséphine se heurte à la dure réalité de l'époque et des gens du métier. Son nom suscite désormais l'ironie. Certains se demandent si elle tient encore debout ! Dans la capitale, tout a bien changé...

Paul Derval et Henri Varna sont morts. Le nouveau directeur du Casino de Paris, Roland Petit, exige au préalable une doublure : Lisette Malidor, la perle noire montante du moment... Vexée, la pauvre Joséphine se retranche derrière son orgueil : « Il n'y a qu'une seule Joséphine, c'est moi ! » Aux Folies-Bergère, bien qu'elle ne l'avoue pas franchement, la nouvelle directrice Madame Martini ne veut prendre aucun risque avec Joséphine. Il est ensuite vaguement question de transformer la salle du Pavillon Gabriel, propriété de Potel et Chabot, avenue Gabriel, mais son directeur, Maurice Bataille, refuse net d'engager un pari aussi fou. Lui non plus ne croit plus dans l'artiste... Forte de son récent triomphe au Palladium de Londres pour un gala royal de charité, Joséphine accuse le coup comme Pepito lui a appris à le faire en pareille circonstance ; en se taisant. Bataille devine alors la détresse secrète de son amie, et lui propose de mettre sa salle à sa disposition le temps d'une soirée exceptionnelle vers la fin décembre.

« Le jour J, quelques heures avant le début du spectacle, sachant que je me trouvais dans les parages, Madame Baker me fit appeler », raconte maître S., l'un de ses derniers avocats chargé de s'occuper de son divorce d'avec Jo Bouillon et de « l'affaire Rouzaud ». Joséphine se bat maintenant pour empêcher le jeune arriviste de continuer à exploiter illégalement son propre nom ; un piège qui se referme sur elle... Elle avertit tous ses amis de fermer leur porte à celui qui se targue d'être « Jean-Claude Baker, fils de Joséphine ». Un « titre » qui sera le filon de son avenir.

« Les musiciens ne voulaient pas jouer car ils exigeaient d'être payés en espèces, avec la moitié de leur cachet avant le début de la représentation et l'autre à l'entracte, poursuit l'avocat. Aussi, ne parvenant pas à trouver Maurice Bataille, j'ai couru jusqu'au Palace que dirigeait mon père, et me suis fait remettre 25 000 francs en petites coupures. »

Ce soir-là, maître S. sauve Joséphine, mais tout ceci n'est que colmatage... C'est alors que Monsieur Bodson, P.-D.G. de Bobino, et Jean-Claude Dauzonne, son jeune directeur, se proposent de lui ouvrir leur théâtre. Ils sont de ceux qui la considèrent toujours incontestablement comme « le dernier monstre sacré ».

« Si je réussis mon retour, ce sera vraiment revenir par la petite porte, estime Joséphine, résignée... Quelques jours avant que *France-Soir* n'annonce la nouvelle en exclusivité, Georges Debot, déjà dans la confidence, en informe un célèbre échotier, que le procès retentissant intenté et gagné à son endroit par B.B. n'a apparemment pas échaudé. Le chroniqueur lui rit au nez : « Abandonne donc ta Joséphine, elle est irrévocablement finie... » Mais après la parution de l'article, l'échotier, plein de rancœur s'en prend à Debot : « Pourquoi n'as-tu pas insisté en me disant que ton tuyau, c'était du sérieux ? Tu m'as fait rater un sacré coup... ! »

Le 31 décembre, Joséphine fête la nouvelle année à Enghien, chez Dauzonne.

Entourée de quelques fidèles, elle lève son verre : « 75 sera une date à marquer dans les annales de Bobino, je vous le promets ! »

Personne ne sait encore que ces mots, à peine gonflés par le champagne, ne résisteront pas à l'ironie de l'Histoire...

XII

LE DERNIER SAUT DE L'ANGE NOIR...

« *Avec l'âge, l'art et la vie ne font qu'un.* »

Serge Braque

Frénésie...

EN ce début d'année 1975, le petit théâtre de la rue de la Gaîté est en pleine effervescence. Les travaux qui doivent transformer ce music-hall presque centenaire en un temple de l'illusion vont bon train. Il y a du travail ! Heureusement Levasseur est là, et l'illusion c'est son domaine. C'est lui qui va diriger d'une main de maître le concert des clous et des perceuses pour que le décor qu'il a entièrement réinventé puisse enfin prendre corps. En réalité, Bobino n'est pas adapté pour recevoir le spectacle de Joséphine. La place manque. Il faut trouver des solutions. Alors on réfléchit pour ne rien laisser au hasard. Derrière les coulisses, au cœur du jardin de plein air situé dans l'enceinte du bâtiment, un petit hangar en préfabriqué est monté. Toutes les plumes, les coiffes des danseuses tiendront ici, suspendues par des systèmes de poulies, comme dans les mines de fond pour les vêtements de ville des ouvriers. L'orchestre sera placé sur un balcon côté jardin.

A la demande de Bobino, la Société des Bains de Mer de Monaco, coproductrice du spectacle, a accepté de louer les costumes à un taux de 30 % de la recette au-dessus de 30 000 francs, soit environ 2 000 francs par jour. Une clause du contrat stipule néanmoins que si les recettes n'atteignent pas ce palier, la location restera due. C'est le signe que même la S.B.M. ne croit qu'à moitié au triomphe de Joséphine... Aucune compagnie n'a voulu assurer la vedette : « trop âgée », « santé trop précaire »... La Lloyd, qui pourtant exige toujours des cautions énormes, n'a pas voulu prendre de risques. En dépit de ces vexations, Joséphine veut rester confiante : « Mon retour n'est pas une obligation, c'est une joie », déclare-t-elle à Yves Mourousi. Et à la télévision : « Je ne suis pas sûre de moi, mais je suis sûre du public parisien. Ils ne vont pas me laisser tomber, ne vous en faites pas, ils ne vont pas me laisser tomber... »

Mais elle crâne et elle le sait.

A Paris, cependant, elle se retrouve de nouveau au centre des conversations. On la voit partout : sur le petit écran avec Bécaud pour le tirage au sort des huitièmes de finale de la coupe de France de football, à Bobino, aux bras de Romy Schneider pour la première de Barbara... Lorsqu'un jeune journaliste indélicat ou trop zélé salue sa prouesse physique pour une dame de son âge, comme s'il s'adressait à un diplodocus, elle répond, agressive : « Et alors ? Je suis sûre que toutes les femmes pourraient en faire autant si c'était leur métier et si elles étaient entraînées pour ça ! » On imagine difficilement l'une de ses consœurs faire un tel aveu...

Professionnelle, Joséphine refuse les projets d'affiche de Kiffer et celui magnifique de Gruau : « Je veux que Paris voie mon corps et ses 57 centimètres de tour de taille... comme en 1925 ! » Le régime draconien qu'on lui a imposé et le port d'une ceinture de gros grain auquel elle s'astreint nuit et jour l'ont littéralement métamorphosée. Dans les rues de la capitale, les murs et les colonnes Morris sont envahis par la photo de « Joséphine super star » les bras levés vers le ciel et la silhouette moulée dans un « académique » brodé de brillants, une œuvre unique de Mine Barral.

Les répétitions se déroulent dans une euphorie indescriptible. Joséphine galvanise la troupe des jeunes danseurs, leur communiquant sa joie de vivre et son inaltérable optimisme. Elle les materne et, de peur qu'ils ne se déshydratent, leur fait livrer quotidiennement de pleines caisses d'oranges. Mais un après-midi sur le plateau, tout le monde en est quitte pour une belle frayeur. L'un des boys, n'ayant pas mesuré sa force, la serre si violemment qu'elle manque s'étouffer. Il faut la transporter momentanément dans sa loge, elle ne peut plus respirer...

Bobino la protège, Bobino la préserve. Interdiction formelle à quiconque de déranger « Madame Baker ». Les journalistes trop accaparants sont gentiment éconduits. « L'un d'eux, un Anglais qui voulait à tout prix l'interviewer, faillit m'étrangler », raconte Patrice Boucher, l'un des contrôleurs.

Devant les employés de Bobino Joséphine ne fait pas de simagrées. Tous sont sidérés de la voir sortir de sa loge en peignoir, un turban sur la tête pour aller arroser ses plantes, équipée d'un petit arrosoir. Fidèle à son habitude, elle tient à participer à toutes les phases de la préparation du spectacle, mais le metteur en scène préfère la ménager. Pour éviter à sa vedette d'inutiles efforts, il ne lui fait prendre sa place dans les différents ballets que vers les derniers jours de répétitions. C'est seulement soixante-douze heures avant la première que Joséphine foule la scène en costume.

Parfois, entre elle et Levasseur, tous deux pourvus de ce que l'on appelle des « caractères », les frictions mènent ouvertement à des conflits lorsque la somme des efforts et le stress commencent à peser sur les nerfs de chacun. Face à certaines exigences professionnelles, Joséphine témoigne un jour de sa réelle exaspération.

Elle répète un tableau, revêtue d'un somptueux fourreau rose et d'une coiffe d'aigrettes de la même couleur. Manifestement elle semble ennuyée par ce chapeau lourd et encombrant. Elle l'enlève d'un seul geste et le pose à terre avant d'exploser : « Ça suffit maintenant, le temps des esclaves c'est fini ! » Lourd silence sur le plateau... puis le travail reprend comme si rien ne s'était passé.

Bien sûr Ginette Renaudin n'est plus là... Suzanne Roger devient l'habilleuse exclusive. Au moment de prendre ses fonctions, elle a frissonné d'inquiétude, car ses consœurs du gala de la Croix-Rouge monégasque lui ont prédit des moments très difficiles avec sa future patronne. Cette fois-ci, Levasseur n'a pas voulu engager d'assistantes. Tout le spectacle reposera donc sur ses seules épaules.

« Nous sommes rapidement devenues complices, déclare Madame Roger, future belle-mère de Richard Clayderman. C'est à moi qu'elle demandait d'aller acheter le champagne pour ses amis, et cela en cachette de Brialy bien sûr, car il surveillait étroitement ses dépenses. »

« Un temps, elle me confia vouloir épouser Brialy, nous apprend Maguy Chauvin. Oh ! juste une union contractuelle avec un protecteur qui l'aurait soulagée de sa détresse et de sa solitude. Après une savante analyse du personnage, elle avait estimé qu'il était l'homme de la situation. »

Le fisc lui aussi guette soigneusement Joséphine, pour des raisons toutes différentes. Elle tente de ruser autant qu'elle le peut pour échapper à l'impôt et à l'énorme reliquat de dettes qui courent encore depuis son expulsion des Milandes. Lorsqu'un jeune peintre symboliste dans la tradition de Gustave Moreau, chargé d'étudier un projet de musée itinérant, lui fait don de l'une de ses œuvres dans la loge de Bobino, elle le dissuade fermement : « Malheureux, ne laissez pas cela ici, ils me l'enlèveraient ! »

Un jour, Suzanne Roger offre à Joséphine un pot en argent pour y mettre ses pinceaux de maquillage. Touchée, Tumpie décide d'inviter toute la troupe à dîner à la Moule en Folie, un restaurant voisin. Mais à la fin du repas, lorsqu'elle se dirige vers la caisse pour payer, on lui répond que tout a été réglé par Jean-Claude Dauzonne. Furieuse, elle fait un esclandre public à son directeur : « Moi aussi je peux payer, laisse-moi ma dignité ! »

« Pendant les répétitions, elle me fit faux bond, raconte Dauzonne. Elle était allée honorer un contrat d'une soirée à Amsterdam sans me signaler son départ. Elle me fit simplement informer qu'elle s'était rendue à Roquebrune y régler un problème familial. Dès que j'ai appris les vraies raisons de son absence, je lui ai expédié un télégramme : "Tu m'as menti !" lui ai-je écrit. J'étais furieux et terriblement angoissé car, selon une clause du contrat signé le 26 février, il était interdit à Joséphine de se produire ailleurs qu'à Bobino. Elle me retourna une lettre d'insultes en me disant qu'elle n'était pas à Amsterdam. J'ai patiemment attendu son retour et quand elle s'est présentée à moi, avant de la saluer, je lui ai lancé sans ménagement : "Dis donc, tu me prends pour un con ? Si tu n'étais pas à Amsterdam, comment as-tu pu recevoir mon télégramme, puisque je l'ai envoyé là-bas ?

– Mais je n'ai jamais dit que je n'étais pas à Amsterdam...", m'assura-t-elle, complètement désemparée. J'ai succombé à cet air qu'elle savait rendre pitoyable. Elle ne se rappelait plus de sa lettre de l'avant-veille. Elle était comme cela et j'ai compris de quelle façon elle avait pu se rendre odieuse aux yeux de bon nombre de gens du métier dans le passé. C'était une enfant. Mais elle m'adorait et c'était réciproque. Au fur et à mesure des refus des autres théâtres parisiens, je m'étais montré de plus en plus réjoui car je rêvais d'accueillir celle qui m'avait connu tout bambin. A cette époque, juste après la guerre, Gabriel Bouillon, le frère de Jo, donnait des leçons de violon à mes frères et sœurs. De ce jour, elle se prit d'affection pour moi. A Bobino, c'est encore le petit garçon d'Enghien qu'elle revoyait. J'étais le seul autorisé à assister à sa métamorphose dans sa loge avant le spectacle. Elle m'écrivait des monceaux de lettres dans lesquelles elle me couvrait de tendresse : "Si je le pouvais, je te ferais encore sauter sur mes genoux et je te serrerais contre moi très fort comme un bébé en te cajolant et en te donnant mille baisers car tu es mon petit garçon chéri que j'adore." »

Un soir, Joséphine rend visite à Michel Gyarmathy, dans son hôtel particulier de la rue de Chazelles. Elle est encore toute couverte de la poussière des répétitions quand soudain, au milieu du repas improvisé, elle se met à chantonner le refrain d'une chanson traditionnelle apprise lors de son séjour hongrois en 1928.

« Quand elle est repartie ce soir-là, j'ai ressenti comme un grand vide, dit Gyarmathy. Elle m'a écrit une lettre quelques jours plus tard en me disant qu'elle espérait gagner une fois de plus devant le public parisien. Elle termina par ces mots : "Qui vivra verra"... »

La « couturière » est prévue pour le 26 mars, mais curieusement, Joséphine prend peur et confie à Levasseur ne pas se sentir prête. Elle ne veut pas l'admettre, mais la fatigue des répétitions l'accable. « Pour préserver ses forces, elle répétait les chansons assise sur une chaise, mais elle s'endormait entre deux rimes, se remémore Dany Revel. Quelques jours de délai lui auraient été tout à fait bénéfiques. »

Le metteur en scène se met alors à tempêter en expliquant que tout est en place et qu'il ne saurait être question de bouger quoi que ce soit. Déjà marquée par une pénible histoire, Joséphine s'avoue choquée : « Il est dur... » La veille, elle venait de rentrer dans sa loge avec Julio de la Penne, arrivé d'Italie ainsi que sa mère Leilia, lorsqu'elle découvrit sur sa coiffeuse ce mot écrit à l'encre noire : « Crève sale négresse ! »

« Dire qu'après tout ce que je fais depuis cinquante ans, soupira-t-elle, il y a encore quelqu'un pour écrire cela... c'est triste. »

Les lecteurs de *France-Soir* découvrent le spectacle en avant-première lors d'une « couturière » prometteuse. Dans la presse, les retombées sont plus qu'encourageantes. Elles saluent la performance de l'artiste mais aussi la revue qui a su éviter tous les pièges du rétro. *Le Quotidien de Paris* évoque « l'élégance d'âme de Madame Baker » tandis qu'Henri Chapier parle d'« une leçon de vie ». Seul *Libération* fait diversion en attaquant violemment « une gaulliste notoire, vestige du passé ». Plus un décret politique qu'une opinion impartiale, le papier se retrouve noyé sous les bravos unanimes.

Pour autant, à la veille du jour J, « La Baker » sait que l'épreuve la plus difficile, celle du gala devant le « Tout-Paris », n'a toujours pas été « passée ». De cette échéance-là va dépendre le sort de la revue et son propre avenir... La date du 8 avril est retenue pour l'événement qui arrive très vite. Joséphine tremble car un soir, un incident, une panne du groupe électrogène de Bobino, a dû contraindre la direction à annuler la représentation. « Joséphine qui était déjà maquillée entra en scène pour aviser le public, explique Dauzonne. Vas-y, lui avais-je dit, il ne faut pas que l'on pense que tu es souffrante. » Elle leur avait alors crié avec vitalité : « Ne vous inquiétez pas messieurs dames, je suis là mais nous avons un petit ennui. Vous comprenez, si je danse dans le noir, vous ne me verrez plus du tout... »

« Le 8 avril, dès 20 heures, les stars ont commencé à déferler par vagues », raconte Patrice Boucher. Sous le fronton du music-hall de la rue de la Gaîté, où brille de mille feux un « Joséphine » gigantesque, le défilé des personnalités que Brialy a réussi à draguer est édifiant : Jeanne Moreau, le général de Boissieu, Alain Delon et Mireille Darc, Jean-Paul Belmondo, Sophia Loren et Carlo Ponti, Cora Vaucaire, Michèle Morgan, Nathalie Delon, Micheline Presle, des membres de la famille royale du Maroc, Tino Rossi, le cinéaste Marcel Carné, Jean Chevrier,

Marie Bell... Même Lino Ventura est sorti de sa tanière. Le spectacle est d'abord dans la salle !

« L'arrivée de Mick Jaegger provoqua une incroyable exaltation parmi le personnel, souligne malicieusement Patrice Boucher. Jaegger avait la réputation de posséder un énorme sexe et, pour entretenir cette légende, on disait qu'il n'hésitait pas à rembourrer son pantalon. Chacun d'entre nous voulait pouvoir s'en assurer... »

Fidèle à ses habitudes, la Sapritch arrive parmi les dernières en maugréant contre sa robe qui s'est prise dans le gond d'un siège. L'affluence est telle que l'inoubliable Folcoche doit se contenter d'un strapontin. Seuls, quelques fauteuils ont été libérés au sixième rang, pour l'agrément de la présidente d'honneur de la soirée, la princesse Grace, qui fait son apparition juste avant l'extinction des lumières.

En coulisse, l'émotion est grande pour Joséphine et l'attente insupportable. Mais les trois coups résonnent soudain ! En cet instant précis, la petite débutante de 1925, celle du théâtre des Champs-Elysées, n'a plus le droit à l'erreur. Il lui faut reconquérir Paris. IL FAUT ! (son expression de prédilection).

L'envolée superbe...

Lorsque Jean-Claude Brialy entre en scène en tenue de Monsieur Loyal, sur la musique de *Paris je t'aime*, il se retrouve devant une audience impatiente et dissipée. L'acteur a refusé tout cachet : sa « fleur à Joséphine »...

« Ce soir, nous allons vivre une soirée unique, merveilleuse, car nous allons fêter les cinquante ans de music-hall de Joséphine Baker, commence-t-il. Toi Joséphine, tu es derrière ce rideau, tu sais que ton cœur est fragile, mais ce soir tu n'as pas peur, parce que derrière la Grande que tu es, il y a surtout la femme exceptionnelle et parce que tu sais que tes amis, célèbres et inconnus, sont là. »

Après la lecture de deux télégrammes, celui des enfants, inventé de toutes pièces pour la circonstance... et celui, plus authentique, du président Valéry Giscard d'Estaing qui s'est fait excuser de son absence, le rideau s'ouvre sur Laurence Badie (mademoiselle Paillette), Annie Sinigalia (mademoiselle Strass) et sur Jean-Marie Proslier (monsieur Plume), chargés de raconter ensemble la vie de Joséphine Baker. En quinze jours, Proslier a rédigé, en collaboration avec Bernard Dimey, la quasi-totalité des textes de liaison de la revue. Des textes signés par le seul Bernard Dimey ; en cas contraire, la critique n'aurait pas été partiale...

« Voulez-vous retrouver de la nostalgie et du rêve ? » demande Proslier au public. Seuls quelques « oui » timides s'extraient de l'assistance.

« Ce n'est pas encore cela qui fera tomber la tour Montparnasse, fait mine de s'impatienter le célèbre humoriste. Bon !, maintenant je vous le demande encore une fois, sans cela je m'en vais : voulez-vous voir tomber la tour Montparnasse ? »

Cette fois, la réponse est assourdissante. « J'aurais dû commencer par là », s'exclame « monsieur Plume ».

« L'orchestre allait attaquer la musique lorsque la voix tonitruante de Laurence Badie retint l'attention de la salle », se souvient Patrice Boucher.

« Attendez, cria-t-elle, en se raccrochant au rideau, une jambe sur la scène, l'autre déjà en coulisse, attendez, j'ai une question à poser. Je sais qu'il y a quelqu'un ici, caché derrière un pilier peut-être, qui doit se demander : mais enfin quel âge peut bien avoir Joséphine Baker ? Eh bien, il n'y a pas de raison d'en faire mystère, elle est née en 1874, elle a donc cent quatre ans, ce soir ! ! ! »

Les percussions qui démarrent en trombe emportent les rires de l'assistance et c'est alors le début d'un extraordinaire festival d'élégance, de qualité et d'humour. Puis, celle que tous attendent fait enfin son entrée après un prélude comico-musical de vingt-cinq minutes, en laissant jaillir de ses tripes un poignant *Me revoilà Paris* désormais légendaire.

> *« Me revoilà Paris*
> *Ça fait longtemps qu'on ne s'est vu*
> *Me revoilà Paris*
> *Dis-moi, comment me trouves-tu ?*
>
> *J'ai peut-être vieilli*
> *Mais il n'est pas dit*
> *Encore, que moi je flanche*
> *Et peut-être qui sait,*
> *Je finirai,*
> *Ma vie sur les planches... »*

« Dans un avion au-dessus de l'Atlantique, Joséphine m'avait exprimé son désir de mourir sur scène, se souvient Dany Revel. Inconsciemment, je lui avais fait du sur mesure en créant les paroles et la musique de cette chanson et en préparant également une version anglaise pour l'après-Bobino... La veille de la première, elle m'avait écrit une lettre particulièrement émouvante : "Nos peines arrivent à leurs fins et nous sommes à la veille de la confrontation avec ceux qui diront le dernier mot : nos juges. Nous ne savons pas de quel côté va tourner la chance. J'aurai beaucoup de joie de chanter votre chanson et je sais que c'est par elle que l'explication sera donnée au public dès mon arrivée et scellera mon amitié avec lui..." Le soir du gala, dans sa robe de tulle blanc, les souvenirs durent assaillir Joséphine. Ses relations avec Pierre Spiers s'étant dégradées, elle m'avait demandé de conduire l'orchestre ; ma présence et notre vieille complicité la rassérénaient. J'allais accepter lorsque mon épouse, célèbre médium, m'en dissuada : "Je vois un énorme trou noir", s'était-elle alarmée. Je me suis obstiné mais les conversations avec Madame Revel s'envenimant chaque jour davantage, je fus contraint de déclarer forfait pour Bobino. Lorsque j'en avisai Joséphine en prétextant un engagement avec le Méridien de la porte Maillot, elle céda à la panique. Trois jours encore avant la "couturière" : je me trouvais assis sur un strapontin de l'une des rangées du fond du théâtre, quand elle s'avança vers moi et se laissa tomber à genoux. Les mains jointes, elle m'implora de ne pas l'abandonner. "Restez au moins pour les deux premiers soirs", me supplia-t-elle. Emu, j'ai cédé mais le troisième soir c'est Pierre Spiers qui prit la baguette... »

Nous sommes toujours le 8 avril au soir. Sur la scène de Bobino, Joséphine voit défiler sa vie... Après *Me revoilà Paris*, *La couleur des yeux* et *Monte Carlo*, le fil de la revue se déroule dans une véritable folie communicative. Sur scène, la pétaradante association Proslier/Badie/Sinigalia continue de projeter des étincelles et à plusieurs reprises, on perçoit le rire rauque de Line Renaud, coudoyant Thierry Le Luron, son complice de voisin. Depuis le fond de la salle, Levasseur surveille le bon déroulement des opérations, un talkie-walkie à la main.

« L'exiguïté des coulisses était telle qu'on avait été obligé de construire une petite loge sur le plateau pour faciliter les choses, explique Suzanne Roger. Certaines coiffes passaient tout juste sous la voûte de la coulisse et heurtaient parfois une paroi. Aussi, dès que Joséphine paraissait sur la scène, et que le public l'acclamait et avec elle, l'éclat de ses toilettes, Levasseur m'appelait presto : "La plume de gauche, vous n'avez pas vu qu'elle n'est pas à sa place ?" »

Pour décontracter l'atmosphère, pendant les changements de costume, Joséphine plaisante avec son habilleuse : « Allez ma petite, soulève ton sac de patates ! »

Les débuts à New York sont évoqués par une Joséphine ambassadrice de son époque : « Bob Hope... Funny Brice... Sophie Tucker... Vincente Minelli... Sidney Bechet... Louis Armstrong... Ethel Waters (l'idole et le modèle de ses débuts), Cole Porter... Cole Porter... Cole Porter... » Puis, une petite fille de cinq ans rejoint « mamie Joséphine » sur scène. Masquée d'un loup pailleté d'or, Tumpie la berce d'un *Sonny Boy* devenu pour la circonstance *Sonny Girl.* Survient le tourbillon de *La Revue nègre* et le vent des Folies avec une jeune danseuse noire parée d'une ceinture de bananes qui s'efface aux premières notes de *J'ai deux amours* pour laisser la grande Baker, somptueuse dans son fourreau pastel, descendre une première fois les marches de Bobino. Lorsqu'un danseur, opérant un changement à vue, lui enlève sa coiffe d'aigrettes, Joséphine grimace : « L'autre soir c'est arrivé presque une catastrophe, dit-elle en s'adressant au public. Vous vous rendez compte si on me scalpe ici devant vous ! »

Après l'entracte, le sous-lieutenant Baker, revêtu d'un uniforme militaire et juché sur une Jeep, entonne un émouvant *Iddische Mamie* qui jette le frisson dans la salle.

Pour le sketch sur l'expulsion des Milandes, Levasseur a fait appel à Jean-Jacques Debout qui a réadapté un refrain créé par Sylvie Vartan en 1973 : *Au revoir mais pas Adieu.*

Dans l'un des tableaux, celui de la diseuse de bonne aventure, un numéro qu'elle affectionne depuis *Paris mes amours* (Olympia, 1959), Joséphine donne libre cours à son délire en semant la zizanie dans le public : « Maintenant je vais faire un petit peu d'argent. Je vois, madame, que vous êtes sérieuse, dit-elle à Sophia Loren. J'aime pas ça ! Je vois que vous aimez aussi beaucoup les bijoux, ça se voit là, ajoute-t-elle malicieusement en remuant la parure de "La Loren" toutes dents dehors. Puis, moment d'intense émotion, elle revient au premier rang pour s'agenouiller devant une spectatrice et lui prendre délicatement la main : "Mon Dieu, qu'elle est jolie cette main. Je la connais, pleine de talent, merveilleuse de cœur. Vous êtes adorable, vous le savez, mais quelquefois vous doutez de vous. Il ne faut jamais douter de vous, madame. Permettez que je vous embrasse." »

Le public applaudit à tout rompre ce baiser de Joséphine à Arletty qui lance avec son humour lucide : « Quand on arrive à Paris avec deux bananes, quelle réussite ! »

Sur la scène de tous les défis, sanglée et bottée dans une combinaison de cuir blanc de chez Capobianco, « La Baker » s'improvise ensuite meneuse de bande new-yorkaise en chevauchant une Harley Davidson pour affirmer en mesure :

> « *Oui j'ai gagné le gros lot,*
> *J'ai acheté une moto,*
> *J'irai même à Rio et Mexico ! ! !* »

Ce qui tout naturellement plonge le spectacle dans la fièvre brésilienne, un carnaval éblouissant de rythmes et de couleurs. Disparaissant et réapparaissant entre les sambas et les frétillements de ses danseurs, Joséphine se change pas moins de trois fois en un temps record, terminant sur une magistrale interprétation, en costume de clown, de *Vivre, que c'est bon de vivre* de Bécaud. Le final, grandiose, enchaîne aussitôt et, l'une après l'autre, comme au Casino de Paris en 1930, la « Vénus d'ébène » couronnée de plumes blanches descend à nouveau les marches de l'escalier d'or en chantant : *Paris Paname* :

> « *Alors merci Paris Paname,*
> *Merci pour tout du fond de l'âme.* »

« La fin de la chanson marqua le début d'un délire inouï, reprend Patrice Boucher. Les cris, les clameurs, les hurlements jaillirent tous azimuts. Les stars l'interpellaient : “On t'aime, tu es belle, on ne t'a pas oubliée...” Toutes les fleurs de la décoration furent arrachées et lancées sur la scène par la foule hystérique. Laurence Badie, Annie Sinigalia et Jean-Marie Proslier fondirent en larmes et Joséphine elle-même ne cachait plus son émotion. »

Tumpie réalise que, cinquante ans après ses débuts, elle vient enfin de reprendre son trône. Qu'il paraît loin le temps où ce journaliste écrivit dans *La rumeur* :

« Par l'indécence de votre physique, vous déshonorez le music-hall français ! »

« Tandis que l'orchestre attaquait une troisième puis une cinquième fois la musique de *Paris Paname*, Joséphine, le corps sanglé sous son collant, le cœur gonflé à bloc, arpentait le bord de la scène en traînant derrière elle sa longue cape blanche en plumes d'autruche, précise Patrice. Ce n'est qu'après une demi-heure de "standing ovation", ce mot tant galvaudé, qu'elle put enfin prononcer quelques mots : "De tout notre cœur, princesse Grace, nous sommes reconnaissante, profondément reconnaissante parce que grâce à vous... grâce à vous... nous sommes à Paris ! Merci, encore une fois et du fond de mon cœur. Merci... merci..." »

Le rideau finalement se baisse jusqu'à hauteur des cuisses de Joséphine qui, dans une ultime bouffonnerie, se met à croiser et décroiser ses jambes, cédant à la postérité ce charleston mythique qui restera son emblème. Quelques instants plus tard, un vin d'honneur est offert dans le hall du théâtre à l'intention du « Tout-Paris ». De Nicole Croisille à Line Renaud, en passant par Régine et Jeanne Moreau, toutes ces dames endiamantées papillonnent autour de la lumière de Joséphine. « L'une lui donnait la main, l'autre arrangeait sa voilette, la troisième lui tenait son verre. A côté d'ELLE, elles m'évoquaient irrésistiblement des femmes de chambre », plaisante le coiffeur « Robert of Paris ».

Puis, peu à peu, Bobino va se vider et tout le monde se retrouve dans la rue pour attendre « l'idole » et la conduire vers l'hôtel Le Bristol, où un somptueux dîner va être servi, toujours sous la présidence de la princesse.

Au cours de la réception, Joséphine s'éclipse discrètement pour venir s'asseoir quelques instants auprès de Francis Lopez. C'est lui qui a composé *Paris Paname*, une chanson initialement prévue pour Thierry Le Luron, mais l'été précédent, instinctive, Joséphine a persécuté le créateur de *La Route fleurie* jusque sur son yacht ancré dans le port de Saint-Tropez, résolue à le faire changer d'avis...

« Lorsqu'au Bristol, elle posa sa main sur mon genou en me disant qu'elle n'en pouvait plus et qu'elle n'irait pas jusqu'au bout, je ne l'ai pas prise au sérieux, dit Lopez. Dans ce métier parfois déroutant qui est le nôtre, nous connaissons tous de profonds moments d'abattement et je ne me suis pas alarmé outre mesure... »

L'eau qui dort...

DEUX JOURS PLUS TARD, JEUDI 10 AVRIL 1975...

Il est 16 heures 10 minutes. Au 65, de l'avenue Paul-Doumer, dans son coquet trois-pièces, Joséphine Baker dort de son plus profond sommeil. Leilia de la Penne, qui habite avec elle, n'ose pas réveiller sa « tante » car elle sait les représentations de Bobino des plus éprouvantes. Hier soir encore, après le spectacle, l'impossible « Giuseppina » a demandé à Dauzonne de l'emmener chez Michou pour aller encourager Bobby, « ce garçon qui m'imite si bien », et lui faire don au passage d'une dizaine de ses robes... Epuisé, Dauzonne a préféré remettre la soirée. « Vous, les jeunes, vous n'êtes vraiment pas drôles ! » Ce sera la phrase d'adieu de Joséphine, boudeuse, à son « petit Jean-Claude chéri »... En rentrant de Bobino, tard dans la nuit, ayant égaré son trousseau de clés, elle a dû héler Leilia depuis la rue, en lui demandant de lui envoyer les doubles par la fenêtre.

Cet après-midi, la nièce d'Abatino la laisse donc se reposer, mais au bas de l'immeuble, Hector Franco, un journaliste, se présente à la loge de la concierge et il insiste : il a rendez-vous avec « Madame Baker » pour une interview...

Le matin même, Joséphine s'est levée à huit heures comme d'habitude. Elle a bu un jus de pamplemousse, a vaguement évoqué avec Leilia son désir de lui offrir des foulards de soie, puis, avant d'aller se recoucher, le visage serein, elle s'est tournée de nouveau vers sa « nièce » en prononçant ces quelques mots : « C'est grâce à la princesse si j'ai réussi et c'est heureux car je vais mourir, personne ne m'aura remplacée. »

Ce sera le testament artistique de Joséphine Baker, mais Leilia ne le sait pas encore. Elle se contente de sourire, avant de sortir faire quelques achats. Dès lors tout va aller très vite...

Par deux fois, Marie Spiers téléphone à la marquise de la Penne pour lui demander de réveiller Joséphine, parce qu'elle sait qu'elle a besoin de beaucoup parler avant chaque représentation ; il faut chauffer la voix. Par deux fois, Leilia donne la même réponse à Marie : « Elle ronfle ! » En réalité Joséphine est tombée dans un profond coma.

Au bas de l'immeuble, Hector Franco s'impatiente et lorsque Leilia, enfin, perçoit l'ambiance délétère qui pèse sur l'appartement, elle alerte Dauzonne, puis Brialy. Les deux hommes arrivent en même temps que le docteur Thiroloix. L'hospitalisation d'urgence à la Salpêtrière est décidée. Joséphine va être placée en observation. Brialy prend place dans l'ambulance. Marie suit derrière dans la voiture de l'acteur conduite par un ami. C'est elle qui s'acquitte de régler la facture tendue par l'ambulancier.

A la même heure, Rita Puig et son mari se présentent devant Bobino pour assister à la représentation du soir. Joséphine, qui n'a jamais supporté la défection de son amie et accompagnatrice à Cuba, a insisté pour la revoir, mais au théâtre, une affiche est placardée, annonçant l'annulation provisoire du spectacle.

A l'hôpital, Thiroloix se montre pessimiste : « Il n'y a plus grand-chose à faire ; le cerveau a été atteint... »

Depuis plusieurs années, Joséphine prenait des fluidifiants pour prévenir une éventuelle embolie à laquelle elle avait déjà été sujette pendant la guerre, mais les doses prescrites se situaient dans la norme. Elle en usait modérément, évitant ainsi de s'exposer à un risque d'hémorragie. C'est pourtant ce qui vient, hélas, de se produire.

Elément peut-être déterminant ; Julio présent avec sa mère au moment des faits affirme que dans la nuit du 9 au 10 avril, juste avant de se coucher, sa marraine a volontairement doublé sa prescription... Joséphine a-t-elle choisi de partir en pleine gloire retrouvée ? La conjecture n'est pas à écarter.

En fin de soirée, le coiffeur Alexandre de Paris, l'un des artisans de Bobino, arrive à la Salpêtrière, assommé par le chagrin. Il a encore à l'esprit le courage incroyable et la volonté implacable de Joséphine, lorsque dans sa loge, il lui enfonçait, la veille encore, une multitude d'épingles dans le crâne pour y implanter la perruque. Il se souvient également de la façon dont il réunissait les petites touffes de cheveux blancs de sa cliente, avec des lacets qu'il reliait entre eux pour remonter la peau du visage et la tendre. Il lui cousait ensuite un bas, avant de mettre la perruque en place. Malgré ses petits cris aigus dus à la douleur, Joséphine frimait : « Enfonce-moi donc tes clous, tu sais on m'a tellement fait rentrer de trucs comme ça dans la tête ! »

Si une goutte de sang coulait, Alexandre s'affolait et Joséphine s'épongeait énergiquement avec une serviette en le bousculant : « N'aie pas peur, j'ai l'habitude », puis elle éclatait de rire. Il repense à tout cela, Alexandre. Il la revoit sortir de scène et s'asperger de parfum entre chaque tableau : « Tu sais, nous les nègres, on a une forte odeur », chuchotait-elle en plissant son nez. Un après-midi, à l'époque des répétitions, Joséphine l'avait emmené au Vésinet. Devant le 52 de l'avenue Georges-Clemenceau, elle lui avait confié, nostalgique : « Tu vois c'est là que j'habitais... »

« Elle s'était mis en tête de louer un petit château près de Paris mais je lui avais fait comprendre l'incohérence de la chose, dit Alexandre. Elle avait insisté : "S'il ne s'agit que de cela, je vous assure que je pourrai conduire le soir après le spectacle, je ne vous embêterai pas pour que vous me raccompagniez. J'ai trop besoin de nature et d'animaux..." On parvint non sans mal à la faire fléchir ; l'avenue Paul-Doumer était ce qu'il y avait de plus pratique pour elle. »

Enjambant la troupe des danseurs affalés dans le couloir de l'hôpital, le célèbre coiffeur entrouvre la porte de la chambre de la moribonde, puis la referme aussitôt : Grace de Monaco est là, agenouillée, qui prie avec ferveur...

« Ce deuil annoncé ressemblait à celui d'une reine d'Abyssinie avec ses sujets à genoux qui attendaient la fin de leur souveraine, dit encore Alexandre. Dans le corridor, les bruits des pas résonnent dans les têtes, comme le tempo de tam-tams africains. »

La postérité, elle, semble déjà s'être installée. Elle attend Joséphine pour la conduire sous d'autres cieux, là où se cachent sans doute les vrais mystères de son crépuscule. Le 12 avril enfin, tôt dans la matinée, les téléscripteurs du monde entier répandent la nouvelle : *Joséphine Baker est morte ! ! !*

« Contrairement à ce qu'a laissé entendre la *vox populi*, ce n'est pas son cœur qui a lâché, mais son cerveau qui a accusé un accident vasculaire, affirme le docteur Thiroloix. Il nous est impossible de déterminer les causes de cette hémorragie cérébrale car il n'y a pas eu d'autopsie de pratiquée. Aujourd'hui, nous aurions pu sauver Joséphine. Depuis 1985 environ, nous avons acquis de très hautes techniques dans ce domaine. Toutefois, si elle avait survécu, elle aurait été condamnée à restreindre considérablement et progressivement ses activités artistiques et ça l'aurait tuée psychiquement. Donc, c'est un cadeau de la providence qu'elle soit partie sans souffrir, en pleine possession de ses moyens et en plein triomphe. »

Le docteur se souvient parfaitement de la visite de Joséphine dans son cabinet au mois de novembre 1974 : « Je vous en prie, m'avait-elle supplié, donnez-moi votre accord pour Bobino, je vous assure que je peux faire cette revue. Ce n'est rien du tout vous savez, juste deux ou trois pas de danse... si si, je me sens prête ! » « Les examens s'étant révélés favorables, je lui avais donc donné le feu vert. Mais, quand je suis ressorti de Bobino le soir de la générale, j'ai dit à ma femme : "c'est terrifiant !" Deux jours après, Joséphine agonisait... »

« Lorsque le mardi 15 avril, le cortège quitta la Salpêtrière pour traverser un Paris noir de monde, témoigne Patrice Boucher, il a fait une halte devant Bobino et j'ai été chargé d'allumer une dernière fois les lumières du fronton où Joséphine brillait encore... »

Au même moment, dans un petit appartement de la proche banlieue parisienne, une femme solitaire saigne des mêmes émotions grâce aux dizaines de caméras de télévision placées tout au long du parcours. Un après-midi de mars, à l'époque des répétitions, Ginette Renaudin, la fidèle habilleuse, avait bien tenté de retrouver son ancienne patronne mais rue de la Gaîté, personne n'avait voulu la laisser entrer. On l'avait toisée telle une indésirable, en lui demandant poliment de ne plus revenir traîner dans les parages...

La République sait honorer à juste titre posthume ceux qui n'auront plus rien à lui demander, et pour cette fille d'adoption, elle étale le faste dont elle est encore capable. A la Madeleine, tous les corps de l'armée française sont représentés. Le cercueil de Joséphine entre dans la nef de l'église, drapé de tricolore, suivi d'un ancien combattant recueilli qui porte le coussin piqué de ses décorations. De part et d'autre de l'autel, une haie de drapeaux rappelle les services du sous-lieutenant Baker, et un détachement de jeunes femmes de l'armée de l'air en uniforme vient s'incliner devant une « ancienne ».

Quand le cercueil quitte l'église, Pierre Spiers installé aux orgues joue pour la dernière fois *J'ai deux amours*, tandis qu'en descendant les marches, la princesse Grace, essuyant discrètement ses larmes, glisse à Levasseur : « S'il n'y avait pas eu Bobino, elle serait partie aussi discrètement qu'une vieille dame morte dans un hospice... »

Ensuite, selon les volontés de la disparue, les fleurs de la cérémonie arrivées par chars entiers sont portées sur la tombe du soldat inconnu. On va également fleurir dans les rues de Paris les nombreuses plaques commémoratives des braves « tombés pour la France »...

Là encore, il se trouvera un journaliste de *Libé* pour porter atteinte à la dignité de ces obsèques décrétées nationales, les premières célébrées dans la capitale française en l'honneur d'une femme de couleur. « Bobino a laissé des plumes avec "Joséphine" », a préféré titrer un hebdo.

En coulisse, une fois le rideau tombé, l'heure des comptes arrive. C'est une catastrophe financière pour Bobino : tous les jours, de 13 heures à 19 heures, rue de la Gaîté, les files d'attente grossissent ; des gens venus se faire rembourser leurs places achetées des semaines à l'avance. On voit le P.-D.G., Monsieur Bodson, sortir par brassées les billets de sa poche pour avancer les premiers fonds. Seuls quatre personnes refuseront un quelconque dédommagement : « C'est pour les enfants... » 370 000 francs sont cependant restitués.

« Au moment du règlement des obsèques, toutes les oies se sont envolées », explique Jean-Claude Dauzonne... Dans une interview accordée à l'*Express*, il ne mâche pas ses mots : « Savez-vous qui a réglé les frais de l'enterrement ? Bobino, sinon elle serait partie de la chapelle de la Salpêtrière, dans une boîte de sapin. Lorsque nous avons fini de préciser les détails de la cérémonie, j'ai appelé une responsable de la Croix-Rouge monégasque pour savoir si elle pouvait nous aider à payer les 25 000 francs de dépenses. On nous a répondu, après consultation du conseil d'administration, qu'on était en mesure de nous régler la somme de 3 515 francs représentant les frais de transport du corps de Madame Baker depuis Paris jusqu'à Monte-Carlo, ou elle sera inhumée... »

« Noire est la nuit ! » conclut le journaliste de l'*Express*.

La S.B.M. a également enregistré de très lourdes pertes. Mais au-delà des chiffres, la douleur est dans les cœurs. Peut-être plus fragile que les autres, Jean-Marie Proslier ne parvient pas à se remettre de cette désolation qui vient de s'abattre sur la « famille de Bobino ». Refusant de retourner chez lui, il place ses chiens en pension chez Lesourd et, des jours durant, on l'aperçoit errant au cœur de Montparnasse, une valise à la main, à la recherche de l'oubli... ou du souvenir.

Six jours plus tard, a lieu dans l'église Saint-Charles de Monaco un service funèbre en présence de la princesse Grace, de la famille, de quelques amis dont Jacques et Jacqueline Abtey, de la mystérieuse maman de Stellina recouverte d'un voile noir et de hautes personnalités.

« La veille de la cérémonie, alors que personne ne s'était encore présenté à la chapelle du cimetière pour veiller le corps qui devait rester là six mois durant en attendant sa sépulture définitive le 2 octobre suivant, je me suis retrouvé seul, pétri d'une douleur très vive encore, se souvient Julio de la Penne. Je me recueillais lorsque, venu de je ne sais où, un petit garçon s'avança vers moi, une rose à la main : "Ma maman m'a dit que Madame Baker était une grande dame, alors j'ai voulu lui dire au revoir en lui apportant cette fleur", m'expliqua le gamin. Sublimant mon émotion, je compris que par-delà les symboles cet enfant venait de réconcilier Joséphine avec l'humanité tout entière. »

Sans doute est-ce la rose que Tumpie emporta quelque part dans son éternité, là où les couleurs se mélangent...

Epilogue

UNE LUMIÈRE NOIRE

« *Liza Minelli serait l'interprète idéale pour incarner le rôle de ma vie à l'écran si c'est Vincente Minelli, son père, qui la met en scène. Mais je désirerais surtout une chose : que le film soit tourné en France.* »

Joséphine Baker

APRÈS le drame, le retour de Jo Bouillon ne fit pas l'unanimité dans la famille. Rama le Vénézuélien n'hésita pas à dresser ses frères et sœurs contre celui que Joséphine à la fin de sa vie vouait aux gémonies. En vain. Alors, par désespoir, le jeune Indien tenta de se suicider ; un appel de détresse, plus qu'une réelle volonté de mourir...

Parmi les moins préparés à la perte de leur mère, Jean-Claude accusa péniblement le coup. Auprès de cette femme qu'il pensait éternelle, il s'était cru à l'abri du monde et des hommes, et son départ créa le chaos dans son esprit.

« Ce sont mes enfants, ils sortent tous de mon ventre », avait un jour répondu Joséphine sans aménité, au gendarme qui s'était présenté à la villa de Roquebrune pour une histoire de mobylette volée. Lorsqu'elle les savait en danger, elle devenait un Cerbère à douze têtes devant les portes de son enfer...

Quant à Noël, le rescapé de Saint-Lazare, il allait devenir schizophrène. Jo Bouillon décida de le prendre sous son aile et, avec Stellina et Koffi, il alla rejoindre Akio et Jari déjà installés en Argentine. Mais un fléau capital divisa la famille : l'argent !

Joséphine avait laissé des dettes considérables disséminées ici et là. Pour en éponger une partie, Jo Bouillon commença par vendre la villa. Julio de la Penne nous apprend que, le 7 mars 1975, sa tante avait entrepris des démarches pour changer les modalités de son testament. Elle connaissait la cupidité de certains de ses enfants qui lui volaient, entre autres, ses lettres d'amour pour aller les revendre, et pour éviter les discordes, elle avait souhaité apporter quelques modifications. Ce testament ne fut pas retrouvé. Ceux qui avaient intérêt à le faire disparaître sont vraisemblablement passés à l'action...

Quand Jo Bouillon voulut faire l'inventaire du coffre de Joséphine à la Banco di Roma de Monaco, il le retrouva vide. A Paris, avenue Paul-Doumer, le scénario fut le même. En 1976, les plus belles toilettes de « La Baker », dont celles qui avaient tant épaté les Américains en 1951, furent entassées sur un trottoir de Pantin en banlieue parisienne avant d'être éparpillées aux enchères. Pour la circonstance, Nancy Holloway joua les mannequins devant les photographes. A Londres, une vente anonyme de ses bijoux fut organisée chez Sotheby's. Les coquettes sommes que rapportèrent ces différentes ventes et autres droits d'auteur (Brahim a annoncé le chiffre de cinq millions de dollars...) furent redistribuées par Jo Bouillon avant son départ définitif pour l'Argentine.

Il laissa en France la moitié de ses enfants dans un appartement parisien qu'ils partagèrent avec Maryse Bouillon, fille de Gabriel. En échange de sa vigilance, Jo offrit à sa nièce une précieuse collection d'objets ayant appartenu à Joséphine dont ses récompenses militaires et la pendule offerte par la princesse Grace en 1974. Les décorations manquèrent de partir à Drouot en 1987, avec l'uniforme de guerre de sous-lieutenant dont Joséphine était si fière. Au dernier moment, les autorités militaires les firent retirer de cette vente jugée « honteuse » par l'opinion. Michèle Cotta scandalisée monta au créneau.

En Argentine, Jo Bouillon se comporta jusqu'à la fin comme un père exemplaire, équitable et dévoué. En dépit d'une amère et compréhensible déception, il continua par-delà la mort de Joséphine de maquiller aux yeux du monde leur échec commun. Cela ne lui évitera pas de recevoir une lettre d'insultes de la part d'une partie des « douze » après un différend à propos de l'héritage. Déjà miné par la maladie, un cancer, son état de santé s'aggrava à la suite de cet incident et il s'éteignit en juillet 1984 à Buenos Aires, dans de terribles souffrances. « Il doit sûrement y avoir de la bagarre en dessous », plaisanta André Levasseur lorsque le cercueil de Jo fut ramené à Monaco et déposé sur celui de Joséphine dans le caveau en granit noir d'Afrique offert par la princesse Grace. Misons sur le talent et la subtilité des comédiens Jean Chevrier et Marie Bell, leurs voisins d'éternité, pour que les conflits s'apaisent enfin !

Disséminés à travers le monde, les membres de la « tribu Arc-en-ciel », qui comptent une étoile de moins avec la disparition dramatique de Moïse en 1997, tentent de vivre comme les autres hommes, mais à côté de leur fardeau d'être humain, l'héritage spirituel de leurs parents est parfois bien lourd à porter.

Installé à New York depuis quelques années, par un étrange concours de circonstances, « Jarry » a récemment rencontré sa vraie maman et à tous ceux qui les interrogent sur leurs sentiments, ils répondent d'un même corps : « Nous avons l'impression de nous retrouver après de très longues vacances ! »

En France, les enfants du dernier lit de Richard Martin, le frère de Joséphine, vivent aujourd'hui près de Montpellier, où leur père s'était fixé après son départ des Milandes. Avant sa disparition en 1983, Richard les emmenait souvent saluer leur voisine, une certaine Caroline Delteil qui finissait ses jours au milieu de ses vignes en compagnie de Joseph son mari : « Tu es le sosie de ta tante lorsque je l'ai ramenée de New York en 1925 », s'extasiait l'ex-miss Dudley à Cathy, l'une des filles de Richard.

Aux Etats-Unis, grâce à Richard junior, la famille Martin s'est développée comme une plante au soleil, et ne compte pas moins d'une vingtaine de bambins qui sont les arrière-petits-neveux de Joséphine... Un bonheur qui lui a été refusé de connaître, elle qui voulut symboliser le monde par une seule et même famille.

A Saint Louis, elle demeure l'une des enfants du pays et sur un trottoir de Dunbar Boulevard, une étoile coulée dans le bronze, à côté de celle de Tina Turner, le rappelle.

L'autre famille de Joséphine, celle des Abatino, est encore représentée par Leilia de la Penne qui survit à l'ombre de ses oliviers siciliens où elle pleure son fils Julio, décédé tragiquement en 1992 à l'âge de quarante-six ans. Pendant trois journées, le temps d'un mystique séjour romain, sa ville d'adoption, Julio m'avait guidé avec ferveur à travers la passion de son grand-oncle Pepito pour sa « Giuseppina ». Jamais communion avec le passé ne me laissa pareils stigmates. Jamais retour à la réalité ne fut si difficile et rassurant à la fois. Le remugle de la naphtaline donne parfois l'illusion de l'éternité, mais au-dehors, les jours s'égrènent, et les heures tournent. Il faut les croire plus forts encore...

Partagée entre la Dordogne et la Polynésie française, Jacqueline Abtey ne vit plus que dans l'attente de rejoindre son époux décédé en 1998. Durant la guerre, le commandant Abtey avait donné à Joséphine l'opportunité de révéler une foi patriotique et un dévouement sans failles dont on ne se souvient que trop peu aujourd'hui.

D'autres voyageurs de la vie nous ont quittés avant l'aboutissement de ce livre. Parmi ces grands témoins, Jean Dives, qui souffrait d'une terrible paralysie depuis de nombreuses années, s'est éteint en 1991. Paulette Zévaco, la fidèle collaboratrice de Vincent Scotto, l'a suivi de peu, à l'âge de quatre-vingt-dix-sept ans. Puis, après Georges Debot, le délicieux Jean-Marie Proslier, Michel Gyarmathy, Rita Puig, Guy Louis Duboucheron et Michel Bataille, pour ne citer qu'eux, à son tour Lucienne Legrand s'est éclipsée, aussi discrètement qu'elle était sans doute arrivée sur cette terre...

La palme d'or doit incontestablement revenir à Ginette Renaudin, l'un des rares personnages à avoir aimé Joséphine jusqu'au respect posthume. Elle ne possède ni les robes ni les bijoux de scène de Joséphine, tous ces trésors sur lesquels elle a veillé durant tant d'années, mais si, comme elle l'affirme en plaisantant, « l'honnêteté ne paye pas », elle est sûrement le meilleur passeport pour accéder à la bienséance. Sans doute est-elle aussi un conservateur de jeunesse ? Mademoiselle Renaudin qui avoue soixante-seize ans est l'une des gloires de son club de tennis de table de Saint-Maur, qu'elle fréquente assidûment depuis son départ à la retraite !

Aujourd'hui, Joséphine est ailleurs... emportée dans les tourbillons de l'éternité. Quelque temps avant de partir, elle disait encore : « Tous les hommes n'ont pas la même couleur, ni le même langage, ni les mêmes mœurs, mais ils ont tous le même besoin d'amour. »

Le bonheur de l'humanité : peut-être est-ce cela son impossible testament ? !

De nos jours, toutes les grandes stars de couleur, de Diana Ross à Whytney Houston en passant par Dee Dee Bridgewater, présidente d'honneur de l'association Joséphine-Baker à Sarlat, se reconnaissent en ELLE. En définitive, Joséphine a gagné ! Elle a gagné pour avoir fait entrer la petite voleuse de Saint Louis dans l'Histoire et dans les dictionnaires. Elle a gagné parce que, par-delà les échecs ou les succès, les amitiés ou les antipathies qu'elle suscite, elle demeure plus que jamais à la pointe des concepts sociaux et politiques d'un monde sur lequel elle a toujours eu une longueur d'avance, et qui ne l'a pas encore rattrapée. Authentique victime du racisme et néanmoins exemple parfait d'intégration, elle a gagné enfin pour avoir contribué à l'abandon par la science de la notion de race.

L'histoire qui vient de frapper le Stork Club symbolise de façon émouvante les victoires de « Miss Baker » : le restaurant qui causa sa perte aux USA, en 1951, a récemment été vendu à la ville de New York et avant de prendre cette décision, son dernier patron, un juif, a émis la condition que le bâtiment soit rasé et qu'à son emplacement, un square soit bâti, en souvenir de la discrimination qui frappa ce lieu.

« Ce qui ne peut être fait dans une vie sera fait dans l'autre », aimait à répéter Joséphine. A Genève, Maguy Chauvin se bat pour que vive la « Fondation Joséphine-Baker » créée en 1972, avec Ingrid Bergman comme membre d'honneur. De leur côté, dans tous les cabarets de la terre, les transformistes se plaisent à multiplier l'image de « La Baker » à l'infini, mais si la mémoire peut encore servir l'avenir c'est dans les écoles que l'on devrait citer une telle leçon de force et de positivisme. L'injustice, le profit et l'argent qui l'ont abîmée lui survivront hélas, mais ils n'empêcheront pas ceux qui maintenant « savent » de renouer la chaîne du souvenir. Le souvenir d'une *LUMIÈRE NOIRE*, libre, généreuse et cruelle qui brûla jadis ceux qui l'approchèrent d'un peu trop près...

ANNEXES

DISCOGRAPHIE DE JOSÉPHINE BAKER

Sauf remarque particulière, tous les disques de Joséphine Baker ont été publiés en France.

Cette discographie ne prend en compte que les premières publications. De nombreuses compilations de Joséphine Baker sont disponibles en CD (voir notamment les trois volumes de la collection Chansophone).

DISQUES 78 T (1926-1953)

n° de matrice : n° de catalogue :

enregistrements acoustiques :

Paris, vers le 20 septembre 1926
avec accompagnement de jazz

Ki 920-1 et 2	Who ?	Odéon - 49170
Ki 921-1 et 2	That certain feeling	Odéon - 49171
Ki 922-1 et 2	Dinah	Odéon - 49172
Ki 923-1 et 2	Sleepy time gal	Odéon - 49173
Ki 924-1 et 2	I wonder where my Baby is tonight ?	Odéon - 49174
Ki 925-1 et 2	Bam Bam Bamy Shore	Odéon - 49175
Ki 926-1 et 2	I want to yodel	Odéon - 49180

Paris, vers le 5 octobre 1926
Joséphine Baker s'accompagnant elle-même au ukulele

Ki 938-1 et 2	You're the only one for me	Odéon - 49181
Ki 939	Feeling kind of blue	Odéon - 49182
Ki 940	Brown eyes	Odéon - 49183

LA VÉRITABLE JOSÉPHINE BAKER

enregistrements acoustiques :

Paris, fin octobre 1926
accomp. de violon avec Jac Fray au piano

Ki 957	I love my Baby	Odéon - 49225
Ki 958	I've found a new Baby	Odéon - 49226
Ki 959	Skeedle Um	Odéon - 49227
Ki 960 (ex 956)	Always	Odéon - 49224

Rem : Le violon est peut-être Rapha Braggiotti.

enregistrements électriques :

Paris, 3 janvier 1927
accomp. par le Jacob's Jazz

Ki 1177	Pretty Little Baby	Odéon - 166031
Ki 1178	Where'd you get those eyes ?	Odéon - 166031
Ki 1179	After I say I'm sorry	Odéon - 166032
Ki 1180-2	Then I'll be happy	Odéon - 166032
Ki 1181-2	Bye bye blackbird	Odéon - 166033

Paris, janvier ou février 1927
accomp. au double piano par MM. Jacques Fray et Braggiotti

Ki 1241-2	Lonesome lovesick blues	Odéon - 166040
Ki 1242-2	I love dancing	Odéon - 166040

Paris, janvier ou février 1927
accomp. par le Jacob's Jazz

Ki 1245-1	Breezing along with the breeze	Odéon - 166041
Ki 1246-2	Hello bluebird	Odéon - 166041
Ki 1247-1	Blue skies	Odéon - 166042
Ki 1248-2	He's the last word	Odéon - 166042
Ki 1249-2	I'm leaving for Albany	Odéon - 166033

Paris, 23 octobre 1930
accomp. par le Melodic-Jazz du Casino de Paris, dir. Edmond Mahieux
(chansons de la revue « Paris qui remue » au Casino de Paris)

WL 2508-1 et 3	La petite Tonkinoise	Columbia - DF 229
WL 2509-1	Suppose !	Columbia - DF 230
WL 2510-1	Pretty little baby	Columbia - DF 230
WL 2511-2	J'ai deux amours (avec Adrien Lamy)	Columbia - DF 229
WL 2512-1	Voulez-vous de la canne à sucre ? (avec Adrien Lamy)	Columbia - DF 228
WL 2513-1	Dis-moi Joséphine	Columbia - DF 228

Paris, 19 février 1931
accomp. par le Melodic-Jazz du Casino de Paris, dir. Edmond Mahieux

WL 2791-2	Pardon si je t'importune	Columbia - DF 406
WL 2792-1	Aux îles Hawaï	Columbia - DF 406
WL 2793-1	Love is a dreamer (du film « Lucky in love »)	Columbia - DF 407
WL 2974-1	King for a day	Columbia - DF 407

Paris, 30 juin 1931
accomp. par le Melodic-Jazz du Casino de Paris, dir. Edmond Mahieux

WL 3236-1	My fate is in your hand	Columbia - DF 710
WL 3237-1	Confessin'	Columbia - DF 710
WL 3238-1	You're driving me crazy !	Columbia - DF 709
WL 3239-2	You're the one I care for	Columbia - DF 709

Paris, 10 juillet 1931
accomp. par le Melodic-Jazz du Casino de Paris, dir. Edmond Mahieux

WL 3285-1	Madiana	Columbia - DF 711
WL 3286-1	Mon rêve c'était vous	Columbia - DF 711

Paris, 17 décembre 1932
Joséphine Baker et son orchestre
(chansons de la revue « La joie de Paris » au Casino de Paris)

CL 4081-1	Si j'étais blanche	Columbia - DF 1070
CL 4082-1	Sans amour	Columbia - DF 1071
CL 4083-1	Les mots d'amour	Columbia - DF 1071
CL 4084-1	Ram-Pam-Pam (avec Pills et Tabet)	Columbia - DF 1070

Paris, 8 mars 1933
accomp. d'orchestre non identifié

CL 4218-1 et 2	Sans amour	Columbia - refusé
CL 4219-1	Si j'étais blanche	Columbia - DF 1180

Paris, 4 avril 1933
accomp. d'orchestre non identifié

CL 4218-4	Sans amour	Columbia - DF 1180
CL 4264-1	Madiana	Columbia - DF 1192
CL 4265-1	Les mots d'amour	Columbia - DF 1192

Rem : Le disque DF 1180 a rapidement été retiré du catalogue.

Paris, 16 novembre 1934
accomp. par le Jazz du Poste Parisien, dir. Al Romans

CL 5099-1	C'est lui « Pour moi y a qu'un homme dans Paris » (du film « Zouzou »)	Columbia - DF 1623
CL 5100-1	Haïti (du film « Zouzou »)	Columbia - DF 1623

Paris, 15 février 1935
accomp. d'orchestre, dir. Marcel Cariven

CL 5231	A la Jamaïque (de l'opérette « La Créole ») (avec René Charles)	Columbia - refusé
CL 5232	Berceuse de Dora (de l'opérette « La Créole ») (avec René Charles)	Columbia - refusé

Paris, 29 septembre 1935
avec les Comedian Harmonists

CL 5462-1	Sous le ciel d'Afrique (du film « Princesse Tam-Tam »)	Columbia - DF 1814
CL 5463-1	Espabilate	Columbia - DF 1814

New York, enregistrement radio (en public), 21 octobre 1935
accomp. d'orchestre non identifié

acétate	Time was
acétate	Dream ship (Le chemin du bonheur) (du film « Princesse Tam-Tam »)

Rem : Ces deux titres ont été publiés en 1977 sur le 33 T américain « The thirties' girls (Rare performances from radio broadcast of the 1930's) », réf. Totem Records 1026.

Paris, 3 novembre 1936
accomp. d'orchestre, dir. John Ellsworth (alias Jacques Météhen) (chansons de la revue « En super Folies » aux Folies-Bergère)

CL 5919-1	Partir sur un bateau tout blanc	Columbia - DF 2027
CL 5920-1	Nuit d'Alger	Columbia - DF 2026
CL 5921-1	Doudou	Columbia - DF 2026
CL 5922-1	Nuits de Miami	Columbia - DF 2027

Paris, 1er décembre 1936
avec les Lecuona Cuban Boys

CL 5973-1	Mayari	Columbia - BF 30
CL 5974-1	La conga Blicoti	Columbia - BF 30

Paris, 31 mars 1937
accomp. d'orchestre, dir. Wal-Berg

CL 6116-1	Vous faites partie de moi (I've got you under my skin)	Columbia - DF 2130
CL 6117-2	C'est si facile de vous aimer (Easy to love)	Columbia - DF 2130
CL 6118-1	C'est un nid charmant (There's a small hotel)	Columbia - DF 2116
CL 6119-1	Toc-toc partout	Columbia - DF 2116

LA VÉRITABLE JOSÉPHINE BAKER

Paris, 5 novembre 1937
accomp. d'orchestre, dir. Wal-Berg

CL 6432-1	Comme une banque (I'm feeling like a million) (du film « Broadway Melody of 1938 »)	Columbia - DF 2263
CL 6433-1	I'm feeling like a million	Columbia - DB 1743
CL 6434-1	J'ai un message pour toi (A message from the man in the Moon) (du film « A day at the races »)	Columbia - DF 2275
CL 6435-1	A message from the man in the Moon	Columbia - DB 1743
CL 6436-1	J'attends votre retour (There's a lull in my life) (du film « Wake up and leave »)	Columbia - DF 2293

Paris, 16 novembre 1937
accomp. d'orchestre, dir. Wal-Berg

CL 6445-1	J'ai peur de rêver (Afraid to dream) (du film « Brelan d'as »)	Columbia - DF 2263
CL 6446-1	Afraid to dream	Columbia - DB 1742
CL 6447-1	Bonsoir my love	Columbia - DF 2275
CL 6448-1	The loviness of you	Columbia - DB 1742
CL 6449-1	Plus tard	Columbia - DF 2293

Rem : Pour ces deux séances, les titres en version anglaise n'ont été publiés que sur pressage britannique (préfixe DB).

Paris, 8 mars 1939
accomp. d'orchestre, dir. Wal-Berg

CL 6995-1	Sur deux notes	Columbia - DF 2576
CL 6996-1	De temps en temps	Columbia - DF 2576

Paris, 3 janvier 1940
accomp. d'orchestre, dir. Wal-Berg

CL 7202-1	O mon Tommy	Columbia - DF 2682
CL 7203-1	Mon cœur est un oiseau des îles	Columbia - DF 2682
CL 7204-1	London Town	Columbia - DF 2692
CL 7205-1	Tout n'est qu'un chant d'amour	Columbia - DF 2691
CL 7206-1	Tu reverras les beaux jours	Columbia - DF 2691
CL 7207-1	a) If you were the only girl in the world b) It's a long way to Tipperary	Columbia - DF 2692

Paris, 21 décembre 1944
accomp. par Jo Bouillon et son orchestre

CL 7956-1	Paris chéri	Columbia - DF 3004
CL 7957-1	C'est vous	Columbia - DF 3004
CL 7958-1	Zoubida (chanson mauresque)	Columbia - DF 3003
CL 7959-1	L'amour est un jeu	Columbia - DF 3003
CL 7960-1	Besame mucho	Columbia - DF 3002
CL 7961-1	Brazil	Columbia - DF 3002

Paris, février 1949
accomp. par Jo Bouillon et son orchestre
(chansons de la revue « Féerie et Folies » aux Folies-Bergère)

AI 0981-1 et 2	Minuit (Media noce)	Pacific - 3283
AI 0982-3	Bahiana	Pacific - 3284
AI 0983-1 et 3	Revoir Paris	Pacific - 3283
AI 0984-2	Olele Olela	Pacific - 3284

Paris, avril - mai 1949
accomp. par Jo Bouillon et son orchestre

AI 1034	Paris, Paris	Pacific - 3298
AI 1035-2	Boneca de pixe	Pacific - 3300
AI 1036-2	Te voyo benn (Do I love you ?)	Pacific - 3300
AI 1037	Romance aux étoiles (A noche hable con la Luna)	Pacific - 3298

Paris, juin 1949
accomp. par Jo Bouillon et son orchestre

AI 1187-4	Sérénade céleste	Pacific - 3391
AI 1188-3	You're the greatest love	Pacific - 3392
AI 1189-2	Pecadora	Pacific - 3391
AI 1190-2	Princesse sans amour (de la revue « Féerie et Folies »)	Pacific - 3392

Paris, probablement 1951
accomp. par Jo Bouillon et son orchestre

BV 048	Peg de mon cœur	Pacific - 3522
BV 049-MI	Chiquita madame (Chiquita Banana) (du film « Nous irons à Paris »)	Pacific - 3523
BV 050	Y a pas trois moyens	Pacific - 3522
BV 051-MI	Santa Chiara (en italien)	Pacific - 3523

Paris, 10 juin 1953
accomp. par Jo Bouillon et son orchestre

CL 9473	J'ai lu dans les étoiles	Columbia - inédit en 78 T
CL 9474	C'est lui	Columbia - inédit en 78 T
CL 9475	Dans mon village	Columbia - inédit en 78 T
CL 9476-21	J'ai deux amours	Columbia - BF 573

CL 9477	Sur deux notes	Columbia - inédit en 78 T
CL 9478-21	La petite Tonkinoise	Columbia - BF 573
CL 9479	Piel canela (C'est vous, c'est vous)	Columbia - inédit en 78 T
CL 9480	C'est ça le vrai bonheur (Esto es felicidad)	Columbia - inédit en 78 T

Rem : Tous les titres de cette séance ont fait l'objet d'une publication sur disques microsillons Columbia.
Le disque BF 573 existe aussi en 45 T simple - SCRF 122, publié en octobre 1953.

DISQUES MICROSILLONS (1951-1975)

« This is Paris » (Part II)
Disque écrit et produit par Pierre Crénesse et Gérald Kean, présenté par Pierre Crénesse, Edward G. Robinson, Claude Dauphin et Joséphine Baker.
Joséphine parle en anglais de quelques images familières de Paris, puis présente plusieurs artistes français dans leur répertoire : Jacqueline François (« La Seine »), Henri Salvador (« Ciel de Paris »), Edith Piaf (« Je n'en connais pas la fin »), Maurice Chevalier (« Paris a ses 2000 ans »).
33 T américain - Vox (30 cm) - PL 7170, publié en 1951.
Rem : Les bénéfices de la vente de cet album étaient versés par Vox Productions Inc. aux orphelins de la Résistance française de la Seconde Guerre mondiale.

« Gertrude Niesen et Joséphine Baker » (Live radio performance)
Esto es felicidad (C'est ça le vrai bonheur), J'ai deux amours (en anglais), Bonjour from your gay Paree (J'ai lu dans les étoiles), Down in Cuba Town (C'est ça le vrai bonheur), There's just one way to love (Y a pas trois moyens), Comedy skit with Tallulah Bankhead : *Bonjour from your gay Paree (reprise), Esto es felicidad (reprise), J'ai deux amours (reprise).*
New York ?, enregistrement radio (Keith Smith Program), 30 octobre 1951.
accomp. d'orchestre non identifié
33 T américain - Sincopado Atlantic (30 cm) - JBGN 078, publié en 1977.

« Récital Joséphine Baker »
Ma Tonkinoise, Sur deux notes, C'est lui, J'ai deux amours, Piel canela, J'ai lu dans les étoiles, Dans mon village, C'est ça le vrai bonheur.
accomp. par l'orchestre de Jo Bouillon
33 T - Columbia (25 cm) - 33 FS 1023.
Rem : Il s'agit des enregistrements du 10 juin 1953.

« Paris mes amours » (vol. 1)
Paris mes amours, Moi ('io'), Avec, Je voudrais.
accomp. par l'orchestre de Jo Bouillon
enregistré le 12 mai 1959
45 T - RCA (17 cm) - 76320

« Paris mes amours » (vol. 2)
Terre sèche, Donnez-moi la main, Don't touch my tomatoes.
accomp. par l'orchestre de Jo Bouillon
enregistré le 12 mai 1959
45 T - RCA (17 cm) - 76321

Rem : Ces deux 45 T ont été regroupés sur le disque : « Paris mes amours » 33 T - RCA (25 cm) - 130101 (mono) et 140001 (stéréo), publiés en septembre 1959.

« Joséphine Baker chante les succès immortels » (vol. 1)
Le marchand de bonheur, La Seine, Mon p'tit bonhomme, J'attendrai.
accomp. par l'orchestre de Jo Bouillon
45 T - RCA (17 cm) - 76362, publié en janvier 1960.

« Joséphine Baker chante les succès immortels » (vol. 2)
Sonny boy, La ballade des rues de Paris, Clopin-clopant, Sag beim Abschied leise 'Servus'.
accomp. par l'orchestre de Jo Bouillon
45 T - RCA (17 cm) - 76372, publié en février 1960.

Rem : Ces deux 45 T ont été regroupés sur le disque : « Joséphine marchande de bonheur »
33 T - RCA (25 cm) - 130104 (mono) et 140002 (stéréo), publiés en février 1960.

« Joséphine Baker chante l'amour »
Tomatoes, Mon cœur, Voilà Paris, In my solitude, Ni toi ni moi, Begin the beguine, Parlez-moi d'amour, Mon manège à moi, Sonny boy, Je pars, J'attendrai, Ma petite Tonkinoise, Night and day.
accomp. par l'orchestre de Jo Duval (alias Jo Bouillon)
33 T - Club National du Disque (30 cm) - P 1219, publié en mars 1960.
33 T - Concert Hall (30 cm) - SPS 1219, publié en mai 1975 (titres dans un ordre différent).

« Une soirée avec... Joséphine Baker »
Mon manège à moi, Souvenir d'Italie, Tomatoes, Mélodie perdue, I could have danced all night.
accomp. par l'orch. de Jo Duval (alias Jo Bouillon)
45 T - Vargal (17 cm) - G 103, publié en avril 1961.
Rem : Enregistré sans doute avec les titres du CND - P 1219, sur lequel figurent déjà « Mon manège à moi » et « Tomatoes ».

« Gala des Variétés »
Come prima.
accomp. par l'orchestre de Jo Duval (alias Jo Bouillon)

45 T - Vargal (double 17 cm) - G 101/102, publié en avril 1961.
Rem : Enregistré sans doute avec les titres du CND - P 1219.
Les autres morceaux sont interprétés par Sidney Bechet, Jean Sablon, Lena Horne, Lionel Hampton, June Richmond, etc.

« Joséphine chante Paris »
J'ai deux amours, Ça c'est Paris, Sous les ponts de Paris, Mon Paris, C'est Paris, En avril à Paris, April in Paris, Sous les toits de Paris, La romance de Paris, Fleur de Paris.
accomp. d'orchestre Jean Claudric, réalisation Guy Lafarge
33 T - RCA (30 cm) - 430058 (mono) et 440009 (stéréo), publié en juin 1961.
33 T - RCA (30 cm) - 530011 (mono), publié en août 1964.
Rem : Disques comportant six autres titres instrumentaux avec chœurs.

« L'Arlésienne » (d'après Alphonse Daudet) (diction)
Conseil de famille, Etre mère c'est l'enfer (fragments).
avec Robert Pizani, P. Mirat et Hubert Noël. Joséphine joue le rôle de Rose Mamaï.
45 T - RCA (17 cm) - 76591 S, publié en septembre 1962.

« Joséphine Baker, die Regenbogenkinder »
Die Regenbogenkinder, Dans mon village, Don't touch my tomatoes, Quand on s'aime.
accomp. par Peter Kreuder et son orchestre
45 T allemand - Bertelsmann (17 cm) - 76666, publié vers 1963.

« Joséphine Baker at Tivoli »
Avec, Make believe, You are my lucky star, Quand tu m'embrasses, Quando quando quando, La Seine, Hello young lovers, Bill, Enamorada, I've got a feeling you're fooling, La novia, Je pars.
accomp. d'orchestre, dir. Otto Lington
enregistré le 30 juin 1963
33 T danois - Metronome (30 cm) - MLP 15133

« Joséphine de New York à Paris » (en public à l'Olympia)
Paris mes amours, Quand tu m'embrasses, Quando quando quando, Don't touch my potatoes, Mélodie perdue, En avril à Paris/April in Paris (medley), Enamorada, Hava naguila (en hébreu), Bateau blanc, Dans mon village.
accomp. d'orchestre, dir. Daniel Janin
enregistré en avril 1964, publié en juin 1964.
33 T - RCA (30 cm) - 430164 S

« Joséphine Baker en La Habana »
Avec, Esto es felicidad (C'est ça le vrai bonheur), Make believe, Quando quando quando, Enamorada, Mi corazon es para ti, Mon bateau blanc, Hava naguila, April in Paris, Dans mon village.
accomp. par l'orchestre Egrem, dir. Tony Taño
production et sélection musicale : Jorge Rodriguez.
enregistré au studio Areito de La Havane (Cuba), le 27 janvier 1966

33 T cubain - EGREM (30 cm) - 3213
Rem : Cet album a été réédité en 1992 sur un CD japonais (Take-Off Co. ltd / réf. : TKF - CD 16), complété par 4 enregistrements en public réalisés à Cuba en 1951 :
Some enchanted evening, A noce hable con la Luna (Romance aux étoiles), Pecora, Media noce (Minuit). Accomp. par l'orchestre CMQ, dir. Enrique Gonzalez Mantici.

« Olympia - Palmarès des chansons »
J'ai deux amours, La petite Tonkinoise, Piel canela, Dans mon village, Avec, Paris mes amours, Clopin-clopant, Demain (Una casa in cima al mondo), Quand je pense à ça, La vie en rose, Hello Dolly.
accomp. d'orchestre, dir. Pierre Spiers sur les quatre derniers titres
33 T - Columbia (30 cm) - CCTXHS 240684, publié en avril 1968.
Rem : Seuls les quatre derniers titres ont été enregistrés en 1968.

« Joséphine Baker at "The Golden Orpheus 70" »
Souris à la vie (Smile), Avec les tous petits je ne sais quoi (With a bit of nothing), Pot-pourri (*April in Paris, You are my lucky star, Yes sir that's my darling (Yes sir that's my Baby), Night and day, Cheek to cheek, Tea for two, Praise of love (Hallelujah), Hello Dolly*), Quand je pense à ça (When I begin thinking), Demain (Our House).
accomp. d'orchestre non identifié - enregistré à Sofia (Bulgarie) en 1970
33 T - Balkanton (30 cm) - BTA 1195
Rem : Le pot-pourri est accompagnée par un trio.
Les autres titres sont interprétés par le trio vocal « Flirtations ».

« Joséphine Baker recorded live at Carnegie Hall »
People, Sourire, Avec, Si me faltas tu, It's impossible, J'ai deux amours, On the street where you live/I could have danced all night, Demain, Hello young lovers, Pot-pourri Memory Lane (*When you're smiling, I'm just wild about Harry, Love will find a way, Stormy weather, There's an island in the West Indies, Begin the beguine, Tea for two, Honeysuckle rose, I'm a little blackbird, California here I come, The man I love, Bill, When you're smiling (reprise)*), The times they are a-changin', La vie en rose, My sweet Lord, My way.
accomp. d'orchestre, dir. Karl Hampton Porter
introduction et présentation par « Bricktop » (Ada Smith)
33 T américain - Tele General Studios Inc. (30 cm), publié en 1973.

« Lend your ear »
accomp. d'orchestre inconnu
45 T scandinave - EMI (17 cm) - 006-39076, publié en 1973.
Rem : Disque simple face.

« Joséphine à Bobino 1975 »
Me revoilà Paris, La couleur des yeux, Monte Carlo, Sonny boy, When you're smiling, I'm just wild about Harry, Love will find a way, Stormy weather, Beguin the beguine, Califonia here I come, Tea for two, Honeysuckle rose, Old man river, The man I love, Bill, There's no business like show business, J'ai deux amours, Dites-moi Joséphine, Voulez-

vous de la canne à sucre ?, La petite Tonkinoise, Paris mes amours, Coin de rue, La vie en rose, Parlez-moi d'amour, La Seine, C'est si bon, Sourire à la vie, My yiddishe momme, Donnez-moi la main, New York-Broadway-Chicago, Baia, Si me faltas tu, Vivre, Paris-Paname.
accomp. d'orchestre, dir. Pierre Spiers (orchestrations : Aimé Barelli, Mario Bua, M. Nicolas, Paul Piot et François Rauber)
enregistré le 24 mars 1975
33 T - Festival (double 30 cm) - FLD 643

discographie établie et mise à jour en novembre 1999 par Martin Pénet, à partir des travaux de Robert Pernet, Marc Monneraye, Emmanuel Bonini, Patrick O'Connor et Bryan Hammond. Sources :
– « Joséphine Baker » (éd. Jonathan Cape, London, 1988)
– « 78 Memory Magazine » (Bruxelles, 1995)
– discothèque centrale de Radio France.

FILMOGRAPHIE DE JOSÉPHINE BAKER

La revue des revues (1927)
Film de fiction teinté, muet, 2400 m ou 2700 m.
Entrecoupé de scènes coloriées au pochoir extraites de la revue des Folies-Bergère « La folie du jour » (tournées au printemps 1926), dont le célèbre tableau « Fatou » où Joséphine danse nue avec une ceinture de bananes.
Scénariste : Clément Vautel
Réalisateurs : Joé Francis et Alex Nalpas
Producteur : Alex Nalpas
Distribution : Joséphine Baker, la danseuse russe Nikolska, Hélène Hallier, Erna Carise, Jeanne de Balzac, les John Tiller girls, l'excentrique Standford, le trio russe Kamarowa, André Luguet, Henri Varna
sorti en décembre 1927.
autre titre du film : « La folie du jour »

Le pompier des Folies-Bergère (1927)
Film de fiction en noir et blanc, muet, longueur inconnue (env. 300 m).
Tourné à Paris au printemps 1927, lorsque la revue « Un vent de folie » était à l'affiche des Folies-Bergère. Joséphine apparaît quasi-nue dansant sur le quai du métropolitain.
sorti en 1927 ?
titre original incertain

La sirène des tropiques (1927)
Film de fiction teinté, muet, 2060 mètres.
Scénariste : Maurice Dekobra
Réalisateurs : Henri Etiévant et Mario Nalpas, assitant : Luis Buñuel
Décors : Pierre Skildknecht et Eugène Carré
Directeur artistique : Jacques Natanson
Production : Centrale cinématographique
Distribution : Joséphine Baker (Papitou), Pierre Batcheff (André Berval), Georges Melchior (Comte Severo), Régina Dalthy (Marquise Severo), Régina Thomas (Denise), Janine Borelli, Colette Borelli, Kiranine (Alvarez), Adolphe Candé (le directeur), Jean Borelli, Joe Alex, Pierre Hot.
Sorti à Paris le 30 décembre 1927.

Zouzou (1934)
Film de fiction en noir et blanc, parlant, 85 minutes.
Scénariste · nouvelle de Pepito Abatino, adaptée par Carlo Rim
Réalisateur : Marc Allégret
Dialogues : Carlo Rim et Albert Willemetz
Musique : Vincent Scotto, Georges Van Parys et Al Romans
Décors : Lazare Meerson
Directeur artistique : Pepito Abatino
Producteur : Arys Nissotti pour les Productions Arys
Distribution : Joséphine Baker (Zouzou), Jean Gabin (Jean), Pierre Larquey (le père Mélé), Yvette Lebon (Claire), Illa Meery (Miss Barbara, la vedette), Madeleine Guitty (Josette), Marcel Vallée (M. Trompe), Teddy Michaud (Julot), Claire Gérard (Mme Vallée), Pierre Palau (M. de Saint-Lévy), Floyd Dupont (le maître de ballet), Serge Grave (Jean enfant), Yvette Lebon, Andrée Wendler, Adrienne Trenkel, Viviane Romance, Philippe Richard, Robert Seller, Geo Forster, Lucien Walter, Roger Blin.
Chansons : « C'est lui (Pour moi y a qu'un homme dans Paris) », « Ah ! viens Fifine », « Haïti », « Les cigognes »
sorti à Paris le 14 décembre 1934 au cinéma Moulin-Rouge.
Rem : Disponible en vidéo dans la collection « Mémoire du cinéma français ».

Princesse Tam-Tam (1935)
Film de fiction en noir et blanc, parlant, 77 minutes.
Scénariste : nouvelle de Pepito Abatino, adaptée par Yves Mirande
Dialogues : Yves Mirande
Réalisateur : Edmond T. Gréville
Décors : Lazare Meerson et Pierre Schild
Musique : Elixo Grenet et Jacques Dallin
Directeur artistique : Pepito Abatino
Producteur : Arys Nissotti pour les Productions Arys
Distribution : Joséphine Baker (Aouina), Albert Préjean (Max de Mirecourt), Germaine Aussey (Lucie de Mirecourt), Viviane Romance (Odette), Robert Arnoux (M. Coton), Geores Péclet (Tahar), Jean Galland (le maharadjah de Datane), Tedy Michaud (le fakir), Henry Richard (le premier danseur), Paul Demange, Marion Malville.

Chansons : « Sous le ciel d'Afrique », « Le chemin du bonheur », « Pourquoi ? Comment ? », « Ahé ! la Conga »
sorti à Paris le 8 novembre 1935 au cinéma Moulin-Rouge.
Rem : disponible en vidéo dans la collection « Mémoire du cinéma français ».

Fausse alerte (1940)
Film de fiction en noir et blanc, parlant, 90 minutes.
Scénariste et dialoguiste : Michel Duran
Réalisateur : Jacques de Baroncelli
Décors : Emile Duquesne et Eugène Lourié
Musique : Wal-Berg et Vincent Scotto
Directeur de production : Simon Schiffrin pour Flag-Films
Distribution : Joséphine Baker (Zazou Clairon), Micheline Presle (Claire Ancelot), Gabrielle Dorziat (Mme Ancelot), Lucien Baroux (Léon), Saturnin Fabre (M. Dalban), Georges Marchal (Bernard Dalban), Jean Tissier (Gregor), Marguerite Pierry (Mlle Esperajou), Palmyre Levasseur (la patrone du bistrot), Yves Deniaud (le camelot), Marcelle Monthil, Alice Didier, Jacques Roussel, Georges Paulais, Rivers Cadet, Raymond Aimos, Titys.
Chansons : « Non Nina », « Mon cœur est un oiseau des îles », « It's a long way to Tipperary »
sorti à Paris le 7 mai 1940 au Français et le 27 mai 1940 à l'Impérial Pathé, puis le 27 juin 1945.
premiers titres du film : « Abri 39 », « A Paris un soir », « Un soir d'alerte »

Joséphine Baker apparaît en outre dans de nombreuses bandes d'actualité, ainsi que dans un court métrage sans titre connu la montrant en train de jouer au tennis (15 minutes - 1931).

filmographie mise à jour en novembre 1999 par Martin Pénet, à partir des travaux de Emmanuel Bonini, Raymond Chirat, Maurice Bessy, Robert Pernet, Eric Lange (Lobster Films). Sources :

– « Catalogue des films français de long métrage 1919-1929 » (éd. Cinémathèque de Toulouse, 1984)
– « Histoire du cinéma français » (éd. Pygmalion, Paris, 1995)
– « 78 Memory Magazine » (Bruxelles, 1995).

BIBLIOGRAPHIE ET SOURCES

Principaux ouvrages

Abatino (Pepito), *Joséphine Baker vue par la presse française*, Isis, Paris, 1931.

Abtey (Jacques), *La guerre secrète de Joséphine Baker*, Siboney, Paris, La Havane, 1948.

Bardot (Brigitte); *Initiales BB*, Grasset, Paris, 1996.

Bonnal (Jean-Claude), *Joséphine Baker et le village des enfants du monde en Périgord*, PLB éditeur, Dordogne, 1992.

Bouillon (Jo), *Joséphine*, collection Vécu, Robert Laffont, Paris, 1976.

Charrier (Jacques), *Ma réponse à BB*, Michel Lafon, Paris, 1997.

Chevalier (Maurice), *Tempes grises*, Julliard, Paris.

Coquatrix (Paulette), *Les coulisses de ma mémoire*, Grasset, Paris, 1984.

Derval (Paul), *Folies-Bergère*, Editions de Paris, Paris, 1954.

Fabre (Michel), *La rivière noire*, Lieu Commun, 1985.

Faherty (William Barnaby), assisté de Nini Harris, *St. Louis, a concise history*, Masonry institute of Saint Louis, Saint Louis du Missouri, 1989.

Gaulle (Charles de), *Mémoires de guerre*, tomes I, II et III, Plon, Paris, 1933.

Georges-Michel (Michel), *Nuits d'actrices*, Les éditions de France, Paris, 1933.

Giesbert (Franz-Olivier), *Une vie*, Seuil, Paris, 1977.

Guillaume (Gilbert), *Mes missions face à l'Abwher, Contre-espionnage 1938-1945*, Plon, Paris, 1973.

Hammond (Bryan) et O'Connor (Patrick), *Josephine Baker*, Jonathan Cape, Londres, 1988.

Haney (Lynn), *Naked at the Feast – A biography of Josephine Baker* Dodd, Mead and Company New York, 1981. Version française, *Joséphine Baker*, Jean-Claude Lattès, 1982.

Jacques-Charles, *Cent ans de music-hall*, Jeheber, Paris et Genève, 1956.

Kennedy (Stetson), *J'ai appartenu au Ku Klux Klan*, Collection Actualité et politique, Editions Morgan, Paris, 1958.

La Camara (de) et Abatino (Pepito), *Mon sang dans tes veines*, d'après une idée de Joséphine Baker, Isis, Paris, 1931.

Mistinguett, *Toute ma vie*, Paris, 1954.
Paiolle (Paul), *L'homme des services secrets, Entretiens avec Alain-Gilles Minella*, Julliard, Paris, 1995.
Pénet (Martin), *Mistinguett, la reine du music-hall*, Le Rocher, Paris, 1996.
Prasteau (Jean), *La merveilleuse aventure du Casino de Paris*, Denoël, Paris, 1975.
Rivollet (André), *Une vie de toutes les couleurs*, Arthaud Editeur, Grenoble, 1935.
Rose (Phyllis), *Jazz Cleopatra : Josephine Baker in her times*, Doubleday, New York, 1989. Version française, *Joséphine Baker*, Fayard, Paris, 1990.
Rossi (Laurent), *Tino Rossi, mon père*, Flammarion, Paris, 1993.
Sablon (Jean), *De France ou bien d'ailleurs*, Robert Laffont, Paris, 1979.
Sauvage (Marcel), *Les mémoires de Joséphine Bake*r, Kra, Paris, 1927.
Sauvage (Marcel), *Voyages et aventures de Joséphine Baker*, Marcel Sheur, Paris, 1931.
Sauvage (Marcel), *Les mémoires de Joséphine Baker*, Editions Correa, Paris, 1949.
Tabet (Georges), *Vivre deux fois*, Coll. Vécu, Robert Laffont, Paris, 1979.
Verne (Maurice), *Aux usines du plaisir*, la vie secrète du music-hall, Editions des portiques, Paris, 1929.
Worm (Piet), *La tribu Arc-en-ciel*, texte de Joséphine Baker avec la collaboration de Jo Bouillon, Editions Mulder & Zoon, Amsterdam, 1957.

Presse

Akbaba
A la plage
Arts
Billed-Bladet
Bonjour
Bravo
B.T.
Ce soir
Cinémagazine
Ciné-miroir
Claudine
Combat
Comœdia
Der Spiegel
Ebony
Echo du Maroc
Esquire
Eve
France-Dimanche
France-soir
Hebdo
Historia
!Holà
Ici Paris
Images du monde
Il dramma
In
Jours de France
La presse
La revue de la femme
L'écho de la mode
Lecture pour tous
Le droit de vivre
Le Figaro
Lei
Le journal du dimanche
Le monde illustré
Le nouvel illustré
Le patriote illustré
Le réveil illustré
Les dimanches de la femme
Les nouvelles littéraires
Le soir
Le soir marocain
Libération
L'illustré
L'illustration
L'intransigeant
Lire à deux
Marianne
Minute
Miroir du monde
Musica
Music-hall
New York times
Nice-Matin
Nord France
Officiel du spectacle
Oggi
Opéra
Paris Comédia
Noir et blanc
Paris-magazine
Paris-Match
Paris-midi
Point de vue, images du monde
Pour vous
Radio actualités
Radio liberté
Radio je vois tout
Radio 48
Regards
Rivarol
Stop
Svijet
Télé 7 jours
V
Vecko-journalen
Voici

Sources autres

Différents enregistrements radio et télévisés.

Bibliothèque de l'Opéra de Paris. Bibliothèque historique de la ville de Paris. Bibliothèque de l'Arsenal (Paris). Bibliothèque Forney (Paris).

American library de Paris. Bibliothèque de l'ambassade américaine de Paris. Bibliothèque et musée de Saint Louis du Missouri.

Albums de presse de Pepito Abatino gracieusement mis à la disposition de l'auteur par Madame Maryse Bouillon.

Coupures de presse françaises et internationales sur Joséphine Baker de 1925 à 1975 ainsi que des lettres très précieuses écrites par la chanteuse et autres nombreux rares documents. Ceci constituant la collection personnelle de l'auteur qui détient également une importante iconographie sur « La Baker ».

Accès aux archives de la famille Scoto/Abatino en Italie, à celles de Mesdames Jacqueline Abtey et Ginette Renaudin en France.

Accès aux archives militaires du GLAM ainsi qu'au dossier militaire de Joséphine Baker (château de Vincennes).

Accès au dossier cubain Castro/Baker.

REMERCIEMENTS

Il me faudrait écrire un nouveau livre pour citer tous ceux qui m'ont apporté leur aide durant mes longues et passionnantes années d'investigations et pour raconter les hasards merveilleux de nos rencontres, leurs hésitations à retourner dans le passé. Beaucoup de personnes ont été citées dans l'épilogue, « Une lumière noire ». Qu'elles soient à nouveau sincèrement remerciées. A ces noms amis je voudrais en ajouter d'autres : pour la Dordogne merci à « Mamie Lanoy », Mmes Rouland, Ségéral et Carrier-Delpeyrat, M. Georges Malaurie et François Battut, M. et Mme Besse.

Merci aux membres du service historique du château de Vincennes, à l'Association des Anciens des Services Spéciaux de la Défense Nationale, au colonel Paillole. Merci à la Ligue Contre le Racisme et l'Antisémitisme et tout particulièrement à M. Nicod aujourd'hui disparu. Merci aux municipalités du Vésinet, de Roquebrune Cap-Martin, de Crèvecœur-le-Grand et de Castelnaud-la-Chapelle. En Corse, merci à l'ensemble du service des archives de la Corse du sud, sans oublier Mme Paoli, Pascal Bontempi, Annie Castelli, Joseph Pinelli et Paul Bruschi. Merci aux Croix-Rouges française et monégasque ainsi qu'à la Société des Bains de Mer de Monaco. Merci à Maguy Chauvin et à la Fondation Joséphine-Baker à Genève. Merci à Mme Yannick Anselme et à l'Association des Retraités d'Air France. Merci à l'ancien pilote François Colasse et au « petit Richard », son fils, aujourd'hui P.-D.G. de Chanel au Japon. Aux Etats-Unis, merci à Richard Martin J. junior pour son chaleureux accueil à Saint Louis. Merci à Jarry Bouillon pour m'avoir reçu à New York et à Brian Roberson pour m'avoir guidé dans mes recherches américaines. Merci à Martin Pénet, historien de la chanson, biographe de Mistinguett pour sa précieuse collaboration à la discographie et à la filmographie de Joséphine. Merci à Pascal Sevran pour ses encouragements et à Laure Adler pour avoir cru en mon projet. Ma gratitude posthume à Jean-Edern Hallier pour m'avoir prêté une oreille attentive... dix jours avant sa soudaine disparition. Merci à Mme Anne-Marie Albertini, mon professeur de lycée pour m'avoir inculqué l'amour de la recherche historique. Merci à mes parents pour leur patience...

A Paris merci à André Vernon, à Adamo, à la regrettée Arletty, à Francis Lopez et à son parolier Daniel Ringold. Merci encore à Line Renaud, aux Sœurs Etienne, à Anny Gould, Claude Véga, Jean-Philippe Lecat, ancien ministre, Henri Génès, Henri Tisot, Aimé Barelli, Marie-Pierre Vancallement, Maître Choppin de Janvry, Charles Kiffer, Carole Lipton, Martin Nejedly, Sarah Boréo, Charles Ronsac, Yvon Roux, Rama Wallace, Simone Dubroca et Jacqueline Boyer, « Tita » de chez Michou, Jacques Collard, Mireille Ponsard, Jean Marais, Mick Micheyl, « Paco » Puig, Barbara Womack et Viviane Halyard, Jean Fayard, André Bernard, Charly Oleg, Jacques Crépineau, Jean-Claude Dauzonne, Maryse Bouillon, Jean-Pierre Bloch, Cora Vaucaire, Patrick Préjean, Pascal et Baruta Légitimus, Rika Zaraï, Micheline Presle, Mme Tino Rossi, Dany Revel et son épouse, Robert-André Vivien, André Levasseur, Jean-Claude Brialy, Alexandre de Paris, Jacqueline Cartier, Guylaine Martin et famille, Suzanne Roger, Patrice Boucher, Lisette Malidor, M. et Mme Dauven, M. et Mme Lacoste, André Pousse, Joan Baez, Elios Molina, Mme Gelmann, Tony Clide, Carlo Dhermy, André Verchuren, Aimable, Docteur Thiroloix, Jean-Paul Caracalla, Marc Vromet-Buchet, Mme Douel, Medhi El Glaoui, Henri Contet, Laurence Badie, Hector Pascual, René Ono, Georges Jouvin, Marie et Gérard Spiers, Doudou Morizot, Père Guillaume de la paroisse Saint-Pierre de Neuilly, Henri Guillossou, Nicole Croisille, Jean-Claude Bouillon.

Ce n'est pas là seulement politesse, mais un profond sentiment envers ceux à qui je dois tellement de choses...

Merci également au public, parce qu'on ne peut vivre qu'à travers lui.

« Un auteur qui n'est pas lu est un auteur mort. »

TABLE DES MATIÈRES

Achevé d'imprimer en janvier 2000
sur presse Cameron
par ***Bussière Camedan Imprimeries***
à Saint-Amand-Montrond (Cher)

Dépôt légal : janvier 2000
N° d'édition : 627. N° d'impression : 995651/4.

Imprimé en France